이윤의 역설

이윤의 역설

기업의 시장 지배는 인류를 어떻게 위협하는가?

얀 이크하우트 지음 │ 강성실 옮김

K 사단 법인 **한국물가정보**

차례

PART 2 시장 지배의 폐해

제 1 장

들어가기

마치 공상 과학 영화의 한 장면과도 같았다. 나는 유선으로 에린이 수천 킬로미터 밖에서 원격으로 내 딸 엘레나의 스마트폰에 들어가 휴대폰에 깔린 여러 개의 애플리케이션을 넘나들며 문제 해결을 하는 모습을 지켜보았다. 초고속 데이터 전송이 되지 않아 내가 기술 지원을 요청한 것이었다. 에린보다 직급이 낮은 엔지니어 여러 명에게 상담해 보았지만 모두 같은 검사를 반복하고 휴대폰의 전원을 껐다가 켜고 사용자 설정도 바꿔보아도 문제가 해결되지 않았다. 그러자 수석 엔지니어인 에린에게 전화를 연결해 주었다. 아마 그녀가 다른 이들보다 휴대폰의 기술적 특성에 대해 더 다양한 지식이 있는 것이 분명했다. 그녀는 내게 휴대폰에 있는지조차 몰랐던 설정을 바꿔보라고 일러주었다.

단호하고도 자신감 넘치는 목소리는 그녀가 지닌 기술적 노하우를 한층 더 돋보이게 해주었다. 처음 상담을 시작한 순간부터 문제를 해결할 수 있을 것 같은 믿음을 주었고 실제로 문제를 해결해 주었다. 수석 엔지니어로서 에린의 역할은 낮은 직급의 엔지니어들이 해결하지 못하는 문제를 분석하고 해결하는 것이었다. 따라서 그녀는 기술적으로 어려운 문제들을 담당한다. 우리는 며칠 동안 총 3시간 이상 네 차례 통화했다. 그동안 그녀는 혹시 유심 카드에 이상이 있어 나타

이윤의 역설

난 문제인지 알아보기 위해 통신 회사를 포함해 여러 사람과 통화하기도 했다. 특정한 기술 문제를 해결하지 못할 때는 더 찾아본 후 그 다음 날 전화해 주기도 했다. 그렇게 수고한 끝에 그녀는 결국 문제가 무엇인지 알아냈다. 구형 휴대폰이 새로운 유심 기술과 호환이 되지 않는 것이 문제였다.

문제가 모두 해결된 후 나는 수석 엔지니어가 이 의뢰 건에 대해 3시간 이상을 투입하는 것이 사업적으로 봤을 때 채산성이 있는 일인지 의문이 들었다. 그녀를 고용하는 시간당 비용 즉, 급여, 고용 부담금, 근무 공간과 관련된 간접비 등은 구형 스마트폰의 대체 원가보다 분명 훨씬 더 높을 것이라는 생각이 들었기 때문이다. 당시 스마트폰의 판매 가격은 300달러 정도였고 기업의 생산 비용은 훨씬 더 낮아 약 150달러 정도로 추산된다. 이 높은 인건비를 들여 전문 엔지니어를 고용하느니 한 대당 150달러를 들여 휴대폰 교체 작업을 진행해 주는 게 기업에는 더 나은 선택이 아닐까? 그들은 여기에 더해 기술 문제를 야기하고 그 문제를 해결하는 데 들어간 시간을 보상하는 차원에서 내게 매장에서 150달러 상당의 휴대폰 액세서리까지 고를 수 있도록 해주었다. 나는 그 의문을 해소하고자 휴대폰을 고치고 난 뒤 에린에게 엔지니어와 고객의 관계를 떠나서 질문했다.

에린은 신문방송학과 사회심리학을 각각 다른 대학에서 전공해 두 개의 학사 학위를 소지하고 있었다. 또 다른 대학에서 조교로 일하며 사회학 석사 학위도 취득했다. 처음 이야기를 나누면서 나는 그녀가 전산이나 컴퓨터, 과학 방면으로 어떤 교육도 받아본 적이 없다는 사실에 적잖이 놀랐다. 그녀는 직장에서 승진하는 데 가장 중요하게 작용하는 자질은 개인의 역량이라고 말했다. 이를테면 고객이 처해 있는 상황을 이해하고 공감해 줄 수 있는 능력과 같은 사회성은 학교에서 배울 수 있는 것이 아니다. 가르쳐 주는 경우가 거의 없기 때문이다. 에린은 사람들이 전화해서 화를 낼 때 그것을 자신을 공격하는 것으로 받아들이지 않고 상황을 진정시키기 위해 평정심을 유지하려고 무진 애를 쓴다고 말했다. 기술적인 능력은 부차적이며 반드시 정식 교육을 이수해야 하는 것도 아니라고 했다. 고객을 올바른 방향으로 이끌 수만 있다면 기술적인 문제에도 쉽게 다가갈 수 있게 된다는 것이다.

처음 이 일을 시작했을 때 그녀는 가장 말단 엔지니어로 시작했고 1년이 채 되지 않아 가장 높은 직급의 수석 엔지니어가 되었다. 가장 최고 자리에 있는 엔지니어였지만 다른 엔지니어들을 감독하지는 않았다고 했다. 낮은 직급의 엔지니어들이 그녀에게 해결이 어려운 문제를 전달하긴 했지만 그녀에게 보고하지는 않았다.

석사 학위를 받고 뉴멕시코에서의 생활을 얼마간 즐기고 난 후 에린은 계속 엔지니어로 남기로 했다. 그녀가 다닌 회사의 지사는 스마트폰 대기업을 유일한 고객으로 두고 있었다. 스마트폰 제조업체는 기술 지원 업무를 외부 업체에 위탁하지만, 모회사에서 그 운영을 면밀히 모니터하고 제공되는 서비스의 품질 기준도 결정한다. 따라서 외부에서 보면 모회사가 고객들을 직접 응대하는 것처럼 보인다. 엔지니어들이 모회사의 이름으로 자신의 소속을 밝히고 그들의 이메일 주소도 @모회사의 이름.com과 같이 찍혀 나오기 때문이다. 그들은 전화와 이메일, 원격 상담으로 기술 지원 서비스를 제공했다.

업무는 면밀히 모니터 되고 다양한 종류의 평가 기준으로 평가받는다. 이를테면 평균적으로 상담에 소요되는 처리 시간, 상담 내용 정리 및 보고 시간, 엔지니어가 예약된 출장 시간에 맞춰서 업무 수행을 했는지의 여부, 그리고 고객 만족도 조사 등이 고려된다. 전화 상담 내용은 스마트폰 제조사의 관리자들이 들어볼 수 있도록 녹음된다. 코로나19가 발생하기 전이었으므로 물리적인 근무 환경이 그다지 쾌적하지는 못했다. 수많은 사람이 대형 공용 공간에 모여서 일했기 때문이다. 자기 자리를 확보하기 위해서는 일찍 출근해야만 했다. 에린은 그래도 동료들과 함께 일하는 것이 아주 즐겁다고 말했다. 어려운 문제를 처리할 때는 동료들과 상의할 수도 있고 경영진도 친절하고 트레이너들도 많은 도움을 주었다고 했다. "임시직 취업 알선소에서 소개받아서 잠깐 일했던 작은 회사들보다 훨씬 더 만족스러워요. 개인 사무 공간들이 빽빽이 들어차 있는 대기업에서 일하는 것이 작은 회사에서 일하는 것보다 훨씬 더 인간미가 있어요. 작은 회사의 경영진이 훨씬 더 직원들을 괴롭히죠."

에린은 두 개의 학사 학위와 하나의 석사 학위를 소지하고 있어, 교육 수준으로 따졌을 때 미국 시민의 상위 15% 안에 드는 고학력자이다. 물론 학교 교육 기간이 생산성을 평가하는 좋은 척도가 될 수는 없다. 월스트리트에는 대학 졸업장이 없어도 엄청난 액수의 돈을 벌고 있는 사람들이 많다. 반대로 인문학 석박사 학위를 받고도 식당에서 서버로 일하는 사람들도 있다. 에린은 기술직에서 일하며 탁월한 사회성과 대인 기술을 발휘하고 있다. 하지만 그녀의 직책이 수석 엔지니어이기는 해도 직무를 수행하는 데 고학력이 필요한 것은 아니다. 그녀는 자신이 훈련받은 일을 할 수 있는 더 만족스러운 일자리를 찾지 못해서 이 일을 하는 것이다.

에린이 얼마를 벌고 있는지 내게 말해 주었을 때 나는 내 귀를 의심하지 않을 수 없었다. 시간당 세전 12달러였고 유급 휴가는 없었다. 그녀는 일주일에 약 40시간 일하므로 48주를 일한다고 가정했을 때 일주일에 480달러, 혹은 연간 23,000달러를 버는 셈이다. 이는 전국 평균 급여인 주당 917달러(52주 동안 일한다고 가정했을 때 연간 47,684달러)에도 훨씬 못 미치는 수준이다. 이 지역에서 다른 일반적인 직종은 고등학교를 갓 졸업한 경력이 없는 신입 사원의 경우 급여 수준이 시간당 9달러로 더 낮다. 하지만 에린은 경력이 있는 수석 엔지니어이며 석사 학위를 소지하고 있다. 그런데도 그녀의 연봉은 평균 연봉의 절반을 조금 넘는 수준이다.

이제 왜 스마트폰 회사들이 휴대폰의 기술적인 문제를 해결하기 위해 신형 휴대폰을 보내주는 대신 수석 엔지니어를 3시간 동안 투입하는 쪽을 선택하는지 그 이유가 분명해진다. 시간당 12달러의 급여를 받는 그녀의 총 노동 비용은 고용 비용을 포함해 15달러에서 20달러 사이쯤 된다. 그리고 고객 서비스를 위한 노동 비용은 휴대폰 교체 비용보다 훨씬 더 낮은 약 50~60달러다. 사실 회사는 150달러짜리 선물을 제공하는 데 더 많은 투자를 한 것이다.

에린만 그런 것이
아니다

에린의 소득은 현재 대다수의 노동자가 겪고 있는 상황을 단적으로 보여주는 예이다. 1980년대 이후 관리직에 있지 않고, 반복적인 단순 업무를 수행하며, 교육 수준이 낮은 노동자들은 임금이 그 자리에서 정체되었다. 대부분 노동자는 이 세 가지 부류 중 하나에 포함된다. 다섯 명 중 한 명 이하가 관리직에 있으며, 현재에도 비서직이나 운전 등 많은 직종이 반복적인 단순 업무에 속하며, 노동자의 55% 이상이 학사 학위를 소지하고 있지 않다. 인플레이션을 감안하면 실질적으로 그들의 임금은 지금까지 거의 변함이 없었다.

더욱 놀라운 사실은 같은 기간 동안 1980년대부터 현재에 이르기까지 노동자들은 점차 생산성을 높여왔다는 것이다. 경제에서 생산된 총 가치를 고소득 노동자를 포함한 전체 노동자의 수로 나눈 값인 노동 생산성은 표 1에서 보는 바와 같이 연간 평균 1.7%의 완만한 성장세를 보여 왔다. 노동자들이 생산하는 산출물의 가치는 높아졌는데도 그 산출물 생산에 대해 대부분의 노동자가 받은 대가는 그에 상응하지 못했다. 1980년 이후 노동 생산성의 발전과 대다수 노동자의 임금 인상 사이에는 깊은 골이 생겨났다.

이렇듯 대다수 노동자의 변함없는 임금과 생산성 증가 사이의 폭이 점차 넓어진다는 것은 다수의 노동자가 점점 더 적은 몫을 가져간다는 확실한 증거이다. 여기서 눈에 띄는 발견은 금액 측면에서 임금이 정체되었다는 사실보다는 노동자들이 그들이 생산해 내는 부에 비해 가난하게 살고 있다는 것이다. 즉 임금 지급에 투입되는 소득의 지분(경제학자들은 노동분배율이라고 부른다)이 줄어들고 있다.

평범한 노동자들은 자신이 부모 세대보다 더 돈을 못 벌고 있다는 사실을 인식하고 있다. 열심히 일하고 있는데도 그들의 사회적 지위는 점점 하락하고 있다. 그렇다고 노동자들이 제자리걸음을 하는 것도 아니다. 오히려 빠른 속도로 뒤로 걷는 것이다.

모든 노동자가
가난한 것은 아니다

임금 정체가 모든 노동자에게 동등하게 적용되는 것이 아니다. 표 2에서 보는 바와 같이 평균 임금의 상승은 교육 수준에 따라 아주 차이가 크다. 고등학교만 졸업했거나 고등학교를 중퇴한 노동자들은 임금이 15% 하락했다. 대학을 졸업한 노동자들도 이를테면 2년제 전문대학을 졸업한 경우에는 전혀 임금 상승이 없었다. 이 두 가지 경우에 해당하는 노동자들이 노동 인구의 절대다수를 차지하고 있다.(1980년에 80%)

교육 수준이 더 낮은 노동자들의 임금이 하락한 것에 비해 교육 수준이 더 높은 노동자들의 임금은 상승했다. 4년제 대학 학사학위를 가지고 있는 노동자들은 1980년 이후 20%의 임금이 상승했고, 특히 석사 및 박사학위를 취득한 노동자들의 경우 가장 높은 임금 인상률을 기록했다. 1980년대 이후 대학을 졸업한 노동자와 그렇지 못한 노동자 사이의 임금 격차를 이른바 '학위 프리미엄'이라고 불렀다. 미국에서는 이제 학사학위 이상을 소지한 노동자가 고등학교 이하의 교육을 받은 노동자보다 평균 96%를 더 벌고 있다. 1980년과 비교했을 때 46% 더 상승한 수치다.

학위 프리미엄이 상승했다는 사실만으로 임금 지급 기준을 합리화하기는 힘들다. 오늘날에는 1980년에 비해 거의 두 배에 달하는 노동자들이 학사학위를 가지고 있다. 기술을 갖춘 더 많은 노동자가 고급 기술직을 놓고 경쟁하면 기업으로서는 더 높은 기술력을 갖춘 노동자들을 고용하기가 쉬워진다. 그에 따라 기업들이 대학 졸업자들을 고용하기 위해 지급해야 하는 임금은 더 낮아지는 것이다.

대학 졸업자들 사이에서의 경쟁이 치열해짐에 따라 임금 수준이 낮아졌다는 논리는 조사 자료가 보여주는 대학 학위 프리미엄 상승

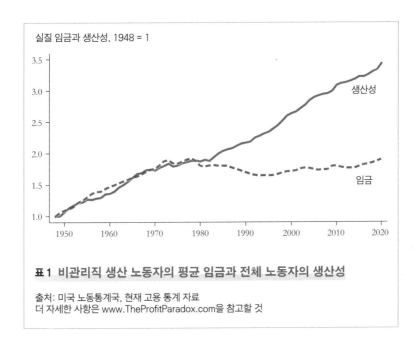

표1 비관리직 생산 노동자의 평균 임금과 전체 노동자의 생산성

출처: 미국 노동통계국, 현재 고용 통계 자료
더 자세한 사항은 www.TheProfitParadox.com을 참고할 것

이라는 결과와는 상충된다. 게다가 에린처럼 학위는 가지고 있지만 학위가 필요하지 않은 직종에서 근무해서 결과적으로 낮은 임금을 받는 노동자가 많다는 사실은 더욱 놀랍다. 내슈빌에서는 대학 졸업장을 가진 얼마나 많은 똑똑한 음악인들이 식당에서 서빙을 하고 있는가?

여기에는 다른 이유가 작동하고 있는 것이 분명하다. 가장 유력한 설명은 기술의 발달이 기술 노동자들의 생산성을 현저히 높여 주었기 때문이라는 것이다. 정보 통신 기술이 월마트나 아마존과 같은 수천 개의 점포를 보유한 도매 유통업체 물류 관리자의 효율성을 높여 놓은 것이다. 컴퓨터나 소프트웨어와 같은 자본재가 더 저렴해지면

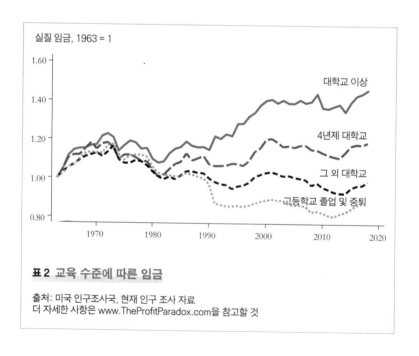

표2 교육 수준에 따른 임금

출처: 미국 인구조사국, 현재 인구 조사 자료
더 자세한 사항은 www.TheProfitParadox.com을 참고할 것

　　　　　　　　　　　　　　　　　　이윤의 역설

우버 기사에게 영향을 미치는 것보다 우버 본사에서 근무하는 소프트웨어 개발자의 생산성에 훨씬 더 많은 영향을 미친다. 이를테면 기술 발전은 기계가 작동하지 않는 시간을 최소화해주기 때문에 기사들의 생산성은 더 높아진다. 하지만 그와 같은 진전은 기사들의 노력에서 나온 것이 아니라 소프트웨어 개발자들의 노력에서 나온 결과물이다.

그렇게 수익을 창출하는 노동자들은 그 수익에 비례해서 보상을 받는다. 그리고 시장은 더 확대된다. 의사소통 기술의 향상과 더 저렴해진 운송비로 인해 기술의 영향력은 아주 멀리까지 확대된다. 비즈니스는 1980년대 이전까지 지역 시장에 국한되어 있었던 것에 비해 이제 작은 혁신으로도 세계 시장을 거머쥘 수 있게 되었다. 우버의 경우에도 상품의 질을 높이고 효율성과 매출을 증가시키는데 공헌한 노동자들에게는 아주 큰 금전적 보상이 따르지만 기사에게는 거의 아무것도 돌아가지 않는 승자 독식이 될 가능성이 크다. 마찬가지로, 본사에서 개발한 휴대폰의 새로운 기능이 시장의 주목을 받게 되면 매출은 크게 향상될 테지만 에린과 같은 수석 엔지니어에게는 아무런 도움이 되지 않는다.

그러한 기술적 변화는 슈퍼스타들의 경제학에서 가장 두드러지게 나타난다. 고음질 녹음 기술이 개발되기 전에는 음악을 감상하거나 연극을 보는 유일한 방법은 콘서트장이나 오페라 하우스, 또는 극장에 가는 것이었다. 공연장마다 좌석 수가 제한되어 있고 한 예술가가 할 수 있는 공연 횟수에도 한계가 있다. 최고의 오페라 가수는 약간 더 높은 입장권 가격과 가장 큰 오페라 하우스를 요구하겠지만 그

외에 그 예술가가 얼마나 더 나은 기술을 보유하고 있는지 측정할 방법은 없다.

라디오와 텔레비전, 그리고 대중적인 녹음 기술이 보급되면서 마리아 칼라스의 노래를 들어봤다고 말하는 사람의 수는 수천 명에서 수백만 명, 혹은 수십억 명으로 폭증했다. 슈퍼스타의 수입은 그의 목소리와 페르소나가 엄청난 경제적 가치를 발생시킨다는 사실을 반영한다. 예컨대, 믹 재거(Mick Jagger)와 애덤 리바인(Adam Levine)은 수백만의 사람이 그들의 음악을 온라인상에서 듣기 위해 비용을 지불하므로 천문학적 수입을 벌어들이고 있다. 리오넬 메시(Lionel Messi)와 네이마르 주니어(Neymar Jr.)는 그들의 경기에 대한 TV 방송권과 중국에서부터 아르헨티나에 이르기까지 전 세계에서 판매되고 있는 그들의 이름이 새겨져 있는 티셔츠에서 나오는 로열티와 연봉으로 수백만 달러를 벌어들인다.

그렇다고 현재 최고로 인정받는 오페라 가수가 100년 전 최고의 오페라 가수보다 더 낮다거나 슈퍼스타들의 수입이 그들의 능력과 성과의 차이를 그대로 반영하고 있다는 의미는 아니다. 슈퍼스타 현상은 실제로는 작은 능력의 차이라 할지라도 그들 중 더 우월한 것을 스타 반열에 올려 아주 큰 수입의 차이로 증폭시킨다. 이것이 승자 독식의 시장이다. 우승 트로피를 따낼 뿐만 이니라 더 많은 유니폼을 판매한 승자가 다음 경기에서 더 많은 관중을 모으게 될 것이다. 이 일을 해낼 수 있는 슈퍼스타는 그들이 기여하는 수익에 상응하는 지분을 받는다. 슈퍼스타의 연봉은 스타의 능력이 어떤 결과를 가져오는데 얼마나 기여했는가를 나타낸다. 글로벌 경제 아래서 기술이 발전하면서 슈퍼스타의 경기를 더 많은 시청자에게 중계하고 선수들의 이름이 새겨진 유니폼을 전 세계에 더 많이 팔 수 있게 되었다. 능력이 동일하다면 이제 승자에게 더 많은 수입이 돌아가는 것이다.

유명한 슈퍼스타이든 그다지 유명하지 않은 데이터 학자이거나 의사, 월스트리트 은행가이든 기술 변화는 일부 노동자들의 생산성을 더 불균형하게 높여 주었다. 그 결과 그들은 에린이 수석 엔지니어로 버는 수입보다 몇 배 더 많은 수입을 벌어들이게 될 것이다. 그러나 기술 변화가 소득 불평등을 심화시킨 유일한 동인은 아니다. 일반 노동자의 임금 하락을 일으키는 요인이 고소득과 저소득 노동자의 소득 차이를 더 심화시키는 요인이기도 하다. 그 요인은 바로 선두 기업들의 시장 지배력의 상승이다.

노동 시장을 위축시킨 숨겨진 요인은 제품과 서비스에 대한 시장 경쟁의 감소다. 우리 시대는 기술 분야에서 섬유산업에 이르기까지 과학 기술이 급속히 발전한 시대라는 꼬리표가 붙는다. 그리고 이제 아주 소수의 기업만이 무선 철도망을 지배하게 될 것이다. 이와 같은 기술의 진보는 그 소수의 기업에 엄청난 권력을 부여하게 된다. 결국 그에 따른 경쟁의 부재는 노동자들 사이에 아주 큰 소득 불평등을 초래하게 된다.

임금 불평등의 근원을 들여다보면 기업들이 임금 불평등을 심화시키고 있는 주범임은 명백해 보인다. 임금 불평등의 가장 큰 원인은 이제 기업들이 점점 독자적인 방식으로 경영하려 한다는 사실에서 기인한다. 과거에 대부분 기업은 숙련도가 낮은 기술직 노동자들과 고급 기술직 노동자 모두를 고정된 비율로 고용하곤 했었다. 하지만 이제는 일부 기업들이 예외적으로 높은 자격을 갖춘 고액 연봉 노동자들을 고용한다. 그리고 청소나 식사 등과 관련된 자잘한 일들은 외부에 위탁한다.

첨단 기술 업계도 상황은 비슷하다. 특히 실리콘밸리에는 고액 연봉과 다양한 직원 혜택을 받는 최고급 기술 노동자들로 가득한 기업이 많다. 누가 고급 음식이 제공되고 세탁 시설과 어린이집 등의 온갖 편의시설이 사내에 갖춰져 있는 구글 본사에서 고액 연봉을 받으며 프로그래머로 일하고 싶지 않겠는가?

하지만 첨단 기술 업계에도 에린이 수석 엔지니어로 근무하는 회사처럼 그녀를 포함한 대부분 직원이 저임금을 받는 곳도 있다. 특히 실리콘밸리에 있는 구글 본사의 연봉과 비교했을 때 더더욱 그렇다. 에린의 회사는 말하자면 기업 내부에 있는 기술 지원 센터의 역할을 한다고 볼 수 있다. 기업들은 요즘에 와서야 기술 지원 센터의 기능을 외부에 위탁하고 있다. 그 결과, 기술 지원 센터의 역할을 수행하며 낮은 임금을 받는 외부 업체와 디자인 및 개발 업무를 담당하는 본사, 이렇게 둘로 나뉘어 운영되는 것이다. 얼마 전까지만 해도 그 두 업무는 대부분 같은 회사 내에서 이루어졌다. 마찬가지로 청소원과 보안 인력도 사내에서 고용했었지만, 이제는 대부분 회사가 그 기능을 모두 외부 업체에 맡긴다.

결과적으로 임금 불평등이 점점 심화되는 것은 전적으로 기업들이 서로 다른 경영 방식을 채택하려는 데서 기인한다. 휴대폰 디자이너와 컴퓨터 프로그래머, 개발자는 고임금을 받고, 기술 지원 센터의 기능을 하는 위탁 업체의 기술자들은 저임금을 받는다. 임금 불평등은 기업 간의 불평등이 심화되면서 나타나기 시작했다. 일부 기업들은 생산성이 높고 업무 성과의 수치화가 가능한 자사 노동자들에게 고임금을 지급하고 있으며, 또 어떤 기업들은 자잘한 서비스를 제공하는 자사 노동자들에게 저임금을 지급하고 있다.

기업 간의 불평등은 심화되었지만, 기업 내에서의 임금 불평등의 폭은 그다지 크지 않다. 같은 기업 내에서 상위 1%의 노동자들은 하위 99%의 노동자들에 비해 평균 20배 더 많은 연봉을 받고 있다. 이는 1980년의 상황보다 약간 더 높은 수치이다. 그런데도 경제 전반에 걸친 임금 불평등은 더욱 가파르게 증가했다. 그리고 임금 불평등이 심화된 이유의 3분의 2 이상은 기업 간의 불평등이 심화되었기 때문이다.

여기서 추측할 수 있는 것은 기업들마다 근무 환경이 천차만별이라는 사실이다. 일주일 중 하루는 자신만의 프로젝트에 집중하며 일할 수 있는 구글 본사와, 좁은 개인 근무 공간에서 일정 직급 이상의 승진은 기대하지도 못하며 언제나 눈코 뜰 새 없이 땀 흘려 바쁘게 일해야 하는 에린이 일하는 환경은 하늘과 땅 차이다. 1980년까지만 해도 기업들은 거의 동등한 위치에 놓여 있었을 것이다. 구글처럼 고급 기업의 지위도 아니고 기술 지원 기업처럼 말단의 지위도 아니었을 것이다. 사람들이 일하는 위치가 달라졌다면 임금 역시 달라진다. 1980년 이후 기업 간의 격차와 그들이 지급하는 임금 간의 격차는 점점 벌어졌다. 경제 전반에 걸친 임금 불평등의 심화는 기업 간의 격차에서 비롯된 것이다.

고급 노동자들이 높은 수입을 버는 경우보다 일반적인 노동자들이 낮은 수입을 버는 경우가 훨씬 더 많다. 고소득 직종 종사자와 슈퍼스타를 포함해 모든 노동자의 봉급을 모두 합산해서 고려한다 해도 우리 경제가 노동에 대한 대가로 지급하는 금액은 1980년 이후 꾸준히 감소해왔다. 경제의 생산 요소로서 임금에 투입되는 총지출인 노동분배율노동분배율은 역사적으로 소득의 약 3분의 2, 즉 65% 정도를 유지해 왔다. 나머지 3분의 1은 자본 지출과 이윤이다. 하지만 오늘날 노동분배율은 58%에도 미치지 못하는 실정이다. 7% 포인트 하락(혹은 10%)은 작은 차이로 보일지도 모른다. 하지만 거기에는 저소득 노동자들의 임금뿐만 아니라 최고 고소득 노동자들의 임금도 모두 포함되어 있다. 이는 노동자 전체가 생산된 소득에서 10% 더 적은 지분을 가지고 가고 있다는 의미이다. 이는 아주 대폭적인 하락이며 전례가 없는 일이다. 자본 지출 또한 하락했다는 것은 더욱 놀라운 일이다. 기업들 또한 자본금 투자에 대한 지출을 줄인 것이다. 그리고 1980년 이후 전체적인 수익률은 급격히 상승했다.

이것이 바로 대기업들이 그들이 판매하는 제품의 시장을 지배하고 있다는 증거다. 이는 경제가 근본적으로 변화하고 있으며, 기업을 소유하고 있는 이들(기업들에 투자하는 연금 펀드를 소유하고 있는 사람들을 포함해)은 더 부유해지는 반면 노동자들이 노동에 대해 받는 보상은 줄어드는 것을 의미한다. 하지만 노동분배율의 하락은 단순히 노동자에게서 자본가에게로 자본이 이동하며 한쪽은 승자가 되고 다른 쪽은 패자가 되는 문제가 아니다. 나는 이 책을 통해 지금의 경제에서 벌어지고 있는 일은 결국 소수의 자본가를 제외한 모두에게 해가 되는 일임을 역설하고자 한다. 가장 큰 피해를 보는 부분은 노동이지만 대부분의 자본가를 포함해 전체 경제 또한 더 안 좋은 상황을 맞이하고 있다.

금시계 신화

노동 시장을 바꾸고 있는 것은 임금 정체와 임금 불균형의 심화만이 아니다. 1980년 이후 그 밖의 다양한 장기적 추세들이 완전히 노동을 탈바꿈시키고 있다. 이 책에서 나는 현대 사회에서의 노동을 전체적으로 조감해보려 한다. 노동에 대해 어떤 사실들은 잘 알려졌지만, 또 어떤 사실들은 잘 알려지지 않았거나 일반적인 상식에 어긋나는 것들도 있다.

일의 경제학과 관련해서는 여러 가지 신화가 존재한다. 나는 데이터와 연구 결과를 근거로 이 신화들을 깨뜨려보려 한다. 그중 하나가 금시계 신화다. 대다수 사람이 우리 부모와 조부모 세대들은 더 안전하고 오래 유지되는 일자리를 가졌었다고 믿고 있다. 직장은 직업인으로서 인생에서 믿고 의지할 수 있는 중요한 것이었다. 어린 나이에 회사나 공장에 취업해 점차 승진해 은퇴할 때가 되면 사장이 그동안의 노고를 보상하는 의미에서 금시계를 선물하곤 했다.

그런데 이제 이 금시계를 받는 순간은 신화가 되어버렸다. 오늘날의 직장들은 평균적으로 과거보다 훨씬 더 오래 근무하기 때문이다. 지금의 경제에서 일어나고 있는 상황을 바라보는 시각과는 다르다고 생각할지도 모르겠다. 하지만 수치상으로 따져봤을 때 직장 근무 기간은 더 길어졌다. 지금의 직장 근무 기간은 1980년대에 비해 평균 1

년 더 길어졌다. 이는 아주 큰 차이다.

직장 근무 기간이 더 길어지면 필연적으로 직원들의 이직 횟수는 줄어든다. 이는 아이들이 놀이동산에서 놀 때의 상황과 비슷하다. 아이들이 회전목마를 더 오래 탈 수 있게 되면 다른 놀이기구로 옮겨 타는 횟수가 줄어들 것이다. 따라서 직장 근무 기간과 이직 횟수는 반비례 관계에 있다. 역시나 데이터를 확인해 보면 이직률 하락이 눈에 띈다. 한 달 사이의 이직률은 데이터를 처음 수집하기 시작한 1994년의 상황과 비교했을 때 31% 더 낮게 나왔다. 노동 시장의 역동성이 아주 크게 줄어들고 있는 것이다. 그리고 노동자들이 이직을 덜 하게 되면 자연스레 인력 구조 조정도 줄어들게 될 것이다. 다시 말해, 기업의 역동성이 줄어들 것이라는 의미다.

노동 시장의 역동성을 진단하는 또 다른 방법은 도시 간 이동률을 살펴보는 것이다. 대다수 사람이 이직으로 인해 이사하는 경우가 많아서 이직률이 감소하면 그로 인해 한 국가 내에서의 이동률 또한 급격한 하락을 보이게 된다. 도시 간 이동률은 약 절반 수준으로 하락한 것을 확인할 수 있다. 30년 전에는 한 달 사이 도시 간 이동 인구가 3%이었던 것에 반해 현재는 1.5%다.

노동 시장의 역동성이 이처럼 크게 줄어드는 것은 사실 우려할 만한 문제다. 나는 직장이 안정적인 것은 바람직하지만 이직이 둔화하는 것은 해롭다고 말하고 싶다. 노동자들의 승진 가능성이 작아지고 조직 내에서 지위 상승이 더디게 이루어짐에 따라 사회적 유동성을 저해하기 때문이다. 일부 노동자들, 특히 졸업하자마자 입사한 직원들과 어린 직원들의 경우 이런 상황의 영향을 훨씬 더 많이 받기도 한다. 요즘에는 젊은 세대들이 직장을 구하는 데 더 오랜 시간이 걸린다. 이런 상황은 어린 세대들이 생산성을 비약적으로 성장시킬 수 있는 시기를 그냥 흘려보내는 것이므로 그들과 경제 모두에게 손해가 된다. 젊은 나이에 안정적인 직장을 구하는 것이 녹록지 않자 유럽의 많은 젊은이가 30대 중반이 되도록 부모와 함께 살고 결혼해도 아이를 늦게 낳거나 아예 낳지 않게 된 것이다.

노동 시장이 역동성을 잃게 되면 50대에 접어들어 직장을 잃게 된 노동자들은 새로운 직장을 구하기가 훨씬 더 어려워져 실직을 사형 선고로 받아들이게 된다. 그 대표적인 예가 덴마크의 노동 시장이다. 1990년대까지 덴마크의 노동자들은 역동성이 낮은 노동 시장을 경험했고, 그 결과 현재 지중해 다른 국가들의 노동자들에 비해 더 긴 실업 기간을 감내하고 있다. 덴마크 정부는 구직을 더 원활히 한다는 취지에서 엄격히 준수했던 고용 보장을 완화하는 정책을 발표했다. 그에 따라 이제 덴마크의 젊은 노동자와 나이 든 노동자 모두 직장을 더 빨리 구할 수 있게 되었다. 그리고 50세 이상의 노동자들도 재취업이 가능해졌기 때문에 결과적으로 완화된 고용 보장의 부족한 점을 메꿀 수 있게 되었다. (이 내용은 11장에서 자세히 다루고 있다).

모든 새로운 일자리는 사업을 확장하는 기업에서 생겨나며 그 확장이 혁신을 기반으로 한 것인지와는 무관하다. 젊은 기업들은 오래되었거나 업계에서 자리를 굳힌 기업들보다 훨씬 더 많은 일자리를 창출한다. 한 가지 두드러지는 사실은 지금은 40년 전보다 스타트업의 수가 더 적다는 것이다. 하지만 칵테일파티에서 당신이 스타트업의 수가 줄었다고 주장한다면 사람들은 당신의 말을 진지하게 받아들이지 않을 것이다. 사람들은 첨단 기술의 급속한 발달과 실리콘밸리에서 고성장한 새로운 기업들을 보고 당연히 그 어느 때보다도 스타트업의 수가 많다고 말할 것이다. 물론, 펫츠닷컴(pets.com)과 같이 예상과 달리 부진한 성적을 낸 스타트업들도 있지만 적어도 그들이 혁신을 시도했다는 것은 부정할 수 없는 사실이다. 하지만 그런 부분은 데이터에 나타나는 것이 아니다.

소매업과 제조업, 운송업, 에너지, 금융 등 모든 분야를 통틀어 신생 기업의 수는 40년 전과 비교해 그 절반 수준이다. 첨단 기술 분야에서조차 스타트업의 수가 줄어든 것이 현실이다! 그렇다면 누가 구글이나 페이스북과의 경쟁에 뛰어들겠는가? 믿기 어렵겠지만 스타트업의 호황은 신화이다.

과거의
모던 타임스

현재의 노동 환경에 영향을 미치는 이러한 문제들, 즉 일반 노동자들의 저임금화, 임금 불평등의 심화, 노동분배율 하락, 노동 시장의 역동성과 유동성 하락, 스타트업 수의 감소는 1980년 이후로 새롭게 등장한 문제들이다. 이 책의 주된 목적은 어떻게 노동이 그 빛을 잃게 되었는지 그 원인을 밝히고자 하는 탐구이다.

지난 40년간의 세월이 첨단 기술의 눈부신 발전과 세계화, 인구 통계의 변화를 겪은 기간임은 의심할 여지 없는 사실이다. 이러한 엄청난 변화들은 우리가 경험하고 있는 진화와 발전을 설명해 주는 중요한 후보자들이다. 그리고 기술은 특별한 관심을 받을 가치가 있는 것이다. 하지만 기술이 이 살인 미스터리에서 악당은 아니다. 오히려 〈굿 비헤이비어(Good Behavior 2016~2017년 사이에 방영된 미국의 TV 드라마: 역자 주)〉에서 자비에 페레이라와 흡사하다. 그는 모든 등장인물이 악당인 곳에서 그나마 가장 착한 악당이다. 더 중요한 사실은 그 드라마를 보면서 당신은 자비에에게 감정 이입을 하게 된다는 것이다. 기술 변화도 이와 마찬가지의 상황을 연출하고 있다. 우리가 노동과 관련된 자료에서 확인한 수많은 문제는 다름 아닌 기술 발전에서 기인한 것이다. 그리고 기술 발전이 원인 제공자인 경우가 대부분이라 할지라도 그것이 곧 해결책이 되기도 한다.

진짜 악당을 찾아내기 위해서는 우회로를 통해야 할 필요도 있다. 지난 40년 동안 노동에 일어난 변화가 아주 크다 할지라도 역사적으로 봤을 때 그것이 유례없는 일은 아니기 때문이다. 지금의 노동 상황은 100년 전의 상황과 크게 다르지 않다. 그 우회로는 우리를 과거의 '모던 타임스'로 데려다준다.

대공황의 늪에 빠져 있던 시기에 찰리 채플린의 무성 영화 〈모던 타임스(Modern Times)〉는 온종일 나사못 조이는 일만을 하며 인간성을 말살당하는 공장 노동자의 삶을 보여주고 있다. 노동자의 반복적인 일에 분노한 그는 산업 시대에 기계의 영향력과 조립 라인에 대항해 투쟁한다. 채플린은 그의 상징적인 캐릭터인 리틀 트램프를 〈모던 타임스〉에서 마지막으로 연기했다. 그는 1914년에 처음 리틀 트램프로 스크린에 등장해 전 세계적으로 사랑 받는 친숙한 페르소나를 창조해 냈다.

가난하고 궁핍한 생활을 하지만 예의 바르고 교육을 잘 받은 친절한 마음씨의 소유자인 트램프는 그들의 부모보다 돈을 못 버는 잃어버린 세대이다. 그는 틈만 나면 하얀 깃이 달린 셔츠와 모자, 양복을 우아하게 차려입는다. 또한 아무리 먹을 게 콩 한 쪽밖에 없다 해도 하얀 리넨 냅킨을 두르고 음식을 식탁에 차려서 먹는다. 그는 중산층 노동자로서 운이 나빠 안 좋은 환경에 놓여 있었기에 가난하다. 교육도 어느 정도 받았고 어떤 일도 잘 수행할 수 있도록 준비된 인재이지만, 그가 구할 수 있는 일자리라고는 조립 라인에서 나사못을 조이는 일밖에 없다. 쥐꼬리만 한 봉급을 받으며 힘든 일을 해야 하고 중산층이라는 배경과 교육은 인정받지 못한다. 근무 환경은 열악하고, 낮은 봉급을 받으며 인간성을 말살하는 일을 한다. 채플린이 〈모던 타임스〉라는 영화를 만들 당시 그는 노동이 왜 그토록 비참할 수밖에 없는지 그 근원에 초점을 맞추고 있었던 것 같다.

〈모던 타임스〉는 1936년 2월 뉴욕시에 있는 리볼리 극장에서 처음 상영됐다. 영화는 미국에서는 즉시 흥행에 성공하지 못했지만, 유럽에서는 대중적으로도 평론가들 사이에서도 아주 커다란 반향을 불러일으켰다. 쟝 폴 사르트르(Jean-Paul Sartre)와 시몬 드 보부아르(Simone de Beauvoir)는 그들이 창간한 프랑스 실존주의 문학잡지의 이름을 영화 제목을 그대로 가져와 〈Les Temps Modernes〉이라고 지었다. 이 잡지는 1945년 창간되어 2019년까지 발간되었다. 영화가 담고 있는 이미지는 오랫동안 전승되는 유산이 되었다. 노동자들을 감시하는 독재자 스크린에 대한 아이디어는 1949년에 출간된 조지 오웰(George Orwell)의 소설 〈1984〉에도 등장했으며, 조립 라인 장면 또한 많은 코미디 장면이 탄생하는 데 영감으로 작용했다.

영화가 만들어졌을 당시 경제는 대공황의 정점에 놓여 있었다. 1차 세계 대전이 끝난 후 처음으로 겪는 전 세계적인 불황이었다. 세계 전쟁과 경제 불황은 전 세계가 전례 없는 생산 확대와 기술 혁신, 국제적인 통상로의 촘촘한 연결망을 구축한 최초의 글로벌 경제 시대를 맞이하고 난 직후 일어난 일이다. 1870년과 1차 세계 대전 사이의 두 번째 산업 혁명기에는 전기 보급과 석유 사용, 신소재 및 화학 약품 개발뿐만 아니라 기계와 제강 기술을 활용한 제조 등의 새로운 발명이 넘쳐났다. 제조업에서의 그와 같은 기술 발전은 점차 이동성과 통신 수단을 크게 발전시켰다. 국가 간 철도망이 대규모로 확대되었고, 내연 기관이 보급되었으며, 전기 엔진이 개발되었고 제조 생산라인이 등장했다. 그와 함께 전보, 전화, 라디오 등의 새로운 통신 기술도 등장했다. 이와 같은 발전의 기반은 수십 년 전인 19세기 전반에 만들어졌지만 대량 생산 기술이 빠른 경제 발전을 가능하게 만든 것은 20세기에 들어선 이후의 일이다.

상품과 사람, 아이디어의 교류와 이동이 활발해지자 기술의 확산과 성장도 가속화되었다. 국내외적으로 경제 흐름과 이해의 상호 의존성이 어느 때보다 높아졌다. 1차 세계대전이 발발하기 전의 국제 교역은 앞선 수십 년 동안의 고성장에 이어 총생산량의 30%를 차지하며 최고의 성장세를 기록했다. 1차 세계대전과 1930년대의 대공황을 겪으며 교역은 10%로 다시 떨어졌고 반세기가 훨씬 더 지난 1970년대 중반까지 국내총생산의 30%에 미치지 못했다.

고도 경제 성장과 더불어 기술 발전의 부상 또한 기업들이 더 많은 시장 지배력을 행사할 수 있게 해주었다. 새로운 시장을 개발한 기업들은 새로운 시장에 진입한 첫 주자일 뿐만 아니라 기술의 도움으로 선점자의 우위를 누리며 시장 지배를 유지할 수 있었다. 시장 수익을 놓고 경쟁하려는 기업들이 많이 진입하지 못하는 이유는 기술적인 문제(예컨대 철도 운송의 엄청난 진입 비용)이거나 정부 정책에 의한 암묵적인 보호이거나 반독점 규제의 부재, 아니면 명백한 공모일 것이다. 기업 왕국을 건설하는 데 성공한 인물들은 부도덕하고 비양심적인 전술로 비난받는 일이 많았다. 앤드루 윌리엄 멜론(Andrew W. Mellon), 존 피어폰트 모건(J.P.Morgan), 앤드루 카네기(Andrew Carnegie), 찰스 마이클 슈왑(Charles M. Schwab), 르랜드 스탠퍼드(LeLand Stanford), 러셀 세이지(Russell Sage), 코넬리우스 밴더빌트(Cornelius Vanderbilt), 존 데이비슨 록펠러(John D. Rockefeller)와 같은 거대 기업가들은 '강도 귀족(robber barons)'이라는 오명을 쓰기도 했다.

일각에서는 강도 귀족들이 경제 발전을 일군 산업의 역군이라고 주장하지만 많은 역사가가 그들을 투자자와 고객들, 정부를 속이고 강탈한 훼방꾼으로 바라보고 있다. 예를 들면, 존 록펠러의 스탠더드 오일(Standard Oil)은 경쟁이 수익을 하락시키는 업종에서 시장 지배력을 발휘하기 위해 수많은 동종 소기업을 사들였다. 그리고 J.P.모건은 미국 동해안과 중서부의 경쟁 철도 회사들을 흡수 합병해 말 많았던 노던 철도 신탁 회사(Northern Securities Company)를 설립하여 시카고 전역에서 거의 독점적으로 운영했다.

소수 기업과 개인들의 손안에 엄청난 부가 축적된 시대는 그 산물로 우리에게 오랫동안 길이 남을 자선 활동의 유산을 남겨 주었다. 스탠퍼드, 카네기 멜론, 듀크, 밴더빌트 대학교, 그리고 러셀 세이지 재단 등 대부분이 해당 부자 가문의 이름을 딴 대학교와 연구 기관들이다. 앤드루 카네기는 빌 게이츠와 워런 버핏이 설립한 기빙 플레지 운동과 비슷하게 재산의 90%를 기부해 현대의 억만장자들이 적어도 재산의 절반을 기부하도록 그 본보기가 되고 있다. 재미있는 사실은 지난 세기에 몇몇 거대 기업의 손에 축적된 부의 상당 부분이 사회 문제를 연구하고 사회적 개입을 재정적으로 지원하는 가장 부유한 재단으로 흘러 들어갔다는 것이다. 역설적이게도 그러한 대의명분은 직간접적으로 재단 창립자의 돈벌이 활동의 비리를 바로잡는 일과 연관된 경우도 종종 있다.

엄청난 부가 놀라운 건축물을 탄생시키기도 한다. 그랜드 센트럴 역과 같은 인상 깊은 건물들과 뉴욕의 제너럴 모터스 사무실들은 밴더빌트나 포드가 잉여 수익이 두둑하지 않았다면 아마 건설되지 못했을 것이다. 이는 미국에만 국한된 이야기가 아니다. 20세기 들어서 건축사적으로 큰 의미를 지닌 주요 건축물들은 부자들의 자선 활동이 아니었다면 건설되지 못했을 것이다. 프랑스 파리의 에펠 타워, 벨기에 브뤼셀의 오르타가 만든 아르 누보 건축 양식의 건축물들, 스페인 바르셀로나의 가우디가 만든 현대식 건축물들도 이에 해당한다.

기술 발전이 가져온 부의 축적과 경제 성장은 이론적으로는 너무나 좋아 보인다. 세계의 경제 활동이 상호 긴밀히 연결되어 있다는 사실은 마침내 세계가 경제 번영이 계속 지속되는 시점에 도달했으며 다시 과거로 돌아갈 일은 없다고 사람들을 믿게 했다. 돌아보면 이때는 선진국 간의 국제 교류가 제한 없이 자유롭게 이루어졌던 시기로 여권도 필요하지 않았다.

1910년 노먼 에인절(Norman Angell)은 그의 책 〈위대한 환상(The Great Illusion)〉에서 교역과 신용 거래를 통해 여러 국가의 경제가 상호 의존성이 너무 높아졌다고 주장하면서 경제적 독립성으로 인한 경제적 손실은 메꾸기 어려울 만큼 크며, 전쟁을 치러서 이득을 볼 수 있는 국가는 없다고 지적했다. 한 국가가 다른 국가를 정복하고 재산을 몰수한다 해도 정복한 국민을 유지하기 위해서 점령국은 점령 비용을 지급해야 함과 동시에 재산권을 인정해야 한다. 이것이 자본주의의 궁극적인 시각이다. 자본과 인간 또는 육체는 현대의 개방적인 경제에서는 국경도 없고 국적이나 국가에 상응하지 않는다는 것이다. 물론 에인절의 논지는 그 자체가 거대한 환상이었고 책이 출간된 지 겨우 4년이 되었을 무렵 1차 세계대전의 발발과 함께 그것이 틀렸음이 입증되었다. 그 뒤 몇 년 동안 그는 전쟁은 불가능한 것은 아니지만 경제 발전과 국가 간 상호 연결성을 고려했을 때 아무런 의미가 없고 경제적으로 비이성적인 처사라고 말하며 그의 논지를 수정했다. 하지만 유례없는 경제 성장과 부의 축적을 반영하고 있는 지나친 낙관주의의 기저에는 그 부의 불평등한 분배 문제가 깔려 있었다.

채플린의 〈모던 타임스〉는 부가 동등하게 분배되지 않고 있으며 경제가 발전함에도 노동자 계층의 절대다수가 더 가난해지는 당시의 현실을 보여주고 있다. 에인절의 수정된 관점 역시 부가 공평하게 분배되는 시스템이 마련되어야 한다는 사실을 고려하지 않고 있다. 부가 공평하게 분배되지 않으면 발전 기계 전체가 파괴된다 한들 다수의 사람은 손해볼 게 없는 것이다.

현대의
모던 타임스

　　　　　　　　이윤의 역설이 주장하는 중심 원리는 급속한 기술 발전이 엄청난 경제 및 사회 발전의 잠재력을 일깨운다는 것이다. 혁신 기업들은 효율성과 시민들의 삶을 향상시킨다. 동시에 신기술은 기업들이 노동 시장에 해로운 영향을 끼치는 시장 지배력을 강화할 수 있게 해준다. 1980년 이후에 전개된 이윤의 역설은 한 세기 전에 전개되었던 양상과 아주 흡사한 모습을 보인다. 현대 사회의 모습은 채플린이 보여준 〈모던 타임스〉와 다르지 않다. 고급 교육과 훈련을 받은 에린과 같은 노동자가 정보통신 업계에서 수석 엔지니어로 일하며 놀라우리만치 낮은 임금을 받는 한편 그녀의 모회사는 높은 수익을 달성하고 전례 없이 높은 주가를 기록하고 있다.

　18세기에 전기와 전보, 내연 기관이 발전한 것과 같이 2차 세계대전 이후의 기술 발달은 컴퓨터와 인터넷, 이동통신을 탄생시켰다. 이들이 차례로 등장하고 반세기 후 21세기에 들어서면서 그 운영이 민주화되고 규모가 커지면서 휴대전화가 광범위하게 보급되었고 소매업을 포함해 여러 산업 분야가 큰 변화를 겪게 되었다. 이러한 커다란 기술 혁신은 발전을 가져왔을 뿐만 아니라 초기에 시장에 진입한 기업들이 시장 지배력을 강화해 기업 간의 경쟁을 불가능하게 만들 가능성 또한 낮게 되었다. 오늘날 초고속 디지털 통신은, 말하자면 20세기 초반의 철도와 동등한 것이라 볼 수 있다. J. P. 모건이 경쟁업체들을 통합하고 가격을 올려 시장을 지배한 것처럼 현재에는 마크 저커버그(Mark Zuckerberg)가 대형 소셜미디어 플랫폼인 페이스북과 인스타그램, 왓츠앱을 통합한 것이다. 그러한 시장 지배는 큰 이윤과 엄청난 부를 창출했다. 50년 후에는 우리의 손주들과 증손주들이 저커버그 연금에 가입하고(그런 것이 생긴다면), 혹은 오늘날 구겐하임 박물관이 그런 것처럼, 베조스 가족 재단과 그들 가문이나 기업명이 붙어 있는 건물과 박물관이 역사적인 명소가 될 것이다.

오늘날 대부분 은행가와 헤지펀드 소유주, 기업가, 실리콘 밸리의 억만장자들은 적어도 지금은 평판이 나쁘지 않다. 오늘날 시장 지배의 경제적 영향력이 한 세기 전과 비교해 덜 파괴적이기를 희망할 뿐이다. 심지어 도금 시대에 강도 귀족의 시장 지배는 17세기에 왕이 네덜란드 동인도 회사에 부여했던 완전한 독점 권력에서 카페인을 뺀 버전이라 할 수 있었다. 하지만 생산 시장에서 기업들의 시장 지배가 한 세기 전에 그랬던 것처럼 오늘날 노동에 지대한 영향을 끼치고 있다는 사실은 의심할 여지가 없다.

이 책의 주요 목적은 우리가 지난 40년 동안 보아온 노동의 진화가 시장 지배자가 등장한 결과이며, 채플린의 〈모던 타임스〉에서 보여주는 모습과 그 원인 및 파장이 놀랍도록 닮아 있는 것을 보여주고자 하는 것이다. 나는 실례를 무릅쓰고 현재 시대를 '모던(modern)'이라고 부르겠다. 경제학적 관점에서 봤을 때 우리의 시대는 모던이라고 불리던 20세기 초입의 시대와 닮았기 때문이다. 그 당시와 지금은 사회, 경제적으로 중요한 의미가 있는 시점으로, 급속한 기술 발전과 세계화, 경제적 상호 의존성, 그리고 발전에서 얻은 경제적 수익을 어떻게 배분할 것인가에 대해 상당한 의견 차이를 보인다는 점에서 비슷한 모습을 보여주고 있다. 재미있는 사실은 '모던(modern)'이라는 단어에는 두 가지 의미가 있다. 구어적으로는 '현재'를 의미하는 어근 modo로 시작하므로 '현재의 것,' 혹은 '먼 과거가 아닌 일'을 나타낸다. 예문으로 다음과 같이 쓰일 수 있다. '현재의(modern) 배터리는 전기차가 최대 350마일을 달릴 수 있는 동력을 제공한다.' '모던(modern)'과 '컨템포러리(contemporary)'는 영어에서 동의어다. 그와 동시에 모던은 특정한 시대를 가리키기도 한다.

이 책은 노동의 모든 측면과 지난 40년 동안 노동이 어떻게 진화했는지에 대해 기록하는 것에 초점을 두고 있다. 나는 상황이 어떻게 변화했으며 어떤 변화 과정에 놓여 있는지와 함께, 있는 그대로의 사실과 우리가 알고 있는 바를 보고할 것이다. 그 사실에 더해 우리는 현재의 사실을 분석하고 해석한 경제적 연구도 풍부하게 살펴볼 예정이다. 그렇게 해서 그 근원을 찾아가려 한다.

또한 사실과 경제 연구 결과에 기반해 현재 노동 상황의 근원이 무엇인지 탐색하려 한다. 하지만 이 책은 스터즈 터클(Studs Terkel)의 저서 〈워킹(Working(1974)〉에서 영감을 받기도 했다. 터클은 일반적인 (혹은 그리 일반적이지 않은) 보통의 사람들이 온종일 무슨 일을 하는지에 대해 책에서 묘사하고 있다. 이 책의 전반에 걸쳐 나는 노동과 관련된 에린과 같은 개인의 사례들을 곁들여 사실과 통계 자료를 제시할 예정이다. 통계 자료를 기반으로 한 수많은 관측 결과와 개인 노동자의 단편적 경험 사이에는 큰 차이가 존재하는 것이 사실이지만, 슈테판 츠바이크(Stefan Zweig)의 명쾌한 표현을 빌려 그 두 가지 모두를 고려할 가치가 있다고 말하고 싶다. "중요한 것은 명백한 사실이 아니라 그 사실 안에 담겨 있는 인간적이고 감정적인 요소다."

PART 1

시장 지배의
기원

제 2 장

해자 관리의 기술

워런 버핏은 자신이 투자하기를 원하는 이상적인 기업에 대해 다음과 같이 묘사한 바 있다. "저는 경쟁자들에게 만만해 보이는 기업을 원치 않습니다. 주변에 경제적 해자가 잘 관리되고 있는 기업을 좋아하지요. 아주 가치 있는 성이 중간에 있고 그 성을 책임지고 있는 통치자가 정직하고 근면하며 능력 있기를 원하며, 또 성 주변에는 큰 해자가 있어야 합니다." 그는 아름다운 성을 가지고 있다면 사람들은 그 성을 공격하려 할 것이므로 관리인에게 사람들의 공격을 막기 위해 해자를 더 넓히고 악어와 상어를 해자에 넣으라고 지시할 것이라고 덧붙였다.

생각해보면 시장에서 활발히 사업을 전개하는 유일한 독점 기업이 되는 것은 기업가의 꿈이다. 경쟁자가 없으면 독점 기업은 가격을 올려 이윤을 극대화할 수 있다. 아마 세계 어디에도 완전한 독점 기업은 없을 것이다. 하지만 2000년대 초반에 컴캐스트(Comcast)와 같은 케이블 TV 공급업체들이 여러 지역 시장에서 거의 독점에 가깝게 운영되기도 했다. 외곽 주에서 유일한 케이블 TV 공급업체였던 당시 그들은 경쟁업체들을 고려하지 않고 가격을 책정할 수 있었다.

더 높은 가격은 각각의 상품이 제조 원가보다 더 높은 가격에 판매되기 때문에 수익 증대에 직접적으로 영향을 미친다. 하지만 더 높

이윤의 역설

은 가격은 간접적으로 수익을 감소시키기도 한다. 가격이 비싼 만큼 살 수 있는 사람이 더 적어지기 때문이다. 이런 이유로 컴캐스트는 계약자 수가 적다. 이윤을 극대화해 주는 높은 가격 책정은 직접적인 효과로 나타나는 수익 증대와 간접적인 효과로 나타나는 더 적은 고객 수로 인한 수익 감소로 결국 수익 증대를 기대하기 힘들다.

컴캐스트는 위성 방송과 인터넷 방송 등의 대체 서비스를 제공하는 공급업자들이 점차 경쟁에 뛰어들기 시작함에 따라 진정한 독점 기업이 될 수 없었다. 단 몇 개의 기업이 경쟁할 때 시장은 소수 독점 체제가 될 수 있다. 기업들은 제한적인 경쟁을 치르는 것이고 여전히 생산 비용보다 높은 가격을 책정할 수 있고 저가 공급을 하지 않고도 초과 이윤을 낼 수 있다. 그러나 높은 이윤을 지속시키기는 어렵다. 시장 지분을 원하는 경쟁자들이 시장에 진입하기 때문이다. 경쟁 기업들의 손쉬운 시장 진입과 그에 따른 경쟁은 시장 경제에서 자본주의 체제가 기반으로 하는 패러다임이다.

시장 지배자가 없는 경쟁 시장에서는 기업들이 위험 비용 및 기타 비용에 대해 투자자들에게 적절히 보상하며 자본이익률 정도의 이윤을 벌 수 있을 뿐이다. 그러므로 우리는 시장 지배를 기업이 투입 비용 이상으로 가격을 올리고, 투자와 위험, 혁신에 대해 보상할 수 있는 초과 이윤을 창출할 수 있는 능력이라고 정의할 수 있겠다. 또한 워런 버핏의 설명처럼 성공적인 기업가들은 항상 제한된 경쟁을 하는 시장을 찾는다. 기업가가 회사를 창업하고 어쨌든 시장에 진입하려 하는 이유는 돈을 은행 통장에 넣어둠으로써 벌 수 있는 수익보다 더 많은 수익을 창출하기 위한 것이다. 물론 모든 기업이 똑같이 초과 이윤을 창출하는 것은 아니다. 월마트가 소매 시장을 장악하기 시작했을 때 다른 경쟁자들의 이윤은 급락한 반면 월마트의 이윤은 급등했다. 기업가로서 가장 중요한 역할은 일인자가 되겠다는 목표를 가지고 위험한 도박에 승부수를 두는 것이다. 그러기 위해서는 빠른 상황 판단과 신기술 개발에 더해 아주 큰 운이 따라 주어야 한다.

큰 목표는 혁신 경쟁에서 승자로 인정받고 더 높은 생산성을 구현하는 것이다. 하지만 획득한 독점 권력은 일시적일 수밖에 없다. 이는 조지프 슘페터(Joseph Schumpeter)의 '성장과 창조적 파괴'의 이론에 따른 논리이다. 기업들은 일시적인 시장 지배를 획득하기 위해 혁신한다. 혁신의 과정에서 기존의 열등한 기술을 파괴하면서 말이다. 또한 혁신은 경쟁자들에게 새로운 기술을 받아들이거나 심지어 그들의 기술력을 뛰어넘을 기회를 열어주기도 한다. 그 과정에서 선두 자리를 위협받기도 한다. 이렇게 이어지는 쫓고 쫓기는 게임이 기술 발전을 이끄는 동력이 되는 것이다. 테슬라는 전기차 시장을 장악하고 있다. 하지만 경쟁자들은 이미 더 우월하거나 저렴한 기술로 테슬라의 선두 자리를 위협하고 있다.

독점 권력은 혁신과 성장을 부추기지만, 그 지배력은 일시적이며 경쟁자들이 비슷하거나 우월한 기술을 개발하면 결국 소멸한다. 더욱이 일시적인 시장 지배로 도약을 이루어 이익을 얻기 위해서는 기업이 투자해야 하기 때문에 초과 이윤을 내기도 힘들어진다. 기업들이 앞서가기 위해 서로 경쟁하는 상황에서 기업들은 투자가 창출할 것으로 기대하는 수익만큼의 선행 투자를 해야 할 것이다.

워런 버핏처럼 노련한 투자자의 처방처럼 이윤을 추구하는 기업의 목표가 신제품과 신기술을 개발하거나 더 저렴하게 생산하기 위해 혁신하는 것이어야만 하는 것은 아니다. 그보다는 다른 기업들의 시장 진입을 막고 거기서 나오는 이익 일부를 가져가는 것을 목표로 삼는 것이 나을 때도 많다.

버핏의 처방을 따르는 기업가는 일시적인 독점 권력이 혁신의 동력이 되는 쫓고 쫓기는 기업들의 역학을 따르기보다는 경쟁자들의 진입을 제한하기 위해 성 주변에 해자를 건설함으로써 성의 영구적인 독점 체제를 확립하려 할 것이다. 투자자가 그런 성들을 하나씩 모아 거기서 나오는 수익으로 주변에 든든한 해자를 구축해 놓은 다른 성들을 사들인다면 슘페터 방식의 성장 스토리는 모노폴리 게임으로 둔갑하게 된다. 부수적인 이야기지만, 지금의 모노폴리 게임을 처음 발매한 파커 브라더스(Parker Brothers)사는 대공황 시절 한 실직 노동자가 모노폴리 게임을 발명해 그것이 명실공히 가장 인기 있는 보드게임이 되어 아메리칸 드림을 실현한 스토리로 그 게임을 홍보하고자 했다.

그러나 실제 이야기는 그보다 더 복잡하다. 오늘날의 모노폴리 게임은 1903년에 엘리자베스 매기(Elizabeth Magie)가 개발한 랜드로드 게임(Landlord's Game)을 기초로 해서 만들어진 것이다. 그녀는 독점의 위험성을 보여주는 교육용 자료로 이 게임을 개발한 것이었다. 게임은 두 가지 방식으로 진행할 수 있게 설계되어 있다. 첫 번째는 오늘날의 모노폴리 게임이 진행되는 방식처럼 가장 많은 땅을 차지한 한 사람이 게임의 승자가 되는 방식이다. 그리고 두 번째 방식은 첫 번째 방식과 반대로 증식하는 부를 모두에게 분배하는 반독점주의 방식으

로 진행하는 방식이다. 반독점주의 방식의 게임은 19세기 경제학자
이자 정치가인 헨리 조지(Henry George)의 사상을 기반으로 하고 있다.
그는 정부 세수를 늘리는 가장 합당한 방안으로 근로소득에 세금을
부과할 것이 아니라 지주들에게 토지가격세를 징수할 것을 제안한
바 있다.

　매기의 보드게임에는 J.P. 모건과 존 D. 록펠러와 같이 현실 경제
의 모노폴리 게임에서 승리해 부자가 된 부유한 기업가들을 비난하
는 메시지가 담겨 있었다. 그 시기에는 기술 혁신이 슘페터가 말했듯
이 일시적인 독점 권력을 즐기는 기업들의 쫓고 쫓기는 혁신 경쟁이
아니라 대적할 수 없는 시장 독점적인 기업을 탄생시킨다는 인식이
있었다.

　수십 년이 지난 후, 조지 오웰은 〈노예의 길(The Road to Serfdom)〉
의 서평에서 프리드리히 하이에크(Friedrich Hayek)가 자유 시장 경제의
경쟁을 너무 장밋빛 풍경으로 그리고 있다고 주장했다. 오웰은 '경쟁
에서는 승자가 존재한다는 것이 문제'라고 언급했다. 하이에크는 아
주 뛰어난 경제학자이자 철학자였다. 반면 오웰은 경제학자가 아니
었지만, 그 역시 뛰어난 사상가였다. 경제학자들은 경쟁이 애덤 스미
스(Adam Smith)가 말하는 '보이지 않는 손'의 유익한 결과로 최대 다수
의 최대 행복을 가능하게 하기 위해서는 특정한 조건(외부효과와 규모의
경제, 마찰이 없는 상태에서 충분한 정보를 얻을 수 있어야 한다는 것)이 충족되어야
한다는 사실을 오래전부터 알고 있었다.

　하이에크와 오웰은 경쟁 조건이 모두에게 유익해야 한다는 전제
가 충족되었는지에 관한 판단에서 의견 차이를 보였다. 하이에크는

　　　　　　　　　　　　　　　　　　이윤의 역설

완벽한 경쟁을 위한 조건들이 대부분 충족되었다고 판단했지만, 오웰은 그 조건들이 충족되지 않았으며 '자유 자본주의는 독점으로 갈 수밖에 없다'고 주장했다.

20세기에 들어서면서 소수의 기업은 하이에크가 주장한 유익한 경쟁을 하지 않고도 시장에서 지배적 지위를 획득하는 데 성공했다. 예를 들면 정유와 철도 분야의 소수 기업은 합병이나 수상한 관행을 통해 경쟁자들이 엄두를 못 낼 만큼 진입 비용을 높여 전체 생산망을 통제했다. 기업들은 시장 '안에서' 경쟁을 벌이려고 하기보다는 시장을 '지배하기 위한' 경쟁들에 참여하고 있었다. 그들은 시장 지배 기업이 되기 위해 치열하게 경쟁하지만 일단 경쟁자들을 물리치고 나면 승자는 더이상 그 시장 안에서 경쟁하지 않아도 되는 것이다. 오웰은 그의 문학적 천재성으로 하이에크가 말하는 '경쟁'에 '들'을 붙여 그들의 의견 차이를 강조하고 있다.

나는 한 세기도 넘는 기간인 1890년에서 2014년 사이와 마찬가지로 지난 수십 년 동안 기술 발전이 급속하게 진행됨에 따라 슘페터의 이론은 실패했으며 기업들은 더 영구적으로 시장 지배를 확대해왔다고 주장하는 바다. 급속한 기술 변화의 혁신을 이용해 성공적인 기업들은 생산성을 고도로 높일 수 있었으며, 그와 동시에 그 기술 우위를 경쟁자들을 물리치는 데 이용했다. 기술 혁신은 시장 선두주자가 될 수 있는 지위와 더불어 영구적인 해자를 구축해준다. 이제 시장 지배가 이루어지고 있는 실제 사례를 살펴보고, 현재의 경제가 기업들에게 시장 지배 권한을 부여하고 있는 것인지, 만약 그렇다면 얼마나 부여하고 있는지 알아보자.

시장 지배의
증거

시장 지배가 이루어지는 일상적인 증거는 어디에서나 찾아볼 수 있다. 소수의 기업이 어떤 시장을 어떻게 지배하는지는 아주 쉽게 확인할 수 있다. 심장박동 조율기의 89%가 세 개의 기업에서 생산되고 있으며, 그 중 메드트로닉(Medtronic)이 50%가 넘는 시장 점유율을 기록하며 업계에서 선두를 달리고 있다. 또한 미국에서 판매되는 아기 분유의 69%가 두 개의 기업에서 생산되고 있다. 미국에서 판매되는 고양이 사료의 57%는 네슬레에서만 생산되고 있다. 유니레버와 크래프트는 미국 마요네즈 판매량의 87%를 차지하고 있다. 모든 소셜네트워킹의 70%는 페이스북의 손안에 있으며, 트위터와 링크드인은 둘을 합쳐도 점유율이 15%에 불과하다. 네 개의 주요 항공사가 미국 지역 항공 시장의 76%를 점유하고 있다. 홈디포와 로우스는 미국의 주택 개조 용품 시장의 81%를 점유하고 있다. 그리고 죽기 전에 장례식을 계획하려고 한다면 시장의 82%를 점유하고 있는 두 개의 관 제조업체 중 하나를 골라야 할 것이다.

기업들의 집중화(상품을 구매할 수 있는 다른 선택지가 거의 없다는 사실)가 시장 지배력의 척도라 할 수 있다. 하지만 그게 다는 아니다. 수도, 전기, 가스 등의 공익사업과 중공업과 같은 일부 업종의 경우 기업을 건설하는 데 들어가는 비용이 너무 많아서 몇 개 기업만 존재할 수밖에 없다. 따라서 현재의 시장 상황과 시간이 지남에 따라 시장 지배가 어떻게 변화했는지 파악하기 위해서는 시장 지배를 분석할 수 있는 더 정밀한 도구와 척도가 필요하다.

2017년 초에 프린스턴 대학교의 교수였고 현재는 루벤 대학교(University of Leuven)의 교수로 재직 중인 얀 드 로커(Jan De Loecker)와 나는 시장 지배력이 경영진의 연봉에 미치는 영향을 연구하고 있었다. 우리의 가설은 시장 지배력이 커질수록 경영진의 연봉도 높아진다는 것이었다. 이 가설을 시험하기 위해 우리는 대기업들의 시장 지배력을 측정할 수 있는 척도가 무엇인지 끌어내야 했다.

재미있는 사실은 세부 시장에서의 시장 지배에 관한 자세한 연구는 이루어진 적이 있었지만, 경제 전반에서 일어나는 시장 지배에 관한 연구는 거의 없었다는 것이다. 대다수 전문가는 전체 경제에 대한 시장 지배의 지표를 산출하는 것은 불가능하다는 데 의견을 같이하고 있다. 그렇게 하기 위해서는 데이터가 필요한데 기존의 방식으로는 전체 시장에 대한 데이터를 낼 수 없었기 때문이다.

우리는 스탠퍼드 대학교의 밥 홀 교수가 1988년에 발표한 논문으로 거슬러 올라가 논문에 등장하는 시장 지배를 분야별로 산출해 내는 방법을 살펴보았다. 한 분야 전체보다는 각각의 기업에 대한 시장 지배 척도를 끌어내기 위해 공개 거래된 기업들의 회계 자료를 사용했다. 회계 자료가 1950년대까지 거슬러 올라가고 상장 기업들이 경제의 3분의 1 이상을 차지하기 때문에 우리는 최초로 모든 분야에 걸쳐 70년 이상의 기간을 통틀어 각각의 기업에 대한 시장 지배 척도를 산출해 낼 수 있었다. 우리가 측정한 것은 보통 기업이 생산 단가에 부여하는 가격, 즉 마크업이라고 불린다. 자동차 제조 기업이라면, 조립 라인에서 일하는 노동자들의 임금에 더해 철강, 타이어, 기타 자재 비용이 될 것이다. 회사가 자동차 한 대를 12,500달러에 판매하고 단

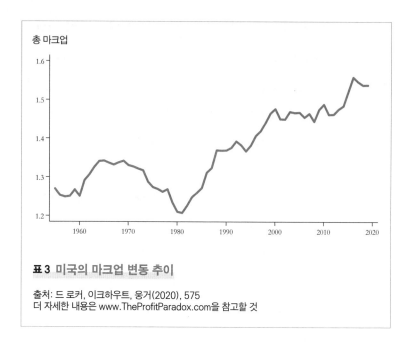

총 마크업

표 3 미국의 마크업 변동 추이

출처: 드 로커, 이크하우트, 웅거(2020), 575
더 자세한 내용은 www.TheProfitParadox.com을 참고할 것

위 원가가 10,000달러라면 마크업은 1.25인 것이다. 마크업은 상품이 시장 가격 대비 비용이 얼마나 드는지를 나타내준다.

시장 지배의 진화를 보여주는 이 새로운 데이터는 두 명의 괴짜 경제학자에게도 놀라운 발견이었다. 놀랍게도 그 데이터는 시간의 변화와 함께 주목할 만한 패턴을 보여주고 있었다. 표 3에서 볼 수 있듯이 미국에서의 평균 마크업이 크게 상승해 1980년에 1.21이었던 것이 2019년에는 1.54로 상승했다. 이는 기업들이 처음에는 단가보다 21% 높은 가격에 판매했지만, 이제는 단가보다 54% 더 높은 가격에 판매하고 있음을 뜻한다. 특히 1980년대와 1990년대에 가파르게 상승했고 2000년대 들어서는 10년간 마크업이 그 수치를 그대로 유지하다가 금융 위기 이후인 2010년에 다시 큰 상승을 보였다.

이 상승 패턴이 그저 미국 경제의 산물은 아니다. 유럽과 북미, 아시아에서도 비슷한 추이를 보이며 전 세계가 같은 상황에 놓여 있다. 마크업이 전 세계적으로 1980년에서 2000년 사이에 상승한 것이다.(표 4 참조) 21세기 들어 첫 10년 동안 마크업은 정체되었지만 금융위기 이후 2010년에 다시 가파르게 상승했다. 전 세계 대부분 대륙에서 이렇게 비슷한 패턴이 나타났다는 사실은 아주 놀랍다. 특히 유럽의 마크업 변화 패턴은 유럽이 다소 저점에서 시작하긴 했지만 미국의 것과 아주 많이 닮았다. 남미와 아프리카의 일부 신흥 경제는 마크업 상승이 덜하지만, 그들은 시작점에서 마크업 수치가 더 높다. 요컨대, 우리는 시장 지배의 증가가 세계적 현상이라는 사실을 알아냈다.

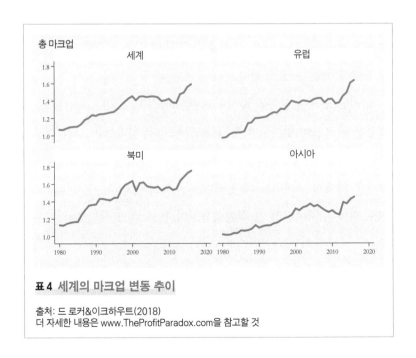

표 4 세계의 마크업 변동 추이

출처: 드 로커&이크하우트(2018)
더 자세한 내용은 www.TheProfitParadox.com을 참고할 것

더 깊숙이 조사하기 시작하자 놀랍게도 마크업의 상승은 기술에서 섬유 분야에 이르기까지 전 분야에서 나타나고 있는 현상임을 알게 되었다. 마크업의 상승을 이끈 유력한 용의자가 기술 분야의 구글과 애플만은 아니다. 일부 기술 기업들은 마크업이 높지만 섬유산업과 소매업과 같이 더 전통적인 분야의 기업들은 비슷하거나 더 큰 폭의 마크업 상승을 보이기도 한다. 전통적인 분야를 포함해 어떤 분야이든 신기술 분야에서는 마크업 상승이 두드러진다.

신기술을 받아들인 전통적인 분야의 기업들은 마크업이 더 높다. 일례로, 스페인의 의류 생산 및 소매 기업인 자라(Zara)는 디자인, 생산, 물류에 선진 데이터 과학 기술을 활용한다. 이처럼 신기술을 활용하면 기업은 유행하는 의류 제품에 대한 고객의 요구에 더 신속하게 반응함으로써 비용을 절약하고 판매를 늘릴 수 있게 된다. 그에 더해 비용이 낮아질수록 상품의 가격을 더 경쟁력 있게 책정할 수 있어 시장 점유를 늘릴 수 있게 된다.

그러나 언제나 분야별로 차이는 존재하기 마련이다. 이를테면 소매업은 마크업이 낮기로 악명 높은 업종이다. 월마트는 경쟁 기업들보다 가격을 낮추는 정책을 써서 세계에서 가장 큰 기업이 되었다. 마크업은 비교적 낮더라도 대량 판매로 수익을 창출하는 것이다. 그럼에도 월마트는 여전히 경쟁 기업들보다 높은 마크업을 유지하고 있다.

그와는 반대로 의료 장비와 같이 훨씬 더 특화된 시장의 많은 기업은 엄청난 이윤을 내고 있다. 예를 들면, 미국의 마일란(Mylan)은 최근 몇 년 사이 높은 마크업을 기록했다. 마일란은 알레르기 응급 처치 제인 에피네프린 자가 주입기 에피펜의 생산업체이며, 2007년에 94달러였던 에피펜은 현재 609달러에 판매되고 있다. 생산 원가는 35달러로 추산되며 같은 기간 동안 변동이 없었다. 에피펜의 원칙 없는 가격 정책이 논란이 되기도 했지만, 불행히도 시장에서는 에피펜만 그런 것이 아니다.

드 로커와의 공동 연구 결과가 처음 나왔을 때 경제학자이자 세인트루이스 연방준비은행 총재인 짐 불러드(Jim Bullard)는 내게 그의 관할 지구인 아칸소와 일리노이 일부, 인디애나, 켄터키, 미시시피, 미주리, 테네시주의 기업 리더들은 그에게 아주 다른 이야기를 한다고 말했다. 제조 및 소매 기업들의 경영진은 해외 경쟁 기업들이나 우월한 기술을 가진 국내 기업들에게 쫓기는 것 같은 압박감을 경험한다고 한다.

세인트루이스 지역의 기업들이 로봇과 데이터 기반의 물류, 인공지능을 광범위하게 활용하는 세계 여러 곳의 경쟁 기업들과 경쟁하게 되면서 더 전통적인 기업들은 수익이 전혀 남지 않아 문을 닫게 된다는 것이다. 대다수 기업이 어느 때보다도 힘든 시기를 보내고 있다는 의견에는 동의한다. 우리도 평균 마크업과 마크업의 상승만을 보고 판단하는 것은 섣부를 수 있다는 점을 확인하고 있기 때문이다.

가장 충격적인 발견은 중간 마크업 값, 즉 마크업 분포의 정중앙에 위치한 기업의 마크업은 변함없이 유지되었다는 사실이다. 이는 곧 최소 절반의 기업에게는 마크업 상승이 전혀 일어나지 않았다는 사실을 말해준다. 그렇지만 그와 동시에 소수 몇 개 기업의 마크업은 아주 두드러지게 성장했다. 마크업 분포에서 백분위 90에 해당하는 기업들(가장 높은 마크업을 보이는 기업들)은 1980년에 1.5였던 마크업이 2016년에 2.5로 터무니없이 크게 성장했다. 10%의 기업이 이제 그들의 상품을 원가보다 250%나 더 비싸게 판매하고 있다는 것이다!

번영하는 기업이 이익을 얻는 것은 마크업의 상승을 통해서 뿐만이 아니다. 높은 마크업을 기록하는 기업들은 시장 점유율도 높아지게 된다. 마크업이 낮은 기업에서 마크업이 높은 기업으로 올라섬으로써 거대 지배 기업으로 거듭날 수 있게 된다. 이 시장에서의 아마존족은 더 높은 수익률만 창출하는 것이 아니다. 경쟁자들을 지배할 수도 있다. 지난 40년 동안 일어난 일은 조지 오웰의 말을 확인시켜 준다. 경쟁의 문제점은 어쨌든 승자가 존재한다는 것이다. 시장 경제는 승자만 결정해주는 것이 아니라 승자들의 밥그릇을 엄청나게 키워주었다. 그리고 다른 기업들은 배를 곯는 것이다.

그 점을 진지하게 인식하는 차원에서 세인트루이스 연방준비은행은 앤하이저부시와 같은 거대 기업들에 대해 관할권을 가지게 되었다. 그렇지만 애석하게도 최고경영자가 세인트루이스 연방준비위원회를 직접 상대할 가능성은 적어 보인다. 앤하이저부시가 이제는 앤하이저부시 인베브의 소유이며 본사가 세인트루이스가 아닌 벨기에의 루벤에 있기 때문이다.

이윤의
증가

시장 지배가 급격히 증가했다는 사실은 많은 연구

자가 다양한 척도와 방법을 이용해 증명해 주고 있다. 그러나 마크업만 보고 시장 지배의 전체 그림을 판단할 수는 없다. 전체 그림을 완성하기 위해서는 생산에 필요한 직접비뿐만 아니라 자본비용과 간접비 등 모든 비용을 고려해야 한다. 투자는 보통 거액의 선지급 자금으로 이루어지며 그 수익은 점진적으로 회수된다.

자본금에는 기계나 건물 관리 경비 등이 포함되며 간접비에는 연구개발, 마케팅, 홍보 경비뿐만 아니라 경영진의 연봉도 포함된다. 이 경비들은 생산되는 산출물의 양에 따라 달라지지 않는다. 자동차를 조립하는 로봇은 한번 설치해 놓으면 가동 여부와는 관계없이 관리비용은 항상 동일하다. 따라서 자본금과 간접비는 고정된 비용이다. 물론 장기적으로는 기업이 필요한 생산성과 역량에 맞춰 고정비 투자를 조정해 나가기도 한다. 회사가 연락선으로 강을 건너 사람들을 실어나르는 사업을 한다면 다리 건설은 인력 운송비를 거의 제로로 만드는 거액의 투자가 될 것이다. 연락선을 구입하고 부두를 건설하는 고정비는 훨씬 더 작지만 연락선을 운영하는 변동비는 훨씬 더 크다.

이제 간접비와 자본금이 기업 총비용의 아주 작은 부분을 차지하고 있을 뿐이라는 사실을 알 수 있을 것이다. 하지만 비용은 점점 커지고 있고 특히 간접비가 그렇다. 1980년에 간접비는 평균적으로 총비용의 약 15%를 차지했고 지금은 22%를 차지하고 있다. 자본비는 총비용의 약 9%로 더 적다. 하지만 자본비와 간접비 역시 기업마다 크게 다르다. 예컨대, 생명공학 기업들은 간접비가 지출에서 차지하는 비중이 대부분이며 변동비는 거의 없다. 이 부분은 아래에서 다시

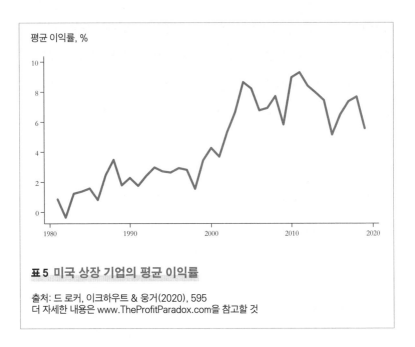

표 5 미국 상장 기업의 평균 이익률

출처: 드 로커, 이크하우트 & 웅거(2020), 595
더 자세한 내용은 www.TheProfitParadox.com을 참고할 것

다룰 예정이다. 이렇게 큰 고정비 투자를 발생시키는 기업이 시장 지배를 발전시키는 핵심이기 때문이다.

기업의 수익성을 판단하기 위해서는 변동비만 계산에 넣을 것이 아니라 자본비와 간접비도 고려해야 한다. 그것이 변동비만을 고려하는 마크업과 변동비와 고정비 모두를 고려하는 수익 사이의 근본적인 차이다.

수익률을 계산하면서 우리는 한 기업이 매출에서 얻는 수익의 비율이 크게 상승했다는 사실을 알게 되었다. 표 5에서 보는 바와 같이 1980년에는 매출의 1~2%였던 것이 2016년에는 7~8%로 증가했다. 정말 어마어마한 증가가 아닌가!

8%의 수익률이 얼마나 큰 것인지 알아보려면 기업들이 급여를 지

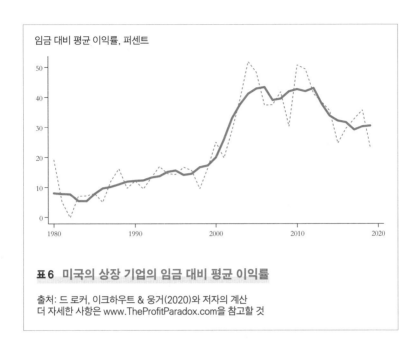

표 6 미국의 상장 기업의 임금 대비 평균 이익률

출처: 드 로커, 이크하우트 & 웅거(2020)와 저자의 계산
더 자세한 사항은 www.TheProfitParadox.com을 참고할 것

급하는 데 평균적으로 매출의 20%가 투입된다는 사실을 생각해 보면 된다. 거기에는 생산 노동자의 임금과 관리자들의 연봉, 인센티브, 세금, 퇴직금이 모두 포함된다. 나머지는 자재 구매와 간접비, 자본비로 지출된다. 그리고 매출액에서 남는 금액이 이윤이 되는 것이다.

1984년에 5%였던 것이 2012년에는 43%로 증가해 임금 대비 이익률이 엄청난 증가세를 보였다. 표 6에서 볼 수 있듯이 1980년대에는 기업들이 평균적으로 급여액의 10분의 1 이하의 이익을 얻었다. 이익은 평균적으로 매출액의 약 1~2%를 차지했고 급여액은 매출액의 20%를 차지했다. 2000년대 중반에 이르러서는 그 비율이 30% 이상으로 껑충 뛰어올랐다. 임금 대비 이익률을 상승시킨 동력 중 하나는 매출액 대비 일정 정도의 임금 하락이다. 하지만 매출액 대비 이익률이 약 7~8%로 상승한 것이 가장 주효하다.

기업들이 생산직 노동자에서부터 경영진에 이르기까지 직원들에게 제공하는 보상 체계에 들어가는 금액의 거의 절반에 해당하는 금액의 이익을 얻고 있다는 사실은 시장 지배가 강화되고 있으며 그 규모가 아주 크다는 분명한 증거다.

이익률과 마찬가지로 임금 대비 이익률은 기업마다 아주 큰 차이가 있다. 대부분 기업은 이익 비율이 낮고 소수의 지배 기업들은 이익 비율이 높다. 더욱이 일부 기업들이 지나치게 높은 이익률을 보이는 것은 1980년대에는 볼 수 없었던 최근의 현상이다. 그때부터 대다수 기업은 여전히 급여 대비 낮은 이익률을 보인다. 하지만 몇 개 기업은 아주 두드러진 이익률을 보인다. 예컨대 애플과 페이스북은 300%를 훨씬 상회하는 이익률을 기록하고 있다. 그러나 이 현상이 기술 분야에만 국한되어 있는 것은 아니다. 제약 분야에서는 화이자가 2019년 210%의 임금 대비 이익률을 기록했다. 1980년에 41%이었던 것에서 상승한 수치다. 수익성 면에서 몇 개 기업의 시장 지배는 이윤의 역설이 무엇인지 확실히 보여준다. 그것은 번성하는 기업의 성공은 노동자들에게 득이 되지 않는다는 사실이다.

시장 지배가 증가하면서 기업 내부에서는 돈의 흐름이 노동에 대한 보상에서 수익률에 대한 보상으로 바뀌고 있다. 그 결과 돈은 기업의 소유가 되는 것이다. 기업은 매출의 아주 작은 지분을 가져가다가 직원들이 받는 급여의 거의 절반에 해당하는 지분을 가져가는 것으로 옮아가고 있다. 이는 근본적인 변화가 생겼다는 확실한 신호다. 시장 지배는 단순히 소비자들이 상품에 높은 가격을 지급하게 되는 것에 그치는 것이 아니라 노동에 미치는 파급력이 그 이상으로 크다. 이 책은 시장 지배가 노동에 끼치는 엄청난 파급 효과를 탐색해보려 한다. 또한 시장 지배의 근본 원인을 찾아 나가는 여정을 시작할 것이다. 시장 지배가 증가하고 있다는 새로운 증거와 지배 기업들의 규모가 커짐에 따라 제기되는 가장 시급한 질문은 이것이다. "성들을 보호하기 위해 해자를 넓히는 것은 어디서 기원한 것일까? 우리가 그 근원을 이해하게 되면 시장 지배가 노동에 끼치는 해악을 바로잡을 수 있는 효과적인 정책을 마련할 수 있지 않을까?"

각각의 지배 기업은 저마다의 스토리가 있겠지만 나는 해자의 기원을 두 가지로 분류하려 한다. 첫 번째 부류는, 인수 합병과 몇 개 기업으로의 소유권 집중을 통해 제도적으로 지배 기업을 창출하는 환경과 시장 구조 아래에서 탄생하게 된 해자다. 이에 해당하는 예는 맥주 시장에서 성을 보호하는 경우다. 두 번째 부류는 자생적 성장과 기술 발전에서 만들어진 해자로, 아마존이 그 예다. 그럼, 맥주 시장의 이야기부터 시작해 보자.

경쟁자가 많으면 이윤은 줄어든다: 인수 합병

벨기에에서 고등학교를 졸업할 무렵 나는 친구들과 학교 파티와 축구 클럽 챔피언전 축하연, 또는 동네 선술집에 드나들기 시작했다. 술집들은 저마다 주로 판매하는 맥주가 달랐다. 몇 가지 다른 종류의 맥주도 제공하고 있긴 했지만 말이다. 시내에 나가면 맥주 종류가 다양했다. 브랜드 종류만큼이나 양조회사도 많았다. 우리 동네에서는 기본적인 필스너인 사피르와 고발효 및 병 속에서 2차 발효를 거쳐 만들어지는 '스페샬레 벨지(Speciale Belge 특별한 벨기에 맥주)'로 불리는 데릭을 팔았다. 사피르는 숙취 증세로 일반적인 두통이 있지만 데릭은 그렇지 않았다. 대신 그다음 날 뱃속에서 3차 발효가 일어나는 걸 느낄 수 있었다.

그러나 화려하고 다양했던 맥주 선택지도 종말을 맞이하고 있었다. 1990년대 초반에 수천 개의 맥주 브랜드가 통합되었다. 데릭은 독립적인 틈새 브랜드로 살아남아 현재에는 창업자의 증손녀인 앤 데릭이 운영하고 있다. 하지만 이는 양조 업계에서 아주 드물고 특이한 경우에 해당한다. 한편 1988년에 인터브루(Interbrew)로 이름을 바꾼 맥주 회사 스텔라 아르투아(Stella Artois)는 벨기에서 가장 인기 있는 맥주 브랜드 여러 개를 인수했다. 그와 함께 수많은 맥주 브랜드가 파산하고 사라졌다. 새로운 천년이 시작될 무렵 맥주 브랜드들은 국제화되기 시작했다. 이제 사피르는 더 이상 존재하지 않지만 오늘날 세계 어디에서도 코카콜라를 볼 수 있듯이 스텔라 아르투아와 호가든을 볼 수 있다.

맥주 브랜드가 국제화되자 술집에 진입할 유통 채널과 발판이 필요해졌고, 이는 해당 지역 시장의 지배적인 기업들과의 합병으로 가장 손쉽게 이루어낼 수 있었다. 인터브루는 먼저 캐나다의 라밧(Labatt)과 합병했고 뒤이어 2004년에는 브라질의 앰베브(AmBev)와 합병해 새로운 인베브(InBev)를 탄생시켰다. 그리고 2008년에는 마침내 인베브가 세인트루이스에 본사를 둔 버드와이저 생산업체인 앤하이저부시를 인수했다.

　당시 유명 언론들은 앤하이저부시의 합병이 부시 일가의 왜곡된 영웅 스토리의 극치를 보여주는 것이라 지적하며 그들의 부실 경영으로 미국을 대표하는 아이콘인 버드와이저를 잃게 되었다고 비판했다. 잘 알려지지 않은 사실이지만 인터브루가 앤하이저부시를 인수하기 전에 부시 일가는 주주들의 손안에 있었던 앤하이저부시의 대부분 지분을 이미 전 세계에 팔아넘겼다. 사실 그 후 더 나아진 것은 없었다. 부시 일가는 더 이상 그 회사의 소유주가 아니었고, 미국의 대표 맥주라 불리는 버드와이저는 이미 외국의 소유였다. 더 중요한 사실은 새로운 소유주의 경영도 부시 일가의 좁은 사고의 틀에서 벗어나지 못했다는 것이다. 앤하이저부시와 버드와이저는 세계 맥주 시장에서 선두주자가 될 운명이었지만 그들의 경영 마인드는 세인트루이스를 벗어나지 못했던 것이다.

　2006년에 인베브의 경영진이 앤하이저부시의 실사를 완료하기 위해 세인트루이스에 도착했을 당시 그들은 즉시 이 기업 브랜드의 엄청난 성장 가능성을 알아차렸다. 버드와이저는 거의 북미 시장에서만 홍보와 판매가 이루어지고 있었다. 인베브의 성공은 벨기에뿐만 아니라 부에노스아이레스에서 상하이, 토론토, 케이프타운에 이르기까지 전 세계로 판로를 개척한 것을 기반으로 하고 있다. 세인트루이스에서 일주일간의 실사를 마친 인베브의 경영진은 앤하이저부시가 버드와이저를 조만간 글로벌 브랜드로 성장시킬 의지가 없다는 사실을 알아차렸다. 앤하이저부시의 경영진 누구도 그 열쇠를 쥐고 있는 것처럼 보이지 않았기 때문이다. 아마도 북미를 벗어나는 것은 그들의 관심사가 아니었던 것 같았다.

브라질의 앰베브(AmBev)와 벨기에의 인터브루가 합병해서 비교적 작은 규모로 경영되고 있는 인베브는 앤하이저부시를 인수해 현재의 거대 맥주 기업 앤하이저부시 인베브를 탄생시켰다. 인베브는 앤하이저부시의 주가에 더해 30%의 프리미엄을 더 지급하겠다고 제안했다. 그렇게 해서 그들은 어거스트 부시 4세의 후계자 승계를 둘러싼 논란을 잠재우고 버드와이저를 글로벌 브랜드로 탈바꿈시켜 효율성 개선에 나섰다.

세계 어디를 가나 더 좋은 맥주들이 많아 시장에 더 많은 선택지가 존재하므로 소비자들은 이런 글로벌 브랜드가 많아질수록 혜택을 누리게 된다. 하지만 합병의 중요한 가치는 글로벌 브랜드를 구축함으로써 얻어지는 효율성 개선에만 있는 것이 아니었다. 가장 중요한 점은 합병으로 새로 출범한 앤하이저부시 인베브가 경쟁이 제한된 맥주 시장에서 가장 덩치가 큰 주자로 부상했다는 사실이다. 2016년 사브밀러(SABMiller)와 또 한 번의 합병을 추진함으로써 앤하이저부시 인베브는 미국 맥주 시장에서는 46%, 벨기에에서는 56%, 브라질에서는 68%의 점유율을 기록하며 세계 맥주 시장의 28%를 차지하게 되었다.

특정 시장에서 전체 판매량의 절반을 지배하는 기업은 시장 지배 기업으로 간주된다. 기업의 둘레에 구축된 해자는 광고와 술집 및 유통업체들과의 독점 계약, 다른 사업으로의 브랜드 확장, 경쟁자들의 접근을 어렵게 만드는 강력한 유통 네트워크 등이 복잡하게 결합되어 있는 것이라 볼 수 있다. 술집에서 선택할 수 있는 맥주 브랜드가 매우 다양한 것이 고객들에게는 다양한 선택지가 주어진 것으로 비춰질 수 있다. 하지만 다양한 제품이 많이 존재하는 것이 여러 공급자 사이에 경쟁이 벌어져 그 결과 가격이 더 저렴해지는 것을 의미하는 것은 아니다. 경제학 용어로 표현하자면 이는 '선택의 착각(illusion of choice)'일 뿐이다.

술집에서는 한 맥주 회사와 독점 계약을 해 그 회사의 맥주만을 공급하고 있으므로 고객은 동일한 맥주 제조업체의 맥주 중에서 고르고 있는 것이다. 거대 맥주 제조업체들이 몇 개 안 되는 상황에서 고객들은 브랜드는 선택할 수 있지만, 경쟁업체의 맥주를 선택할 수는 없는 것이다.

더욱이, 조사 결과에 따르면 이 거대 기업들이 작은 기업들에 비해 효율성이 더 높지는 않다는 것이다. 앤하이저부시 인베브는 그들의 맥주 왕국을 지키기 위해 경쟁자들이 건널 수 없는 해자를 구축해 놓았다. 해자가 있으면 높은 가격을 책정할 수 있게 되고 그 결과 초과 이윤이 따라온다. 전 세계에 맥주를 판매하고 있는 앤하이저부시 인베브는 가장 수익성이 좋은 다국적 기업 중 하나다. 벨기에에 본사를 두고 브라질의 경영진이 미국의 맥주를 팔고 있는 아주 주목할 만한 성공 기업이다. 그들이 브라질에 본사를 두고 미국의 경영진이 벨기에의 맥주를 파는 이상적인 시나리오를 한번 상상해 보라.

싱거운 이야기는 잠시 접어두고 현실을 이야기하자면, 그들은 낮은 법인세율 때문에 벨기에에 명목상 본사를 두고 있는 것이며, 실질적인 본사는 뉴욕에 있는 것과 마찬가지다. 또한 대담한 인수 철학을 실행에 옮길 수 있었던 것은 대주주인 브라질의 투자 펀드 덕분이었다.

 시장 지배력을 가진 거대 공급업체에서 아주 다양한 선택지가 제공되는 일은 비단 맥주 업계에서만 일어나는 일은 아니다. 소유권은 몇 개 기업에 모두 집중되어 있으면서도 소위 경쟁을 허용하고 있다고 말하는 업계에서는 선택권을 주는 척하는 것이다. 예컨대, 미국의 자동차 딜러 시장은 거의 집중되어 있다. 한두 곳의 기업이 모든 자동차 대리점을 소유하고 있다. 고객은 포드 자동차와 가격을 비교해 보고 도요타를 살 수 있겠다고 생각하거나 볼보와 비교해 보고 BMW를 선택할 수도 있다. 심지어 더 좋은 가격에 사기 위해 경쟁사의 제품과 비교해 가격 흥정을 할 수 있다는 환상을 심어줄 수도 있다. 하지만 그들은 바로 옆에 있는 다른 브랜드의 대리점으로 걸어 들어가면서 다른 브랜드의 전시실 역시 같은 대리점에서 운영한다는 사실을 알게 된다. 그렇게 되면 당연히 좋은 가격에 계약하기 힘들어지며 가격도 적정 가격일 리 없다. 이는 마치 정육점에서 양고기 가격을 놓고 흥정하면서 소고기를 사라고 위협하는 것과 마찬가지다. 미국의 도시에서 특히 금융 위기 이후 자동차 판매 업계에서 소유권 집중이 눈에 띄게 증가했다는 것은 분명해 보인다. 다시 한번 말하건대 다양한 선택지가 경쟁력 있는 가격을 보장해주지는 않는다. 경쟁은 소유권자가 여럿일 때만 가능해진다.

 한 기업(페이스북)에서 소유하고 있는 페이스북과 인스타그램, 왓츠앱과 같은 무료 서비스들조차도 고객들에게 선택권은 주지만 경쟁력 있는 가격을 제공하지는 않는다. 게다가 그들이 제공하는 선택권은 진짜 선택권이 아닐 때가 많다. 더 많은 웹사이트 방문자들의 시선을 사로잡기 위해 경쟁하는 광고주들은 이들 기업이 독립적으로 존재했다면 지급했을 광고비보다 더 비싼 광고비를 지급하고 있다.

시장 지배력은 킬러 인수에서 나온다. X(구 구글 X)나 제약 기업들과 같은 기업들은 잠재력이 있는 신생 기업들이 성장하기 전에 그들을 사들인다. 제약 기업은 그들이 인수한 기업의 제품이나 서비스 가치에는 관심이 없으며(인수한 기업에서 아주 똑똑한 인재를 몇 명 건지는 것에는 관심이 있을지언정), 높은 가격을 매길 수 없게 만드는 장애물을 치워버리고자 할 뿐이다.

킬러 인수는 언론 매체가 기삿거리를 독점 구입하고는 보도하지 않는 행위와 같은 것이라 볼 수 있다. 예를 들어, 〈내셔널 인콰이어러(National Enquirer)〉는 스토미 다니엘스(Stormy Daniels)와 트럼프 전 대통령과의 스캔들을 보도하지 않을 목적으로 그 취재 내용에 대한 독점권을 구매했다. 마찬가지로 X와 같은 시장 지배 기업들은 경쟁자를 물리치기 위해 작은 경쟁 업체를 인수한다. 이는 해자를 넓히기 위한 또 하나의 방법일 뿐이다.

연구자들은 기업들이 경쟁을 봉쇄하기 위해 사용하는 숨겨진 또 다른 방법을 최근 발견해냈다. 그것은 바로 공동 소유권을 가지는 방식이다. '이길 수 없다면 동참하라'라는 모토 하에 금융 기업들은 경쟁 기업의 지분을 상당량 보유하고 있다. 한 회사에서 경쟁 자동차 브랜드들을 모두 보유하고 판매하는 것과 약간 비슷하다. 차이점이라면 사업의 수와 범위가 방대해서 금융 기업들은 그 기업들의 지분만 소유할 뿐이다. 이를테면 블랙록(BlackRock), 버크셔 해서웨이(Berkshire Hathaway)(워런 버핏이 회장이자 최고경영자인 거대 기업이다), 뱅가드(Vanguard)

와 같은 투자 기업들은 주요 항공사를 포함해 여러 대기업의 최대 주주이다. 재미있는 사실은 그 거대 투자 펀드의 지분을 당신과 나같은 사람들이 연금 인덱스 펀드를 통해 보유하고 있다는 사실이다. 인덱스 펀드의 창시자이자 뱅가드 그룹의 창립자인 고 존 보글(John Bogle)조차도 인덱스 펀드가 주식 시장에서 너무 큰 지배력을 발휘해 그러한 집중 현상이 국가적으로 도움이 되지 않을까 봐 우려했다.

연구에 따르면 경쟁 기업들이 공동 소유권을 가지게 되면 가격은 더 올라간다고 한다. 유럽연합과 캐나다에서는 금지되어 있지만, 암묵적 공모(경쟁 기업들이 지배 기업의 가격 정책을 따르는 관행)는 아주 흔히 일어나고 있다. 하지만 공동 소유권은 가격 담합뿐만 아니라 전략적 의사결정 차원에서 특히 많은 영향력을 끼친다. 항공사가 어떤 노선을 취항하거나 폐지하는 결정을 내릴 때 그들은 경쟁사를 염두에 둘 것이다. 만약 델타와 아메리칸 항공의 대주주가 같다면, 델타는 아메리칸 항공이 운영하는 노선에 진입하는 것을 조심스럽게 검토할 것이다.

공동 소유권에 더해 미국의 항공 업계는 지난 20년 동안 인수 합병이 확대되면서 주요 항공사의 수는 10개에서 4개로 점차 집중화되었다. US 에어웨이즈와 콘티넨털 항공사, 또는 TWA를 기억하는가? 항공사들 사이의 경쟁이 줄어들면서 고객들은 더 높은 운임을 지불하고 더 적은 선택권을 가지게 되었다. 미국의 항공사들은 세계의 경쟁 시장에서 비슷한 노선에 대해 거의 두 배의 가격을 받고 있다. 당연히 미국 항공사들은 수익률도 더 높다.

어떤 경제학자들은 사석에서 시장 지배가 증가한 것은 경제학의 가르침과 MBA 전공자들 때문이라고 주장하기도 한다. 학부생들에게 죄수의 딜레마를 가르칠 때 우리는 '공유지의 비극(the tragedy of the commons)'을 언급한다. 공유지의 비극은 양치기들이 자신의 양떼를 풀어 놓고 풀이 다 없어질 때까지 뜯어 먹도록 놔두는 것을 의미한다. 각각의 양치기는 양들에게 더 많은 풀을 뜯어 먹게 하고 공유지에서 무료로 소득을 얻어 더 부유해지지만, 사회 전체로 봤을 때 사회는 더 가난해지는 것이다. 그렇다면 우리는 사람들이 이렇게 공유지에서 무임승차 하는 문제를 해결할 방법을 찾아야 한다. 그에 대한 해결책으로 감시하기, 울타리 세우기, 계약하기, 사회적 규범 만들기 등을 시행해 볼 수 있을 것이다. 공유 재산 문제는 시민 사이에서 반복적으로 발생하는 문제이기 때문이다.

스무 살 학부생들을 가르치다가 MBA 과정에 입학한 스물여섯 살 학생들을 가르치게 되면 우리는 똑같은 이론을 언급하지만 그것을 다른 방식으로 설명한다. 몇몇 경쟁 기업이 자신의 상품으로 시장을 잠식해 가격과 기업의 수익률을 하락시키는 복점(2개 기업에 의한 시장 독점)에 관해 설명하는 것이다. 기업들이 협력할 수만 있다면 두 기업은 더 높은 수익을 실현해 더 부유해질 것이다. 고객들에게 피해가 가므로 높은 가격을 유지하기 위한 공공연한 담합은 불법이다. 그래서 우리는 학생들에게 무임승차 문제를 해결할 수 있는 모든 전략을 말해준다. 그것들은 공유지의 비극을 해결할 수 있는 전략들과 비슷하다. 이제는 공유 재산을 지키기 위해 협력하는 것이 아니라 가격과 수익을 높이는 담합을 위해 협력하는 경우가 대부분이다.

모든 시장 지배 세력이 적대적 인수 합병을 통해 시장을 거머쥐었거나 여러 경쟁 업체를 소유한 거대 투자사에서 탄생한 것은 아니다. 시장 지배를 낳은 또 다른 원인은 바로 '기술'이다. 아마존의 세계로 들어가 보자.

제 3 장

기술 변화와 우위

우리는 모두 아마존을 사랑한다. 책이나 전구, 혹은 스포츠 의류를 최저가에 우리 집 문 앞까지 배달해 주기 때문이다. 쇼핑 카트에 담은 지 하루도 채 되지 않아 상품은 우리 손안에 들어온다. 서비스가 더 훌륭하고 빠르며 가격이 저렴할수록 고객들은 더 좋아한다. 아마존은 어떤 경쟁사들보다 더 낮은 비용을 실현할 수 있는 기술적으로 우월한 기업이기에 그렇게 할 수 있는 것이다. 아마존은 또한 경쟁사와의 인수 합병을 통해서가 아니라 물류에서의 혁신과 거대 투자의 결과로 자생적으로 성장했다.

기술 성장은 비용을 절감시켜 더 낮은 가격을 실현할 수 있게 해준다. 하지만 기술적으로 우월한 것이 모두 좋은 것만은 아니다. 한쪽으로 치우친 기술은 시장 지배의 가능성을 높이기도 한다. 이를테면 작은 서점들은 낮은 가격 및 더 나은 서비스와 경쟁을 할 수 없어 시장의 주변부에 남아 있거나 문을 닫게 된다. 지배 기업이 그들의 기술을 도용해 시장 지배를 시도할 수 없게 된다는 점에서 이들이 스스로 폐업하는 편이 바람직할 수도 있겠다.

폐업으로 인해 경쟁 기업의 수가 줄어들거나 경쟁 기업의 규모가 줄어들면 지배 기업들의 수익은 늘어난다. 그들이 낮은 가격에 상품을 판매한다 해도 경쟁 기업이 더 많았더라면 가격은 더 낮아질 수도 있었고 살아남은 경쟁 기업이 시장 지배에 나설 가능성도 있었다. 아마존은 고객들은 만족시키고 있지만, 그 과정에서 경쟁 기업들을 말살하고 있다. 그로 인해 가격은 더 올라가고 그들이 만든 가치의 상당 부분을 지켜내려고 하는데, 이는 결국 고객들에게 피해로 돌아가는 일이다. 그러한 유기적 성장은 승자 독식의 시장 지배를 야기한다. 이와 같은 현상은 기술 발전이 급속히 이루어지는 시기에 특히 두드러진다. 새로운 기술과 발명은 상품과 서비스를 생산하는 방식을 빠르게 바꾸고 있다.

경쟁하는 목적은 우월한 기술력으로 값싸고 더 품질이 좋은 상품을 생산해 경쟁 기업들이 시장에서 퇴출당하거나 시장 점유율이 크게 줄어들게 하는 것이다. 하지만 그 기술적 우위가 어떤 경쟁자이든 모방할 수 있는 청사진을 기반으로 하는 것이라면 그들의 시장 지배력은 그다지 오래가지 못할 것이다. 기술이 개발되자마자 경쟁 기업들은 그 기술을 모방할 것이고 그렇게 되면 다시 대등한 수준의 경쟁이 되고 만다.

그러나 모방이나 재생산이 어려운 신기술은 영구적인 기술적 우위를 획득한다. 그런 기술들은 일반적으로 규모의 경제에 따른 대규모 선행 투자를 요구하는 경우가 많다. 정보통신 기술이 시장 지배 강화에 이바지한 부분도 있다. 규모의 경제가 증가할수록 이른바 '자연 독점'이 많아지기 때문이다. 사업을 시작하는 비용이 너무 많아서 하나의 경쟁 기업이 존재하는 정도가 가능할 뿐이다.

초창기의 기술 스타트업들은 경쟁에서 승리하기 위해 엄청난 금액을 투자했고 그들 중 다수는 투자금을 잃었다. 애초에 자신들은 도서 시장이 아니라 소매업을 완전히 지배하는 경쟁을 하는 것이라고 큰소리쳤던 아마존과 같은 몇몇 기업은 승자로 부상했다. 아마존은 대규모 선행 투자와 신기술을 통해 투자가 생산 비용을 낮추거나 품질을 높여 주기 때문에 시장을 지배하게 된 것이다.

시장에서는 치열한 경쟁 끝에 수많은 패자와 몇 안 되는 승자가 남게 된다. 제한적인 경쟁이 치러지는 것이므로 초기 우위를 점한 승자들은 혁신적인 기술을 이용해 (우리가 지금부터 살펴볼) 규모의 경제를 기반으로 우위 자리를 굳힐 수 있다.

철도: 공급

대체로 기술 우위로 인해 생겨나는 규모의 경제에는 세 가지 근원이 있으며 그들 각각은 시장 지배를 낳는 온상이 된다. 그 세 가지는 바로 공급, 수요, 학습에서 비롯되는 규모의 경제다.

첫 번째는, 시장 지배는 전통적으로 철도, 수도, 전기, 가스 공급과 케이블 TV와 같은 규모에 따른 공급 수익에서 나온다. 생산 규모에서 나오는 수익이므로 우리는 그것을 공급 수익이라고 부른다. 1869년에 개통한 미국의 대륙 간 철도는 미국을 완전히 바꾸어 놓았다. 뉴욕에서 샌프란시스코까지 마차로 4~6개월 걸리던 여행이 즉각 열흘로 단축되었다.

시간만 단축된 것이 아니었다. 같은 구간을 기존 비용의 10%밖에 안 되는 비용으로 더 편안하게 다녀올 수 있게 된 것이다. 이는 당시 운송 업체들이 얼마나 기술 수준이 달랐는지를 보여준다. 마차가 시

이윤의 역설

장에서 퇴출당한 것은 잘된 일이었다. 그런데 왜 어떤 기업도 더 나은 기술을 모방해 승객과 화물 운송 부문에서 경쟁하려고 하지 않았는지가 의문으로 남는다. 그에 대한 답은 건설 비용이 많이 들고 운영 비용은 상대적으로 낮아 철도 투자를 모방할 여지가 없었기 때문이다.

한 사기업이 처음 철로를 건설한다면 시장 진입에 대한 위협은 거의 없다. 경쟁 기업은 그와 유사한 철로를 건설하기 위해 똑같이 엄청난 투자를 해야만 할 것이고 투자를 한 후에는 선점한 기업과 가격 경쟁을 벌이게 되어 그다지 수익을 내지 못하게 될 것이다. 더구나 유사한 철로를 건설하는 것은 매우 소모적인 일이다. 대규모 선행 투자는 규모의 경제로 이어져 시장 지배를 낳는다. 그 결과 시장을 선점한 기업은 어떤 시장 경쟁자도 없이 높은 가격을 부과할 수 있게 되는 것이다.

노던 신탁 회사(20세기 초에 J.P. 모건, E.H. 해리먼, 제임스 J. 힐 등이 설립한 미국의 철도 신탁 회사)와 같은 기업이 국내 운송 사업을 독점하게 된다면 그들은 투자 비용에 따라 가격을 부과하지 않을 것이다. 기차는 비용이 대체 운송 수단의 10%밖에 안 든다고 할지라도 기차표는 마차 비용의 90%에 해당하는 가격에 육박한다. 경쟁을 물리치고 시장에서 가장 큰 지분을 차지할 수 있을 만큼 낮은 가격인 동시에 수익을 극대화할 수 있을 정도로 높은 가격인 것이다.

엄청난 수익을 올렸다고 해서 철도 시스템이 통합되기 전에 치열한 경쟁이 없었다는 뜻은 아니다. J.P. 모건이 철도 소유권을 통합해 운행을 독점화하여 해자를 구축하기 전까지는 시카고 지역에서 운행되는 철도에 대해 초기에 과잉 투자가 이루어지기도 했다. 그러나 몇 개의 철도 기업이 하나로 통합되자 시장에 더 이상의 경쟁은 없어졌다. 그와 같은 규모에 따른 공급 수익은 오늘날 소매업에서 여전히 작동하고 있다. 아마존은 세 개의 소매업 강자 중에서 3위이다. 그들 세 개 기업들은 모두 진보적인 기술에 힘입어 대규모 물량을 소화해내는 물류 기술이라는 비싼 해자의 보호를 받으며 새로운 형태의 유통을 이끌었다.

100년 전 시어스(Sears)는 우편 주문 서비스를 통해 상품을 판매하는 것으로 소매업을 혁신했다. 그들은 가정집으로 상품 카탈로그를 발송해 미국 우정청을 통해 가정으로 배달될 수 있는 상품이라면 어떤 것이든 주문할 수 있도록 했다. 처음에 그들의 목표 고객은 한정된 상품을 판매하는 지역 상점에서 너무 비싼 가격에 상품을 구매할 수밖에 없었던 지방에 거주하는 인구였다. 시어스는 지역 상점들의 유통망에 의존하지 않음으로써 비용을 절감했고, 모든 상품을 그들의 물류센터에서 고객에게 직접 배송했다. 더 저렴한 가격에 더 높은 품질의 더 다양한 상품을 제공하는 것이 그들의 모토가 되었다. 시어스는 전통적인 소매점들보다 더 저렴한 가격에 상품을 공급할 수 있게 되어 경쟁력이 높아졌다. 기술이 발전(상품 카탈로그와 우편을 통한 배송)함에 따라 가격은 더 낮아졌고 상품은 무수히 다양해졌다. 그와 동시에 시어스는 시장 지배력과 함께 상당한 수익도 거머쥐게 되었다.

비용 절감은 당연히 예상되는 부분이지만 시어스가 어떻게 시장 지배력을 키우고 그것을 유지할 수 있었는지는 의문이 남는다. 왜 다른 기업들은 이 시장에 진입해서 이들의 수익을 나눠 가지지 못했을

이윤의 역설

까? 그에 대한 답은 1907년 시어스가 사용했던 상용문 머리 부분의 문구에서 찾을 수 있다. "시어스는 모든 상품을 우편 주문을 통해서만 판매합니다. 고객이 상품에 100% 만족하지 못할 경우 즉시 환급해 드릴 것을 약속하며 일체의 배송비도 회사가 부담합니다." 오늘날 아마존 프라임 서비스와 아주 비슷하게 들린다. 시어스 또한 더 빠른 새로운 운송 기술을 이용했고 전국에 물류 창고와 유통망을 건설했다. 지방 유통망 건설에 막대한 선행 투자가 이루어지면서 그렇게 고비용의 유통망을 구축하는 것은 수요를 고려해 볼 때 단 한 기업에만 허용되는 일이었다.

소매업을 혁신한 두 번째 물결은 월마트의 등장이었다. 샘 월튼은 모든 상품을 가장 저가에 판매하는 소매 상점망을 아칸소주 벤턴빌에서부터 서서히 구축해 나갔다. 1호점을 낸 이후 40년 사이 월마트는 미국의 소매업계를 정복했고 점차 세계 곳곳으로 뻗어나갔다. 저가 정책은 대량 판매를 보장했고 신기술과 규모는 낮은 비용을 보장해주었다. 데이터 기반의 물류 기능을 활용함으로써 월마트는 다른 경쟁자들보다 소비자 요구의 변화에 더 발 빠르게 대처할 수 있다. 예를 들자면 월마트는 허리케인으로 인해 산사태가 발생할 것으로 예상되는 지역에 있는 점포들에 신속하게 에너지 바와 생수 공급을 늘리는 것이 가능하다. 최근의 연구에 따르면 아마존 유통망의 자생적인 성장 과정은 월마트의 성장 과정과 매우 유사한 것으로 나타났다.

소매업 혁신의 세 번째 물결은 온라인 쇼핑이다. 아마존 풀필먼트(고객 주문 처리 대행) 센터는 밀도 높은 시장의 관리 기능을 담당하고 공급망의 접근성을 높이기 위해 설립되었다. 그 다음 유통망 지점은 수요가 가장 밀집된 곳에 구축되고 그 결과 수요 밀도는 바뀌게 된다. 이런 방식으로 운영하기 위해서는 엄청난 물리적 자본 투자가 필요하다. 19세기에 철도 업종이 그랬던 것처럼 아마존은 소수의 경쟁자에게만 시장 참여를 제한적으로 허용하며 엄청난 규모의 경제를 누리고 있다. 규모의 경제는 저비용을 가능하게 하지만 비용 절감의 혜택이 모두 고객에게 돌아가는 것은 아니다. 따라서 가격이 저렴해질수록 시장 지배는 더 강화된다. 하지만 바꾸어 말하자면, 경쟁자가 많았다면 가격은 더 낮아질 수도 있다는 뜻이다.

역사적으로 봤을 때 지금 시대에 우리가 경험하고 있는 소매업에서의 시장 지배와 집중 현상은 얼마나 특이한 일일까? 1929년 대공황 직전 최대의 소매 기업인 시어스와 A&P(the Great Atlantic & Pacific Tea Company, 당시 미국 최대의 식료품 체인 기업)는 두 곳을 합쳐 총 소매업 매출의 3%를 차지했다. 당시 그 정도의 시장 점유율은 놀라우리만치 높은 비율로 여겨졌다. 이에 따라 기업들의 시장 지배 가능성에 대한 우려로 말미암아 특히 불공정한 가격 차별을 막기 위해 클레이턴 법(Clayton Antitrust Act)이 1936년 로빈슨-패트먼 법으로 수정되었다. 반면 오늘날 월마트와 아마존은 소매업 매출의 15%를 차지하고 있다. 그러나 이들 대기업의 시장 지배를 억제하려는 움직임은 없다.

규모의 경제를 기반으로 자생적으로 성장한 이 거대 기업들의 부상은 소매업에서만 나타나는 현상은 아니다. 섬유 산업에서도 '자라,' '풀 앤 베어스,' '버시카'와 같은 브랜드를 보유하고 있는 스페인 회사 인디텍스(Inditex)가 유럽과 아시아, 라틴아메리카에서 최대 의류 생산 및 소매 기업이 되었다. 인디텍스는 물류 혁신과 새로운 소매 콘셉트로 자생적인 성장을 이루어냈다. 자라는 전체 시즌 내내 하나의 컬렉션에 집중하기보다는 매장의 상품을 매주 새롭게 교체했다. 그들은 의류 시제품을 테스트한다. 그리고 난 뒤 매출 현황과 고객 피드백을 기반으로 해당 모델의 대량 생산에 들어간다. 생산 주기도 매우 짧다. 디자인에서 점포 입고까지 15일이 채 걸리지 않는다.

그렇게 단시일 내에 상품을 입고하기 위해 자라는 물류 과정에 정보통신 기술을 많이 활용하고 있다. 이를테면 기상 조건의 변화에 발맞춰 월마트가 유통하는 상품을 추적하는 기술과 비슷한 방식이다. 월마트의 물류 시스템은 갑작스러운 수요 변화에도 신속한 대응이 가능하다.

월마트와 마찬가지로 자라의 경우에도 그렇게 정보 기반의 물류 시스템을 운영하기 위해서는 유통망의 밀도가 높아야 한다. 즉, 물류 센터의 유통망 지원을 위해 인구 당 점포 수가 충분해야 한다. 그래야 발전된 기술을 이용하는 기업들이 상당한 비용 절감을 실현할 수 있게 된다. 절감된 비용 중 일부는 가격을 낮추는 것으로 고객들에게 돌아가지만 어디까지나 일부분일 뿐이다. 그리고 그것이 바로 기업들의 수익 증가로 이어지는 지점이다. 이렇게 해서 다시 한번 기술의 우위가 발현되는 것이다. 가격이 내려가면 마크업은 상승한다. 마크업을 상승시키는 단 한 가지 이유는 비용 절감을 달성하는 데 필요한 큰 규모의 경영이 공간상의 제약으로 하나 혹은 몇 개 기업에만 허용되기 때문이다. 그것은 곧 대규모의 기업과 낮은 비용, 저렴한 가격을 의미하는 동시에 높은 마크업을 의미하는 것이다.

플랫폼:
수요

　　　　　시장 지배를 낳는 세 가지 근원 중 공급 차원에서 전형적인 규모의 경제를 일으키는 철도와 소매업의 이야기로 시작해 보았다. 시장 지배의 두 번째 근원은 규모에 따른 수요 수익이다. 규모의 경제는 건설 비용이 아니라 사용에서 발생한다. 이를 '네트워크 외부성(network externality)'이라 일컫는다.

　빈티지 시계를 사려고 할 때 구매자는 이베이와 같이 가장 판매자가 많은 사이트로 간다. 구매자가 관심이 있는 상품을 찾을 가능성이 가장 크고 판매자들 간의 경쟁도 가장 치열하기 때문이다. 판매자들 또한 가장 구매자가 많은 플랫폼을 선택할 것이다. 상품을 판매할 가능성이 커지고 수요가 높을수록 더 높은 가격을 받을 수 있기 때문이다. 구매자와 판매자 모두 가장 사용자가 많은, 즉 시장이 두터운 플랫폼을 선택하겠다는 데 의견이 일치한다. 그 결과, 가장 많은 사용자를 가진 플랫폼은 더 많은 참여자를 끌어들이고 규모의 경제로 인해 하나의 주요 플랫폼이 시장 지배적인 위치를 차지하게 된다. 그 지배적인 플랫폼의 소유주는 사용자들에게 최고의 가치를 제공하고 높은 수수료를 부과해 그 잉여 수익의 일부를 취할 수 있다. 빈티지 시계 판매자는 1%의 수수료를 지불하고 낮은 가격에 천천히 파는 것보다 10%의 수수료를 지불하고 높은 가격에 빨리 팔기를 원할 것이다.

　경쟁 기업도 플랫폼 사업에 나서겠지만 결코 이베이만큼 두터운 시장을 제공할 수는 없다. 이베이가 온라인 경매 시장의 90% 이상을 보유했기 때문이다. 경쟁 기업들은 이를테면 더 저렴한 수수료를 제시해 보기도 했을 것이다. 미국에서는 이베이가 1995년 창립되었고 야후 옥션이 1998년에 창립되었다. 시장에서 발판을 마련하기 위한 야후의 초인적인 노력에도 불구하고(야후는 수수료를 부과하지 않았고 광고로 운영 자금을 조달했다) 이베이는 항상 시장 선두주자였고 온라인 경매업계에서 거의 독보적인 존재다.

설사 여러 개의 플랫폼을 동시에 구축한다고 할지라도 다수의 플랫폼이 동시에 운영되는 것이 성공하기는 어렵다. (두 개 철도가 함께 운행되는 것이 수지가 맞지 않는 것과 같은 이치다). 이베이가 시장을 정복할 만한 우월한 기술을 가지고 있어서가 아니다. 단지 고객층을 가장 먼저 구축했다는 이유 때문이다. 사실 야후 옥션은 일본 시장을 장악하고 있다. 일본에서는 이베이가 발 디딜 곳을 찾지 못한다. 사용자층에서 규모의 경제가 발생하면 승자가 전체 시장을 장악하게 된다. 오웰이 또 한 번 옳았다. 경쟁의 문제점은 누군가는 승자가 된다는 것이다. 경쟁에서 승리하는 기업은 시장을 장악하고 난 뒤 더는 경쟁자가 존재하지 않는 시장에서 수익을 독식할 수 있게 된다.

구매자와 판매자를 한곳에 집결시키는 시장 역할을 하는 이 플랫폼들은 인터넷이 생겨나기 훨씬 전부터 존재했다. 규모의 경제 또는 네트워크 효과는 기술을 도입할 때면 으레 나타나는 현상이다. 미국에서는 쿼티(QWERTY) 키보드가 도입되었지만 다른 국가에서는 애저티(AZERTY) 키보드가 도입된 것도 그런 이유에서 일어난 일이다. 규모의 효과는 그 효과가 너무 큰 나머지 열등한 기술을 도입하게 만들기도 한다. VHS 자기 테이프 기술은 베타맥스(betamax 비디오테이프의 표준 포맷의 하나)보다 열등한 기술로 여겨진다. 그러나 더 많은 사람들이

VHS 테이프를 사용함에 따라 대부분 영화도 VHS 테이프로 출시되었고, 소비자들도 VHS 플레이어를 구매했다. 소비자들은 더 나은 이베이가 등장했을 수도 있었다는 사실을 알고 있다. 더 우려스러운 점은 경쟁의 부담이 없는 이베이가 그들의 서비스와 기술을 향상해야 할 동기를 못 느낀다는 것이다.

인터넷 시대가 열리기 전에 존재했던 대부분 플랫폼은 중앙 시장에 구매자와 판매자 모두를 한군데로 불러 모음으로써 거래를 촉진했다. 소유주가 광고주와 독자/시청자들을 한곳으로 불러 모으는 신문이나 TV 채널이 그 예이다. 사용자들은 관심 있는 사설을 읽거나 아카데미상을 수상한 영화를 보려고 할 것이다. 그리고 소유주는 시청자 수와 광고주 수를 최대한 늘림으로써 최고 논평가의 글과 아카데미상 수상작에 관한 이목을 현금화하는 것에 관심이 쏠려 있을 것이다. 또 다른 예로는 거래소의 소유주가 주식 매도자와 매수자 모두를 불러 모아 보유한 주식을 공개 거래하도록 하는 주식 거래소가 있다. 신용카드 플랫폼이나 네트워크와 같은 다른 예들도 있는데, 그들은 본질적으로 구매자와 판매자를 불러 모으지는 않지만 거래를 가능하게 해준다.

이 모든 시장에서 네트워크 외부성이 지배적인 플랫폼을 탄생시킨다 해도 고객층이 확실히 다르다면 여러 다양한 플랫폼이 공존할 수 있을 것이다. 예컨대 어떤 맞선 플랫폼들은 특정 그룹 고객들의 종교(예를 들면 유대교 신자들을 위한 제이데이트(Jdate))나 성적 취향(동성애자들을 위한 그라인더(Grindr)), 경제력(상류 계층을 위한 더리그(the League)) 등의 선호 요건을 특별히 충족시켜 주고 있다. 항상 규모가 더 큰 플랫폼이 선택지가 더 많아서 사용자 관점에서는 더 좋다. 하지만 본인이 이성애자가 아니면서 이성애자 파트너들의 프로필을 살펴보며 시간 낭비를 할 필요는 없는 것이다. 네트워크의 규모와 플랫폼 참여자들의 선택적 구성 중 자신에게 더 중요한 것을 선택할 수밖에 없다.

많은 신문사가 더 많은 구독자를 얻기 위해 경쟁하고 있으며, TV 방송국들과 여러 증권 거래소도 마찬가지다. 이러한 플랫폼들은 기본적으로 주어지는 규모에 따른 수익에도 불구하고 더 한정된 이용자들의 요구에 발맞추기 위해 차별화와 전문화를 시도하기도 한다. 이를테면 지역 신문들은 지역 뉴스에 초점을 맞추고, 아메리칸 익스프레스(American Express)는 소비를 많이 하는 더 부유한 고객들에게 신용카드를 제공하며, 날씨 채널은 폭풍과 홍수를 걱정하는 사람들에게 정보를 제공한다.

이들 대부분은 옛날 기술로도 운용이 가능했던 시장의 예들이다. 그러나 이제는 신기술을 활용해 운용되는 플랫폼 마켓도 아주 많다. 이베이가 장악하고 있는 온라인 경매 시장도 그중 한 예다. 소셜미디어 네트워크 분야에서는 페이스북, 트위터, 인스타그램, 링크드인이 있고, 앱스토어 분야에서는 애플(Apple)과 구글 플레이(Google Play), 비디어 플랫폼에서는 판도라(Pandora)와 스포티파이(Spotify), 승차공유와 셰어하우스 분야에서는 우버(Uber)와 에어비앤비(AirBnB), 맞선 앱과 웹사이트로는 틴더(Tinder)와 오케이큐피드(OkCupid)가 있다. 그들은 모두 엄청난 규모의 이점을 누리고 있으며 네트워크 외부 효과로 사용자들에게 혜택을 주고 있다.

이 네트워크들은 전문화와 차별화를 추구하며 엄청난 수익을 얻지만 시장 지배를 가능하게 해주는 규모의 경제를 발생시키기도 한다. 기술의 발전 또한 엄청난 수익을 창출하지만, 소유주들이 가격을 올리기 위해(그에 따라 기업의 수익도 증대된다) 그 기술을 이용해 결국 고객들에게 피해를 주기 때문에 (아래에서 자세히 언급하겠지만) 노동에도 피해를 입히게 된다.

플랫폼 자체에서 어떻게 운영하는지와 무관하게 수요자 측면에서 보면 고객 선호도가 시장 지배의 근원이 되는 것도 사실이다. 상품 생산자들은 그들의 상품을 차별화하기 위해 마케팅에 엄청난 비용을 쏟아부어 시장 지배를 이루려고 한다. "실질적으로 따졌을 때 코카콜라와 펩시의 차이는 미미하다"라고 누군가가 말한다면 코카콜라와 펩시를 마시는 소비자들은 미심쩍어한다. 그러나 블라인드 시음 테스트에서도 그 둘 사이의 차이를 구분할 수 있는 사람이 거의 없다는 사실이 밝혀졌다.

마케팅 종사자들은 여러 상품이 유사하더라도 마케팅을 통해 어떤 상품이 다른 것들과 다르다는 인식을 심어줄 수 있다고 아주 오랫동안 믿어왔다. 구매자는 어떤 상품에 아주 큰 애착을 느낄 때 더 높은 가격도 흔쾌히 지급하려고 한다. 기업은 더 높은 가격을 지급할 용의가 있는 충성 고객층을 구축하기 위해 브랜드 상품을 창조하고 홍보한다. 그러한 고객 자산을 구축하는 데에는 돈이 많이 들기 때문에 시장 지배적인 더 큰 기업들만이 선급 지출금을 마련할 수 있다. 따라서 마케팅 전략이 시장 지배의 근원이라 볼 수 있다. 이와 같은 모든 선불 투자는 무형의 자산을 형성한다. 이 주제에 대해서는 이 장의 후반에서 살펴볼 것이다.

자율주행차:
학습

　　　　　이제 시장 지배의 세 번째 근원이 무엇인지 알아보자. 우리는 이미 공급(철도와 소매업)과 수요(네트워크 외부 효과의 영향을 받는 플랫폼들)에 따른 규모의 경제에 관해 이야기했다. 규모의 경제를 통한 시장 지배의 세 번째 근원은 학습이다. 자율주행차들은 수백만 시간의 주행 경험에서 수집한 엄청난 양의 데이터를 가지고 훈련받는다. 그리고 그 데이터를 수집하는 데 엄청난 투자 자금이 투입된다. 데이터의 양이 더 많고 질이 더 높을수록 학습은 더 잘 이루어진다.

　이 머신러닝 알고리즘을 활용하는데 필요한 방대한 양의 데이터는 이미 공용 도메인에서 구할 수 있다. 예컨대, 구글과 같은 기업들은 신뢰할 수 있는 언어 번역 서비스를 구축하기 위해 공용 도메인에 올라와 있는 소설, 기사, 그 밖의 다른 텍스트의 기존 번역을 활용할 수 있다. 하지만 보통 데이터 구축을 위해 방대한 양의 새로운 발견을 수집하는 데에는 비용이 많이 든다.

　기업들은 방대한 양의 정보를 되도록 돈이 덜 드는 방식으로 입수하기 위해 아이디어를 짜내기도 한다. 이를테면 온라인에서 상품을 구매할 때 상점이나 신호등 장면을 포함하고 있는 사진을 식별하라는 메시지를 받아본 적이 있는가? 받아봤다면 그때 당신은 머신러닝 알고리즘을 기반으로 한 이미지 인식 응용프로그램을 위한 데이터 제공자였던 셈이다. 당신은 그것에 답변해 주는 데 돈을 받지는 않았지만 데이터를 수집하는 기업은 '당신이 로봇이 아니라는 사실'을 확인시켜 주는 이 번거로운 이미지 식별 연습을 진행해주는 웹사이트에 비용을 지급해야 한다. 믿지 않을 수도 있겠지만 더 많은 사람이 데이터를 제공할수록 로봇은 이미지를 더 잘 인식할 수 있게 된다. 결론적으로 방대한 양의 데이터가 필요하며 그 데이터 수집에는 비용이 든다는 것이다.

비용이 많이 드는 데이터 수집과 학습은 데이터를 먼저 수집한 기업이 선점 우위를 누리도록 해준다. 고비용의 철도 건설과 마찬가지로 데이터베이스를 두 번 구축한다고 해서 이득이 생기는 것은 아니다. 이 값비싼 투자는 또 한 번 규모의 경제를 일으킨다. 규모의 경제는 기업들이 시장 지배자로 변신할 수 있도록 경쟁자들을 막아주는 해자가 된다.

고비용을 들여 두 번째 철로를 건설하는 것과는 달리 이 비싼 데이터베이스는 한 번 수집하면 거의 무료로 복제할 수 있다. 그저 데이터를 한 회사의 서버에서 다른 서버로 전송하는 문제일 뿐이다. 별도의 비용을 들이지 않고도 데이터 복사가 가능하다는 특성은 해자를 무너뜨리고 시장 지배를 완화하려는 취지의 정책들에 큰 영향을 미친다. 이 책의 후반부에서 인공지능과 머신러닝의 역할을 논의하면서 시장 지배를 창출하고 그에 맞서 싸우는 데 학습의 역할이 얼마나 중요한지 자세히 살펴볼 예정이다.

이 세 가지 규모의 경제의 근원들은 해자를 구축하고 그 결과 오랫동안 시장 지배를 지속시킨다. 신기술은 시장 선점자에게 유리한 혜택을 주는 근본적인 동력이며, 결과적으로 규모의 경제를 발생시켜 경쟁자들을 물리치게 만든다. 다른 근원들도 동시에 존재하는 경우도 많다. 그에 더해 고객들이 이용하던 상품을 다른 기업의 상품으로 교체하려면 비용이 발생한다는 사실이 규모의 경제가 시장 지배로 이어지는 중요한 결정 요인이라 할 수 있겠다.

시장 지배를
증폭시키는 것들

규모에 따른 수익 외에도 다른 많은 조건이 시장 지배를 발생시킬 수 있으며 많은 요소가 그것을 증폭시킨다. 예를 들면, 기업들은 해당 시장에서 그들의 가치 사슬 내에 있는 기업들에게 영향력을 행사하기 위해 공급업체와 고객 모두에게 구매력을 행사한다. 그들은 경쟁을 봉쇄하기 위해 그 기업들을 인수하거나 더 유리한 조건으로 거래하도록 압력을 가할 것이다. 월마트와 아마존과 같은 대형 소매업체들은 공급업체들에게 많은 영향력을 행사하는 것으로 알려져 있다. 수직적 합병은 시장 지배 문제와 관련해 아주 의견이 분분한 사안이다.

규모의 경제를 증폭시킨 가장 큰 요인은 아마도 세계화와 국제 거래의 증가일 것이다. 세계화는 국내 시장에서의 아주 작은 효과를 세계 시장에서 엄청난 효과로 확대함으로써 규모에 대한 수익의 세 가지 근원(공급, 수요, 네트워크) 모두에 영향을 미친다. 연구 조사에 따르면 미국에서 생산되는 자동차 부품은 캐나다와 멕시코 국경을 평균 18회 넘는 것으로 추산된다. 현재의 경제 활동은 놀랄 만큼 복잡한 국제적 연결망과 무역 관계 속에서 이루어지고 있다.

기술 변화와 마찬가지로 세계화와 무역 또한 파괴적이다. 어떤 면에서 무역은 또 다른 형태의 기술 변화다. 무엇보다도, 무역은 국가 규모에 비례해 이루어진다. 룩셈부르크에서는 경제에서 수입과 수출이 차지하는 비중이 미국에서 수입과 수출이 차지하는 비중보다 훨씬 더 크다. 국경을 넘어 프랑스에 있는 제과점에 가는 것은 국제 무역으로 간주된다. 룩셈부르크에서 소비하지만 프랑스에서 들여온 것이기 때문이다. 하지만 앨라배마에서 생산한 자동차를 버몬트에 있는 한 가정에 판매하는 것은 국제 무역이 아니다.

운송비 하락은 앨라배마와 버몬트 사이의 지역 간 무역에 도움이 되듯이 폴란드와 스페인 사이의 국제 무역에 도움이 되고 있다. 또한 정보통신 기술의 발달로 스마트폰 엔지니어가 오늘 실리콘 밸리에서 설계한 상품을 내일 중국에서 생산하는 것이 가능해졌듯 1장에 등장한 뉴멕시코 소재의 고객 서비스 센터의 수석 엔지니어인 에린이 미 전역 어디에 사는 고객이든 스마트폰의 문제를 해결해 줄 수 있게 된 것이다.

그러므로 동일하지는 않더라도 세계화는 기술 발전과 긴밀히 연관되어 있다. 고속도로와 정보통신 기술이 발달할수록 앨라배마와 버몬트의 관계가 가까워지듯이 운송비가 하락할수록 중국에서 상품을 생산해 미국으로 들여오는 경우가 많아질 것이다. 또한 정보통신 기술은 서로 멀리 떨어져 있는 노동자들의 생산 공정을 하나로 통합시킨다. 캘리포니아에서 중국의 선전으로 도면을 보내는 것이 건너편 사무실에서 근무하는 동료에게 도면을 보내는 것만큼 빠르고 싸다.

이처럼 국제 거래를 쉽게 해주는 기술의 발달로 말미암아 규모의 경제가 줄어든 것으로 착각할 수도 있다. 글로벌 시장이 성장함에 따라 초기 투자가 매출에서 차지하는 비중이 작아 보일 것이기 때문이다. 하지만 그와는 반대로 해외의 다양한 시장에서 조달하는 상품과 서비스를 이용해 국제 거래와 해외 생산으로 성공하기 위해서는 엄청난 투자가 필요하다. 무엇보다도 운영 규모가 충분히 커야 한다.

글로벌한 운영이란 여러 국가로부터 다양한 부분을 조달해 점차 국제 분업으로 나아가는 것을 의미한다. 이는 결국 규모의 경제를 요구하고 나아가 시장 지배를 가능하게 만든다. 연구 조사 결과에 따르면 수출과 수입을 하는 기업들이 더 높은 마크업을 기록하며 그 결과 더 많은 시장 지배력을 행사하는 것으로 나타났다.

규모의 경제는 기술 발전과 세계화에서 발생한다. 20세기 초 2차 산업혁명기 중 기계와 과학 기술, 그리고 기차와 같은 운송 기반 시설에 대한 투자가 등장한 것과는 달리 규모의 경제를 발생시키는 현재의 신기술 물결은 특히 아이디어와 연구 등의 무형 자산에 대한 투자에서 비롯되었다. 시장 지배력을 지닌 지배적인 기업들은 무선 정보통신 기술을 활용한 철로에 투자함으로써 그 지위를 확보하기도 했다. 그렇다면 이제 무형 자산의 역할에 대해 알아보자.

무형 자산이
승자를 만든다

시장 지배의 진화를 분석해보면 1980년 이후 일부 기업의 마크업이 하늘 높은 줄 모르고 치솟은 것을 볼 수 있다. 그러나 중간값에 해당하는 기업들의 마크업은 변함없이 유지되고 있다. 따라서 절반 이상의 기업들이 더 부유해지지 않았고 대다수 기업은 더 가난해진 것이다. 고도성장을 보이는 기업들의 기세에 눌려 더 작은 기업들은 수익이 하락하거나 일부는 폐업에 이르게 되었다. 이로 인해 과도하게 이윤을 남기는 소수의 지배적인 대기업들이 생겨난 것이다. 하지만 그것이 나쁘기만 한 것은 아니었다. 한 세기 전의 철도 기업들이 운송 수단을 더 편리하고 값싸게 만든 것처럼 높은 마크업을 기록하는 기업들은 상품을 더 저렴한 가격에 판매한다. 문제는 시장에 충분한 경쟁이 없어 그 결과 그보다 더 싼 가격을 제공하지는 않는다는 사실이다.

마크업과 관련된 자료를 살펴보면 한 가지 더 중요한 사실을 발견하게 된다. 마크업이 가장 높은 기업들은 간접비 또한 가장 많이 지출한다는 점이다. 신기술과 마케팅, 연구개발에 투자함으로써 기업들은 기술적으로 우월한 위치를 점유해 다른 기업들이 시장에 진입하거나 가격 경쟁에 나설 수 없게 만드는 것이다. 이 사실은 30년 전에 런던정치경제대학교의 존 서튼(John Sutton) 교수가 내놓은 관점과 일맥상통한다. 서튼 교수는 런던에 거주하는 아일랜드 출신의 학자로서 1990년대부터 기업들의 시장 지배력 획득을 위한 경영 관행에 대해 새로운 관점을 조용히 제시해왔다. 그와 함께 그의 관점이 실제로 사실과 일치함을 증명하는 세부 자료들도 수집했다.

서튼 교수는 기업들이 경쟁 기업들에 대해 우위를 점하기 위해, 특히 그들이 규모의 경제의 이점을 활용할 수 있는 시장에서 막대한 투자를 실행한다는 것을 기정사실로 인정하고 있다. 연구개발에 투자를 늘리면 신제품을 개발하거나 기존의 제품과 서비스의 기술적 특성을 강화할 수 있다. 비용을 절감하는 제품 혁신은 더 값싼 제품을 만들어낸다.

　단순히 기술적으로 우위에 있기 위해서만 무형의 투자를 하는 것은 아니다. 광고에 투자하는 것은 상품을 차별화해 더 높은 가격을 부과할 수 있도록 상품의 브랜드 이미지를 높이기 위한 것이다. 기술적인 측면보다는 소비자들의 선호도를 높이는 방식으로 접근한다. 광고에 투자해 브랜드 이미지를 구축함으로써 경쟁자들이 범접하지 못하도록 장벽을 만드는 것이다. 생산이나 기술 측면에서가 아니라 경쟁 기업들이 쉽게 범접할 수 없는 충성 고객층으로 장벽을 쌓는다. 경쟁 기업들의 진입을 좌절시키는 진입 장벽이 규모의 경제를 발생시키는 것이다. 이와 같은 무형 자산에 대한 투자가 기업 지출의 상당한 부분을 차지하고 있으며 그것이 시장 지배의 중요한 근원이 되기도 한다.

　심지어 경영진의 연봉으로 지출되는 경비도 기업이 더 좋은 전략을 가지고 경쟁하는 데 도움이 될 수 있다. 이 모든 투자는 더 실력 있는 디자이너와 프로그래머를 채용하는 것과 같은 인적 자본에 대한 지출에 포함된다. 이들은 그 특성상 무형의 자산이다.

　간접비에 투자함으로써 기업들은 가격을 책정할 때만 경쟁하는 것이 아니라 가장 효율성 높은 생산자가 되기 위해 경쟁하기도 한다. 또다시 규모의 경제로 말미암아 가장 대규모로 투자하고 먼저 성과를 내는 기업들이 시장을 지배하게 되는 것이다. 하나의 기업이 다른 모든 기업보다 생산성이 훨씬 더 높아져 생산성이 한쪽으로 치우치는 현상이 발생해 경쟁이 둔화하는 것이다. 기술 혁신과 파괴는 승자 독식의 장을 만든다. 물류 및 유통망을 가장 먼저 구축한 기업은 고객들에게 상품을 가장 싸게 공급할 수 있을 것이다. 철도망의 경우처럼 아마존과 같은 유통망을 여러 개 구축할 수 있는 공간적 여유는 없다. 이베이와 같이 경매 플랫폼을 가장 먼저 구축하면 사실상 경쟁을 불허하는 시장 선도자가 되는 것이다. 급속한 기술 발전 속에서 승자가 존재하는 한 아무런 규제를 받지 않는 자본주의 경제는 자연스럽게 시장 지배로 나아갈 수밖에 없다.

현재 우리는 정보통신 기술의 부상으로 기술 발전의 급물살을 타며 또 하나의 기술 혁명을 맞이하고 있다. 과거의 기술 혁명과 같이 현재의 기술 혁명 또한 규모의 경제로 승자가 된 이들에게 왕관을 씌워주는 일들이 수도 없이 빈번히 일어나고 있다. 1760년에서 1820년 사이의 1차 산업혁명 시기에는 제조 과정을 완전히 바꾸어 놓은 증기 기관이 등장했다. 1870년에서 1914년 사이의 2차 산업혁명은 전기 발명을 발판 삼아 생산 방식을 한 단계 더 업그레이드시키고 대중교통을 활성화해 첫 번째 세계화의 바람을 이끌었다. 3차 '산업' 혁명은 현재의 산업 생산을 아주 효율성을 높여 비용을 줄여 놓은 나머지 GDP(국내총생산)의 8%에 겨우 미치는 수준이므로 산업혁명이라고 부르기에는 다소 부적절한 감이 있다. 그러나 디지털화와 정보 기술은 제품 생산뿐만 아니라 서비스도 바꾸어 놓았다.

연구개발과 광고, 고급 기술을 가진 노동자에 대한 투자가 늘어나는 것은 대부분 무형 자본에 대한 투자가 증가하는 것이다. 현재의 디지털 경제에서 달라진 부분은 무형 자본이 예전보다 훨씬 더 중요한 역할을 한다는 점이다. 실제로 기업의 총지출에서 간접비가 차지하는 비중은 1980년에 15%이었던 것이 2020년에는 20% 이상으로 증가했다. 물론 모든 간접비가 무형의 투자인 것은 아니지만 대다수는 그러하다. 이제 무형 자본은 유형 자본보다 더 규모가 크다. 기업들이 무형 자산에 투자한다면 그들이 그에 대한 투자 수익률을 인식하고 있기 때문이다. 기업들이 유형 투자에 대해 이익을 얻는 것과 마찬가지로 말이다.

무형 지출의 비중은 기업들마다 크게 다르다. 어떤 기업들은 거의 없기도 하며 몇몇 기업들은 무형 지출의 비중이 아주 높다. 그 차이는 특히 연구개발 분야에 대한 투자에서 가장 두드러지게 나타난다. 대부분 기업에서는 연구개발에 들이는 비용이 없는 반면 일부 기업들은 엄청난 비용을 들이고 있다.

하나의 특허권과 한가지 상품을 가지고 창업한 많은 생명공학 스타트업들은 무형 지출의 비중이 높은 기업들이다. 이 소기업들은 임상 연구를 진행하지만 자체 실험실조차 없는 경우가 많다. 제품 개발이 완료되는 시점을 장담할 수 없으므로 그들은 외부 업체의 실험실을 빌린다. 결과가 만족스러울 때는 후속 실험을 진행하고 출시일 전까지 승인이 나길 바라며 FDA(미국 식품의약국)의 승인 절차를 진행한다.

하지만 실험에서 반복적으로 부정적인 결과가 나오면 투자자들은 곧 자금 지원을 중단할 것이고 그렇게 되면 실험실도 문을 닫아야 할 것이다. 모든 실험 설비를 회사 내에서 관리하고 연구원들을 고용하는 경우 그 생명공학 기업이 실패하는 경우 그 사업을 접는 데 비용이 많이 든다. 단기 투자를 받는 고위험의 벤처 기업으로서는 이러한 활동을 외부 업체에 위탁하는 것이 훨씬 더 경제적이다. 그 결과 이

기업은 변동 비용이 거의 나오지 않게 된다. 경비의 거의 100%가 무형 자산에 투자되는 것이다.

무형 자산에 대한 투자는 점점 증가하고 있다. 이 투자는 기업 간의 격차가 크며 시장 지배의 주요 인자가 되기도 한다. 그러나 전통적인 자본과는 달리 무형 자본은 그것의 가치를 측정하기가 몹시 어렵다는 문제가 생긴다. 사람들은 자산이 무형이기 때문에 그 투자의 금전적 가치도 무형일 것이라 성급하게 결론짓는 경향이 있다.

하지만 그것은 오해다. 무형의 가치를 모두 금전적으로 계산하는 것은 어려운 일이므로 그런 오해를 할 수도 있다. 전체 경제의 가치인 GDP를 계산할 때 무형 자산이 어떻게 합산이 되는지는 중요하다. 교통 정보 앱인 웨이즈(Waze)는 사용자들이 시내의 특정 장소에서 다른 장소로 더 빨리 이동할 수 있도록 도와준다. 집에서 하는 요리나 위키피디아처럼 분명히 혜택은 얻고 있지만, 시장에 가격은 매겨져 있지 않은 것이 그렇듯이 이러한 혜택은 아마도 GDP에 정확히 포함되어 계산되지는 않을 것이다.

그러나 그러한 무형의 혜택이 GDP 계산을 바꾸는 역할을 한다. 예를 하나 들어보겠다. 최근 몇 년 사이 서비스로 제공되었던 소프트웨어는 투자로 간주된다. 소프트웨어 가격을 사용자에게 부담하도록 하기보다는 (사실상 불가능하다) 투자 비용을 회사가 부담하도록 하는 것이며 그편이 훨씬 더 쉽다. 우리는 빵을 팔기 위해(그리고 다른 모든 상품의 판매를 위해) 그렇게 한다. 그리고 빵이 소비자에게 주는 혜택보다도 빵이 판매되는 가격을 계산한다. 빵이 주는 혜택은, 특히 소비자가 배가 고플 때는 빵 가격보다 훨씬 더 높을 수 있다.

연구개발과 광고, 경영진의 연봉 등 무형 자산에 지출되는 경비는 어떤 방식으로든 기업의 손익계산서에 올라간다. 그 비용은 무형 자산의 가치에 비하면 훨씬 더 낮을 것이다. 빵 가격이 빵이 소비자에게 제공하는 가치보다 현저히 낮은 것처럼 말이다. 무형 자산(과 빵)의 가치가 무형이기 때문에 우리는 그것이 측정되는 가치보다 가격이 얼마인지로 계산한다. 더 복잡한 요소는 대부분의 무형 자산은 실험실 가운을 입은 과학자들의 연구개발이나 빌보드와 TV 광고에 대한 투자에서 얻어지는 것이 아니라 단지 아이디어의 결과인 경우가 많다는 것이다. 예컨대, 이케아(IKEA)의 설립자인 잉그바르 캄프라드(Ingvar Kamprad)는 사람들이 자신의 자동차로 가구를 직접 집으로 운송할 수 있도록 가구를 납작하게 포장해 옮기는 것에 대해 고민하다가 엄청난 성공을 거두게 되었다. 하지만 그 아이디어를 얻기 위한 투자 또한 그 아이디어를 낸 직원이나 사장의 연봉으로 계산되는 것이다.

따라서 무형 자본이 직원의 아이디어 덕분에 생긴 것이든 광고 지출에서 비롯된 것이든 코카콜라의 사례에서처럼 어떤 경비든 계산에 포함된다. 기업의 과세 표준을 낮추기 위해 회계사는 필요 이상의 비용을 무엇이든(이를테면 최고경영자의 전용기 비용) 장부에 기록할 것이다. 나는 그 비용이 유형의 자산을 취득하기 위해 발생한 것이든 무형의 자산을 취득하기 위해 발생한 것이든 합법적인 비용을 장부에 기록하기를 거부하는 재무 담당 최고책임자가 있다면 한번 만나보고 싶다.

유형 자산과 마찬가지로 무형 자산을 위해 투입된 비용 또한 기업의 손익계산서에 포함이 된다. 금전적으로 따지면 무형 자산에 들어간 비용은 완전히 유형의 것이다! 하지만 그 성격상 무형 자산은 쉽게 식별되지 않는다. 첫째, 어떤 비용이 어떤 무형 자산에 투자되었는지 구분 짓는 일은 어렵다. 둘째, 유형 자산과는 달리 무형 자산은 무형 자산에 대한 연간 지출 흐름이 그 지출의 누적 가치인 '주식 자본'으로 쉽게 전환되지 않는다. 건물과 같은 물리적 자산의 경우는 가치를 계산하기가 쉽다. 자산의 가치는 할인된 총 월 임대 소득에서 모든 비용을 제외한 금액이다. 그러나 무형 자본의 경우에는 월 임대 소득과 같은 것이 없어 한 기업이 무형 자본을 얼마나 가졌는지 금액으로 그 가치를 환산하기가 힘들다. 코카콜라가 100년 전에 브랜드 구축을 위해 했던 투자는 오늘날 여전히 효과를 발휘하고 있다.

마크업을 연구하면서 우리는 가장 시장 지배력이 강한 기업들이 무형 자산에 대한 투자가 더 높다는 사실을 발견했다. 따라서 무형 자산이 해자를 구축하고 넓히는 도구라는 사실은 의심할 여지가 없다. 제약 기업은 백신 개발을 위해 연구개발에 거액을 투자해야 한다. 코카콜라는 총간접비의 절반이 넘는 비용을 광고와 마케팅에 쏟아붓는다. 또 구글은 오로지 아이디어와 소프트웨어, 인적 자원에 투자하는 것만으로 시장 지배를 달성했다. 무형 자산에 투자해서 시장 지배를 달성한 기업 대부분을 살펴보면 유형 자산에 투자하는 기업들과 비교해서 큰 차이가 없어 보인다. 사실 대다수 기업은 그 둘 다에 투자하고 있다. 시장 지배를 유지하는 열쇠는 시장 지배를 (철도와 같은) 유형 투자로 이루었는지, 아니면 (연구개발과 같은) 무형 투자로 이루었는지와 상관없이 규모의 경제를 일으켰는지의 여부에 있다.

일부 시장에서는 경쟁 기업들에 의해 규모의 경제가 빠르게 무너지기 때문에 경제적 해자 구축이 거쳐야 하는 하나의 과정인 경우도 있다. 초기에는 승자가 전체 시장을 독식했으나 규모의 경제가 어느 정도의 영향력을 발휘하는지에 따라 결국 경쟁 기업들이 시장으로 진입해 이익의 일부를 조금씩 빼앗아가기 시작한다. 이는 일시적인 독점력을 지닌 창조적 파괴가 성장을 이끈다는 슘페터의 관점과 상통한다.

지난 40년 동안의 발전은 슘페터가 제시했던 그림과는 다르게 이윤의 역설을 드러내는 그림이었다. 초기 산업혁명과 마찬가지로 정보 혁명이 이끈 기술 발전은 아주 강력한 영향력을 발휘하여 소수의 기업이 간접비에 막대한 투자를 해 승자 독식의 전장에서 승자가 되도록 만들었다. 이 경쟁의 승자들은 해자를 구축하고 유지하기 위해 저비용과 더 좋은 서비스를 달성한 동일한 기술 파괴 전략을 이용한다. 이제 그들은 40년 전에는 어떤 기업도 꿈꾸지 못했던 훨씬 더 높은 마크업과 이윤을 누리고 있다.

지배적 기업들이 발생시키는 초과 이윤의 근원은 아주 높은 고정비이다. 철도 기업들에게 고정비가 독점 지배권을 주었던 것과 마찬가지다. 성공한 기업들은 이른 시일 내에 간극을 메울 수 없는 해자를 구축했다. 더 낮은 가격으로 효율성 개선을 얻기 위해 고객이 할 수 있는 일이라고는 신기술의 등장(철도를 대체할 수 있는 여행 수단인 비행기가 등장하기까지 반세기 이상이 걸렸다)이나 시어도어 루스벨트 대통령이 한 것처럼 정부가 독점 기업들을 단속해 줄 것을 기다리는 것 외에는 아무것도 없다.

물론 모든 시장 지배가 규모의 경제에서 비롯된 것은 아니다. 미니애폴리스 연방준비은행의 제임스 슈미츠(James Schmitz)는 시장 지배의 또 다른 근원이라 할 수 있는 독점 기업들의 방해 행위에 주목했다. 고급 상품을 판매하는 기업들은 저렴한 대체 상품 판매를 불법적으로, 혹은 로비와 규제를 통해 방해한다. 저렴한 구강 제품이나 저렴한 주택 건축 서비스가 그들 중 하나다. 대기업이 고가로 판매하며 시장을 지배하는 대신 방해 행위를 통해 시장을 폐쇄해 결과적으로 가격이 존재하지 않게 만드는 것이다. 이 책의 2부에서 더 자세히 살펴보겠지만 저소득 가정에서는 아무것도 소비할 수 없게 되어 고스란히 그 피해를 보게 된다.

독점 기업들의 방해 행위 이외에도 현재 진행 중인 3차 산업혁명이 불러온 기술 발전은 시장 지배와 함께 성장과 발전을 추구하며 무형 자산에 중점을 두고 있다. 그러나 또 하나의 핵심적 요인이 존재한다. 바로 대폭적인 비용 절감이다.

비용 절감의
신화

시장 지배는 종종 높은 가격과 동의어로 간주된다. 하지만 가격은 원가에 비례하고 마크업이 더 높아지는 것은 기업들이 가격을 올리거나 비용을 줄이기 때문이다. 앤하이저부시 인베브와 같은 기업이 인수 합병을 통해 시장 지배에 나서면 합병된 기업들은 고정 비용을 유지하며 가격을 인상하는 경우가 많다. 그 기업들은 시장 지배를 더 강화하기 위해 비용을 더욱 줄이려 할 수도 있겠지만 맥주 한 병에 더 높은 가격을 부과함으로써 이익을 얻는다.

이윤의 역설

대신 아마존과 같은 기업이 자생적 성장을 가능하게 해주는 파괴적 혁신을 단행할 때는 비용을 낮추고 더 양질의 서비스를 제공함으로써 이익을 얻는다. 비용을 낮추면 가격도 더 낮출 수 있게 된다. 이는 대체로 사회에 상당한 이득이 되며 특히 고객들에게 이롭다. 하지만 불행히도 파괴적 기술을 이용하는 것은 경쟁 기업들의 접근을 막으려는 방편이므로 그 기업이 원가나 더 낮은 가격에 판매하도록 만들지는 않는다. 여기서 이윤의 역설의 또 다른 측면을 발견할 수 있다. 비용을 절감하고 시장 지배력을 획득하는 기업들은 더 높은 마크업(원가 대비 가격)을 실현하려고 노력하는 동시에 더 낮은 가격에 판매함으로써 이윤을 얻는다. 낮은 가격은 달콤하지만 어딘지 모르게 떨떠름하다. 더욱이 큰 비용 우위를 누리는 기업이 단 한 기업이라면 시장 지배는 더 강화되는 것이라 볼 수 있다. 만약 저비용으로 경영되는 비슷한 두 개의 아마존이 존재한다면 고객은 훨씬 더 부유해질 것이다. 그러나 누구도 아마존의 해자를 건널 수 없는 것처럼 보인다. 마윈이 미국 시장에서의 경쟁을 열망하고 창립한 중국의 아마존인 알리바바조차도 대적할 수 없는 듯하다.

생산 비용을 낮출 수 있는 순수한 기술 투자 보다도 대기업들은 비용 절감에 더 많은 관심을 기울였다. 반세기 전에 옷을 만들었던 동네 재단사는 도매상에서 옷감을 구매해 옷을 디자인하고 생산해 그것을 시내의 한 상점에만 판매했다.

현대에는 가맹점들이 공급망을 최적화하는 역할을 대신하고 있다. 그렇게 함으로써 비용 절감을 실현하는 것이다. 이는 가맹점들이 도달할 수 있는 가장 큰 혁신이다. 공급업체들과 더 나은 계약을 할 수 있고 규모로 인해 생산 원가를 낮출 수 있으며 대다수의 경우 더 낮은 임금을 지급한다. 이러한 기업들은 물론 저마다 다르게 조직되어 있다. 갭(Gap)과 같은 의류 매장에는 옷감을 재단하는 전문 재단사가 아니라 비용을 재단하는 경영인들이 존재한다. 이는 아마도 경영대학원 교육의 성공적인 성과일 것이다. MBA 과정에서는 재무와 전략적 경영, 비용 최소화 등을 배운다. 이와 같은 비용 절감 추구는 기업들에게는 더 낮은 비용을, 주주들에게는 더 높은 수익을, 고객들에게는 더 낮은 가격을 실현하게 한다.

하지만 비용 절감을 위해서는 경쟁자들의 진입을 막을 만한 충분한 규모의 경제가 요구되며, 비용 절감을 통해 한 기업이 다른 모든 기업에 대해 절대적인 우위를 가지게 됨에 따라 하나의 기업이 시장을 지배하고 더 높은 이윤을 발생시키는 시장 지배로 이어진다. 그러한 시장 지배를 낳는 비용 절감은 고객에게 전적으로 이롭기만 한 것은 아니다. 지배 기업이 비용 절감의 모든 이득을 고객에게 돌려주는 것이 아니기 때문이다. 그들은 그 절감 비용의 일부를 자신들의 수익으로 남겨둔다.

고용 인력에서 일부 비용을 절감하기도 한다. 노동자들의 급여를 낮추거나 노동 비용을 줄이기 위해 더 적은 수의 노동자를 채용하는 것이다. 다음 내용에서 자세히 다루겠지만 고용 노동자의 수를 줄이는 것은 부분적으로는 시장 지배 자체를 위한 것이라는 사실에 주목해야 한다. 게다가 시장 지배가 전체 경제에 걸쳐 확산한다면 급여 인하로도 이어질 것이다. 이는 더 높은 마크업(인건비 대비 산출 가격)으로 이어지는 뜻밖의 소득이다.

이윤의 역설

우리는 단지
인간일 뿐이다

물론 돈을 버는 것은 악이 아니다. 기업 설립의 기본적인 목적이다. 그러나 가끔은 이 목적에 도달하는 방법이 해악을 낳기도 한다. 예를 들면, 일부 기업들은 고객들이 항상 이성적일 수 없다는 사실을 이용해 돈을 번다. 증명되지 않은 치료 효과를 내세우며 가짜 약을 판매하는 행위는 시장의 역사만큼이나 오래된 것이다. 하지만 분명한 가짜 약 홍보와는 달리 현재의 정보통신 기술력으로 기업들은 부정행위를 눈에 띄지 않게 할 수 있게 되었다. 기업들은 사람들의 행동 편향을 주의 깊게 분석하고 그것을 이용해 시장 지배를 구축한다. 예컨대 기업들은 유인 판매 전략으로 장기적인 거래를 유도하기 위해 아주 구미가 당기는 조건들을 제시한다. 얼마 후 가격은 인상되고 다른 제품으로 갈아타기 힘들어졌을 때 주의 깊지 못한 소비자는 계약 조건이 더 유리하지 않아도 계약을 취소하지 않는다. 헬스클럽 회원권의 경우 우리는 일주일에 3회 스피닝 수업에 참여할 것이라 확신하고 회원 등록을 하지만 얼마 지나지 않아 소파에 몸을 묻고 넷플릭스(Netflix)를 보는 것이 더 유혹적으로 느껴질 수도 있다. 헬스클럽 회원권과 한번 가입하면 잘 해지하지 않는 넷플릭스, 스포티파이(Spotify), 케이블 방송 약정은 모두 가격을 점점 올리고 있으며 우리는 다양한 목록에서 선택이 가능하므로 그들 각각을 어쨌든 취소했어야 한다.

판매 전략은 심리학자들이 개인에게서 발견한 변칙적인 사례의 수만큼이나 다양하다. 기업들은 정보를 불명확하게 만들고 선택의 착각을 심어준다. 그들은 일부 고객에게서 더 높은 가격을 뽑아내기 위해 고급 상품의 차별점을 한껏 부각한다. 스마트폰의 메모리를 두 배로 늘린다고 해서 생산비가 200달러 더 들어가는 것이 아님은 자명한 사실이다. 실제로 메모리가 저가라는 점을 감안한다면 메모리 사양이 높은 스마트폰만을 판매하는 것이 더 비용이 적게 들지도 모른다. 다른 생산 라인을 가동하는 것이 비용이 많이 들기 때문이다. 인위적으로 상품을 다양화하는 것은 아주 오래된 영업 방식이며 반드시 편향의 문제만은 아니다. 다양한 색상을 선보이는 것처럼 간단할 때도 있다. 예컨대, 사람들은 빨간색 자동차에 더 비싼 가격을 기꺼이 내려고 한다. 그러나 새로운 기술이 등장하면서 개인화된 정보를 이용해 각각의 고객이 원하는 가격대에 맞춰주는 것이 훨씬 더 쉬워졌다. 그렇게 해서 기업들은 행동 편향을 이용해 시장 지배를 모색한다.

한 가지 행동 편향은 상품이 '무료로' 판매된다는 착각이다. 내가 구글 맵을 이용할 때나 옐프(Yelp)를 설치했을 때 내 인생은 더 바람직하게 향상되었다. 내 손 안에 있는 작은 기기의 도움으로 한 번도 방문해본 적이 없는 도시를 활보하는 걸 25년 전에 누가 상상이나 했겠는가. 이 기기는 가는 장소에 따라 그곳의 지도를 보여주고 가고 싶은 장소로 가는 길을 안내해 줄 뿐만 아니라 내가 현재 있는 위치도 실시간으로 알려준다. 마치 공상 과학 영화에 나오는 모습과도 같다. 그리고 우리 삶에서 무한히 실용성을 향상하는 이 놀라운 기술이 무료로 제공된다는 걸 인정한다면 그것은 훨씬 더 놀라운 일이다.

하지만 아무리 유익하다 하더라도 무료 상품이라는 착각은 정확히 착각일 뿐이다. 그것이 노동 계약이든 빵을 구매하는 것이든 골동품을 교환하는 것이든 모든 교환은 서로를 향상시켜 줄 때 이루어진다. 나는 빵 한 덩어리를 2달러와 바꿀 용의가 있고 제빵사는 빵을 가지고 있는 것보다 돈을 더 원한다. 구글 맵이나 레스토랑 평가 앱도 예외가 아니다. 앱은 내가 좋아하는 서비스를 제공하지만, 그에 대한 대가로 나는 나의 사용 기록과 함께 광고를 보는 수고를 제공한다. 그리고 나의 사용 기록은 다른 사용자들의 경험(나의 경험을 포함해)을 향상하는 데 이용될 수 있다. 예를 들면, 구글 맵은 내 위치 기록을 이용해 실시간으로 차량 정체 구간을 업데이트해서 그것을 바탕으로 운전자들에게 가장 이른 시간 내에 목적지에 도착할 수 있도록 경로를 변경해서 안내한다. 보통의 경우 데이터는 앱 개발 업체에서 광고 수익을 위해 이용하거나 직접 마케팅 회사에 그들이 상품 구매를 설득할 표적으로 삼을 수 있도록 내 데이터를 판매한다.

이제는 골동품 교환의 경우를 살펴보자. 내가 커피 테이블을 더 가치가 많이 나가는 당신의 식탁과 교환한다면 이 거래가 당신에게 합리적으로 받아들여지기 위해서는 내가 커피 테이블에 더해 얼마의 돈을 더 지급해야 할 것이다. 내게는 그 가격이 이득이지만 돈을 받는 당신으로서는 그것이 손해로 보인다. 밑지고 파는 것은 당신이 순 매도자라는 뜻이다. 이와 같은 물물교환 상황에서 교환하는 상품의 가치와 정확히 일치하는 완벽한 가격을 찾기란 거의 불가능하다. 따라서 공짜는 이례적이고 의심스럽다. 그러나 골동품 물물교환과 구글 맵과 같은 경우에는 공짜가 일반적이다. 제공되는 서비스보다 당신의 데이터가 더 가치가 높아서 당신이 밑지고 파는 것일지라도 어쨌든 공짜이긴 하다. 대부분의 경우 가격이 공짜일 때 한쪽에서는 손해를 보는 것이다. 일각에서는 앱 가격이 공짜라면 당신이 매도자인 셈이며 돈을 받았어야 맞다고 말한다.

구글 맵의 경우 구글이 사용자 데이터를 이용해 얻는 광고 수입은 구글 맵 서비스를 제공하는 비용을 넘어선다. 따라서 우리는 골동품 교환에서 식탁 주인이 그랬던 것처럼 앱 사용자가 교환 거래에 내놓는 초과 가치에 대해 보상해주는 것이 마땅하다. 보통 내 데이터의 가치는 보잘것없는 금액에 불과하다. 내가 사용하는 모든 앱을 합해도 연간 몇 달러에 불과할 것이다. 앱 개발사가 얻는 수익은 아주 많은 사용자에게서 나온다. 수백만 혹은 수십억의 사용자를 보유하고 있다면 설사 앱 하나에 몇 센트의 수익이라 해도 총액은 어마어마한 금액이 되는 것이다.

궁극적으로 제로 가격 상품의 문제는 고객이 그것을 가격으로 인지하지 않는다는 데 있다. 그리고 순 매도자로서 손해를 보고 있다는 사실을 인식하지 못한다. 이와 같은 행동 편향으로 말미암아 앱 개발사가 시장 지배력을 획득해 완전한 경쟁 시장에서의 가격보다 더 높은 가격을 부과할 수 있게 되는 것이다. 시장 지배와 제로 가격에 대처하는 방법에 대해서는 12장에서 자세히 알아볼 예정이다.

가장 확실한 편향은 시장 지배력을 획득하기 위한 수단으로서의 (이렇게 칭해도 된다면) 중독이다. 여러 청량음료가 그렇듯 코카콜라에는 중독을 유발하는 카페인(그리고 원래의 제조법에는 심지어 코카인 잎에서 채취한 물질이 아주 소량 포함되기도 했다)과 설탕이 포함되어 있다. 스타벅스의 높은 호감도 또한 맛있고 따뜻한 음료와 아늑한 안락의자 이상의 그 무엇에서 비롯된 것이다. 스타벅스는 커피 가맹점 중 커피의 카페인 함량이 가장 높다. 카페인은 건강에 부정적인 영향을 미치는 그야말로 무해한 마약일 뿐만 아니라 시장 지배의 근원이기도 하다.

또한 우리를 중독시키는 궁극적인 물질은 정보이다. 인스타그램과 페이스북, 틱톡과 같은 소셜미디어와 유튜브는 우리에게 정보를 보내 그들의 앱에서 최대한 오랜 시간 머물도록 만든다. 그에 대한 대가로 그들은 광고 수입을 극대화하는 것이다. 소셜미디어 기업들은 부도덕하게 우리의 중독을 조장해 더 소비하고 더 높은 가격을 지불하고 그들의 플랫폼에서 더 오래 머물도록 유인한다.

그렇게 중독을 유도하는 관행을 규제할 필요가 있는 주된 이유는 그것이 건강과 사회에 피해를 주기 때문이다. 현재 나타나기 시작한 심각한 정신적 피해는 가까운 미래에 개인과 가정, 사회가 해결해야 할 재앙스러운 결과에 비하면 빙산의 일각일 뿐이다. 소셜미디어 기업들은 1950년대의 담배 회사들과 똑같이 행동하고 있다. 담배 회사들은 태아의 건강에 유해하다는 사실을 아주 잘 알고 있었음에도 임산부를 표적으로 광고를 진행하기도 했다. 그리고 그것이 그다지 유해하지 않은 것처럼 소비자를 중독시켜 다른 담배로 바꾸지 못하도록 의존성을 키운다. 경쟁 기업의 담배로 바꾸면 더 높은 대가를 치러야 할 것이라는 심리적 장벽을 쌓게 만드는 것이다. 중독을 유도하는 관행은 경제적 관점에서라도 지금보다 훨씬 더 주의 깊은 조사와 규제가 필요하다.

행동 편향을 다루는 것은 복잡한 일이며, 사용자의 행동을 규제하는 것뿐만 아니라 앱 제공자의 행동을 규제하는 것까지 포함한다. 사람들은 어떤 형태로든 행동을 규제하는 것을 싫어하지만 분명히 자신에게 해가 되는 방향으로 행동하고 있는 것에 대해서는 규제를 받아들일 줄도 안다. 예컨대, 안전 벨트 의무화를 한번 생각해보라. 나는 예전에는 비행기에서 안전 벨트를 종종 매지 않곤 했다. 안전 벨트를 하면 불편했고, 스스로 핑계 대기를, 비행기 사고가 발생했을 때 안전 벨트를 하고 있어도 죽음은 면하기 힘들다는 생각이었기 때문이다. 그러나 한 번은 탑승한 비행기가 순항고도로 비행하던 중 뜻하지 않게 난기류를 만나 갑작스럽게 고도가 급격히 떨어지는 일이 발생했다. 그때 나는 운이 좋게도 승무원이 안전 벨트를 매라고 했기 때문에 안전 벨트를 매고 있었다. 그러나 화장실을 가기 위해 줄을 서 있었던 사람들을 포함해 네 명의 승객들이 안전 벨트를 매고 있지 않았다. 급격한 고도 하락과 관성으로 인해 그들은 비행기 천장에 머리를 부딪혔다. 우리는 가장 가까운 공항으로 돌아가 비상 착륙해 다친 승객들을 병원으로 이송해야만 했다. 그 이후로 나는 안전 벨트를 어김없이 착용한다. 나의 경우 나쁜 경험을 통해 무지와 행동 편향을 극복할 수 있었던 것이다.

고객들은 편향을 규제하기를 원치 않는 경우가 많다. 그들은 불쌍한 구글이 그들에게 상품을 무료로 제공하지 못하게 되는 것을 유감스럽게 생각한다. 하지만 고객 자신의 행동 편향이 직접적으로 자신에게 피해를 주지 않게 하려면 규제는 필요하다. 그리고 더 중요한 이유는 그 편향들이 기업의 해자 구축을 도울 수 있기 때문이다.

기업이 이윤을 남기는 게
잘못된 일인가?

자본주의 체제의 전체적인 목표는 개인들이 기업에 투자해서 수익을 남기도록 동기를 부여하는 것이다. 발명과 신기술은 부분적으로는 정부 지출과 기초 연구, 혹은 전시의 노력의 결과일 수 있다. 핵에너지와 무선 통신 개발에서 주로 그런 주장이 제기된다. 하지만 대다수의 경우 기술 발전은 개인 투자에서 비롯된 것이다. 구 소비에트 연방이나 중국에서의 계획 경제의 종말은 중앙집권화된 대안적 체제가 자본주의 경제 체제와 동일한 수준의 발전을 이루어낼 수 없다는 것을 보여준다.

슘페터의 창조적 파괴 모델에서 일시적인 시장 지배는 혁신에 투자하는 것을 장려한다. 혁신이 충분하지 못하거나 그 개발 제품을 다른 기업에서 쉽게 모방할 수 있는 경우라면 특허 제도가 아이디어를 모방하지 못하도록 법적으로 보장해 준다. 그렇게 함으로써 기업에 충분한 시장 지배력을 부여해 성공적인 아이디어에 계속 투자할 수 있게 해주는 것이다. 따라서 일시적인 이익을 얻기 위해 신약을 개발하는 혁신적인 생명공학 기업에는 아무런 문제가 없는 것이다. 이것이 바로 성장하는 경제가 실패 위험이 있는 혁신을 보상해주는 방식이다.

하지만 기업들이 오랜 기간 초과 수익을 유지하게 되면 상황은 걷잡을 수 없게 된다. 기업들은 시장 지배를 유지하기 위해 계속해서 자원을 쏟아부어 거대 기업으로 성장한다. 그 거대 기업들이 시장 지배력이 적었어도 규모가 더 커졌을 것이라는 가정은 직관에 어긋나는 견해다. 애플의 아이폰을 생각해보라. 애플이 아이폰을 1,200달러가 아닌 400달러(총 생산 및 유통 비용)에 팔았다면 그들은 현재 판매량보다 더 많은 양을 팔았을 것이다. 1,200달러일 때보다 400달러일 때 휴대폰을 구매할 수 있는 고객의 수가 더 많기 때문이다.

이것이 시장 지배의 또 하나의 명백한 모순이다. 지배력을 발휘하는 기업이 가격을 내리면 그 기업은 더 커지는 것이다. 하지만 무엇이 커진단 말인가? 여기서 모순이 확실히 드러난다. 시장 지배가 가져오는 결과는 더 높은 가격에 더 적은 수량이다. 하지만 기업들은 가격이 높아야 매출액이 더 증가하기 때문에 더 높은 가격을 책정하는 것이다. 그들은 더 적은 수량을 팔고도 더 높은 매출을 달성한다. 그리고 수량이 더 적을 때 채용하는 노동자의 수도 더 줄어든다. 따라서 애플이 아이폰의 가격을 경쟁력 있는 400달러로 책정한다면 판매되는 부품의 수량도 증가할 것이다. 그러나 매출가액은 하락할 것이다. 애플이 더 많은 수량의 아이폰을 판매한다 해도 더 낮은 가격에 판매하는 것이다. 여기서 가장 중요한 사실은 애플의 주식 가치뿐만 아니라 이윤도 줄어들 것이라는 사실이다.

전반적으로 원가를 훨씬 상회하는 높은 가격으로 말미암아 일부 고객은 시장 지배가 존재하지 않는 세계와 비교했을 때 터무니없는 가격 압박으로 상품을 구매하지 못하게 된다. 돈은 가계의 주머니에서 지배력을 발휘하는 기업의 금고로 이동한다. 그에 더해 경쟁 기업들은 시장에 발을 붙일 수 없게 된다. 이러한 소수의 시장 지배적인 기업은 작은 기업들에만 영향력을 행사하는 것이 아니라 노동에도 아주 큰 영향을 미친다. 노동은 그 기업들이 상품과 서비스를 생산하기 위해 투입하는 가장 중요한 요소다.

1부에서는 시장 지배의 원인을 살펴보았다. 2부에서는 시장 지배가 노동에 미치는 영향을 분석해보려 한다. 기업들이 올리는 엄청난 수익이 노동하는 모든 이에게 더 나은 삶을 가져다주어야 함에도 현실은 완전히 그 반대의 모습을 보여주고 있다. 성공적인 기업의 수익이 높아지고 그들의 해자가 더 넓어질수록 노동 상황은 더 열악해져만 간다. 이것이 이윤의 역설이다. 이윤의 역설은 단순직 노동자들뿐만 아니라 뉴욕대학교를 졸업한 구직자나 실리콘 밸리의 주니어 프로그래머에게도 영향을 끼치고 있다. 우선 시장 지배가 임금에 미치는 영향부터 알아보자.

PART 2

시장 지배의
폐해

제 4 장

바닷물이 빠지면 배도 함께 가라앉는다

니콜라스 칼도어(Nicholas Kaldor)는 1930년에 런던 정치경제대학(London school of economics)에서 학부를 마치고 후에 그곳에서 교수가 된 헝가리 태생의 경제학자다. 그는 한동안 영국 정부 기관에서 근무한 후 케임브리지대학의 교수가 되었다. 성장과 경기순환에 관한 그의 연구는 당대의 많은 경제학자에게 영향을 미쳤다. 그런데 더 주목할 만한 것은 가정에서의 그의 학문적 영향력이었다. 그의 네 딸 중 두 명은 학계에 여성 교수가 아주 드물었던 시대에 교수가 되었다. 메리 칼도어(Mary Kaldor)는 런던 정치경제대학의 국제 정치학 교수가 되었고 프랜시스 스튜어트(Frances Stewart)는 옥스퍼드대학교의 개발경제학 교수가 되었다.

칼도어는 노동분배율과 자본지분을 포함해 여러 경제 통계 결과에서 나타나는 놀라운 규칙성을 지적했다. 칼도어가 밝혀낸 사실은 농업부터 제조업과 서비스업에 이르기까지 경제에 근본적인 구조 변화가 일어났음에도 불구하고 오랫동안 인정받았다.

100년 전에는 미국의 절반 이상의 활동 인구가 농업에 종사한 것에 반해 지금은 농업 종사자가 1%도 안 된다. 하지만 한 세기 전과 마찬가지로 여전히 생산 비용의 3분의 2는 인건비가 차지하고 3분의 1은 자본이 차지하고 있다. 1950년대까지는 제조업에서의 고용

이윤의 역설

이 크게 상승한 것으로 나타났지만, 뒤이어 10% 이하로 하락했다. 또한 근본적인 경제 변화 속에서 노동분배율과 자본지분이 각각 2/3와 1/3을 차지한 것은 적어도 1980년대에 들어설 때까지 변화가 없었다. 칼도어는 이 규칙성을 사실에 대한 '정형화된' 관점이라 부르고 있다. 그리고 그의 발언 덕분에 '정형화된 사실(stylized facts)'이라는 표현이 경제학 용어로 등재되었다.

경제학계에서는 근래에 들어 일정한 노동분배율을 '칼도어 팩트'라고 지칭하기 시작했다. 그에 앞서 폴 새뮤얼슨(Paul Samuelson)은 〈새뮤얼슨의 경제학(Economics)(1964)〉 6판에서 '보울리의 법칙(Bowley's law)'이라는 표현을 만들어냈다. 런던 정치경제대학과 케임브리지의 교수였던 아서 보울리(Arthur Bowley)는 칼도어에 앞서 1920년대 초반 영국에서 노동분배율이 일정하다는 증거를 찾아냈다. 그리고 그의 책 〈1860년 이후 영국의 임금과 소득(Wages and Income in the United Kingdom since 1860)(1957)〉에 그에 관해 기술했다.

그렇다면 노동분배율은 어디서 결정되는 것일까? 기업(특히 시장 지배력을 가진 기업들)마다 큰 차이가 있겠지만, 평균적인 기업의 비용 구조를 한번 살펴보자. 일반적인 기업은 비용의 약 20%를 노동에 지출한다. 동시에 국내총생산(GDP)에서 노동에 대한 총지출이 차지하는 비중은 역사적으로 약 3분의 2에 해당하는 66%였다. 어떻게 양쪽에서 이렇게 다른 수치가 나올 수 있을까? 기업들은 노동에 평균 20%를 지출하는데 경제에서 노동분배율이 차지하는 비중은 66%가 나올 수 있단 말인가?

이렇게 일치되지 않는 수치가 나온 주된 요인은 중간재 부품 조달,

즉 다른 기업에서 노동력을 투입해 생산되는 모든 상품과 서비스와 관련이 있다. 기업들은 상품을 생산하기 위해 노동자를 채용하지만, 그들 또한 노동력을 이용해 상품을 생산하는 다른 기업들로부터 상품과 서비스를 구매한다. 예를 들면, 생명공학 기업이 연구 실험을 다른 기업에 위탁할 때 그들은 그 실험실이 투자하는 일부 자금을 지급하지만 그 실험실 연구자들의 급여 또한 간접적으로 지불하고 있는 셈이다. 이는 앞 유리의 와이퍼나 자동차 내에 탑재되는 컴퓨터 소프트웨어를 구매하는 자동차 제조사의 경우도 마찬가지다. 공급업체의 노동자들은 자동차 제조사가 구매하는 와이퍼를 생산하는 급여를 중간 투입(intermediate inputs)으로 받은 셈이다.

기업의 중간 투입을 계산에 넣기 위해 경제학자들은 부가가치와 수입을 구분한다. 기업의 수입은 모든 매출의 합계이다. 부가가치는 중간 투입을 제외한 총수입이다. 부가가치의 개념을 사용하는 이유는 기업이 생산하는 것과 판매하는 것을 구분하기 위함이다.

자동차 중개인이 15,000달러에 자동차를 판매하고 자동차 제조사는 그 자동차를 중개인에게 12,000달러에 판매했다면 우리는 한 명의 딜러와 하나의 자동차 제조사가 관련된 이 작은 경제에서 발생한 전체 수입을 27,000달러로 간주할 것이다. 자동차 중개인이 얻는 부가가치는 단 3,000달러이고 자동차 제조사가 얻는 부가가치는 최대 12,000달러이다. 이 부가가치는 그들이 중간 투입을 얼마나 했는가에 따라 달라질 수 있다. 사람들이 지급하고자 하는 금액으로 계산하면 자동차 중개인은 고객이 충분한 정보를 기반으로 구매 결정을 내릴 수 있도록 도와주는 영업팀과 서비스를 제공함으로써 3,000달러의 가치를 창출한 것이다. 부가가치는 최종가인 15,000달러가 아니다. 부가가치와 매출을 구분하는 이유는 제조사와 중개인 양측 모두 동일한 자동차의 일부를 두 번 판매한 셈이므로 중복 계산을 피하기 위해서다.

같은 맥락에서 통계 당국은 국민계정체계를 만들기 위해 총매출의 합인 총생산(gross output)과 모든 기업의 부가가치의 합인 국내총생산(GDP)을 구분한다. 물론 기업마다 수익에서 부가가치가 차지하는 비중은 크게 다르다. 도매 기업이나 제강 업체와 같은 일부 기업들은 중간 투입이 많이 들어가며 인건비 지출이 아주 적다. 반면 인력 소개 업체와 같은 기업들은 인건비로 들어가는 비용이 대부분이다.

더욱이 GDP의 정확한 산출에는 논란의 여지가 있다. 다이앤 코일(Diane Coyle)은 최근 출간된 그녀의 저서 〈GDP의 짧고도 정겨운 역사(GDP: A Brief But Affectionate History)〉에서 GDP를 산출한 역사와 사소한 변화가 큰 차이를 만드는 과정에 관해 이야기하고 있다. 하지만 국민계정체계에서는 GO(총생산) 대비 GDP의 비율을 약 절반으로 추산하고 있고 시간이 흘러도 안정적인 수준을 유지하는 것으로 보고 있다. 이는 평균적으로 기업 매출의 절반이 다른 기업으로부터 구매하는 중간재로 이루어져 있음을 의미한다. 나머지는 인건비, 자본비용, 간접비, 그리고 수익이다.

따라서 평균적으로 기업은 수익의 약 20%를 인건비에 지출하고 있으며 부가가치는 절반을 차지하고 있어 인건비 지출은 부가가치의 약 40%에 해당한다. 자영업과 정부 기관 종사자들을 포함해야 하므로 아직 완전한 수치는 아니다. 자영업과 정부 기관 종사자들의 임금을 포함하면 칼도어가 말한 3분의 2에 거의 다가설 것이다. 물론 칼도어 팩트는 물리학에서 열역학의 법칙처럼 정확히 맞아떨어진 적은 없었다. 노동분배율에는 이를테면 호황과 불황 사이의 경기순환 등에 따라 언제나 약간의 변동이 존재했다. 하지만 농업 경제에서 생산 경제와 서비스 경제로 이동하는 엄청난 구조적 변화 속에서도 칼도어 팩트가 아주 안정적으로 유지되었다는 것은 주목할 만한 일이다.

그리고 1980년대가 되었다. 지난 40년 동안 뭔가 근본적인 변화가 일어난 것만은 사실이다. 노동분배율은 1970년대에 65%이었던 것이 2017년에 59%로 크게 떨어졌고, 노동분배율의 하락은 전반적인 추세다. 이는 다른 여러 국가에서도 관찰되는 현상이다. 이것이 그저 작은 변화로 보일지 몰라도 6% 포인트 하락, 혹은 1980년대와 비교했을 때 약 10% 수준이라는 것은 엄청난 차이다. 특히 1980년 이전에는 칼도어의 정형화된 사실들에서 벗어나는 부분이 거의 없었기 때문이다.

노동분배율이 이렇게 큰 폭으로 하락하자 많은 경제학자가 당황스러워했다. 연구자들이 노동분배율 하락을 설명할 만한 설득력 있는 근거를 찾지 못했기 때문이다. 시장 지배가 놀라우리만치 증가했다는 사실을 발견했을 때 그것이 이제껏 이해할 수 없었던 노동분배율 하락을 설명해 주는 중요한 단서가 되어주기도 했다.

시장 지배가 바로 그렇게 걱정스럽게 노동분배율을 하락시킨 주범이었던 것이다. 시장 지배는 단순히 노동자의 주머니에서 기업 소유주의 주머니로 자본을 재분배하는 것이 아니다. 시장 지배와 노동분배율 하락은 경제의 가치를 무너뜨린다. 우리가 모든 수익을 노동

　　　　　　　　　　　　　　　　　　이윤의 역설

자들에게 준다 해도 그들은 여전히 경쟁 시장 하에 있을 때보다 더 가난해질 것이다. 지배적인 기업들이 역량보다 더 적게 생산하고 판매하기 때문이다. 이것이 이 장에서 우리가 살펴보려는 내용이다. 그리고 그 손실의 규모는 엄청나다. 그들은 이를테면 규제받지 않는 인플레이션으로 인해 생산량에서의 손실보다 몇 배나 더 큰 손실을 보고 있다. 그래서 내가 12장에서 아주 야심 찬 해결책이 필요하다고 주장하는 것이다.

지배 기업이 한발 물러서면 전체 경제가 뒤로 물러선다

시장 지배의 증가와 임금의 하락 사이에는 긴밀한 연관성이 존재한다. 우선, 판매 상품에 대해 시장 지배력을 가지고 있는 하나의 기업을 생각해보자. 경쟁적인 노동 시장에서 임금이 결정되어 있다면, 예를 들어 식당의 요리사나 트럭 운전사처럼 고용주가 많아 노동자들이 원하는 일자리를 고를 수 있는 업종에서는 하나의 기업이 임금에 직접적인 영향을 미치지 못한다. 그 하나의 기업이 노동 시장에서 다른 고용주들과의 경쟁에 부딪히게 되면 노동자들의 임금을 낮추지 못할 것이다.

그러나 판매 상품에 대해 시장 지배력을 가진 기업은 근본적으로 한 걸음 물러서는 것이 가능하다. 더 높은 가격에 판매하고 소량 생산해서 소량 판매하기 때문이다. 따라서 그 기업은 채용 노동자의 수를 줄일 수 있다. 시장 지배가 전체 경제에 만연해 있다면, 그리고 전 분야에 걸쳐 많은 지배 기업이 존재한다면 작은 뒷걸음질이 전체 경제에서 임금 하락을 불러오는 커다란 뒷걸음이 될 수도 있을 것이다.

만일 하나의 트럭 회사가 더 적은 수의 운전사를 채용한다면 그들은 다른 회사에서 트럭과 자동차를 운전하거나 식품업계나 보안, 건축 등의 분야에서 일할 수 있기 때문에 운전사들의 임금은 영향을 받지 않을 것이다. 하지만 모든 업계에 많은 수의 시장 지배 기업이 존재한다면 경제 전반에 걸쳐 노동력 수요는 감소할 것이고 그 결과 모든 업계에서 임금도 하락하게 될 것이다. 한 마리의 메뚜기가 농작물에 앉아 그것을 먹는다면 농부의 작물 수확량에는 아무런 손실이 없다. 하지만 메뚜기 떼가 논밭에 앉아 먹는다면 농작물은 완전히 사라질 것이다.

이것이 이 책의 주제이다. 우리는 기업들이 경영을 잘할 때 경제도 좋아진다고 생각하는 경향이 있다. 수익을 내는 경쟁 기업들은 일자리를 창출하고 급여와 복리후생을 제공한다. 하지만 안타깝게도 현재 시장을 지배하고 있는 기업들은 지배력을 행사하며 그 반대 행위를 하고 있다. 그들은 경쟁자가 거의 없으므로 초과 이윤을 일으키고 있으며 한 병의 맥주나 할머니의 인공 고관절에 소비자들이 너무 높은 가격을 지급하게 하고 있다. 그래서 그들은 그것을 구매할 형편이 되는 사람이 많지 않으므로 더 적은 수량을 판매한다. 이제 시장 지배는 기술 분야에서 섬유산업에 이르기까지 아주 만연해 있어 생산과 노동력 수요를 감소시키고 있다. 일자리를 창출하기보다는 시장 지배로 인한 수익성은 임금을 하락시키고 노동을 파괴한다. 이것이 이윤의 역설이다. 기업들이 낮은 가격에 판매하는 경쟁 시장만이 노동

이윤의 역설

자들에게 혜택을 가져다주고 건강한 경제로 회복시킬 수 있다.

시장 지배에 관한 연구에서 우리는 시장 지배 증가로 인해 노동분배율이 하락했음을 보여주었다. 그러나 우리가 시장 지배와 자본의 연관성을 이해하지 못한다면 시장 지배와 노동분배율 사이의 연관성을 완전히 이해하기 어려울 것이다.

모든 자본은 평등하지 않다

기업들이 GDP 대비 인건비에 지출하는 비용이 적다면 GDP에서 나머지 부분은 누구에게로 돌아가는 걸까? 어쨌든 GDP는 모든 생산물의 시장 가치의 총합이다. 칼도어가 언급했듯이 일반적으로 GDP 파이는 노동과 자본으로 나뉜다. 기업들이 시장 지배력을 지닐 때 각각의 파이 조각의 크기는 변한다. 더 큰 조각은 기업의 소유주에게로 가고 더 작은 조각은 노동자들에게 돌아간다. 그러나 여기엔 GDP 파이의 조각들이 맞아떨어지지 않을 수밖에 없는 놀라운 진화 과정이 숨어 있다. 기업들이 인건비 지출만 낮추는 것이 아니라 자본에도 비용을 적게 들이기 때문이다. 그래서 만약 노동분배율이 하락하게 되면 자본비용 또한 하락한다. 그렇다면 나머지 파이는 어디로 가는 것일까? 그에 대한 답은 우리가 '자본'을 어떻게 정의하는가에 달려 있다.

감소한 자본비용은 이를테면 기계와 건물의 사용 및 구매에 대해 지급하는 비용을 말한다. 그리고 매출에서 인건비와 자본비용을 제외하고 남은 금액이 이윤이다. 자본비용과 이윤은 종종 하나로 묶여서 간주하기도 하지만 그 둘은 엄연히 다른 것이다. 따라서 GDP 파이는 노동, 자본, 이윤 이렇게 세 조각으로 구성되어 있다. 이윤 또한 자본이라고 불리는 경우가 많아 혼동하기도 하지만 설상가상으로 이윤과 자본이 종종 하나로 묶여서 간주하기도 한다.

다음의 비유를 살펴보자. 내가 평생 저축한 250,000달러의 예금을 전세를 주기 위한 목적으로 두 번째 주택을 사는 데 사용한다고 했을 때 나는 그 부지와 그 위에 지어진 구조물의 소유주가 되기 위해 돈을 내는 것이다. 그렇다면 임차인이 지급할 용의만 있다면 나는 그 동네와 주택의 품질을 고려해서 결정된 시장가로 전셋값을 부과할 수 있다. 물론 집에 따라 전셋값은 차이가 날 수 있겠지만 주택 전세 시장은 보통 꽤 경쟁이 치열해서 내가 전셋값을 너무 높게 책정한다면 임차인을 찾기 힘들 것이다.

하지만 내가 그 집에 투자한다면 임대 소득을 높일 수 있다. 이를테면 총 20,000달러의 비용을 들여 부엌을 새롭게 공사하고 난방 시설을 교체하고 배관 공사를 다시 한다면 임차인은 월 700달러가 아닌 1,000달러를 기꺼이 지급하려고 할 것이다. 장기적으로 봤을 때 월 300달러의 수익이 20,000달러의 비용을 넘어선다고 판단될 때만 나는 이 투자를 감행할 것이다. 이때 투자 자본 금액을 넘어서는 수익이 내 이윤이 되는 것이다.

집의 환경을 향상시키기(개조하기) 위해 20,000달러를 투자하는 것은 더 많은 가치를 창출하기 위해 자본을 투자하는 것이다. 집을 사기 위해 250,000달러를 투자하는 것은 단순히 소유권만을 변경하는 것

이윤의 역설

이며 원칙적으로 집에 어떤 가치를 추가하는 것은 아니다. 우리는 두 가지 모두를 투자라고 부른다. 그리고 두 경우 모두 내가 지불하는 금액의 돈을 자본이라고 부른다. 하지만 여기에는 근본적인 차이가 있다. 한쪽의 자본 투자는 가치에 영향을 미치지만 다른 쪽의 자본 투자는 소유권만을 이전할 뿐이다.

물론 그 둘 사이에는 긴밀한 연관성이 있다. 상품의 가치를 바꾸는 투자에 대한 소득이 높아질수록 이윤은 더 높아질 것이고 잠재 구매자 또한 그 상품에 대해 더 높은 비용을 지급할 용의가 생길 것이다. 그리고 반대로, 사업자가 경영난을 겪고 있다면 소유권의 일부 지분을 매각하려고 할지도 모른다. 예를 들면 사업자는 기계 구매와 같이 상품의 가치에 영향을 미치는 자본 투자에 댈 자금을 마련하기 위해 주식을 발행할 수도 있을 것이다.

이 두 유형의 자본이 항상 분명하게 구분되는 것은 아니다. 그렇긴 해도 두 유형의 자본이 연결되어 있고 계산이 맞아떨어져야 하므로 우리는 '칼도어의 정형화된 사실들'을 통해 이제 인건비가 GDP 대비 59%고 이윤은 12%라는 사실을 인식하고 있다. 1970년대에는 그 수치가 각각 65%와 3%였다. 생산 자본과 이윤으로 이루어진 총자본이 상승한 것처럼 보이지만 생산 자본과 비생산 자본(혹은 이윤)을 구분하는 것은 여기서 아주 중요하다.

마크업이 증가하고 기업들이 원가 대비 더 높은 가격에 판매할 때 그들은 더 적은 수량의 생산품을 판매하는 것이다. 또한 그들이 더 적은 수량을 판매한다면 생산도 더 적게 한다. 시장 지배력을 지닌 기업들은 더 적은 노동력과 더 적은 수량을 생산하기 위해 더 적은 자본을 사용한다. 그래서 시장 지배력을 지닌 기업의 노동분배율과 자본 비율은 낮아지고 이윤은 상승하는 것이다. 모든 기업이 더 높은 이윤을 얻는 것은 아니지만 시장 지배력을 지닌 대기업들이 주로 그렇다. 조사 결과에 따르면 경제 모든 분야에 걸쳐 수많은 지배 기업들이 존재하고 있어 그들이 사회 전체의 임금에 큰 영향을 미치고 있음이 입증되고 있다. 그렇다면 여러 분야에서 가격이 상승한다면 애완동물 용품점에서 일하는 내 이웃의 임금은 얼마나 떨어지게 될까?

맥주 가격이 어떻게 내 이웃의 임금에 영향을 미칠까?

앤하이저부시 인베브(앤하이저부시와 인베브가 합병해 만들어진 기업)의 최고경영자인 칼로스 브리토(Carlos Brito)의 목표는 이윤을 극대화하는 것이다. 그 목표를 이루기 위한 성공적인 전략은 마크업이 높은 가격에 맥주를 판매하기 위해 시장 지배력을 키우고 이용하는 것이다. 설사 더 적은 수량을 판매하게 된다고 하더라도 말이다. 알코올의 영향으로 발생하는 모든 비이성적인 행동에도 불구하고 맥주 소비는 더 높은 가격으로 인해 감소하고 있다. 사실 뉴스에서는 수차례 맥주 소비가 둔화 또는 감소하고 있다고 지적하고 있다. 사람들이 알코올 음용을 줄이기 시작하면서 마침내 분별력을 찾아가고 있는 것일까? 물론 아니다. 이는 건강에 대한 인식이 더 높아진 차원의 문제가 아니다. 맥주 가격이 상승했기 때문에 소비되는 맥주의 양이 줄어든 것이다. 단지 수요의 법칙이 적용된 것일 뿐이다.

이제 여기서 분명한 모순이 등장한다. 수요의 법칙이 앤하이저부시 인베브가 AB(앤하이저부시)와 인베브가 합병 전에 판매했던 수량보다 더 적은 수량의 맥주를 팔고 있다는 것을 의미하는 것일까? 그건 아니다. 이 퍼즐을 이해하기 위해서는 전체 맥주에 대한 시장 수요와 앤하이저부시 인베브 맥주에 대한 개별적인 수요를 구분해야 한다. 다음의 가설을 한번 살펴보자. 맥주가 한 병에 2달러에 판매될 때 버드와이저에 대한 수요는 2,000병이고 스텔라 아르투아에 대한 수요는 3,000병이다. 가격이 3달러로 인상되면 버드와이저의 매출은 1,500병으로 하락하고 스텔라 아르투아의 매출은 2,500병으로 하락한다. 2달러일 때 총 수요는 5,000병이고 3달러일 때 총 수요는 4,000병인 것이다. 이것이 수요의 법칙이 실제로 작동하는 방식이다.

합병하기 전에 AB(앤하이저부시)는 버드와이저를 팔았고 인베브는 스텔라 아르투아를 팔았다. 따라서 인베브는 스텔라 아르투아 3,000병을 팔았었던 반면, 합병 후에는 스텔라 아르투아와 버드와이저를 합쳐서 4,000병을 팔았다. 합병 후 가격은 상승했고 그 결과 시장 수요는 하락했다. 하지만 개별 기업의 수요는 상승했다. 비록 AB와 인베브라는 두 개의 기업이 아니라 앤하이저부시 인베브라는 하나의 기업으로 다른 정체성을 가지게 되었다 할지라도 말이다.

그렇다면 수요의 하락이 어떻게 임금의 하락을 불러올까? 맥주 가격의 상승은 소비의 감소를 의미하고 그에 따라 생산도 감소한다. 아무도 마시지 않을 맥주를 생산할 필요는 없기 때문이다. 이는 다음과 같은 결과를 가져온다. 맥주 생산업체는 더 적은 투입물(홉, 곡물, 효모균, 물, 잔, 대형 통)을 구매하고 생산을 위해 더 적은 자본을 투자하며, 더 적은 수의 노동자를 채용한다. 따라서 시장 지배력을 가진 기업 내에서의 노동분배율은 하락한다. 같은 이유(높은 가격으로 인한 생산 감소)로 자본 비율도 하락한다.

맥주 업계에서의 시장 지배는 전체 노동 시장에 영향을 미칠 만큼 중요할까? 답은 '아니오'다. 맥주는 전체 소비 중 작은 일부일 뿐이기 때문이다. 그러나 시장 지배는 맥주 시장뿐만 아니라 여러 다양한 시장에 널리 퍼져 있다.

우리는 점점 더 많은 수의 거대 기업이 여러 부문에 걸쳐 시장을 지배하는 패턴을 보고 있다. 온라인 소매업 부문에서 아마존, 오프라인 소매업 부문에서 월마트, 위성 TV 부문에서 다이렉TV(DirecTV), 검색 엔진 부문에서 구글, 탄산음료 부문에서 코카콜라와 펩시, 무선 통신 부문에서 AT&T, 버라이즌(Verizon), 스프린트(Sprint), T모바일(T-Mobile), 연예 부문에서 CEC엔터테인먼트와 데이브앤버스터스(Dave&Buster's), 타이어 부문에서 굿이어(Goodyear)와 미쉘린(Michelin), 가전제품 부문에서 일렉트로룩스(Electrolux)와 제너럴 일렉트릭(General Electric), 식품 서비스 부문에서 컴퍼스그룹(Compass Group), 아라마크(Aramark), 소덱소(Sodexo) 등이 그에 해당한다. 이처럼 여러 부문에서 일어나는 상황이므로 결과적으로 전체 경제에 영향을 미치고 있는 것이다.

이는 최근 몇 년 사이 경제학계에서 가장 풀기 어려운 문제에 대해 가능한 답을 제시하고 있다. 1980년 이래 노동에 대한 지출은 꾸준히 하락해왔다. 전반적으로 시장 지배가 증가한 시기와 정확히 맞아떨어진다. 맥줏값 상승만으로 경제 전반의 노동분배율에 영향을 미칠 수는 없지만 전 분야에서 가격 상승이 일어난다면 이야기는 달라진다. 여러 부문에서의 시장 지배의 급격한 증가는 1970년대에는 GDP 대비 65%이었던 것이 2016년에는 59%로 하락할 만큼 노동분배율이 꾸준히 하락한 이유를 설명해 준다.

우리는 시장 지배력을 지닌 기업들이 노동에 지출을 적게 한다는 충분한 근거를 가지고 있다. 개별 기업의 시장 지배력이 클수록 기업이 지출하는 비용 중 노동 비용이 차지하는 비율이 낮다. 앞서 시장 지배가 마크업(비용 대비 가격)과 이윤으로 측정된다고 말한 것을 기억하는가. 마크업과 이윤 모두 상승하는 경우를 시장 지배적 기업이라 볼 수 있겠다. 이는 가격은 올리고 생산은 줄이는 시장 지배의 논리와 같은 맥락이다.

시장 지배가 전체 경제에 걸쳐 만연해 있으며 지난 40년간 증가했다는 사실을 고려한다면 그 근거는 훨씬 더 강력해진다. 기업의 시장 지배가 증가함에 따라 GDP 대비 노동에 대한 총지출은 하락했다. 시장 지배적인 기업들이 노동에 대한 지출을 줄이고 있다는 사실을 감안한다면 모든 정황은 맞아떨어진다.

개별 기업의 시장 지배 증가와 경제 전반의 노동분배율 하락 사이에 연관성이 생긴 것은 시장 지배력을 지닌 개별 기업의 행태에 시장 지배가 지난 40년간 경제 전반에 걸쳐 아주 많이 증가했다는 사실이 더해져서 일어난 일이다. 한 기업의 작은 한 걸음은 전체 경제의 커다란 후퇴로 나타난다.

이제 우리는 한 걸음 더 나아갈 수 있다. 노동분배율은 두 가지 이유로 하락한다. 기업들이 노동자를 더 적게 고용하거나 노동자에게

임금을 더 적게 지급할 때, 혹은 그 둘 다의 경우이다. 이제 각각의 경우를 차례로 살펴보겠다.

첫 번째로, 기업이 노동자를 더 적게 고용하는 경우다. 기업이 시장 지배력을 더 많이 가지게 되어 마크업을 인상하게 되면 생산 및 판매되는 전체 수량은 감소한다. 그리고 생산이 줄어들면 필요 노동력도 감소한다. 그에 따라 지배 기업이 지배하는 시장에서 임금이 그대로 유지된다면 더 적은 수의 노동자가 고용된다. 경제 전반에 걸쳐 시장 지배가 성행하면 그에 따른 직접적인 효과는 활동 노동자의 수가 감소하는 것이다. 활동 노동자 수는 다른 말로 '경제 활동 참가율(labor force participation rate)'이라 부르기도 한다.

경제 활동 참가율의 하락은 경제 활동이 가능한 나이의 활동 인구가 적어졌음을 의미함에도 불구하고 실직자 수가 늘어난 것을 의미하지는 않는다. 모든 경제 활동 가능 연령 인구 중 약 80~85%가 활동하고 있으며 15~20%는 활동하고 있지 않다. 비활동 그룹은 실업자(일하고자 하는 의지가 있어 구직하는 사람들)가 아니다. 실업자는 활동 그룹의 일부로 간주된다. 또한 경기순환과 국가에 따라 실업률은 크게 달라지지만, 그것이 장기적인 추세를 보여주는 것은 아니다.

미국에서 경기가 좋은 시기에 실업률은 5% 언저리를 맴돈다. 경제 활동이 가능하며 일할 의향이 있는 모든 사람 중 5%는 일자리가 없다는 뜻이다. 코로나19 팬데믹의 여파가 극에 달했을 때 실업률은 15%에 달했다. 경제 대공황 당시 스페인과 같은 국가들은 실업률이 30%까지 치솟기도 했다. 호황과 불황 사이의 엄청난 편차에도 불구하고 오랫동안 실업률은 질서 있게 증가하거나 감소한 적이 없었으

이윤의 역설

며 경기가 좋은 시기에는 항상 5% 언저리를 맴돌았다.

비활동 그룹은 실업자와는 반대로 일하지 않으면서도 일자리를 구하지 않는 사람들이다. 여기에는 경제 활동 연령의 학생들과 이를테면 배우자가 돈을 벌기 때문이거나 자녀나 연로하신 부모를 돌보기 위해 자발적으로 가정에 머무는 사람들이 주로 포함된다. 1990년대 중반 이후 활동 노동자의 비율은 꾸준히 하락했지만, 비활동 노동자의 비율은 상승했다. 여기서 우리는 여성과 남성을 구분해야 한다. 비활동 남성 인구의 비율은 1960년대에 3~4%에서 2020년 11%로 증가했다. 당시에는 3%의 남성들만이 일하지 않았고 이 수치는 3배 이상 증가했다. 이는 엄청난 증가이며 1990년대 중반에 가장 가파른 증가세를 보였다. 실업률이 장기적으로 체계적인 변화를 보이지 않는다는 사실을 감안했을 때 활동 노동자 비율의 변화는 더욱 놀랍다.

여성의 경우 (여성 노동 인구가 많이 증가한 것으로 말미암아) 이야기는 달라진다. 그렇다고 남성들보다 더 나은 상황은 아니다. 1960년에 여성의 57%가 비활동 인구였다. 2000년까지 비활동 여성 인구 비율은 22%로 줄었다. 비활동 남성 인구 비율과의 격차는 여전히 크지만, 여성의 경제 활동 참가율은 크게 상승했다. 한 가지 실망스러운 부분은 남성의 경우처럼 여성의 비활동 인구 비율도 다시 증가하고 있다는 것이다. 증가한 여성의 경제 활동 참가율은 1990년대 중반에 서서히 무너지기 시작해 2019년에 비활동 인구 비율이 다시 24%로 상승했다.

왜 남성과 여성 모두 노동 시장에서 중도 하차해 가정에 머무는 경향이 강해지는 걸까? 이것이 우리가 풀어야 할 수수께끼다. 연구자들은 이와 같은 장기적인 추세 변화에 대해 다른 이유를 찾아보았다. 그러나 시장 지배의 꾸준하고도 큰 증가가 가장 가능성 큰 이유였다.

시장 지배가 증가하면 이는 활동 인구수가 감소하는 데 직접적인 영향을 미친다. 남성과 여성 모두 그렇다. 시장 지배의 증가로 말미암아 여성 경제 활동 인구 증가가 둔화했을 뿐만 아니라 그 추세는 뒤집히고 있다. 아마 역사상 최초로, 아니면 적어도 우리가 통계를 내기 시작한 이래 최초로 여성들은 노동 시장에서 이탈하고 있고 그렇게 만든 주범은 바로 시장 지배 기업들이다.

대부분 사람은 일을 그만둘 수 없는 형편이다. 따라서 기업들이 마크업을 높이고 채용을 줄인다고 할지라도 대다수 노동자는 벌이가 없는 비활동 인구로 남느니 차라리 낮은 임금을 수용한다. 이것이 전체 경제의 임금 하락을 초래한 간접적 원인이다.

시장 지배 기업이 각 기업 차원에서 경제 활동 참가율에 1차적으로 미치는 직접적인 영향을 생각해보라. 시장 지배가 증가할수록 고용이 줄어든다는 것이다. 임금을 낮추는 2차적인 효과는 노동 시장에 균형을 가져오며 전체 경제에 간접적인 영향을 끼치고 있다. 이 균형을 잡으려는 힘은 더 낮은 수요를 충족시키기 위해 노동력 공급을 조절한다. 임금이 하락하면 공급도 하락하기만 한다. 임금이 동일하게 유지된다면 이전과 동일한 수의 노동자들이 계속 일할 수는 있겠지만 일자리는 충분하지 못할 것이다. 이처럼 미묘한 상황에도 불구하고 임금 효과는 더욱 큰 영향력을 발휘한다.

시장 지배의 2차적 효과가 어떻게 임금에 영향을 미치는지 알아보기 위해 가상으로 구성한 다음 가정의 예를 살펴보자.

이윤의 역설

도서관 사서인 루이스와 그의 아내인 제인. 제인은 높은 급여를 받는 대학 교수다. 그들에게는 네 명의 자녀가 있다. 아이들이 아주 어렸을 때 루이스는 그가 사서로 버는 월급보다 어린이집에 보내는 비용이 훨씬 더 많이 들었기 때문에 집에서 아이들을 돌보았다. 그 역시도 아내만큼이나 일하는 게 좋았지만, 가족들을 위해 가장 좋은 선택은 루이스가 집에서 아이들을 돌보고 제인이 돈을 버는 것이었다. 그편이 소득이 더 높았기 때문이다. 만일 도서관 사서의 월급이 더 높았다면 루이스는 자신의 월급으로 어린이집 비용을 내고도 남았을 것이므로 일하는 쪽을 택했을 것이다.

가정마다 처해 있는 다양한 상황과 특성에 따라 사람들은 직장에서 일하기를 원하기도 하고 그다지 원하지 않기도 한다. 어떤 이들은 어찌 되었든 절박하게 직장이 필요하기도 하다. 또 어떤 이들은 일이 충분히 재미있고 봉급도 적당히 높을 때만 일하기도 한다. 봉급의 수준에 따라 일을 할 것인지 말 것인지 결정하는 민감도를 이른바 '노동 공급 탄력성'이라고 부른다. 봉급이 더 높을수록 더 많은 사람이 아침에 이불을 박차고 일어나 직장에 출근하려고 할 것이다.

임금 하락이 간접적인 균형 효과를 불러오며 그 효과가 분명히 드러나지 않는다고 할지라도 그 영향력은 엄청나게 파괴적이다. 사실 임금에 미치는 영향력은 임금 분포도의 가장 아랫단(가장 저소득층)에서 가장 크게 나타난다. 이 책의 후반부에서는 상위 고소득자들과 임금 불평등에 대해 집중적으로 조명해보려 한다. 하지만 지금은 우선 대다수 노동자에게 초점을 맞출 것이다. 그러기 위해 우리는 연구와 여러 매체를 통해 지금까지 널리 보고된 아주 단순한 사실에 주목할 필요가 있다. 그것은 저소득 임금 노동자의 임금이 달러로 추산했을 때 정체되어 있으며 GDP 대비 비율은 감소했다는 것이다.

그렇다면 중간값에 해당하는 노동자의 임금을 살펴보자. 미국의 약 1억6천만 명의 노동자 중 8천만 명이 중간값보다 더 높은 소득을 벌고 있고 8천만 명이 중간값보다 더 낮은 소득을 벌고 있다. 극도로 아주 소득이 높은 사람들은 극소수이기 때문에 중간값에 해당하는 노동자의 임금은 평균 노동자의 임금보다 훨씬 더 낮다.

1980년대 이래 중간값 노동자의 주급은 거의 변함이 없었다. 2019년 실질 달러 가치로 환산하면 1980년에 812달러였고 1990년에 807달러였다. 그리고 2019년에는 약 917달러였다. 이것 또한 잘 알려진 사실이다. 가장 저소득 임금 노동자들의 임금은 그 기간 동안 거의 변함이 없었다. 그러나 주급이 고정이라면 경제 성장 속에서 총생산(1인당 국내총생산(GDP))에서 주급이 차지하는 비중은 감소한 것이 분명하다. 그것도 상당히 많이.

지난 40년 동안 GDP는 거의 두 배로 증가했다. GDP 대비 임금의 중간값은 거의 절반으로 줄었다. 저소득 임금 노동자들의 전반적인 임금 정체 상황은 훨씬 더 심각하다. 지난 40년간 노동자들이 감내해 온 불리한 대우는 임금 불평등 증가라는 가면 속에 가려져 왔다. 부분적인 고소득 임금의 증가가 절대다수 노동자의 임금 하락을 상쇄시킨 것이다. 그 결과 노동분배율 하락은 고소득자들의 임금이 상승하지 않았더라면 더 많이 문제시되었겠지만, 그에 비해 문제 제기가 그렇게 많이 되지는 않고 있다.

전 분야에서 시장 지배가 증가함으로 인해 입게 된 가장 큰 피해는 임금 하락이다. 시장 지배의 결과로 더 적은 사람들이 생산 활동에 참여하고 있음에도 불구하고 일을 쉴 수 없는 형편의 노동자들은 어쩔 수 없이 일자리를 받아들여야만 한다. 가족을 부양해야 하는 사람들은 불가피하게 임금 하락에 타협하는 것이다. 시장 지배 기업의 노동력 수요가 감소하고 경제 전반에 걸쳐 시장 지배가 확산하자 임금 하락 또한 경제 전반으로 확산한 것이다. 이것이 바로 물이 빠질 때는 모든 배가 함께 가라앉는 상황이다. 정책 논쟁의 대부분은 실업에 초점이 맞추어져 있지만, 노동자들이 낮은 임금으로 인해 노동 시장에서 중도 하차하고 있다는 사실은 모두가 알고 있으면서도 입에 올리기를 꺼리는 문제다.

이 모든 이야기가 모순적으로 들릴 것이다. 노동자들은 저임금으로 노동 시장을 빠져나가고 있지만, 그와 동시에 일부 노동자들은 저임금을 받아들일 수밖에 없는 것이다. 일부는 더 낮은 임금을 받으며 일하는 것을 원치 않아 중도 하차하는 것이고 대다수 노동자는 일자리를 포기할 수 없어 마지못해 낮은 임금을 수용하고 있는 것이 현실이다.

시장 지배의 영향으로 경제 전반에 걸쳐 임금이 하락했다는 이 책의 중심적 주장은 경제학자들이 일반적으로 주장하는 내용은 아니다. 시장 지배의 흐름이 전체 임금 수준에 영향을 미친 것 이외에도 경제학에는 개별 기업들이 임금 상승을 억제한다고 주장하는 오래된 전통적인 시각이 존재한다. 이 문제에 대해서도 나중에 다뤄보기로 하고 먼저 필라델피아 거리로 가보자.

어반아웃피터스의
탄생

　　필라델피아 시내에 있는 펜실베이니아대학교 (University of Pennsylvania) 캠퍼스에는 1970년 젊은 부부 리처드 헤인 (Richard Hayne)과 주디 웍스(Judy Wicks)가 공동 창업한 '프리피플(Free People)'이라는 옷가게가 있다. 주디 웍스는 프리피플을 "1960년대 스타일의 진보적인 도서와 실내용 화초, 새로 나온 의류와 중고 의류, 유행하는 가정용품 등을 20대를 목표 고객으로 판매하는 일종의 백화점"이라고 소개했다. 2년 후 주디는 이혼했고 프리피플에서 몇 블록 떨어진 곳에 있는 그녀의 집 1층에 화이트도그 카페(White Dog Cafe)를 오픈했다. 그녀는 사람들이 친구들과 모여 간단한 음식을 먹으며 유익한 대화를 나눌 수 있는 따뜻한 모임 공간을 제공하기를 원했고, 그 지역에서 직접 기른 식자재를 이용해 지역 먹거리 운동의 선두주자가 되었다.

　한편 리처드 헤인은 완전히 반대 방향의 길을 모색했다. 그는 프리피플의 이름을 어반아웃피터스(Urban Outfitters)로 바꿨고, 그 이후의 스토리는 어반아웃피터스의 발전사가 되었다. 어반아웃피터스는 이제 미국과 전 세계에 400개의 점포를 보유한 의류 기업이 되었다. 어반아웃피터스는 대성공을 거두었고 리처드 헤인은 포브스의 억만장자 리스트에 이름을 올렸다. 그리고 주디 웍스는 지역 운동가가 되었다. 그 지역 사람 대부분은 화이트도그 카페를 아주 좋아한다. 비록 그들이 다음과 같은 의문을 제기하기도 하지만 말이다. "카페가 이리도 좋은데 왜 아직 체인이 없죠?"

지난 40년간 일어난 기술 혁명 가운데 하나로 전국적 체인의 부상을 들 수 있다. 과거에는 지역마다 그 지역 사람들의 옷을 만드는 재단사가 있었고 그 재단사가 의상실을 운영하곤 했다. 오늘날에는 대부분 지역에 어반아웃피터스와 갭 매장과 함께 다양한 전국 브랜드들이 존재한다. 고객이 더 많은 선택권을 가질 수 있다는 측면에서는 좋은 일이지만, 의류 소매업자들 사이의 경쟁은 생산성을 증대시키고 가격을 낮췄다.

지역 재단사는 의상실 문을 닫았고, 이제 의류는 미국의 본사에서 디자인되고 방글라데시에서 생산되어 표준화된 매장에서 저가에 판매되고 있다. 이는 기술 혁신과 세계화의 역할을 보여주는 또 다른 예다. 엄청난 기술 투자와 글로벌 공급망, 그리고 비용 절감을 위해 머리를 맞댄 경영진들이 국내에 의류를 최저가로 유통하는 것이다.

이 체인들은 비용 효율이 낮은 현지 기업들을 시장에서 퇴출시켰다. 체인 사업체들은 경쟁자들의 진입을 제한하는 글로벌 공급망과 함께 유통 네트워크를 구축하는 데 막대한 선불 투자를 했기에 시장 지배력을 가지게 된 것이다. 더욱이 체인 사업체들 사이에서조차 등급이 존재한다. 예를 들면, 자라는 기술과 물류 네트워크에 더 많은 투자를 해 다른 기업들보다 더 비용 효율적이다. 그 결과 다른 체인 기업들은 적자를 보지 않는 선에서 버티고 있지만 이 슈퍼스타 기업은 고수익을 올린다.

분명히 가격이 더 낮은 것은 고객들에게는 좋은 일이다. 하지만 일부 체인 사업체들이 다른 체인 사업체들보다 더 비용 효율적으로 운영되고 있으며 시장 지배가 증가함으로 말미암아 시장 지배 기업들은 가격을 더 낮추는 것이 가능한 상황에서도 더 낮추지 않고 있다.

체인 사업체들은 식품 및 요식업에서부터 소매업과 서비스업에 이르기까지 모든 분야에 존재한다. 그들 중 일부는 경쟁과 슘페터의 창조적 파괴의 위협에 직면해 있다. 어떤 분야에서는 신기술이 이른바 '빅박스 소매 모델'에 대항해 맞서고 있다. 빅박스 소매 모델은 기업들이 시내 가장자리에 있는 아주 큰 주차 공간에 대형 체인점을 짓는 것을 말한다. 아마존의 온라인 유통망은 월마트의 빅박스 전략에 대항하고 있고 토이저러스는 온라인 시장을 거머쥐는 데 실패해 그 빛을 잃었다.

당신이 동네 화이트도그 카페에서 파는 비싼 수제 음식을 좋아하든, 체인 음식점에서 파는 일률적으로 양산하는 값싼 버거를 좋아하든, 모든 고객의 취향을 충족시킬 수 있는 다양한 선택지가 존재한다. 고객들이 체인 음식점이 존재하지 않았던 시절에 비해 더 부유해진 것만은 분명하다. 하지만 슈퍼스타가 된 체인 음식점들이 비용 절감을 통해 얻은 이득을 모두 고객과 노동자, 혹은 전체 경제에 되돌려주고 있는 것은 아니다.

체인 음식점 혁명은 시장 지배의 먹구름이 몰려오는 속에서 지역 노동 시장에 한 줄기 희망을 가져다주었다. 갭과 어반아웃피터스가 국내에서 경쟁함으로써 결과적으로 해당 지역 시장에서 기업의 수가 증가했다. 인구 증가와 도시화도 여기에 한몫했다. 사람들은 시골을 떠나 더 큰 도시로 모여들었다. 더 많은 사람이 지역에 몰려들수록 그 시장에 더 많은 기업이 들어온다. 이는 수치상으로도 분명히 드러난다. 지역 시장에 존재하는 사업장의 평균 숫자가 50% 증가했다.

물론 인구 증가와 지역 시장에서의 기업 수 증가가 시장 지배가 감소하고 있다는 증거는 아니다. 중요한 것은 그 기업들이 원가와 그들이 벌어들이는 이윤에 비해 얼마에 상품을 판매하고 있는가이다.

수요독점

상품과 서비스를 판매하려는 경쟁 기업의 수에 변화가 생기면 노동자를 고용하려는 고용주의 수에도 변화가 생기는 것을 의미한다. 이것이 수요독점을 낳는 것이다.

지배적 기업들은 고객들에게 그들의 생산품을 판매하며 시장 지배력만을 행사하는 것이 아니다. 도요타는 소도시마다 대규모 자동차 생산 라인을 운영하며 노동자들에게 낮은 임금을 지급한다. (고객들에게 상품 가격을 더 높게 부과하는) 독점이 아닌 수요독점 행위는 저임금을 받는 노동자들(이 경우에는 그들의 노동력을 파는)에 대한 행위이다. 이는 독점과 정확히 같은 논리다. 단 여기서는 단일 구매자(도요타)가 시장을 통제하고 경쟁적으로 노동력을 판매하는 사람들(노동자들)에게 더 낮은 가격(임금)을 지급할 수 있는 것이다. 이는 단일 판매자가 경쟁하는 구매자들에 대해 가격을 통제하는 독점 지배와 거울처럼 정반대의 양상으로 나타난다. 수요독점은 단일 구매자가 경쟁적인 판매자들에 대해 가격을 통제하는 것이다.

이 용어는 (런던대학과 케임브리지대학의 경제학과 교수였던) 조앤 로빈슨(Joan Robinson)이 그녀의 저서 〈불완전한 경쟁의 경제학(The Economics of Imperfect Competition(1933))〉에서 처음으로 사용했고, 이와 연관된 개념은 하버드대학의 에드워드 챔벌린(Edward Chamberlin)이 발전시켰다. 대부분의 경우 하나가 아닌 여러 기업 사이에서 제한적으로 경쟁이 벌어진다. 이런 경우를 '수요과점(oligopsony)'이라 부른다.

아마도 수요독점을 가장 노골적으로 보여주는 사례가 대학 스포츠팀에서 선수들을 착취하는 경우일 것이다. 대학 스포츠팀 선수들은 세계 최상급의 시설에서 코치를 받고 학업 지원을 받는 등의 비금전적 특전 이외에도 학비를 면제받거나 장학금도 받지만 봉급은 받지 않는다. 프로 리그에서 선수들이 버는 수입에 비하면 대학 선수들이 받는 보상은 그들의 시장 가치에 훨씬 못 미치는 수준이다. 선수들은 대학을 위해 막대한 수익을 벌어들이지만 그들의 기여에 상응하는 보수를 받지 못하는 것이다. 대학들은 이 제도의 분명한 수혜자다.

그러나 수요독점은 대학 스포츠팀에만 적용되는 것이 아니다. 연구에 따르면 수요독점은 널리 확산된 현상이라고 한다. 기업들은 노동자에 대해 지배력을 행사하며 완전히 경쟁적인 노동 시장에서 그들이 지급해야 하는 임금보다 적은 임금을 지급한다. 이는 수요독점으로 인해 노동분배율이 더 낮아진 이유를 설명해 준다. 기업들은 임금을 더 낮게 지급하고 이윤을 더 높게 유지한다. 수요독점으로 인해 임금이 낮아진 것과 재화 시장에서 많은 기업의 시장 지배를 발생시킨 '썰물'을 구분하는 것은 중요하다. 한 기업의 수요독점은 '그 기업' 노동자들의 임금에 '직접적인' 영향을 미친다. 한 기업에 의한 재화 시장 지배는 노동 시장이 경쟁적일 때는 임금에 아무런 영향을 미치지 않는다. 시장 지배력을 발휘하며 상품을 판매하는 기업들이 '많을 때' 썰물에서 '간접적인' 영향을 받게 되는 것이다. 그에 따라 '모든'

이윤의 역설

노동자의 임금은 하락한다.

　수요독점의 존재가 중요한 발견이라 할지라도(대기업들은 노동자들에게 상당히 낮은 임금을 지급한다) 지난 40년 동안 수요독점이 증가했다는 결정적인 증거는 없다. 수요독점이 많이 증가하지 않은 가장 가능성 큰 이유는 대체 불가능한 상품에 대한 독점과는 달리 운전기사와 안전 요원과 같이 높은 기술력을 요구하지 않는 직종은 쉽게 대체할 수 있기 때문이다. 도시가 아무리 작아도 그 도시에 대기업만 존재하지는 않는다. 대기업에서 일하는 노동자들을 목표 고객으로 한 서비스 직종의 기업들이 같이 존재한다. 이를테면 사무실 청소회사와 주변 식당들, 관련 협력 업체 등이다. 높은 기술력을 요구하지 않는 노동자들의 경우 특히 수요독점이 증가하지 않았다. 대신 교육 수준이 높고, 높은 기술력을 갖춘 노동자들에 대해서는 수요독점이 더 높게 나타났다. 이들은 일자리를 옮기기가 더 어렵기 때문이다.

　더 작은 도시가 임금이 더 낮은 것은 사실이지만 그것을 수요독점의 증거로 간주하기는 어렵다. 소도시에서는 생활비가 더 낮아서 임금도 더 낮은 것이다. 한 노동자는 위스콘신주의 제인스빌에서 일한다면 뉴욕에서 받았던 월급보다 40% 낮은 월급을 받아들일 의향이 있다고 답했다. 뉴욕의 높은 월세를 감안했을 때 소도시의 생활비에 적응하고 나면 그 월급으로도 소도시에서도 풍족하게 살 수 있기 때문이다. 더 큰 도시에서 더 임금이 높은 이유는 더 높은 생산성과 관계가 있다. 생산성이 더 높은 이유는 밀도 높게 집적된 생산 네트워크 덕분이기도 하다. 소도시와 대도시 사이의 임금 격차는 수요독점과 대기업의 지배와 상관없이 존재한다. 이 현상은 6장에서 자세히 알아보겠지만 이른바 '도시 임금 프리미엄'으로 알려져 있다.

시장 지배 경향이 확산하면서 그것이 경제 전반의 임금에 미치는 효과와 비교했을 때, 대기업의 수요독점으로 인해 임금이 하락했다는 주장은 그다지 근거가 확실하지 않다. 시장 지배 기업이 그 지역에 있는 유일한 기업이라서가 아니라 지배 기업들이 전국적으로 노동자를 적게 채용하기 때문에 사람들이 돈을 적게 버는 것이다.

물론 수요독점이 많이 증가하지 않았다고 해서 그것이 존재하지 않는다는 의미는 아니다. 노동자들이 박봉에 시달리거나 근로 환경이 열악한 개별적인 사례들은 흔히 볼 수 있다. 기업이 실제로 지배력이 크거나 노동자나 노동자 집단이 특히 취약함으로 인해 종종 그런 일이 발생한다. 특히 이주 노동자들은 수요독점의 희생양이 될 수 있다. 혹은 외부에 대체 고용주가 거의 존재하지 않는 아주 특화된 직종에서 일하는 사람들이 그렇다.

또한 개인 노동자와 대기업 사이의 임금 협상에서는 불균형한 힘의 균형으로 인해 일종의 수요독점이 존재할 수밖에 없다. 기업과 노동자는 임금을 놓고 협상한다. 그리고 노동자가 협상에서 지면 생산물에 대한 그들의 지분은 줄어드는 것이다. 협상 지위가 불리해지면 직접적으로 임금에 영향을 미치는 노동분배율은 하락한다.

임금에 직접적으로 영향을 미치는 또 하나의 현상은 최근 들어 기업들이 경쟁 금지 조항(noncompete clause)을 강화하고 있다는 것이다. 특히 유수의 기술 기업들이 자사의 엔지니어와 프로그래머를 묶어두기 위해 이 조항을 활용하는데, 이는 지배 기업이 노동자들에게 수요독점을 행사하여 경쟁을 방지하려는 시도이기도 하다. 경쟁 금지 조항은 직원들이 퇴사한 후 일정 기간 동일 업종의 경쟁사에 취업하는 것을 금지하는 조항이다.

이를테면 마운틴뷰의 구글에서 근무하는 프로그래머들은 회사를 그만두면 2년 동안 페이스북에서 일할 수 없게 되어 있다. 현재에는 미국 전체 노동자의 16~18%가 경쟁 금지 조항이 담긴 합의서에 서명하고 있다. 경쟁 금지 조항은 원래 직원들이 중요한 사업 기밀을 가지고 회사를 나가는 문제를 방지하기 위해 생겨난 것이다. 하지만 그 이유가 종종 기업이 피고용인을 볼모 삼아 자신의 지배력을 강화하기 위한 변명으로 이용되기도 한다. 경쟁 금지 조항은 기업에 수요독점권을 부여하고 노동자들의 임금을 낮추고 이동성을 제한한다. 이는 지배 기업이 노동 시장에서 행사하는 시장 지배의 한 형태로 간주될 수도 있다.

아울러 국내 노동 시장에서 수요독점이 많이 증가하지 않았다고 해서 개별 기업이 상품 및 서비스 공급업자들에게 수요독점권을 행사하지 않는다는 것은 아니다. 그런 협상은 경쟁이 제한된 전체 경제 차원에서 일어나고 있다. 예컨대, 월마트는 공급업체들에게 가격을 더 내릴 것을 압박한다. 벨기에에서 쿠키를 들여올 때 월마트는 엄청난 대량 주문을 조건으로 공급업체의 마진율을 거의 0에 가깝게 낮춘다. 이는 단순한 경쟁이 아니다. 월마트가 거대 기업으로서의 자신의 지위와 공급업체들이 그렇게 넓은 고객층에 접근할 수 있는 다른 채널이 거의 없다는 점을 이용하는 것이다.

이와 비슷하게 산업계에서 큰 골칫거리 중 하나는 아마존이 공급업체들에게 심하게 압력을 가해 그들이 더는 수익을 낼 수 없는 지경까지 이르렀다는 것이다. 그 공급업체들이 파산하면 경쟁은 불가능해진다. 더 심각한 문제는 아마존이 그들의 거래 플랫폼을 통해 공급업자들에 관한 세부 정보를 수집한다는 사실이다. 따라서 공급업체의 전략과 특허권과 관련된 정보를 누설할 수 있다. 이처럼 공급업체들에 대해 수요독점적인 압박을 가하는 관행은 반경쟁적이며 전체 경제에 해를 입히는 행위이다.

이 장을 마치기 전에 입장을 바꾸어 노동자가 주도권을 쥐는 상황을 한번 생각해보자. 노동자가 독점적 권력을 행사하는 것도 가능할까? 최근 몇십 년 사이에 떠오른 중요한 개념이 면허 제도이다. 면허를 통해 노동자들 또한 그들이 종사하는 사업의 일부를 소유함으로써 일종의 시장 지배력을 행사하게 되는 것이다. 그렇다면 어느 분야에서 면허제가 가장 두드러지게 나타나는지 그 주요 사례를 한번 살펴보자.

면허 제도:
노동자의 독점

2004년 4월 바람이 몹시 불던 어느 날 아침 우리의 첫 딸인 엠마의 출산예정일은 이미 지나 있었다. 이제 분만은 시작된 상태였다. 의사는 우리에게 첫 출산이라서 시간이 오래 걸릴 것이므로 집에 가서 기다리는 편이 더 나을 것이라고 말했다. 병원에 너무 일찍 오면 간호사가 다시 돌려보낼 것이기 때문이었다. 5시간이나 산통이 계속되어 오후에 병원에 갔지만 의사의 말대로 우리는 집으로 다시 돌아왔다.

더 규칙적인 산통이 5시간 더 지속된 끝에 병원으로 돌아가 입원할 수 있었다. 토요일 저녁이었고 담당 의사는 그날 비번이었다. 그러나 우리는 주말에 근무하는 경험 많은 산부인과 전문의를 호출해 도움을 받기로 되어 있었다. 조산사는 "이 의사 선생님이 최고예요"라고 말하며 그 의사가 60대 초반이며 지금까지 수많은 아기를 받았다고 우리를 안심시켰다. 하지만 그는 아직 병원에 도착하지 않은 상태였다.

그래서 우리는 훌륭한 간호사들과 능숙한 조산사, 마취과 의사의 보살핌을 받았다. 그리고 그들은 수련 중인 젊은 레지던트의 지휘 아래 움직이고 있었다. 그는 지금까지 겨우 세 명의 아기를 받아봤을 뿐이었다. 그는 시간마다 한 번씩 들어와 산모의 상태를 확인했고, 간호사들과 조산사를 지휘하기에 손색이 없을 정도로 자신감 있어 보였다. 조산사가 4,000여 차례 아기를 받아본 경력을 가지고 있는 베테랑임에도 불구하고 레지던트는 투약과 경막 외 마취 시기에 대해 조산사의 제안을 받아들이기보다는 확고하게 본인의 판단대로 진행했다.

첫 아이라서 출산 과정은 느리게 진행되었고 양수가 터지고 오랜 시간이 지난 뒤인 밤 10시가 되어서야 매우 잦은 수축 운동이 일어났지만, 분만이 시작되기에는 자궁 경부의 팽창이 아직 충분히 되지 않은 상태였다. 그래서 우리는 기다렸고 마취제를 놓자 진통은 조금은 참을 만해졌다.

우리는 조산사가 약간 긴장하는 듯한 기색을 엿볼 수 있었다. 두 시간이 더 흐른 후 자정이 가까워질 무렵 레지던트는 전문의를 부르자는 조산사의 제안을 무시했다. 전문의는 병원에서 20분 거리인 필라델피아 메인 라인에 위치한 그의 집에 있었다. 새벽 1시가 지났을 때 아내는 직감적으로 아기가 나오고 있다는 것을 알아차렸고 드디어 아기 머리가 보이기 시작했다. 우리는 당장 조산사를 불렀고 그녀는 레지던트의 지시를 무시하고 전문의를 불렀다. 그리고 분만을 위해 만반의 준비를 해놓도록 지시했다.

조산사는 의사가 전화로 그가 도착할 때까지 산모가 서둘러 힘을 쥐서는 안 된다고 당부했다고 말했다. 전문의가 도착하자 분만은 아주 신속하고 순조롭게 이루어졌다. 그리고 4월 6일 일요일 새벽 3시 20분에 엠마가 세상에 태어났다.

재미있는 사실은, 아기를 깨끗하게 목욕시키고 산모와 아기가 아주 건강하다고 말해준 후, 그 전문의는 침대 머리맡에 레지던트를 불러세웠다. 그는 간호사들과 조산사, 그리고 우리 가족들 앞에서 레지던트의 행동을 꾸짖었다. 그는 근무 기록표를 들여다보며 레지던트에게 분만 시기별로 상황을 어떻게 진단하고 각각의 상황에 어떻게 대처했는지 물었다. 전문의는 레지던트가 한 각각의 대처를 교정해주었다. 레지던트의 자신감 넘치던 태도는 수치심으로 바뀌었고 그는 고개를 들지 못했다. 간호사들과 조산사는 뒤에 서서 웃음을 참느라 애쓰고 있었다.

미국에서 의료 직종은 가장 혁신적인 분야이며 의사들은 일반적으로 더 발전된 기술을 사용하고 세계 어느 나라와 비교해도 더 많은 경험을 보유하고 있다. 그러나 의사 수가 워낙 적어서 아무 경험이 없는 레지던트가 아기를 분만하는 경우가 꽤 많다. 미국에서는 의사 부족이 현실적인 문제다. 2016년 의사 비율은 인구 1,000명당 2.5명이었다. EU(유럽연합) 27개 회원국의 평균(인구 1,000명당 3.6명)에 훨씬 못미치는 수준이었다. 그에 더해 미국 국민은 미국이 부유한 국가로서 적어도 건강 보험 가입자에게라도 더 나은 의료 서비스를 제공할 것을 요구하고 있다.

의사 부족으로 인해 미국 의사들은 살인적으로 긴 시간 동안 진료를 감수하고 있다. 연습이 완벽을 만든다는 말이 있듯이 장시간 진료로 미국 의사들은 기술이 뛰어날 수밖에 없다. 이는 의사 수를 제한하기를 바라는 미국 의사 협회(American Medical Association)에서 종종 내세우는 근거다. 그들은 선택받은 소수만을 뽑기 때문에 미국의 의사들이 아주 훌륭한 것이며 뛰어난 기술력을 갖추기 위해 열심히 노력한다는 것이다. 그러나 이 주장에 대해 밀턴 프리드먼(Milton Friedman)은 다음과 같이 지적했다.

"미국 의사 협회를 노동조합으로 간주하는 경우는 드물다. 일반적인 노동조합보다 훨씬 더 상위에 존재하기 때문이다. 의사 협회는 그회원들과 의료 종사자 전체의 이득을 위해 공헌하고 있다. 그러나 이또한 노동조합의 한 형태이며, 우리가 판단하기로는 의사 협회는 국내에서 가장 성공적인 노동조합 중 하나다. 의사 협회는 수십 년 동안의사 수를 줄이고 의료 비용을 높여 놓았다. 그리고 의료계 밖의 사람들이 '정식 수련 과정을 거쳐 의사가 된' 의사들과 경쟁하지 못하도록 차단했다. 물론 이 모든 일을 환자를 돕는다는 명분 아래 저지른것이다."

특정 직업군에서의 면허 제도는 조직화된 노동 자체만큼이나 그 역사가 깊다. 특히 의료 직종은 아주 오래전부터 면허가 없이는 의료 행위를 할 수 없도록 제한해왔다. 여러 권의 저서와 연구 논문을 통해 모리스 클라이너(Morris Kleiner)는 기원전 1754년으로 거슬러 올라가 고대 메소포타미아 바빌로니아의 성문법인 함무라비 법전에서 이미 의료 서비스에 대한 비용과 의료법 위반 및 부주의한 치료에 대한 벌금을 명시하고 있다고 지적한다. 물론 함무라비 법전은 의료 비용에 관한 내용보다 더 엄격한 규율과 법으로 잘 알려져 있다. 바로 '눈에는 눈 이에는 이'로 알려진 복수법(Lex Talionis)이다. Lex Talionis는 'retaliate(보복하다)'라는 단어와 같은 어원을 가지고 있으며, 누군가를 죽인 사람은 죽어야 한다는 논리를 기반으로 하고 있다.

그와 비슷하게 중세 유럽에서 길드는 숙련도 높은 장인과 상인들의 협의체로서 특정 도시에서 생산과 분배를 통제했다. 그들은 특정 상품의 생산과 거래에 관해 지역 독점권을 가질 수 있었고, 그들 중 가장 부유한 상인들은 런던 길드홀과 같은 호화로운 길드홀 건물에 그 흔적을 남겼다. 동시에 그들은 경쟁을 봉쇄하고 혁신에 악영향을 미치기도 했다. 애덤 스미스(Adam Smith)는 〈국부론(The Wealth of Nations)〉에서 길드의 비효율성을 맹렬히 비난했고 프랑스의 장자크 루소(Jean-Jacques Rousseau)는 길드 제도를 봉건 사회의 잔재라고 공개적으로 비난해 길드의 기반을 약화시켰다. 이후 프랑스 혁명이 일어나면서 길드 제도도 폐지되었다.

오늘날 면허는 의사들만이 가진 독점적 특권은 아니다. 변호사들은 각 주(州)와 국가를 자유롭게 넘나들지 못하도록 규제를 받는 것으로 악명이 높다. 대부분 주에서는 해당 주 대법원에서 주관하는 변호사 시험에 통과해야지만 변호사로 활동할 수 있고 그러기 위해서는 대략 3~4개월이 걸린다. 주 변호사 협회의 회원들에게만 변호사 개업이 허용되는 것이다.

유럽에서는 공증인이 명망 높은 직업으로 인식되어 있다. 공증인이 되는 과정이 아주 까다롭고 공증 서비스가 매우 비싸기 때문이다. 극히 소수의 사람만이 공증인 면허를 취득할 수 있어 시장 경쟁이 불가능하며, 법적 규정이 면허를 보유한 공증인의 공증을 필수적인 요소로 만들고 있어 공증 서비스에 대한 수요를 보장해 주는 것이다. 그에 따라 주택을 구매할 때는 공증 사무소에 주택 매매가의 몇 %를 공증 비용으로 내야만 한다. 해당 매매 계약이 모든 법적 요건을 충족하고 있다는 사실을 공증인이 보증해 주는 것이다. 그러면 또 중앙 등기소에 가서 부동산 소유권 이전 등기 신청을 해야 하는데 이 역시 면허를 취득한 전문가의 손을 빌어야 하므로 비용을 지급해야 한다. 바르셀로나에서 아파트를 구매했을 당시 우리는 해당 매물에 다른 채무가 개입되어 있는지 확인하는 작업을 공인중개사에게 비용을 지불하고 의뢰했다. 부동산 증서가 실제로 매매 계약서에 적혀 있는 내용과 일치하는지, 그리고 그 아파트에 대해 제3자가 소유권을 주장할 소지는 없는지 확인하는 과정이다. 경제적으로 봤을 때 받을 만한 가치가 있는 법률 서비스이며, 공증 비용에 비하면 얼마 안 되는 몇백 유로에 서비스를 제공받을 수 있다. 공증인의 면허는 경쟁자들의 진입을 제한하며 시장 지배력을 형성한다.

면허 부여가 아주 고급 직종에만 해당하는 것은 아니다. 국가 또는 미국 내의 주에 따라 이발사나 손톱 관리사, 플로리스트 등 높은 숙련

도를 요구하는 직종의 노동자들은 면허가 필요하다. 일부 주에서는 긴급 의료원보다 손톱 관리사가 되는 데 더 많은 훈련을 받고 더 많은 교육 시간을 이수하도록 요구하기도 한다. 혹은 변호사보다 미용사가 되기 위해 더 많은 수업을 들어야 할 때도 있다. 이것이 면허 부여가 진입을 제한하고 경쟁을 줄이는 것 외에 다른 목적이 없음을 분명히 보여주는 경우들이다.

애석하게도 대다수의 선진국에서는 면허 제도가 더 증가하고 있다. 미국에서는 직업 면허가 현재 29%를 차지하고 있고, 이는 1950년대에 비해 5% 증가한 수치이다. 연구에 따르면 면허는 독점 권력을 형성해 면허 취득자들의 임금을 상승시키고 이동성을 낮추며, 서비스의 질은 향상되지 않은 채 소비자들에게는 더 높은 가격을 지급하게 만든다. 우리 딸은 지역에서 가장 훌륭한 산부인과 전문의 중 한 분이 받아주긴 했지만, 하마터면 의사 부족으로 경험이 없는 레지던트가 받을 뻔했다. 서비스의 질은 떨어지고 의사들의 연봉은 억지로 끌어올려지고 의료비와 건강보험료는 치솟는다.

다른 분야에서도 면허 중심의 업종에서는 임금이 약 18% 더 높다. 정부에서 부여하는 면허가 아니더라도 면허는 경쟁자의 시장 진입과 경쟁을 제한한다. 한 연구에 따르면 주 면허 시험이 있는 직종에서 주 간 이동성이 국가 면허 시험이 있는 직종에 비해 7% 더 낮은 것으로 나타났다.

어떤 게임을 하든 규칙을 충실히 따르기만 하는 것은 규칙을 융통성 있게 변칙적으로 활용하는 것보다 손해인 경우가 많다. 보드게임을 할 때만 그런 것이 아니라 그보다 훨씬 더 규모가 큰 일상적인 경

　　　　　　　　　　　　　이윤의 역설

제 게임에서도 그렇다. 시장 지배를 창출하게 되면 그 보상은 엄청나다. 생산 시장에서 경쟁하는 기업들은 경쟁자의 수를 줄임으로써 시장 지배력을 키워나간다. 이를테면 더 높은 가격과 더 높은 시장 점유율을 달성하기 위해 경쟁사와 합병하거나 경쟁사가 뛰어넘지 못할 해자 구축을 위해 혁신을 도모하는 것이다.

사업의 소유권을 일부 공유하고 있는 노동자들은 길드를 조직하거나 면허를 만들어 외부자의 진입을 제한하고 경쟁을 봉쇄함으로써 더 많은 생산 지분을 받는 보상을 받게 된다. 이와 같은 관행은 시장 경제의 효율적인 기능을 왜곡하고 작은 이해 집단에 시장 지배력을 부여해 준다. 여기서 작은 이해 집단이란 생산 시장에서 독점 권력을 지니는 기업이나 면허 중심의 노동자 집단을 말한다. 이와 같은 형태의 시장 지배는 사업 지향적일지는 모르겠으나 분명 시장 지향적이지는 못하다.

노동자들이 연합체를 구성하기 위해 나서는 것은 기업이 행사하는 수요독점 권력에 대한 반작용일 수 있다. 노동조합이 바로 그 예이다. 그리고 노동조합이 사라지자 면허 직종이라는 형태로 재탄생한 길드가 기업들의 수요독점 권력에 대항하고자 하는 의지를 보여주는 것이다.

요약하자면 시장 지배는 임금 정체를 낳고 노동자들의 생산성과 임금으로 받는 생산 지분 사이의 간극을 넓힌다. 하지만 모든 노동자의 경우가 다 똑같지는 않다. 다음 장에서는 시장 지배가 스타의 경제를 통해 어떻게 임금 불평등을 가중시키는지 살펴볼 것이다.

제 5 장

스타 경제

2차 세계대전이 한창이던 시기에 대부분의 영국 남성은 최전방에 배치되거나 군수용품 생산에 차출되어 수많은 사상자가 속출했다. 그러자 영국에서는 여성들이 배우자로 맞이할 젊고 건강한 남성의 수가 턱없이 부족해졌다. 그때 진주만 공격 이후 미국도 공식적으로 2차 세계대전에 참전했다. 1942년 1월부터 종전까지 약 3백만 명의 미군이 대서양을 건너 영국에 진지를 구축했다. 궁핍과 배고픔의 시기에 이 미군들은 새 담배와 나일론 스타킹, 초콜릿 등을 가지고 왔다. 그리고 영국 군인들보다 약 세 배나 높은 봉급을 받았다.

이러한 요소들은 전쟁으로 인해 궁핍에 신물이 나 있던 젊은 영국 여성들이 미군과 사랑에 빠지기에 좋은 완벽한 생태계를 제공했다. 실제로 영국 여성과 미군의 연애는 확산되었다. 영국인들은 참전 미군들에게 감사한 마음은 가지고 있었지만 이런 상황이 벌어지자 심기가 불편해졌다. 영국인들은 미군들을 일컬어 '영국에 와서 돈도 실컷 받고 섹스도 실컷 하는 불청객'이라고 빈정댔다.

이 격동의 시기에 영국 여성과 미군의 데이트 장면이 흔히 목격되자 대중의 관심은 시장 지배가 몰고 온 임금 불평등에 집중되었다. 미군들이 소위 '지나치게 많은 임금'을 받고 있다는 것이었다.

기업은 규모가 커지면 시장 지배력을 얻게 된다. 시장 지배가 증가

이윤의 역설

한다는 것은 대기업의 수가 많아지는 것뿐만 아니라 전반적으로 대기업들이 더 거대화되는 것을 의미한다. 이 급증하는 거대 기업들은 최고의 인재를 놓고 경쟁하면서 최고의 경영진을 스카우트하기 위해 연봉을 올린다.

전시의 영국과 경영진의 연봉 사이의 유사점을 쉽게 이해하도록 돕기 위해 아주 단순화한 이성애자들의 데이트 시장을 예로 들어보겠다. 모든 참여자는 매력도에 따라 순위가 매겨져 있고 시장에 나와 있는 모든 이들이 남성이든 여성이든 누가 더 매력적인지에 관한 생각이 똑같다고 가정해 보자. 이 시장에서 모든 여성은 가장 매력적인 남성과 데이트하고 싶어 할 것이며 남성들도 마찬가지일 것이다. 따라서 가장 매력적인 여성과 가장 매력적인 남성이 커플이 될 것이다. 그 후 두 번째로 가장 매력적인 여성은 두 번째로 가장 매력적인 남성하고만 커플이 될 수 있고, 다음 순위 역시 마찬가지일 것이다. 그렇게 해서 가장 매력도가 떨어지는 여성이 가장 매력도가 떨어지는 남성과 커플이 된다.

물론 커플 결합이 투명하다고 해서 모두가 만족한 것은 아니다. 가장 순위가 낮은 남자 역시 가장 매력적인 여성과 데이트하고 싶었을 것이다. 하지만 그가 그녀에게 구애했다면 거절당했을 것이다.

물론 실제 삶 속에서의 데이트는 훨씬 더 복잡하다. 매력도 이외에도 아주 다양한 요소가 영향을 미친다. 우연의 일치라던가, 데이트 시장에서 주어지는 데이트 기회 횟수, 사회적 압력, 혹은 제한적인 정보를 기반으로 한 불확실성 등이 개입된다. 하지만 실제 삶에서조차 우리가 보게 되는 결과(누가 누구와 사귀는지)는 어떤 한 사람의 전략보다도 데이트 시장에 있는 다른 이들의 전략과 관계가 깊다.

진화 심리학자인 스티븐 핑커(Stephen Pinker)는 로맨틱한 사랑도 진화의 과정을 거쳐왔다고 주장한다. 한 남자가 사귀는 여성에게 "당신을 사랑해요"라고 말할 때 그것이 그가 가장 매력적인 여성과 데이트를 하고 싶지 않다는 뜻은 아니다. 그가 얻을 수 있는 사랑에 만족하는 것이다. 경제적 관점에서 보면 사랑은 단순화된 데이트 시장에서 얻은 균형적 결과다. 좋든 싫든 모든 사람은 그들의 짝을 만난다. 그리고 더 좋은 짝을 만나는 것이 불가능하다는 사실을 깨닫게 되면 만날 수 있는 짝을 받아들이는 편이 나을 것이다.

세계대전 당시 영국 데이트 시장에서 균형점의 변화를 살펴보자. 짧은 기간 동안 3백만 명의 젊은 영국 남성은 수입이 그들보다 세 배 많은 3백만 명의 젊은 미국 남성으로 '대체'되었다. 여성 쪽에서는 아무런 조건의 변화가 없었다. 그들은 이전과 비교해 매력도나 적합도에 있어서 달라진 것이 없었다. 그러나 미군들을 만나면서 그들은 모두 눈에 띄게 부유해졌다. 가장 매력적인 여성은 여전히 가장 매력적인 남성과 데이트를 하고 싶어 하지만 이제 그 남자는 가장 매력적인 미군이 되어버렸다. 가장 매력적인 미군과 함께라면 가장 매력적인 영국 군인과 함께일 때보다 더 나은 삶을 살 수 있을 것이기 때문이다. 그리고 이 차이는 이후에도 계속 지속된다. 마치 NBA 선수들의 기량과 노력이 예전과 같은 수준임에도 불구하고 TV 수익이 오르면 선수들의 소득도 자연스레 오르는 것과 같은 이치다. 돈 많은 미국 남성들이 가난한 영국 남성들을 대체함에 따라 영국 여성들의 경제력도 동반 상승했다.

이제 이 논리를 연봉에 적용해 보자. 고용 시장에 나와 있는 경영인들은 분명히 가장 큰 기업에서 근무하는 것을 선호한다. 큰 기업은 기업 인지도가 높고 경력에 도움이 되는 기회일 것이기도 하지만 가장 매력적인 근무 조건, 즉 높은 연봉과 상여금, 스톡옵션 등을 제공할 수 있기 때문이다.

선택권이 주어진다면 예외적인 경우가 아니고서는 최고경영자 자리를 찾고 있는 경영인이라면 다른 기업들보다 현재의 애플에서 지휘권을 쥐고 싶어 할 것이다. 마찬가지로 최고경영자를 찾고 있는 애플 또한 세계에서 가장 수익성이 좋은 기업으로서 가능한 최고의 경영인을 모셔가기 위해 필요한 모든 지원을 아끼지 않을 것이다. 물론 실제 세계에서는 경영인들의 순위를 매기지 않기 때문에 투명성이 훨씬 떨어질 수 있다. 그러나 일반적으로 경영인들과 기업들은 각각 능력과 규모에 따라 스스로를 분류하고 있음을 짐작할 수 있다. 데이트 시장에서 참여자들이 매력도로 스스로를 분류하는 것과 마찬가지로 말이다.

또한 기업들이 대형화됨에 따라 경영인을 모셔가기 위해 필요한 연봉은 경영인의 능력과 상관없이 상승하고 있음을 알 수 있다. 높은 봉급을 받는 미국 군인들이 영국으로 유입되면서 결혼 적령기의 영국 여성들의 운명이 바뀐 것과 마찬가지 상황이다.

CEO 연봉의 진화를 분석한 최근의 연구 결과에 따르면 데이트 시장의 비유와 CEO 시장 사이에는 유사점이 존재하는 것으로 나타났다. CEO 시장에서는 다양한 특성의 기업들이 각각 다른 능력을 갖춘 CEO를 찾고 있다. 데이트의 예시에서처럼 이 복잡한 세상을 극도로 단순화시켜서 가정해 보자. 즉, 기업들은 오로지 규모로만 순위가 매겨지고 CEO들은 기업에 가치를 창출해 줄 수 있는 능력으로만 순위가 매겨지는 것이다.

대기업에서의 의사결정은 그 기업에게 커다란 이익(혹은 손실)을 발생시킬 잠재성이 있기 때문에 가장 큰 기업은 가장 능력 있고 경험 많은 경영인을 채용하고자 하는 의지가 가장 강할 것이다. 따라서 기업들의 규모가 커지는 것은 CEO 채용 경쟁도 치열해진다는 뜻이다. 미군들과 결혼해 더 나은 삶을 살게 된 영국 여성들처럼 더 규모가 크고 수익성이 높은 기업에서 일하게 된 경영인들은 가장 좋은 근무 조건을 제공받는다.

여기서 중요한 점은 기업의 규모가 커지는 것은 궁극적으로 주주들과 사회 전체에는 좋지 않다는 것이다. 미군들의 봉급이 부자연스럽게 영국의 데이트 풍경을 바꾸어 놓았듯이 시장 지배 기업들이 깔고 앉아 있는 돈방석도 마찬가지다. 기업들은 CEO가 사회에 더 많은 가치를 창출해주기 때문만이 아니라 그들이 보호하는 기업의 주변에 경쟁자들을 막아주는 해자를 구축해주기 때문에 높은 연봉을 지급하는 것이다. 기업은 고객들의 돈으로 자신의 수익을 늘리고 있는 셈이다. CEO의 높은 연봉으로 인해 고객들은 상품과 서비스에 더 높은 가격을 내야 하기 때문이다.

데이트와 사랑의 예시에서 조건을 지나치게 단순화했다고 사람들은 분노할지도 모르겠다. 인간은 돈 이외에도 무수히 많은 동기 부여 요인의 영향을 받기 때문이다. 다른 요인들도 물론 존재한다. 그리고 그 요인들은 당연히 경영인 시장의 복잡성에 크게 영향을 미친다. 그러나 아주 복잡한 세계를 극도로 단순화시켜 보면 기저에 흐르는 시장 메커니즘을 더 잘 이해할 수 있게 된다.

나는 학생들을 가르칠 때 그들에게 모델은 현실을 극도로 잘못 반영해 주는 것이라고 말한다. 그 모델들은 말하자면 암스테르담과 파리 사이의 도로 지도와도 같다. 도로 지도에는 달팽이 요리를 파는 릴(프랑스 북부 노르주의 주도)의 레스토랑뿐만 아니라 네덜란드와 벨기에의 국경에 위치한 도시 브레다(네덜란드 남부의 도시: 역자 주) 주변의 아주 아름다운 버드나무도 나타나 있지 않다.

도로 지도는 그런 흥미로운 세부 정보만 누락시키는 것이 아니라 필요한 대상을 확대해서 보여주기도 한다. 일부 지도들은 원하는 정보를 더 분명히 나타내기 위해 현실을 왜곡하기도 한다. 예를 들어, 런던 지하철 노선도에서는 1구역에서의 1마일이 6구역에서의 1마일보다 훨씬 더 길어 보인다. 미국의 의사이자 암 연구 선구자인 하워드 스키퍼(Howard Skipper)는 '모델은 당신이 진실을 볼 수 있도록 도와주는 거짓'이라고 표현하기도 했다. 우리가 단순화된 CEO 노동 시장의 모델에서 얻게 되는 통찰은 이것이다. '가장 큰 기업들은 최고의 CEO를 채용해 가장 높은 연봉을 지급한다.'

CEO에 대한 처우는 특히 1990년대에 크게 상승해 논란을 불러오기도 했다. 이 시기에 기업의 이사회에서는 정당한 인센티브를 지급하는 것에 아주 신경을 많이 썼다. CEO가 기업과 주주들에게 최고의 수익을 안겨다 주기만 한다면 어떤 지원이든 아끼지 않을 기세였다. CEO들은 그들의 성과에 따라 점점 더 다양한 형태로 보상받았다. 특히 스톡옵션(CEO가 회사의 지분을 받는 것)은 CEO의 수입에서 가장 큰 비중을 차지했다. 그들이 발생시키는 수익에서 일정 지분을 가져갈 수 있게 된다면 CEO로서 기업의 이득을 가장 우선시할 것이라는 생각에서다. 그 결과 CEO는 회사의 다른 직원들에 비해 아주 많은 금액의 급여를 받고 있다.

그러나 곧 연구자들은 이 인센티브 제도를 시행함으로써 기업들이 약속한 것보다 적은 금액을 지급하고 있다는 사실을 알아냈다. 그 이유는 무엇일까? 실제로 인센티브는 별로 많이 지급되고 있지 않기 때문이다. 주가는 CEO가 내리는 판단의 영향을 받는 경우도 많지만, 그것을 뛰어넘어 수많은 요인의 영향을 받는다. 이를테면 유가나 운도 작용한다.

연구에 따르면 CEO의 급여 상승은 시장 상황 변화에 따른 즉각적인 결과다. 기업들이 더 규모가 커지면 급여도 높아진다. 급여 상승은 인센티브 제도 도입의 결과가 아니다. 오히려 단순한 수요 공급의 변화에 따른 결과다.

기업들이 대형화되어감에 따라 수익성을 높여 줄 결정을 내리는 경영인들의 능력은 그대로임에도 불구하고 경영인 채용에 대한 요구는 증가한다. 각 기업은 일반적으로 단 한 명의 CEO만을 채용하기 때문에 한 명의 탁월한 CEO를 두 명의 평균적인 CEO로 대체하고 그들에게 급여를 반반씩 줄 수는 없는 노릇이다. 소소한 직무에서는 그것이 가능할지 몰라도 CEO에게는 그런 방식이 가능하지 않다.

기업의 규모가 커지기 전에는 모든 기업이 그들의 경영인에게 만족했었다. 물론 중간 규모의 기업 또한 최고의 CEO를 선호하겠지만 대기업이 지급하는 연봉을 지급하면서까지 채용할 필요는 없을 것이다. 이것이 (데이트 시장에서와 같이) CEO 시장에서의 사랑(혹은 균형)의 정의이다. 이제 모든 기업이 약간 더 규모가 커졌다는 가정 아래 사고 실험을 한 번 해보자. 각 기업은 똑같은 CEO에게 약간 더 높은 급여를 지급해야 한다.

왜일까? 당신이 그 CEO에게 더 높은 급여를 지급하지 않는다면 당신 기업보다 규모가 작은 기업이 그 CEO를 스카우트해 갈 가능성이 크기 때문이다. 보잘것없는 작은 기업이 성장해 당신의 기업보다 더 생산적인 기업이 되어 당신이 CEO에게 지급하고 있는 현재 연봉보다 더 많은 연봉을 지급할 수 있게 되었다고 생각해보라. 이와 같은 경쟁 압박으로 인해 모든 CEO의 연봉이 상승하는 것이며 어떤 기업도 이 문제에서 자유롭지 못하다.

이 사고 실험에서 기업들은 더 높은 연봉을 지급하면서 여전히 과거와 비슷한 역량의 CEO를 채용하고 있다. 따라서 CEO들은 더 많은 일을 하거나 더 일을 잘하지 않고도 기업 규모의 혜택을 입는 것이다. CEO들이 더 큰 회사에서 일한다는 이유만으로 그들이 무슨 일을 하든 예전보다 그 일의 가치가 더 높아진 것이다. 경영인의 연봉상승은 기업들의 대규모화와 인재 부족으로 인한 경쟁, 둘 다의 결과다. 기업 규모가 더 커지는 것이 아주 불공정한 급여 양극화를 불러올 수는 있겠지만 이것이 시장의 원리이며 이는 전혀 비효율적인 것이 아니다.

그렇지 않은가? 기업의 대규모화가 사회에 악영향을 미치는지에 관한 질문에 답하기 위해서는 기업들이 왜 더 규모를 키우는지를 먼저 이해할 필요가 있다. 정보 통신 기술의 발달로 기업들은 이제 다른 방식으로 경영하고 있으며 아주 규모가 커졌다. 예를 들어 G4S(영국에 본사를 둔 다국적 보안 서비스 기업)는 보안 요원 파견과 자금 관리를 위해 전 세계에서 618,000명의 직원을 고용하고 있다. 세계 각지에서 개최되는 큰 스포츠 경기나 음악 공연에 가본 적이 있다면 당신이 본 야광색 조끼를 입은 보안 요원들은 아마도 G4S 소속일 것이다. 이동 통신 기기와 GPS(전 지구 위치 파악 시스템) 기술의 등장으로 G4S는 규모를 이용해 중앙 관리 방식으로 아주 많은 인력을 관리할 수 있게 된 것이다.

하지만 기업 규모가 커진 것이 순전히 신기술의 영향인 걸까? 기업들이 시장 지배력을 가지게 되어 성장한 것임을 보여주는 증거는 충분하다. 우리는 연구에서 그 기업들이 규모를 키울 수 있게 해주는 시장 지배력이 경영 간부의 급여 또한 상승시킨다는 사실을 발견했다. 대기업들이 스타 경영인을 모셔가기 위해 서로 경쟁하는 것을 생각해보라. 모든 기업이 규모가 더 커지면 그들은 모두 CEO에게 더 많은 연봉을 지급하게 될 것이고 그러면 그들은 연봉을 많이 지급해도 더 나은 CEO를 고용할 수 없게 된다. 동일한 역량의 CEO가 더 큰 기업의 경영권을 거머쥐고 더 큰 규모에 힘입어 더 많은 가치를 창출하고 있는 것이다. 다른 성장 기업에 CEO를 빼앗기지 않으려면 큰 기업은 자사 CEO에게 더 많은 연봉을 지급해야 한다.

기업 규모의 대형화가 시장 지배에서 비롯된 것이라고 할 때 CEO의 연봉 상승은 비효율적이다. 그들이 판매하는 상품 가격이 너무 높게 부과될 것이기 때문이다. 비효율성은 시장 지배가 기업에는 이득이라 하더라도 소비자들에게는 피해를 준다는 사실에서 기인한다.

시장 지배 기업은 판매 상품에 대해 비용 대비 높은 가격을 책정하기 때문에 CEO에게 더 높은 연봉을 지급할 수 있다. 그렇게 해서 기업이 더 높은 수익을 올리게 되면 시장 지배 기업에 있어 능력 있는 CEO의 가치는 더 상승한다.

사실 CEO는 종종 시장 지배 권력을 형성하는 능력을 근거로 고용되고 보상받는다. 워런 버핏이 자신의 성을 지켜내는 방법에 대해 언급한 것을 기억하는가.

"경제적 해자를 넓혀라."

그것이 사실이라 하더라도 모든 기업이 성공적인 수익 창출을 위해 똑같은 전략을 구사하는 것은 고객에게 해가 된다. 동시에 그것이 능력 있는 CEO를 아주 매력적인 존재로 만들어 주기도 한다.

CEO의 연봉 상승은 시장 지배의 증가와 나란히 발생한다. 더 많은 시장 지배 권력을 가진 기업들은 경영 간부들에게 더 많은 연봉을 지급한다. 이는 경영 간부들의 연봉이 높은 정도가 아니라 지나치다는 사실을 방증한다. 또한 경영 간부가 가장 저임금을 받는 노동자들보다 몇백 배 많은 연봉을 받는다는 것은 아주 불공평한 일이다. 시장 지배가 경영 간부의 연봉을 상승시킨다는 사실을 알고 있는 한 우리는 이제 그 연봉이 비효율적이라는 생각에도 동의한다. 해자를 구축하고 있는 기업들이 최고의 CEO를 모셔가기 위해 지나치게 연봉을 높여 놓은 것이다. 이는 비효율적이다. CEO들이 지배 기업의 이해관계자들에게 이득이 되도록 일하지 않기 때문이다. 즉, 고객들은 그 기업이 판매하는 상품에 더 높은 가격을 내고 있고, 노동자들은 임금 쏠림 현상으로 인해 더 낮은 임금을 받고 있다.

경제 전반에 걸쳐 (상당수의 기업이 40년 전보다 훨씬 더 높은 수익을 올리는) 시장 지배가 강화되지 않는다면 경영 간부들의 연봉은 낮아질 것이다. 부유한 미군들이 영국에 상륙해 데이트 풍경을 바꿔놓은 것처럼 시장 지배 또한 경영 간부의 연봉을 바꾸어 놓았다. 우리는 어쩌면 CEO를 '지나치게 높은 연봉을 받는 임원'으로 재정의해야 할지도 모른다.

하지만 문제는 애플 CEO의 연봉 액수보다 훨씬 더 크다. 진짜 문제는 지배 기업들이 전체 경제와 전 분야에 퍼져 있다는 것이다. 게다가 시장 지배 결과 CEO의 연봉만 상승한 것이 아니라 더 낮은 직급의 경영 간부들과 유수의 기술 기업의 본사에서 근무하는 직원들의 연봉도 동반 상승했다. 그와 같은 임금 쏠림 현상으로 인해 기술 지원 센터에서 근무하는 에린과 같이 먹이사슬의 가장 밑바닥에 있는 노동자들은 더 낮은 임금을 받고 성공의 사다리를 오를 기회도 주어지지 않는 것이다.

미군들 또한 노르망디 해안에서 기습 작전을 펼치고 2차 세계 대전이 드디어 종전했음에 감사했다. 대다수의 영국 장모는 미군들의 봉급이 더 적었어도 그들이 노르망디 상륙 작전에 참여하는 것을 환영했을 것이다. 상륙 작전 또한 봉급과 상관없이 성공적이었을 가능성이 크다. 영국에서의 미군 결혼의 사례를 통해 CEO가 설사 연봉을 조금 적게 받았더라도 기업을 성공으로 이끌기 위해 열심히 노력했을 것임을 짐작해 볼 수 있다.

슈퍼스타

매튜 하그(Matthew Haag)는 사람들과 어울리는 것을 별로 좋아하지 않는 내성적인 10대 소년이었다. 그는 키가 작고 허약했으며 운동을 못했다. 대신 일리노이주 팔로스 힐스에 있는 그의 방에서 대부분의 시간을 비디오 게임을 하며 보냈다. 창백한 얼굴은 그의 고독한 생활을 여실히 드러내고 있었다. 성공적인 직업을 가지게 될 가능성은 희박해 보였고 그의 장래는 그다지 밝지 않았다. 마침내 고등학교를 졸업하고 단기 비즈니스 코스를 수료했지만, 그는 공부에는 별로 흥미가 없었다. 노동 시장에서 그의 첫 번째 일터는 맥도날드였다.

하그는 평생 비디오 게임을 했다. 그가 가장 좋아하는 게임은 1인칭 슈팅 게임인 콜오브듀티(Call of Duty)였다. 처음에는 2차 세계대전이 그 배경이었으나 이후 현대적인 전쟁을 기반으로 한 게임으로 발전했다. 열세 살 무렵 그는 이 게임에서 다른 이들과 경쟁하기 시작했다. 그의 온라인 적수는 그를 '그레네이드 샷'을 줄인 '네이드샷'으로 알고 있었다. 그레네이드샷은 수류탄을 던져 적군의 주의를 흩트린 후 치명적인 사격으로 적군을 사살하는 작전을 일컫는다. 무수히 많은 시간 동안 게임을 하면서 그는 그 게임을 아주 잘하는 발군의 실력자로 명성을 얻게 되었다. 마침내 그는 열여섯 살의 나이로 프로 게이머가 되었다.

하그는 처음에는 프로 게이머로서 돈을 벌지 못했다. 여행 경비 정도를 받았을 뿐이었다. 그러나 21살이 되었을 무렵 그와 그의 팀은 주요 대회에서 승리했고 큰 상금을 받기 시작했다. 큰 기업들과 협찬 계약을 맺기도 했다. 그중에는 레드불(Red Bull)도 있었다. 이제 그는 이스포츠 분야에서 인기 있는 소셜미디어 스타로서 3백만 명의 구독자를 거느리며 자신의 유튜브 채널을 운영하고 있다. 그는 맥도날드에서 받았던 최저 임금과는 비교도 되지 않게 많은 연간 백만 달러 이상의 수입을 벌고 있다. 경험 많은 목수였던 그의 아버지가 번 소득과도 꽤 큰 차이일 것이다.

경제적 관점에서 볼 때 매튜 하그는 슈퍼스타다. 1981년 '슈퍼스타 경제학'이라는 논문에서 작고한 시카고의 경제학자 셔윈 로젠(SHerwin Rosen)은 소수의 사람이 경쟁 시장에서 엄청난 돈을 벌어들이는 메커니즘을 설명한 바 있다. 그 생각은 앞서 우리가 CEO의 연봉을 이해하기 위해 언급했던 논리를 기반으로 하고 있다. 즉, 가장 매력적인 남성은 가장 매력적인 여성과 데이트하게 된다는 논리이다. 로젠은 이러한 통찰을 기반으로 해 노동 시장에서 기술 발전이 소수의 사람에게 아주 커다란 보상을 안겨주고 있음을 보여주었다. 우리는 시장 지배가 이 슈퍼스타 현상을 더 심화시킨다는 사실도 증명해보려 한다.

로젠의 분석에서의 핵심은 음악인, 운동선수, 변호사는 채용 인원을 늘리더라도 쉽게 대체할 수 없다는 것이다. 그 직군들은 애커로프의 댐 부지와 CEO 자리와도 같다. 오케스트라에서 적합한 연주자를 구하는 것은 데이트 상대를 구하는 것과 마찬가지의 상황이다. 가장 시장이 큰 오케스트라는 연주자에게 최고의 가치를 제공할 수 있으므로 최고의 바이올린 솔로 연주자를 스카우트할 수 있다. 시장이 최고만을 찾으며 극히 편향되어 있을 때는 연주자들 사이의 작은 차이도 아주 큰 보수의 차이로 나타날 수 있다.

로젠은 특히 기술 발전이 시장 규모를 왜곡하는 데 공헌했다고 주장했다. 라디오와 텔레비전이 등장하기 전에는 오케스트라의 연주를 들을 수 있는 유일한 방법이 콘서트홀에 가는 것이었다. 최고의 오케스트라는 가장 큰 콘서트홀에서 공연할 수 있고 가장 자주 순회공연을 할 것이다. 하지만 그들의 시장 규모는 궁극적으로 그들이 판매하는 입장권의 개수에 한정되어 있다. 이제 당신은 한 사람의 음악가가 연주한 바흐의 첼로 모음곡을 수백만 명의 청자들에게 즉시 들려줄 수 있다. 수백만 명의 고객에게 다가가려면(그리고 더 많은 수익을 벌어들이려면) 더 나은 첼로 연주자를 구해야 한다. 그리고 최고의 연주자를 섭외하려면 그들이 가져올 수익에 상응하는 연봉을 제시해야 한다. 그러지 않는다면 다른 오케스트라의 누군가가 그렇게 할 것이다.

우리가 다른 예에서도 봐온 것처럼 시장은 승자 독식이다. 그래서 슈퍼스타는 엄청난 연봉을 요구하는 반면 그들이 꼭 그들의 뒤를 쫓는 이들보다 훨씬 더 뛰어난 것은 아니다. 능력과 기술, 혹은 호감도에서의 작은 차이가 커다란 보수의 차이를 낳는 것이다.

슈퍼스타 현상은 공연 예술에서부터 스포츠와 삶의 모든 분야에 이르기까지 널리 확산되어 있다. 예컨대, 인공지능 전문가의 경우, 학계에 있든 아니면 프로그램 분야에서 일한 경험이 있든 인공지능(AI) 전문가에 대한 수요가 높아서 그들에게는 수백만 달러의 연봉을 받는 것이 드물지 않은 일이다. 2016년 영국의 인공지능 연구소 딥마인드(DeepMind)는 비 기술직을 포함해 직원 400명의 평균 연봉이 345,000달러에 달하는 것으로 나타났다. 전문의의 경우도 마찬가지다. 미국의 정형외과 전문의와 심장 전문의의 평균 연봉은 500,000 달러에 달했다. 슈퍼스타 현상에서 핵심은 평균 수입이 아니고 개별적인 수입이다. 이 평균 수입은 일부 의사와 인공지능 전문가들이 세계적인 수준의 몇몇 운동선수와 비슷한 수준의 수입을 벌고 있다는 뜻이다. 이런 일은 몇십 년 전에만 해도 상상할 수 없는 일이었다.

여러 분야로 확산된 슈퍼스타 현상은 조만간 사라지지는 않을 것이다. 최근의 조사에 따르면 경제 전반에 걸쳐 상위 1% 소득자의 최근 소득 증가의 대부분은 상위 0.01% 소득자의 소득 증가가 그 원인인 것으로 나타났다. 미국에는 이런 엄청난 부자가 약 10,000가구 정도 존재한다.

슈퍼스타 현상 자체와 아주 작은 재능의 차이가 엄청난 보수의 차이로 환원된다는 사실은 다음의 질문에 답하지 않고는 이해하기 힘들 것이다. '누가 최고인지 판가름하는 것은 무엇인가?' '매튜 하그는 어떻게 1등이 될 수 있었을까?'

전문가나 최고의 운동선수가 되려면 당신은 농구를 하기 위한 신장이나 경기를 위한 순발력 등 그 일에 적합한 신체적 조건을 갖춘 것뿐만 아니라 다양한 지식과 기술이 필요하다. 또한 터널 끝에 빛이 보이지 않을 때조차 지속할 수 있게 해주는 인내심, 자기 수련, 투지와 같은 특정한 성격적 특성도 요구된다. 하지만 최고 전문가의 전문성은 분야를 막론하고 많은 시간을 쏟아부은 결과로 주어진다.

그렇다고 무턱대고 연습만 많이 하거나 능력만 뛰어나거나, 혹은 신체적 조건이 좋은 것만으로 이룰 수 있는 것도 아니다. 가장 높은 자리에 앉는 슈퍼스타가 되기 위해서는 두 가지 핵심적 요소가 필요하다. 바로 '기회와 운'이다. 모든 이들이 연습에 열중할 수 있도록 지원해주는 환경에서 자라는 것은 아니다. 또한 모든 이가 프로 운동선수가 되기 위해 필요한 교육 시간을 모두 이수할 기회를 가질 수 있는 것도 아니다.

농구 선수들에 대해 사람들이 가지고 있는 선입견 중 하나는 선수들이 빈민가 출신이 많을 것이라는 생각이다. 그것은 틀린 생각은 아니다. NBA가 아주 수익성이 좋은 사업이 되고 선수 연봉이 천정부지로 치솟기 전에는 많은 선수가 가난한 지역의 출신이었다.

그러나 최근 수십 년 사이에 대다수의 선수는 인종과 상관없이 중산층 출신이다. 물론 르브론 제임스(LeBron James)는 오하이오주의 애크론에서 가난한 십 대 어머니에게서 태어났고 그는 예외적인 경우다. 성공적인 NBA 선수 중 3분의 2가 그렇듯이 (노스캐롤라이나주 샬롯 출신인) 스테판 커리(Stephen Curry)와 (필라델피아 메인라인 출신인) 코비 브라이언트(Kobe Bryant) 두 사람 모두 교외에 거주하는 중산층 가정에서 자랐다. 학교를 마치고 마침내 스포츠계에서 크게 성공하게 되면 선수의 출신은 아주 중요해진다. 실제로 어떤 사람의 배경은 운을 좌우하는 중요한 결정 요인 중 하나로 간주된다.

슈퍼스타가 되고자 하는 게임에서 모두가 출발점이 똑같은 것은 아니다. 격언에서도 이르듯 어떤 사람들은 운이 좋아 3루에서 시작하지만, 대부분 사람은 홈런을 칠 때만 득점할 수 있다. 가난한 환경에서 태어나는 것은 성공할 가능성을 심각하게 제한한다. 그것은 단순히 밑바닥에서 시작하는 것만을 의미하는 것이 아니라 늦게 시작하는 것을 의미하기도 한다.

성공하는 데 능력이나 기술이 중요한 만큼 훈련과 기회도 중요하다. 장기적인 시각으로 봤을 때 처음 시작할 때 아주 작았던 차이가 나중에는 걷잡을 수 없이 큰 차이가 된다. 그리고 그 확대 현상이 일정 부분 기술 발전과 세계화의 결과라면 CEO의 연봉에서처럼 시장 지배의 확산이 경제 모든 분야와 삶의 모든 측면에서 촉매제로 작용하고 있는 것이다. 따라서 슈퍼스타 현상의 증가는 시장 지배의 증가와 따로 떼어놓고 볼 수 없다.

운도
실력이다

성공의 결정 요인으로 운을 능력과 별개로 분리하는 것은 어려운 일이다. 완전히 무작위적인 요소들이 한 사람이 슈퍼스타로 올라서는 데 대단히 큰 영향을 미친다는 간접적인 증거는 충분히 많이 있다. 예컨대, 한 해 중 전반부에 속하는 달에 태어난 선수들이 후반부에 속하는 달에 태어난 선수들보다 더 성공적인 프로 선수로 성장할 가능성이 크다. 여섯 살이 되면 1월에 태어난 아이들과 12월에 태어난 아이들은 정신적인 차이까지는 아니라 하더라도 신체적으로 현격한 차이를 드러낸다. 몇 센티미터 더 키가 큰 아이와 농구 경기를 한다고 상상해 보라. 학교와 스포츠팀이 팀을 구성하는 방식과 생일이 완전히 무작위로 결정된다는 사실을 감안하면 성공은 우연한 사건일 수 있는 것이다.

그리고 이와 같은 현상이 스포츠 분야에만 국한된 것은 아니다. 당신이 CEO가 될 가능성 또한 생일이 어느 달인지에 따라 달라진다. 6, 7월에 태어난 CEO의 수는 다른 달에 태어난 CEO의 수보다 29% 적다. 미국에서는 6, 7월에 태어났다는 것은 반에서 가장 어리다는 뜻이다. 이 사실은 아마도 통솔력과 자신감 부족으로 인해 당신을 영구적으로 성공하기 어렵게 만든다.

하지만 설사 순전히 운으로 결과가 결정된다는 사실을 안다고 해도 우리는 그것을 능력 덕분이라고 믿고 싶어 하는 경향이 있다. 일본에는 다음과 같은 격언이 있다. "운도 실력이다." 하지만 이 지혜의 말씀에 덧붙는 경고는 이것이다. '그 실력도 당신의 운이 좋은지 나쁜지에 달려 있다' 심리학자들은 성공하는 사람들은 그들의 성공을 내부적인 요인, 즉 기량과 재주 등에 돌리는 반면 실패하는 사람들은 그들의 실패를 외부적인 요인, 즉 나쁜 운에 돌린다는 사실을 오랫동안 관측해왔다. 속담에서도 말하듯 '성공에는 아버지가 여럿 있고 실패에는 아버지가 없다.(성공에 대해서는 자신이 노력한 결과라고 주장하지만, 실패에 대해서는 자신의 노력과는 상관없다고 발뺌한다는 뜻)' 문제는 슈퍼스타 현상이 모든 것을 독식하는 승자와 아무것도 받지 못하는 패자 사이의 차이를 너무나 극명하게 만든다는 것이다. 그러한 양극화는 마크 저커버그가 다른 똑똑한 대학생들보다 약간 더 똑똑했을 뿐이라는 생각을 정당화하기 어렵게 만든다.

이러한 양극화는 스포츠 분야에서 뚜렷이 나타난다. 심지어 똑같은 팀 내에서도 일어나는 현상이다. 경기 결과가 아주 많은 부분 우연성에 의존하고 있지만, 팀과 언론은 경기를 단순히 결과만 놓고 해석하려는 경향이 다분하다. 팀이 승리했을 때는 선수들이 경기를 잘해서이며 패했을 때는 선수들이 경기를 잘 못 이끌어간 결과라는 것이다. 맨체스터시티의 펩 과르디올라(Pep Guardiola) 감독은 경기가 끝난후 인터뷰에서 솔직담백하게 답변하기도 한다. 팀은 승리했지만, 그의 팀이 그다지 경기를 훌륭히 이끌어가지는 못했다고 말하는가 하면 팀이 졌을 때도 선수들이 그렇게 못한 것은 아니었다고 말하기도했다. 한마디로 요약하자면 경기에는 운이 작용한다는 사실을 감독은 암시하고 있었다.

셔윈 로젠의 슈퍼스타 모델이 보여주듯이 이와 같은 결과의 양극화는 현대적 기술과 경제 활동의 영향력이 변화한 결과이다. 기술이발전하고 기술의 격차가 벌어지면서 결과를 합리화하고 하는 강박도강해졌다. 그 결과가 부분적으로는 운이 좋아서 얻은 결과임을 인정하기보다는 우리는 종종 성공을 능력 탓으로 돌리고 싶어 한다. 그래서 이긴 사람들과 진 사람들 사이의 능력의 차이가 실제보다 훨씬 더큰 것 같은 인상을 주는 것이다.

훌륭한 다트 선수가 정중앙을 살짝 비켜서 맞히면 아무것도 받지못하지만 누군가는 그 위치에 맞혀서 백만장자가 되기도 한다. 스위스 출신의 영국 작가 알랭 드 보통(Alain de Botton)은 이런 생각이 우리가 사용하는 언어에도 은연중에 반영되고 있다고 말한다. '패배자(loser)'라는 단어는 이제 영어에서 흔한 단어가 되었다. 하지만 원래이 단어는 '불운한(unfortunate)'이라는 단어로, 로마 행운의 여신인 '포르투나(Fortuna)'가 그 어원이다. '패배자'는 가치가 작고 능력이 부족하다는 의미와 간접적으로 연관된 반면, '불운한'은 운이 부족하다는의미를 내포하고 있다.

사람들은 슈퍼스타와 패배자의 차이를 수입을 기준으로 판단하는 경향이 많다. 매튜 하그가 부모님 말씀을 잘 들어 게임보다는 공부를 더 열심히 했거나 '콜 오브 듀티'가 아니라 '크래쉬 밴디쿳' 게임에 더 빠졌더라면 그는 부모님 집에서 밤에는 게임을 하며 아직도 맥도날드에서 햄버거 고기를 뒤집고 있었을 것이다.

리오넬 메시도 다르지 않다. 메시는 많은 사람이 인정하는 가장 뛰어난 축구 선수다. 하지만 그는 하마터면 축구 선수가 되지 못할 뻔했다. 그가 어린 시절에 겪었던 어려움에 굴복했다면, 이를테면 키가 너무 작아서, 혹은 부모님이 아르헨티나에서 스페인으로 이사하지 않으려 한 것 때문에 축구 선수가 되는 꿈을 접었다면 그는 그의 고향 로사리오에서 택시 운전사가 되어 연간 1억 달러와는 천양지차인 10,000달러 이하의 수입을 벌고 있었을지도 모른다.

이렇게 극단적으로 양극화된 소득이 슈퍼스타 효과로 증폭된 운의 결과임을 인식한다면 패배자의 가치와 공헌을 인정해 주고 그들의 불운을 이해해 주는 일도 중요해진다. 소득 양극화를 결정하는 것이 운의 작용이라는 생각은 정책 결정에도 큰 영향을 미친다. 소득 양극화가 극심해지면 소득을 평등하게 재분배해야 한다는 움직임이 일어난다. 그렇다 해도 그에 대한 논쟁은 보통은 효율성에 대한 문제로 귀결된다.

승자가 모두 가지는 조건이라면 경쟁에 참여해 열심히 싸워볼 충분한 가치가 있는 셈이다. 수많은 어린아이는 크리스티아누 호날두(Cristiano Ronaldo)나 모하메드 살라(Mohamed Salah)처럼 득점하는 것을 꿈꾼다. 그리고 많은 아이가 좋은 팀에 입단하기 위해 수도 없이 많은 시간을 훈련에 쏟아부을 것이다. 부모들이 자신이 이루지 못한 꿈을 자녀가 이뤄주기를 바라며 아이들을 부추기는 경우도 많다. 승자 독식의 보상 체계에서는 이기기 위해 노력할 것을 유도하며, 보상이 클수록 참여자들은 더 큰 노력을 할 것이다. 하지만 노력이 너무 과한 경우도 있다. 특히 극소수만이 프로 선수로 선발될 수 있다는 사실을 잘 알면서도 수백만의 아이들이 학교에 가는 대신 축구 아카데미에 다니는 것은 정도가 너무 지나치다.

펜실베이니아 대학교의 최근 연구에 따르면 상위 소득 그룹에 속하는 것도 수많은 우연성과 운의 영향을 받는 것으로 나타났다. 상위 1%에 속하는 사람들, 혹은 0.1%에 속하는 사람들은 단 1년 동안만 그 특별한 부류에 속해 있는 것이다. 다른 말로 하자면 그들은 운이 좋았다. 그 결과 고소득자들이 세금을 더 많이 징수 받게 되면 그들은 더 열심히 일하고 인적 자본을 축적하고 혁신할 동기를 별로 느끼지 못하게 된다.

예를 들자면 대다수의 최고 운동선수는 몇 년 동안 최고의 기량을 발휘하며 경기에 참여한다. 우리는 가장 유명한 선수들에게만 집중한다. 하지만 스테판 커리같은 선수가 있는가 하면 몇 시즌 경기하고 사라지는 수십 명의 선수도 존재한다. 또한 운동선수가 일단 최고의 자리에 오르면 몇백만 달러를 적게 받는다고 해서 그것이 그들이 경기에서 기량을 덜 발휘하도록 만들지는 않는다. 하지만 그 자리에 오르기까지 노력을 기울여야 할 동기는 분명하다. 성공하면 백만장자가 되는 것이고 성공하지 못하면 택시 운전사가 되는 것이다.

그럼에도 고소득자들에게 높은 한계 세율을 부과할 것을 제안할 때는 주의해야 한다. 국가들 사이에 공통으로 적용할 수 있는 정책이 필요하기 때문이다. 세금을 줄이려고 큰 노력을 기울이지 않고도 과세 소득을 줄일 방법도 있다. 그 결과 정부의 세수는 줄어든다. 하지만 어쨌든 이제 노동자들은, 특히 부자들은 한 곳에만 머물러 살지 않는다.

프랑스 정부가 프랑수아 올랑드 전 대통령 정권 아래에서 연 백만 유로 이상의 고소득자에 대해 세율을 48%에서 75%로 상향 조정했을 때, 프랑스를 대표하는 유명 배우인 제라르 드파르디외(Gerard Depardieu)는 자신의 소득을 지켜내기 위해 벨기에로 귀화했고 프랑스 정부는 세금을 한 푼도 받지 못했다. 드파르디외가 세금 망명을 한 유일한 사례는 아니다. 조사에 따르면 유명 축구 선수들은 국가의 세율에 따라 어느 팀에서 뛸지 선택한다고 한다. 더 세율이 낮은 국가들이 더 훌륭한 선수들을 끌어들이고 그로 인해 더 많은 외국 선수들이 현지 선수들을 대체하게 되는 것이다.

덧없이 흘러간 슈퍼스타덤과 그들이 누린 행운은 어디서든 찾아볼 수 있다. 예를 들면, 론 존슨(Ron Johnson)은 한때 미국 재계에서 사랑받는 기업인이었다. 소매업에 대한 혁신적인 마인드로 애플 스토어를 만든 그는 어수선한 구식 계산대를 새로운 쇼핑 경험으로 바꾸어 놓았다. 미니멀한 디자인과 편안한 소나무 목재 테이블을 이용한 인테리어로 고객이 맥북이나 아이폰을 둘러보고 결국은 사게 만드는 분위기를 연출한 것이다. 지니어스 바(Genius Bar 애플에서 제품 및 서비스 사용을 지원하기 위해 애플 스토어 내부에 둔 컨시어지 스타일의 무료 기술지원센터: 역자 주)에서는 소프트웨어와 관련된 문제 해결이나 하드웨어 수리와 같은 따분한 일조차도 즐길 수 있는 경험으로 둔갑시켰다. 애플 스토어가 큰 성공을 거두자 존슨은 애플의 상무에서 타깃(Target)으로 자리를 옮겨 타깃을 현대적이고 젊은 취향에 맞는 소매점으로 탈바꿈시켰다. 연이은 성공에 힘입어 그는 마침내 미국 최대의 소매점 중 하나인 J.C. 페니의 CEO가 되었다.

하지만 애석하게도 그는 J.C. 페니에서는 똑같은 성공을 거두지 못했다. 그는 J.C. 페니에서 고작 14개월을 근무했을 뿐이다. 기업을 현대화하고 새로운 고객을 끌어들이기 위해 영입되었지만 그는 브랜드 전략을 바꾸었다. 할인점 전략에서 과소비를 유도하기 위한 심리적 술책을 쓰지 않고 투명한 가격에 판매하는 소매점 전략으로 바꾸었으며 디자이너 상품들을 판매했다.

그는 인위적으로 높게 책정된 가격을 할인해서 판매하는 가짜 가격을 고객들도 이미 알고 있다고 주장했다. (우리 아버지는 "가격을 두 배로 뻥 튀겨 놓고서는 반값 세일이라고 하는 거지"라고 말씀하시면서 세일을 싫어하곤 하셨다). 그래서 존슨은 처음부터 낮은 가격을 제시했다. 그리고 애플 스토어에서 그랬던 것처럼 J.C. 페니를 사람들이 어울려 즐길 수 있는 경험을 제공하는 공간으로 바꿀 수 있기를 희망했다.

존슨이 간과한 부분은 J.C. 페니의 전형적인 고객층은 세일하는 물건만 찾아다니는 은퇴자들이라는 사실이었다. 그들은 할인율이 높은 상품을 찾아내는 것을 즐기며 계산대에서 실제로 얼마를 지불하는지보다 얼마를 할인받았는지로 그날 쇼핑의 성공 여부를 판단한다.

그와 함께 리모델링한 매장은 젊은 구매층의 관심을 끌기에는 역부족이었다. 그들은 할인 쿠폰을 내밀며 결제하는 나이 든 어르신들

이윤의 역설

옆에서 쇼핑하는 모습을 보이고 싶지 않았던 것이다. 또한 존슨의 지나친 자신감과 거친 경영 방식은 이미 시장에서 충분히 인정받고 있는 기업이자 그가 아는 것이 별로 없는 분야에서 잘 통하지 않았고 그 결과는 처참했다. 2012년 4분기에 매출이 32% 하락하자 언론은 '소매점 역사상 최악의 실적'이라고 보도했다. 2013년 초 J.C. 페니의 주가가 51% 하락했을 때 존슨은 해고되었다.

론 존슨의 사례는 예외적인 경우가 아니라 오히려 법칙에 가깝다. 대부분의 CEO는 최고의 운동선수들처럼 단 한 번의 홈런을 날린다. 이는 운의 작용으로 그런 것이다. 경제 환경에서의 무작위성은 실적이나 경영과는 무관하다.(항공사 경영 간부에게 있어 오일 쇼크가 그 예이다). 그저 운일 뿐이다. 외부적 요인이 기업의 실적에 영향을 미치는 것이다.

연구에 따르면 스톡옵션의 형태로 보상을 받는 CEO들은 급여의 많은 부분이 운에 의해 좌우된다. 유가가 상승하면 CEO의 능력과 무관하게 정유 기업들의 수익과 주가는 상승한다. 결과적으로 스톡옵션과 같은 인센티브 정책은 경영 간부의 실적에 거의 영향을 미치지 못한다.

시장의 불명확성으로 인해 CEO의 진정한 능력은 검증되기 어려운 경우가 많다. 즉, 슈퍼스타 현상은 가장 크고 생산적인 기업에게 최고의 CEO를 배정해 주는 오류를 낳기도 한다. 큰 회사의 지휘권을 쥐고 있는 경영 간부가 그 직무에 부적합한 인물일 때 기업에 단기적, 장기적으로 부정적인 영향을 미치는 의사결정을 하게 되는 것이다.

부진한 실적에도 불구하고 기업들은 어찌 되었든 그들에게 상당한 금액의 급여를 지급해야 한다. J.C 페니의 주가가 2012년 저점을 찍었을 당시 존슨은 190만 달러를 받는 데 그쳤지만, 기업에 큰 피해를 주게 될 의사결정을 내리던 와중이었던 2011년에는 5,300만 달러를 받았다.

최근 수십 년 사이 부상한 슈퍼스타 현상은 미국 경제계와 전 세계적으로 엄청난 양극화를 초래했고, 이는 시장 지배로 인해 더 증폭되었다. 시장 지배는 수익을 증가시켜 대형 기업들이 CEO의 경우처럼 최고의 인재를 놓고 경쟁할 수 있게 해준다. 그것이 실리콘밸리 최고의 인공지능 전문가가 되었든 보스턴의 실력 있는 컨설턴트가 되었든 말이다. 슈퍼스타를 뛰어넘어 최고 수입 중에서도 최고의 수입을 올리는 사람들이 있다. 그들은 주로 금융 시장에서 순전히 기업들의 지배력이 증가한 덕분에 성공한 개인들이다.

메가스타

지금까지 우리는 CEO와 스타 운동선수들에 대해 이야기해 보았지만 진짜 고소득자들은 화려한 잡지 표지에 등장하는 사람들이 아니다. 상당수의 사람은 슈퍼스타들보다 훨씬 더 많은 돈을 번다. 그럼에도 사진을 같이 찍어달라는 요청에 응하거나 사인을 해주지 않고도 당신이나 나처럼 어느 식당이든 원하는 곳에 가서 자유롭게 식사할 수 있다. 이 사람들은 펀드 매니저나 사모펀드 기업의 소유주인 경우가 많다. 슈퍼스타와 구분하기 위해 이 펀드 매니저들을 '메가스타'라고 부르자.

2004년 에디 램퍼트(Eddie Lampert)는 월스트리트에서 한 해 10억 달러 이상을 버는 최초의 펀드 매니저가 되었다. 그는 ESL 투자 회사를 설립하기 전에 골드만 삭스에서 경력을 쌓기 시작했다. 그는 주식과 헤지펀드에 투자하며 보통은 몇 개 종목의 주식을 오랫동안 보유하는 방식으로 운영한다.

램퍼트가 아주 재능 있는 펀드 매니저임은 분명하지만, 그에게는 어느 정도의 운도 따라 주었다. 펀드 매니저들은 멈추지 않고 투자를 계속하기 때문에 많은 돈을 벌만큼 운이 따르기도 한다. 모든 이들이 계속 운이 좋은 것은 아니지만 에디 램퍼트와 같이 소수의 사람은 굉장한 부자가 된다. 2004년에 그에게 계속해서 따랐던 행운은 마치 〈백만장자 퀴즈쇼(Who Wants to Be a Millionaire?)〉를 보고 있는 것만 같았다. 물론 그는 백만장자가 아니라 억만장자다.

이를테면 게임은 다음과 같이 진행된다. 방 안에는 각각 100만 달러를 가진 1,024명의 펀드 매니저가 모여 있다. 그들은 무작위로 두 명씩 512팀을 만들어 동전을 던져 이긴 사람은 200만 달러를 가지고 진 사람은 가지고 있던 100만 달러를 내놓고 떠난다. 이제 각각 200만 달러를 가진 512명의 펀드 매니저가 남게 된다. 그들은 또 무작위로 짝을 이뤄 동전을 던지고 이긴 사람은 400만 달러를 가지고 진 사람(혹은 불운한 사람)은 빈손으로 떠난다. 남은 256명의 펀드 매니저들은 다시 무작위로 두 명씩 짝을 이뤄 동전을 던지고 이제 128명이 남는다. 이런 식으로 아홉 차례 반복하면 단 두 명의 펀드 매니저가 각각 5억1천2백만 달러를 가지고 남게 된다. 두 사람은 동전을 던져 둘 중 한 사람이 10억2천4백만 달러를 가지기로 한다. 그리고 그 승자는 바로... 에디 램퍼트였다.

그때가 2004년이었다. 그는 연이어 투자를 계속했다. 10년 동안 그는 거의 40억 달러에 달하는 재산을 벌어들였다. 그동안 인연을 맺었던 기업 중 하나가 대형 소매 체인 기업인 시어스였다. 시어스가 경제적 어려움에 봉착했을 때 대주주로서 그는 2013년 시어스의 CEO가 되었다. 그리고 그는 이제 2018년 시어스를 파산에 이르게 한 CEO로 더 잘 알려져 있다. 그 과정에서 램퍼트는 활발한 투자자로서 자신의 자금 상당 부분을 시어스에 투자하기도 했다. 2017년 시어스가 파산 신청을 하기 직전 그의 순자산은 최고 액수였을 때의 3분의 1 수준으로 떨어져 겨우 10억6천9백만 달러였다.

메가스타들의 비정상적인 연봉은 대부분 자본이익률의 반영이자 운의 작용이다. 그들의 실력에 대한 보상이라고 보기는 어렵다. 워런 버핏은 이렇게 말하기도 했다. "투자는 IQ 160인 사람이 IQ 130인 사람을 이기는 게임이 아니다... 보통의 지능을 가지고 있는 사람이라면 다른 이들을 어려움에 빠뜨리지 않도록 충동을 통제할 수 있는 자제력이 필요할 뿐이다."

버핏은 여전히 정서적 능력(기질적 특성)에 성공이 달려 있다고 말한다. 하지만 중요한 점은 투자자는 노동자가 아니며 그들이 영원히 시장을 앞서갈 수 있는 것은 아니라는 사실이다. 소득 10억 달러와 같은 결과가 무작위적으로 생겨나는 것이라면, 결국은 평균값으로 회귀하게 될 것이다. 평균으로의 회귀 개념을 설명하자면 거의 2세기 전인 빅토리아 시대의 목재로 지어진 대학 연구실로 거슬러 올라가 보는 것이 좋겠다.

통계학자이자 사회과학자인 프랜시스 골턴(Francis Galton)(찰스 다윈

이윤의 역설

의 배다른 사촌) 경은 유전적 특징을 연구하던 중 인구 집단 특성이 유지됨과 동시에 자식에게 특정한 특징이 유전되는 방식에 매우 흥미를 느꼈다. 예를 들면, 안정적인 인구 집단에서 키가 큰 부모의 아들과 딸은 평균적으로 부모보다 더 키가 작은 경향을 보인다. 키가 작은 부모들의 자식은 그 반대이다. 그는 무작위성을 전제로 한 이론적 모델을 제시했다. 그 답은 평균값으로의 회귀 개념에서 찾을 수 있다. 이 용어는 오늘날 회귀 분석과 일반 통계학에서 사용되고 있다.

골턴은 천재였다. 통계학에 대한 학문적 지식이 부족했던 시절 다수의 구성원으로 이루어진 집단의 평균적인 예측이 소수 몇 명의 예측보다 훨씬 더 정확하다는 주장을 펼치기도 했는데, 이는 제임스 서로위키(James Surowiecki)의 동명 저서가 출간된 후 '대중의 지혜(the wisdom of crowds)'라는 개념으로 알려지게 되었다. 골턴이 내놓은 평균으로의 회귀 개념은 거의 모든 데이터 분석에서 중요하게 여겨지는 개념이다. 평균으로의 회귀(혹은 평균 회귀) 개념이 없었다면 유전적인 키에 우연적인 요소가 더해져 분명 어떤 사람들은 삼나무보다 더 키가 컸을 것이다.

진화 생물학에서 평균으로의 회귀는 인구 집단의 안정화를 위해 필요한 동력이다. 또한 금융의 안정화를 위해 필요한 동력이기도 하다. 좋은 충격과 행운은 아주 특별한 것이라서 금융 투자에서 예외적인 고수익을 안겨주지만 결국 나쁜 충격을 받게 된다. 에디 램퍼트의 포트폴리오는 아주 높은 수익을 올렸지만, 시장의 영원한 승자가 되지는 못했다. 이제 그는 메가스타를 결정하는 지배적인 요소가 운이라는 사실과 평균 회귀를 보여준 전형적인 사례가 되었다. 골턴이 원래 그의 평균으로의 회귀를 '평범으로의 회귀'라고 불렀다는 사실은 다소 역설적이다.

슈퍼스타와 메가스타가 존재하는가 하면 스타 자리에 오르지 않고도 고소득을 벌어들이는 수천 명의 다른 부자도 있다. 미국의 약 1억6천만 명의 노동자 중에서 이른바 상위 1%로 불리는 160만 명의 사람들이 있다. 그 클럽에 들어가기 위해서는 노동 소득과 자본 소득을 합쳐 연간 52만 달러 이상을 벌어야 한다. 더욱이 상위 1%의 평균 소득은 이보다 훨씬 더 높아 150만 달러에 달한다. 상위 1%의 평균 소득은 1980년에서 2018년 사이에 217% 상승했다. 같은 기간 노동자의 임금 중간값(50 백분위수)은 같은 수준을 유지했다.

상위 1%에 속하는 많은 이들은 그렇게 풍족해질 수 있을 만큼 운이 좋기도 하지만 열심히 일하기도 한다. 그러나 그들은 수입 일부가 능력이나 실력이 아닌 투자에서 나온다. 의사나 치과의사가 개원해 기술자와 간호사, 다른 의사들을 고용한다면 그 의사의 소득은 자신의 인적 자본(자신이 환자들을 진료해서 얻는 소득)과 개원을 하는 데 들어간 투자에 대한 수익을 합친 것이 된다. 즉, 임금과 수익이 섞여 있는 것이다.

특히 미국에서는 세법의 허점으로 인해 많은 전문직 종사자(의사, 변호사, 치과의사)가 내국세입법(Internal Revenue Code) 제1조 S조항에 따라 과세가 적용되는 이른바 'S 법인' 등록을 많이 하는 추세다. 이는 적극적으로 기업 경영을 하는 사업자들도 마찬가지 상황이다. 세법의 허점을 이용해 전문직 종사자들은 그들이 기업에 고용되어 일했다면 냈을 세금보다 더 적은 세금을 내려고 하는 것이다.

이윤의 역설

어떤 면에서는 이는 알프레드 챈들러(Alfred Chandler)가 퓰리처상 수상작인 자신의 저서 〈보이는 손(The Visible Hand)〉에서 언급한 것과 완전히 반대 상황이다. 그는 한 세기 전 현대적 자본주의의 부상으로 소유주가 경영하는 기업에서 기업을 소유하지 않은 전문 경영인들이 경영하는 대형 기업으로 바뀌고 있다고 말했다.

S 법인의 확산은 19세기 모델의 기업으로 회귀하고 있다는 증거로 해석되기 쉽다. 그러나 이는 경제적 요인의 변동이나 기술 발전에서 비롯된 것이 아니다. 순전히 회계상의 이유로 일어난 일이다. S 법인은 법인세의 적용을 받지 않으며, 주주의 소득에 대한 세금은 개인 소득 신고를 통해 과세된다. 따라서 소득에 비해 상당한 금액의 세금이 절약되는 셈이다. (그럼에도 소유주/경영자는 사회 보장 요구에 따라 최저 봉급을 보장받는다). 이것을 패스스루 기업(pass-through business)의 수익이라고 부른다. 최근의 조사에 따르면 상위 1%의 69% 이상과 상위 0.1%의 84%가 패스스루 기업으로부터 소득을 얻고 있는 것으로 나타났다. 그중 일부는 자본 수익이지만 가장 큰 비중은 급여 소득이다.

최고 소득은 작은 능력의 차이를 엄청난 차이인 것처럼 부풀려버리는 슈퍼스타 효과의 결과다. 특히 금융 시장의 경우 운도 작용한다. 하지만 양극화가 경제 모든 분야에 걸쳐 확산하고 심화되는 것은 시장 지배에서 비롯된 것이다. 슈퍼스타를 키워내기 위해 더 많은 경쟁이 벌어지고 시장 지배의 영향으로 이제 승자는 그 어느 때보다 더 많은 것을 얻게 되었다.

시장 지배와 슈퍼스타 현상은 아이비리그의 상아탑에까지 그 영향력을 뻗치고 있다. 이번에는 대학의 슈퍼스타들을 만나보자.

제 6 장

불평등한
지위

아이비리그의
슈퍼스타들

　　　　　　아이비리그는 세계 최고의 축구 리그인 프리미
어 리그와는 완전히 다른 세상이다. 하지만 학계에도 소수의 슈퍼스
타가 존재한다. 아웃라이어라 할 수 있는 대학 병원의 의사 중 다수는
대학에서 교수직을 겸하고 있다. 다양한 분야의 최고 연구자들은 비
싼 장비를 갖춘 수백만 달러의 연구실과 여러 명의 학자로 구성된 팀
을 요구한다. 그들은 분명 특정 단체에서도 재정 지원을 받겠지만 대
학이 연구자와 팀을 경쟁 대학에서 모셔와 새로운 연구실을 구축하
기 위해 5백만 달러를 투자하는 일도 심심치 않게 벌어진다.

　명문대학에서 학부를 마친 사람이라면 교수들이 학생들을 가르치
는 실력만으로 임용되는 것이 아니라는 사실을 알고 있을 것이다. 교
수들은 전문성을 인정받는 연구자이기 때문에 그곳에 임용된 것이
다. 결국 대학의 명성은 전적으로 특정 연구 분야의 전문가를 보유하
고 있는가에 달려 있다. 학생들은 최고의 연구자들이 있는 대학에서
공부하고 싶어 한다. 그 연구자들이 스타 교수가 아니어도, 혹은 그들
이 전혀 수업하지 않고 수업은 조교수와 박사 과정의 학생들이 한다
고 할지라도 말이다.

따라서 관건은 슈퍼스타 연구자들을 끌어들이는 것이다. 일부 경비는 연구실을 구축하는 데 들어가고 또 일부는 연구 책임자 봉급으로 쓰인다. 그리고 전 분야를 통틀어 명문대학의 연봉 인상률이 가장 높다. 박사학위를 마치고 막 임용된 신임 교수들조차도 이제는 20년 전의 3배에 달하는 연봉 조건을 제시한다. 최고의 선임 연구자들은 프로 운동선수들에 버금가는 연봉을 받고 있다. 물론 이는 교수들의 평균 연봉이 아니라 슈퍼스타들의 연봉이다.

　그렇다면 그들의 연봉을 상승시키는 요인은 무엇일까? 경제학자들은 학계를 벗어나 일할 수 있는 선택권이라고 주장한다. 일리 있는 주장이다. 병원의 의사들이 높은 연봉을 받는 것은 대학에서 연구하고 가르칠 의사를 끌어들이기 위해서는 대학들이 병원 연봉에 버금가는 연봉을 제시해야 한다는 의미이다. 최고의 기술 기업에서 모두의 부러움을 살 만한 연봉을 제시받은 머신러닝 전문 과학자의 경우나 금융사의 고소득 직종에서 영입하려고 하는 금융 전문가, 혹은 독립적으로 자신의 헤지펀드를 설립하는 투자가도 마찬가지다.

　1990년대 후반 학계의 슈퍼스타인 샌디 그로스맨(Sandy Grossman)은 펜실베이니아 대학교 와튼 스쿨을 떠나 자신의 헤지펀드를 설립하기로 한다. 이처럼 일부 교수들은 학계 밖에서도 아주 수익성 높은 일을 할 수 있는 것이다. 여담이지만 누가 봐도 분명히 부자로 보이는 삶이 그렇게 중요한 것은 아니다. 그로스맨은 이렇게 말한다. "제가 교수였을 때 금융계의 사람들은 '당신이 그렇게 똑똑하다면 왜 부자가 되지 않았죠?'라고 묻곤 했어요. 이제는 제가 헤지펀드로 돈을 버니까 학계 사람들이 그러죠. '당신이 그렇게 부자라면 왜 더 이상 똑똑하지 않은 거죠?'"

하지만 다양한 분야의 많은 교수 중 소수의 교수만이 그로스맨과 같이 대학의 상아탑을 벗어나 벌이가 좋은 일을 하며 활동한다. 대다수의 교수는 너무 자신의 분야에만 특화되어 있고 내면적으로 독특한 개성을 가지고 있는 경우가 많아 애초에 학계에 남는 쪽을 선택한다. 그래서 돈벌이가 좋은 일은 둘째치고 학교를 벗어나서 할 수 있는일이 별로 없다. 그럼에도 교수직, 그 중에서도 그 분야에서 최고 실력자로 인정받는 교수들의 연봉은 상승했다.

교수들의 연봉 상승의 유인은 CEO 연봉 상승의 유인과 매우 유사하다. 기업들이 대형화되고 시장 지배가 늘어남에 따라 슈퍼스타 시장에서 CEO들이 더 많은 연봉을 받게 된 것을 생각해보라. 또한 시장 지배가 늘어남으로 인해 판매 상품 및 서비스 가격이 부자연스럽게 상승해 연봉 인상이 과도해진 것이다.

시장 지배는 아이비리그의 연봉을 상승시키는 데도 한몫했다. 최고 명문대학들은 시장 지배력을 가지고 있고, 학비도 학교마다 놀랍도록 비슷한 수준이라서 등록금 담합의 공모 의혹을 불러일으킨다. 명문대학에 들어가고자 하는 수요가 넘쳐나기 때문에 등록금은 당연히 비싸다. 그러나 지원자의 수를 감안하면 하버드는 등록금을 10배 더 올린다 해도 1학년 강의실을 채울 수 있을 것이다. (사실 그들은 일부 부호 동문의 자녀가 전통적인 입학 기준에 미달할 때 입학 조건으로 수백만 달러의 기부 금을 받고 있다.)

그렇다고 대학이 학생들의 등록금으로 수익을 극대화하려는 전략을 쓰는 것은 아니다. 다양한 강의를 새로 개설하고 가정 형편이 어려

이윤의 역설

운 재능 있는 학생들에게 장학금을 후하게 주고 등록금 전액을 기꺼이 지급하고자 하는 수많은 지원자를 돌려보내는 것을 수익 극대화 전략으로 치부할 마음은 없다. 학생들이 나중에 성공한 동문이 될 먼 미래까지 계산에 넣었다고 말할 수는 없을 테니 말이다.

오늘날 대부분의 대학은 기부금의 형태로 재정 지원을 받고 있다. 대학의 동문들은 건물과 연구실, 스포츠 시설 등을 짓고 다양한 학과의 석좌 교수들의 연구 활동을 재정적으로 지원하기 위해 엄청난 금액을 기부한다. 이 기부금은 등록금보다 훨씬 큰 금액으로, 명문대학들의 경제 규모가 크게 성장하게 된 이유를 설명해 준다. 기부금을 낼 수 있는 동문들은 그렇게 한다. 그들은 이제 매우 부유해졌고 많은 이들이 자신의 성공이 대학 때의 경험 덕분이라고 생각하기 때문이다. 금융 시장에서 성공한 슈퍼스타와 메가스타들은 자신들이 얻게 된 성공의 결과물 중 일부를 모교에 기꺼이 돌려주고 싶어 한다. 그들은 선의로 기부하기도 하지만, 캠퍼스의 벤치나 석좌 교수들이 앉는 의자, 학교 건물 입구에 새겨져 있는 이름을 보고 누군가가 알아봐 주기를 바라는 마음에서 기부하기도 한다.

경영 간부들의 통장을 두둑이 채워주는 시장 지배 기업들이 결과적으로 대학의 재정 금고도 채워주고 있다. 성공한 졸업생들은 이제 선행을 베풀 수 있게 되었다. 그래서 하버드의 재단 기부금이 이제 거의 400억 달러에 달하는 것이다. 그에 대한 답례로 대학들도 가능한 최상의 교육 환경을 제공하기 위해 노력해야 한다. 하지만 무엇보다도 최고의 연구 기관으로서의 명성을 유지하는 것이 가장 중요하다.

최고의 연구 대학으로서 상위 순위에 머무르기 위해 대학이 할 수 있는 일이라고는 명망 있는 연구자들을 영입하는 것이다. 시장 지배력을 가진 기업들이 가격을 높여서 번 돈으로 슈퍼스타 간부들의 연봉을 인위적으로 높여 놓은 것과 마찬가지로 아이비리그 대학들은 기부자들에게서 받은 기부금으로 연구자들의 연봉을 올려놓았다. 만약 어떤 최고 실력의 연구자가 다른 대학에서 제안한 것보다 연봉을 25% 덜 받고 있다면 그는 다른 명문대학으로 옮겨가려 할 것이다. 따라서 대학 간의 경쟁이 연봉을 상승시킨다. 하지만 모든 연구자가 동등하게 연봉이 절반으로 깎인다면 대다수 연구자(슈퍼스타와 일반 연구자들 모두)는 연구직을 계속 수행할 것이라 나는 장담한다. 슈퍼스타급의 연봉이 아니더라도 연구직의 보수는 이미 꽤 높은 수준이기 때문이다.

선행
베풀기

        기부자들마다 각자 의도가 다르겠지만 대학들과 예술계는 사회 환원 사업을 하기에 적합한 기부처다. 40여 년 동안 새클러(Sackler) 가의 형제들(모르티머, 아서, 레이먼드)은 기부 중독에 빠졌다고 할 정도로 기부를 많이 했다. 그들은 뉴욕의 메트로폴리탄 박물관에 아주 귀한 이집트 예술품들을 기증했고, 런던의 로얄 아카데미 박물관에 미켈란젤로의 미완성 원형 조각품 톤도 타데이(Taddei Tondo)를, 워싱턴 DC의 소미소니언 박물관에는 아시아 예술품들을, 그리고 루브르 박물관에는 페르시아 왕 다리우스 1세의 유물들을 기증해 새클러 가의 유산을 건설했다. 새클러 가의 후한 기부는 특히 생체의학 분야와 관련해 뉴욕, 터프츠, 케임브리지, 텔아비브, 예일, 하버드, MIT 대학교 등 유수의 대학 연구소들과 석좌 교수직에 수여하는 나무 의자에 새클러의 이름을 새겨넣기도 했다. 거의 모든 기부에 대해서는 아무개가 삶과 비즈니스에서 어떻게 성공하게 되었고 이제 자신이 입은 혜택을 사회에 환원하기 위해 선행을 실천한다는 등의 이야기는 항상 들려오는 이야기다. 새클러 가문도 그런 과정을 거쳤다.

뉴욕에 정착한 유태인 이민자 가정에서 자란 세 형제는 정신과 전문의가 되기 위한 교육을 받았다. 하지만 새클러 형제들은 환자 진료를 통해 돈을 벌지 않았다. 그들은 순자산이 160억 달러로 추정되며 미국에서 가장 부유한 집안 중 하나가 되었다. 그들은 여러 개의 기업을 소유하고 있었고 그중 하나가 옥시콘틴을 처음으로 판매한 퍼듀 파마였다.

옥시콘틴은 마약성 진통제로 유효 성분이 서서히 효과를 내기 때문에 진통제의 역사를 뒤바꿀 획기적인 발견이었다. 그 결과 환자는 약을 한 알만 먹고도 12시간 동안 진통 효과를 얻을 수 있었다. 이전에는 그런 경우 모르핀을 정맥에 투여해야만 했었다. 옥시콘틴은 시장에서 즉각적인 반향을 불러일으켰고 새클러 가문은 억만장자가 되었다. 하지만 그들의 발견은 마약성 진통제 오남용의 확산을 불러와 2017년 미국에서만 약 72,000명의 진통제 과다 복용 사망자가 발생했다. 옥시콘틴은 유효 성분이 서서히 녹아들어 효과를 내도록 되어 있지만, 알약을 곱게 갈면 즉각적인 효과를 나타내 특히 치명적이다. 그 효과는 헤로인보다 몇 배 더 강력해서 그에 비례해 중독성도 더 강하다.

물론 오남용 확산을 불러일으킨 다른 마약성 제품들도 많이 있다. 하지만 새클러의 경우는 진통제 마케팅의 승리였다고 평가할 수 있다. 그들은 대대적인 마케팅을 통해 의사들이 옥시콘틴을 처방하도록 만들었고, 옥시콘틴이 안전하고 중독성이 없는 진통제라고 보건 당국에 로비해 약을 승인하도록 만들었다. 그들은 약품의 중독성이나 오남용 가능성에 관한 임상 연구를 생략하고 FDA(미국 식품의약국)의 승인을 얻어내는 데 성공했다. 그들은 마케팅적으로 일부러 중독 효과를 은폐하고 약의 부작용에 대한 정보를 축소하는 전략을 펼쳤다. 그 결과 옥시콘틴을 통증 문제를 겪고 있는 모든 종류의 환자들에게 광범위하게 판매했고 그것도 아주 고용량으로 판매했다.

새클러 가의 제약 회사인 퍼듀파마는 이제 새클러 가의 자손들이 소유하고 있다. 퍼듀파마는 펜타닐, 코데인, 하이드로코돈과 같은 블록버스터 급의 마약성 진통제들을 생산하고 판매하기도 한다. 사기업으로서 공개 요건을 충족시킬 필요가 없어 새클러 가가 얼마만큼 연루되어 있는지는 항상 확인하기 어려운 채로 남아 있다. 새클러라는 이름은 그들의 기부 활동에서는 아주 두드러지게 나타나지만 최근까지 마약성 제품들과 그 연구, 재원의 출처에서는 사실상 그들의 이름이 빠져 있다. 아마도 그들이 좋은 일을 하기 위해 먼저 나쁜 일부터 해야만 했다는 사실을 사람들이 모르기를 바라는 것 같다. 아니면 마리오 푸조(Mario Puzo)가 1969년 베스트셀러 〈대부(The Godfather)〉의 서두에 쓴 것처럼 "모든 거대한 부 뒤에는 범죄가 있다." 시어도어 루스벨트(Theodore Roosevelt) 전 대통령도 비슷한 말을 한 적이 있었다. 존 록펠러(John D. Rockefeller)가 자신의 재산과 업계의 동료 거부들의 재산을 이용해 국가 자선 재단을 설립하고자 하는 노력이 의회에서 좌절되었을 때 루스벨트는 그에 대해 "아무리 많은 돈을 기부해도 그 돈을 벌기 위해 저지른 악행을 용서받을 수는 없다"라고 말했다.

물론 현재의 많은 거부는 아메리칸드림의 전형을 보여주는 성공 신화의 주인공들이라 할 수 있다. 마크 저커버그나 빌 게이츠가 아주 어린 나이에 성공해 이후 다른 이들에게 베풀면서 살고 있다는 것 외에 잘못한 일이 무엇인지 말하기는 어렵다. 미국에서는 기부가 아주 필수적인 것으로 여겨져 GDP의 약 2%를 차지하고 있기도 하다. 미국보다 기부를 더 많이 하는 나라는 없다. 기증품은 100% 세금 공제가 되기 때문에 후한 세금 우대 정책으로 인해 기부가 활성화된 측면도 있다. 이는 곧 세금을 가장 많이 내는 사람들이 기부금에 대한 우대 혜택을 가장 많이 받게 된다는 뜻이다. 또한 종교 단체에 대한 기부를 제외하고는 교육기관에 대한 기부의 비중이 가장 높다. 사람들은 모교에 기부하기를 좋아하며 교육 및 연구 등의 고상한 목적과 연관을 맺고 싶어 한다.

사람들은 점차 자선 활동의 고귀함에 대해 우려를 드러내고 있다. 정직한 방법으로 돈을 번 사람들이나 부를 축적하면서 한 악행으로 쓰게 된 오명을 벗기 위해 자선 활동을 이용하지 않는 사람들에게도 동일하게 해당하는 우려이다. 자선 활동의 최대 단점 중 하나는 기부가 정말 가난한 사람들을 대상으로 하거나 불평등을 줄여주지는 못한다는 것이다. 하버드와 스탠포드는 아주 훌륭한 교육기관이지만 각각 390억 달러와 250억 달러의 기부금을 조성하고 있어, 기부금이 조금 더 늘어난다고 해서 이미 훌륭한 그들의 캠퍼스가 더 이상 개선 된다고 보기는 어렵다. 그러나 빈민가의 공립 학교에서는 얼마 안 되 는 기부금만으로도 큰 변화를 기대할 수 있을 것이다. 명문대학들은 연간 약 2,000명 이하의 학부생들을 받아들이고 있다. 그래서 경제적 으로 형편이 어려운 학생들을 몇 명 수용 가능한지에는 한계가 있다.

자유주의적 시각에서 보자면 자선 활동은 그 자발적 성격으로 인 해 정부가 정하는 프로그램에 사용되는 세금과는 달리 기부자가 그 들이 선택한 프로젝트에 기부금을 사용해 달라고 요청할 수 있다. 그 것이 무슨 문제란 말인가? 기부금 수혜 대학이 명성을 쌓기 위해 노 력하고 있고 기부가 조건이 없으며 다른 목적을 위해 저장될 수 없다 면 어떤 대학 총장이 기부자가 불필요한 프로젝트에 재정 지원을 원 한다고 해서 제정신으로 3천만 달러를 거절하겠는가? 또한 대다수 기부자는 건축학적으로 의미가 큰 건물, 최첨단의 새로운 연구동, 대 규모 스포츠 시설 신축 등 큰 프로젝트를 지원하고 싶어 한다.

마약과 폭력 문제에 노출된 가난한 동네의 학교들에 기부하려는 기부자는 거의 없다. 기부처가 어디인지에 따라 그들은 학교 출입구 금속 탐지 장치 상단에 번쩍이는 글씨로 그들의 이름을 새겨 넣기를 꺼리는 경우도 있는 것 같다. 결과적으로 선의와 베풀고자 하는 마음 에서 하는 것이라 해도 기부가 사회에서 그것을 가장 필요로 하는 사 람들은 비켜가는 경우가 많다. 하지만 가장 중요한 것은 기부도 무료 가 아니라는 사실이다. 하버드대학에 100만 달러를 기부한다면 기부 자가 35%의 한계 세율에 따라 세금을 내고 있다고 가정했을 때 납세

이윤의 역설

자로서 내야 할 세금은 350,000달러인 것이다. 따라서 발생할 수 있었던 세입은 연간 총 500억 달러에 이른다.

시장 지배력을 발휘해 자본을 벌어들였다면, 이 자본이 얼마나 소비자가를 인상시키고 임금을 낮추었으며 노동 활동 참여를 저하시키고 심각한 임금 불평등을 발생시켰는지 그 정도로 실질 사회적 비용이 계산되어야 한다. 이는 발생할 수 있었던 세수보다 훨씬 더 비싼 대가이다. 무엇보다도 대학에 대한 기부는 교수직의 연봉을 상승시켜 소득 불평등을 더욱 심화시킨다. 결국 교육 기관들은 자선 활동의 최대 수혜자 중 하나이며 교수들은 그들의 연봉이 인상된다고 해서 불평하지는 않을 것이다.

미니스타:
대학 학위 프리미엄

슈퍼스타들의 연봉은 물론 지나치게 높다. 대부분 사람은 그런 최상위의 연봉은 꿈도 꾸지 못한다. 애석하게도 급속한 기술 발전에도 불구하고 우리는 더 많은 사람을 상위 1% 범주로 끌어들이지 못한다. 하지만 520,000달러 이상을 버는 선택된 그룹의 일원이 아니라 하더라도 나머지 99%의 사람들에게도 지난 40년 동안 아주 많은 변화가 일어났다. 특히 대학 학위 프리미엄이라고 불리는 대학 학위가 있는 사람들과 없는 사람들 사이의 임금의 격차가 꾸준히 증가했다.

1980년에 미국의 대학 졸업자들의 평균 소득은 학위가 없는 사람들의 평균 소득보다 46% 더 높았다. 2012년에는 학위 프리미엄이 50%포인트 올라 96%로 상승했다. 그에 따라 부모들이 자녀를 필사적으로 대학에 들여보내려 하고 학생들은 계속 상승하는 등록금을 내기 위해 엄청난 빚을 감수하려고 하는 것도 당연하다. 대학 학위가 있는 일반적인 노동자는 슈퍼스타가 아니다. 극소수만이 그런 천상의 대우를 받는 것이다. 하지만 평균 학위 프리미엄이 96%로 상승한 사실을 감안한다면 대학 졸업자들은 미니스타로 분류될 수 있겠다. 학위 프리미엄의 상승은 미국에서만 일어나고 있는 현상은 아니다. 대다수의 선진국에서 같은 현상이 일어나고 있다.

당연하게도 미니스타의 숫자는 증가하고 있다. 대학 학위에 대한 보상이 증가함에 따라 대학 입학자와 졸업자 수가 많이 증가한 것이다. 부모들이 대학 졸업자와 고등학교 졸업자 사이의 소득 격차를 인식하게 되면서 그들은 엄청난 금액의 학비에도 불구하고 하나같이 자녀를 대학에 입학시키려 한다. 1980년에는 미국 성인 인구의 약 18%가 주립 대학들과 아이비리그 대학들을 포함해 대학 학위를 가지고 있었다. 2019년에는 그 수치가 39%로 상승했다. 놀라운 사실은 대학 입학률의 엄청난 증가 추세에도 불구하고 학위 프리미엄은 계속해서 증가했다는 것이다. 이것이 미니스타 현상의 커다란 수수께끼이다.

단순한 수요와 공급의 논리를 따르자면 대학 교육을 받은 노동자의 공급이 상승하고 대학을 졸업하지 못한 노동자의 공급이 하락하면 상대가격(혹은 학위 프리미엄)은 하락해야 한다. 특히 대학을 졸업한 노동자의 공급이 거의 두 배로 늘어났기 때문에 더욱 그렇다. 하지만 미국의 대학 졸업자 수가 많이 증가했음에도 불구하고 그들의 임금은 대학 비졸업자들과 비교해 하락한 것이 아니라 오히려 크게 상승했다.

물론 모든 대학 졸업자가 그들의 전공에 맞는 직종에서 일하고 있는 것은 아니다. 이를테면 앞서 등장한 뉴멕시코 소재의 기술 지원 기업에서 수석 엔지니어로 일하고 있는 에린의 경우가 그러했다. 하지만 두 배 이상의 대학 졸업자들이 일자리를 놓고 경쟁하는 상황에서 우리는 그들의 임금이 하락할 것을 예상하지 오를 것을 예상하지 않는다.

그렇다면 학위 프리미엄의 상승을 어떻게 설명할 수 있을까? 1980년대 후반과 1990년대 초반 하버드 대학교를 졸업한 래리 캐츠(Larry Katz)와 시카고대학교를 졸업한 케빈 머피(Kevin Murphy)는 단순하고도 설득력 있는 설명을 내놓았다. 기술 발달이 대학 졸업자에게 더 유리한 환경을 조성했다는 것이다. 이는 소위 숙련 편향적 기술 변화라고도 불린다. 기업들은 결과물을 생산해 내기 위해 숙련(대학 졸업자) 노동자와 미숙련 노동자 모두가 필요하다. 두 그룹은 상호 대체가 불가능하다.

패스트푸드 프랜차이즈를 운영하려면 매장 매니저와 햄버거를 만들 주방 직원이 필요하다. 주방 직원이 결근했을 때 매니저가 그 일을 대신해 줄 수는 있다. 하지만 결국 서로의 역할을 대체하는 데에는 한계가 있다. 따라서 기업에서는 숙련 노동자와 미숙련 노동자 모두를 채용해야 할 필요가 있는 것이다. 현재의 기업들이 생산하는 제품과 방식이 수십 년 전과 다르므로 기업들이 노동자를 채용할 때의 요구도 다르다. 경제의 구성이 미숙련 육체노동자의 수요가 높은 제조업의 비율이 압도적으로 높은 형태에서 대학을 졸업한 숙련 노동자의 수요가 높은 지식 서비스 경제로 이행함에 따라 대학 학위가 있는 지식 노동자들이 더 생산적인 위치를 점하게 된 것이다.

예를 들자면 컴퓨터 프로그램을 만드는 사람들은 회사 카페테리아에서 청소하거나 일하는 사람들보다 회사에 훨씬 더 큰 수익을 안겨다 준다. 기술의 발전과 대학 졸업 노동자들의 더 높은 생산성으로 인해 기업들은 그 노동자들을 놓고 임금 경쟁을 벌인다. 당신은 아마 애덤 스미스의 '보이지 않는 손'을 떠올릴 것이다. 기업들은 더 높은 임금을 지급하고 싶어 하지 않는다. 하지만 그러지 않고서는 노동자들을 다른 회사에 빼앗기게 되는 것이다. 미숙련 임금 노동자들의 경우에는 그러한 압력이 존재하지 않는다. 이전에는 미숙련 노동자들이 했던 많은 일이 이제는 자동화되었기 때문이다. 이와 같은 사회적 변동을 단순하게 요약하자면, 로봇이 미숙련 노동자들에 대한 수요를 감소시켰고, 또 그 로봇을 설계하고 프로그램하기 위해 대학을 졸업한 고숙련 노동자에 대한 요구는 증가한 것이다.

나중에 이루어진 연구에서는 학위가 있는 노동자들과 학위가 없는 노동자들 사이의 생산성 차이가 자본 투자에서 비롯된 것임을 보여줌으로써 숙련 편향적 기술 변화의 논리를 확장시켰다. 컴퓨터는 대학 졸업자들을 유난히 더 생산적인 존재로 만들어주었고 컴퓨터 가격은 크게 하락했다. 그 결과 정보 통신 기술에 저렴한 투자를 함으로써 대학을 졸업하지 않은 노동자들의 생산성보다 대학을 졸업한 노동자들의 생산성을 훨씬 더 높여 주게 되어 결국 그들의 임금은 더 상승해 학위 프리미엄을 누리게 되는 것이다.

학위 프리미엄이 크게 상승하자 그에 대한 반응 또한 뜨거웠다. 대학을 졸업한 노동자들의 수가 두 배로 늘어났고 그들은 모두 대학 졸업자를 원하는 회사에 몰려들었다. 이로 인해 학위 프리미엄이 하락할 수도 있다. 생각해보라. 대학 졸업자의 수가 그렇게 증가하지 않았다면 학위 프리미엄이 얼마나 높았겠는가. 기술 발전이 가져온 변화는 우리가 학위 프리미엄을 통해 보는 것보다 훨씬 더 크다. 인터넷 혁명이 몰고 온 근본적인 변화는 현실이라고 믿기 어려울 정도로 좋은 변화라 할 수 있다.

학위 프리미엄의 상승 또한 시장 지배에서 비롯된 것이다. 슈퍼스타 현상과 그에 따른 CEO 임금의 급격한 상승이 시장 지배에서 비롯된 것처럼 학위 프리미엄의 상승 또한 시장 지배가 불러왔다.

미숙련 노동자의 경우 필요 노동자의 수는 기업의 생산량에 비례한다. 매장 수가 적은 패스트푸드 프랜차이즈는 고객 응대와 주방 일을 하는 데 필요한 직원 수가 그만큼 적다. 시장 지배와 더 높은 가격이 판매량을 낮추기 때문에 필요한 미숙련 노동자의 숫자도 줄어드는 것이다.

대학 졸업자들의 경우에는 노동자 수와 산출량 사이의 비례의 원칙이 그렇게 엄격하게 적용되지는 않는다. 기업이 시장 지배력을 가지고 있다면 더 크게 성장할 것이고 숙련 노동자들을 채용하기 위해 상대적으로 더 많은 자원을 투자할 것이다. 이렇게 숙련 노동자에 대한 수요가 더 높아지면 임금과 학위 프리미엄도 상승한다. 학위 프리미엄의 상승은 시장 지배의 증가와 대학 졸업자들을 더 생산적으로 만들어 준 기술 발전 덕분이다. 시장 지배력을 지닌 기업들은 생산을 줄여 학위 미취득 노동자의 수요를 현격히 감소시킨다. 그 대신 숙련 노동자들이 해자를 구축하고 유지하게 하며, 그에 따른 제품 가격의 상승으로 미숙련 노동자들은 할 일이 별로 없어지게 된다.

분명히 말하지만, 학위가 있는 사람들의 그룹과 학위가 없는 사람들의 그룹 내에서조차도 엄청난 편차가 존재한다. 학위가 없는 사람 중 학위가 있는 사람들보다 훨씬 더 많은 수입을 버는 사람들은 극히 소수다. 각 그룹 내에서의 차이는 운이나 대학 교육으로 얻을 수 없는 다른 능력에 따른 것이다. 어쨌든 빌 게이츠와 마크 저커버그는 대학 중퇴자이며, 고객 지원 수석 엔지니어인 에린은 여러 개의 학위를 소지하고 있지만, 평균적인 고등학교 졸업자보다 더 낮은 연봉을 받고 있다.

학생들이 대학에서 배우는 것이 모두 시장에서 인정받는 것은 아니다. 대학에 합격한 노동자들은 아마도 대학에 합격하지 못한 이들과 뭔가가 다르거나 더 생산적일 수도 있겠다. 하지만 고등학교에서 똑똑한 학생들이 모두 대학에 입학하고 더 높은 봉급을 받는 직장에 취업하게 된다면 대학은 일종의 선발 장치라 할 수 있을 것이다.

이는 대학 학위가 당신을 더 생산적으로 만들어 주는 것은 아니라는 뜻이다. 하지만 그럴 가능성을 높여 주기는 한다. 누군가는 부가가치가 없다면 애초에 왜 비싼 등록금을 내고 굳이 대학에 가야 하는지 물을지도 모른다. 하지만 기업들이 누가 똑똑한지 모를 때는 대학 입학시험에서 좋은 성적을 거두는 것이 자신의 지적 능력을 증명할 유일한 방법이 된다. 시험 성적이 좋다고 해서 학생들의 생산성이 더 높아지는 것은 아니다. 시험은 그들이 똑똑하다는 것을 고용주에게 보여주는 신호일 뿐이다. 이는 교육의 신호 이론으로 알려진 현상이다.

설득력 있는 설명에도 불구하고 조셉 알톤지(Joseph Altonji)와 찰스 피에레(Charles Pierret)는 학위 프리미엄의 신호 요소가 제한적이라는 데 의견을 같이했다. 어쨌든 기업들은 대학 교육보다 훨씬 더 저렴한 방식으로 일찌감치 관측 가능한 다른 특성들을 근거로 똑똑한 일꾼들을 골라낼 수 있다. 기본적으로 기업은 가장 영리한 학생들을 선발하기 위해 대학의 입학 사정관들이 하는 일을 할 것이다. 고등학교 성적이나 과외 활동, 여름방학 때 어떤 아르바이트를 했는지, 혹은 운동 팀에서 주장을 맡은 적이 있었는지도 참고한다.

그와 비슷하게 자동차 보험 회사들은 운전자와 자동차의 다양한 특성들을 근거로 위험성이 높은 운전자와 낮은 운전자를 구분한다. 다른 자동차들과 기능이 비슷한 빨간색 자동차의 경우 보험료가 더 높다. 빨간색 자동차가 더 위험해서가 아니라 빨간색 자동차 운전을 선택하는 사람들이 사고를 내는 경향성이 더 높기 때문이다.

여담이지만 1990년대에 보험 회사들이 개인의 신용 등급이 사고에 대한 매우 정확한 예측 변수가 된다는 사실을 발견한 것은 자동차 보험 업계에서는 혁명적인 일이었다. 그렇다면 신용도가 더 높은 사람이 왜 더 안전 운전을 하는 것일까? 이건 잘못된 질문이다. 조사 자료에 따르면 학습을 통해 습득되는 것이 아니라 선천적으로 타고나거나 어린 시절에 습득되는 비인지적 기술이라 불리는 특정한 성격적 특성이 존재한다. 그것은 개인의 검소한 태도나 제때 대금을 지급하는 능력, 채무 상환 능력 등에 영향을 미치는데 운전 능력도 그중 하나이다.

요약하자면 대학 졸업자의 소득은 크게 상승해 그들을 미니스타로 만들었다. 기술 발전이 이 소득 상승에 원인을 제공했지만, 학위 프리미엄이 급격히 상승한 것은 시장 지배에서 비롯된 것이기도 하다. 시장 지배 기업들은 그들의 해자를 보호해 줄 수 있는 숙련 노동자들을 점점 더 많이 필요로 한다. 시장 지배 기업에서는 숙련 노동자들이 기업의 수익을 높이는 데 기여하고 그에 따라 그 수익의 일부를 가져가는 것이다. 반면 치열한 경쟁에 맞서야만 하는 기업에서는 나누어 가질 만큼 많은 수익이 나기 힘들다.

학위 프리미엄의 진화는 전체 경제가 어떤 연유에서 불평등한 방향으로 나아가게 되었는지 우리에게 여실히 보여주고 있다. 이제 기업 차원에서 더 자세히 들여다보고 우리가 경제 전반에서 목격하고 있는 불평등이 어떻게 기업 내에서 비롯되었는지 살펴보자.

기업 내의 불평등:
아웃소싱 이야기

학위 프리미엄(미니스타)의 상승과 슈퍼스타 현상은 전체 경제에서 불평등을 심화시킨 주된 요인이다. 경제 전반에 불평등이 심화하고 있다면 기업 내에서 불평등이 심화하는 것도 당연하다. 상위 1%의 임금이 임금의 중간값보다 훨씬 빨리 상승했다면 기업 내에서 고소득자들의 임금도 같은 기업에서 중간값 임금을 받는 노동자의 임금보다 훨씬 더 빠르게 상승했을 것이다. 경영 간부들의 연봉은 회사 내에서 중간 수준의 연봉을 받는 노동자들의 연봉보다 몇 배는 더 높을 것이다. 하지만 그건 잘못된 것이다! 이미 밝혀졌듯이 기업 내에서 임금 불평등의 심화는 노동에 대한 또 하나의 근거 없는 믿음이다.

최근 수십 년간 나타난 아주 일반적인 현상을 한번 살펴보자. 바로 서비스 아웃소싱이 증가했다는 것이다. 이를테면 대형 컨설팅 기업이 고객 응대 인력을 모두 브뤼셀의 사무실에서 일하는 외부 업체에 맡기는 것과 같은 형태다. 전문 직종에 종사하는 비즈니스 우먼의 외모를 한 40대의 낸시를 만나보자. 오전 11시 30분경 그녀를 만났을 때 그녀는 내게 주 3일 아침 7시 30분부터 시작해 오후 1시 30분까지 이어지는 자신의 스케줄을 이야기해 주었다. 그녀와는 달리 그녀의 동료들은 오전 10시 30분부터 오후 6시 30분까지 근무한다. 낸시는 아침에 출근하자마자 방문 예정자들의 이름표를 프린트한다. 또한 회의실을 관리하고 회의를 위해 다과 준비를 지시하기도 한다. 전화를 연결해주는 일도 그녀의 업무 중 하나다. 대부분 외부에서 걸려오는 전화는 직통 번호로 연결된다. 하지만 천여 명의 사람이 대기 중일 때는 500여 명의 사람은 하염없이 기다리고 있어야만 한다. 특히 이른 오전에 그녀가 혼자 근무하는 시간에는 눈코 틀 새 없이 바쁠 때도 있다.

낸시가 하는 업무는 여느 다른 접객원의 일과 크게 달라 보이지 않는다. 그 컨설팅 회사에 고용된 것이 아니라는 점만 제외하고는 말이다. 환경미화나 특정 IT 서비스처럼 회사에서 외부 업체에 그 업무를 맡기는 것이다. 이 경우는 엘리지오라는 업체에 외주를 준 것이다.

엘리지오는 약 180명의 접객원을 보유하고 있고 그들은 대부분이 브뤼셀 지역에 있는 벨기에 회사에서 일하고 있다. 컨설팅 회사와 엘리지오 사이의 계약서에는 언제 몇 명의 접객원들이 투입되어 일하는지 명시되어 있고 엘리지오는 서비스의 책임 관계와 품질을 보장해 준다. 낸시는 사실상 모든 시간을 컨설팅 기업에서 보내고 있지만 엘리지오의 직원이다. 어느 쪽이 고용주로 느껴지는지 물어보자 그녀는 망설이지 않고 엘리지오라고 답했다. 만일 그녀가 기업 소속으로 일하는 직원이었다면 계약 조건은 주 19시간을 근무하고 연봉으로 약 15,000유로를 받는 것과 비슷한 조건이었다. 큰 차이라고 한다면 그녀는 엘리지오에서 일자리에 대한 고용 안정성과 유연성을 더 많이 느낀다고 했다.

엘리지오는 낸시에게 고용을 보장해 준다. 고객사가 그녀가 통근하기 불편한 지역으로 이전하게 되면 엘리지오는 그녀의 집에서 더 가까운 다른 고객사를 연결해준다. 낸시가 2012년부터 엘리지오와 일하기 시작했으므로 그녀는 지금까지 접객원으로 세 개의 다른 기업에서 일했다. 그들은 미국의 제너럴 일렉트릭(General Electric), 프랑스의 공익 기업인 패브리콤 GDF 수에즈(Fabricom GDF Suez), 그리고 현재의 컨설팅 기업이다.

낸시가 언급한 것처럼 엘리지오는 더 유연한 선택권을 제공하기도 한다. 그녀는 중간 규모의 법률 사무소에서 학생 인턴으로 사회생활을 시작했고 파트너 변호사 중 한 사람의 개인 비서로 승진했다. 그 회사에서 10년을 일하고 그녀가 둘째 아들을 낳았을 때 그녀는 아들을 돌보기 위해 직장을 그만두기로 했다. 그렇게 집에서 아들을 키우

이윤의 역설

며 10년을 보낸 뒤 그녀는 파트타임으로라도 다시 직장으로 돌아가고 싶어졌다.

그렇다면 엘리지오가 회사 내부에서 고용하는 기업에 비해 비용이 효율적이기도 한 걸까? 휴일, 병가, 다른 개인 사유로 결근하는 경우를 고려하면 상근 직원은 연간 평균 32차례 자리를 비운다. 고용주 입장에서는 골치 아픈 일일 것이다. 직원이 아프거나 급한 집안일로 휴가를 낼 때는 특히 그렇다. 고객 응대 직원처럼 눈에 보이는 직무의 경우, 자리를 비우면 눈에 띌 수밖에 없다. 방문자들은 건물에 들어올 수 없고 미팅 일정에는 차질이 빚어지며 음식 주문도 제대로 이루어지지 않는다. 직원 채용은 컨설팅 기업의 주된 사업이 아닌 것에 반해 180명의 고객 응대 담당자들을 보유하고 있는 엘리지오는 직원 채용과 대체 인력 공급을 효율적으로 진행할 수 있다. 엘리지오는 기업이 직접 관리하는 것보다 10% 더 저렴한 비용으로 이 모든 혜택을 제공한다고 자신 있게 말한다.

물론 제품 및 서비스를 외부 업체에 위탁하는 것은 새롭게 나타난 경향이 아니다. 트럭을 가지고 있는 기업들도 오래전부터 물류 및 운송 전문 기업에 물류를 위탁해왔다. 이제 대부분의 청소 일은 청소 전문 업체의 노동자들이 한다. 분업은 산업화가 되기 훨씬 전인 2세기 반 전에 쓰인 애덤 스미스의 〈국부론〉에서 주요하게 다룬 주제 중 하나다.

대기업이 등장하기 전 대부분의 경제 생산은 개인 장인이나 기껏해야 가족들로 구성된 작은 노동 집단에서 이루어졌다. 미숙련 노동자들이 식품과 농산물을 생산했고, 대장장이, 제빵사, 여성 모자 제조업자와 같은 숙련 노동자들이 상품과 일부 서비스를 전문적으로 생산했다. 심지어 18세기에도 분업은 새로운 것이 아니었다. 선사 시대에 가정 내에서 이루어진 최초의 분업은 여성이 자식을 돌보고 남성이 사냥을 나가는 일종의 서비스 분업이었다.

애덤 스미스가 강력히 주장한 것처럼 노동 분업은 시장의 규모에 따라 제한된다. 100년 전 제빵사와 자물쇠 수리공은 고객 응대 담당자가 필요 없었겠지만, 현대의 대형 서비스 기업에서는 고객 응대 담당자가 필요하다. 생산직에서의 분업과 서비스 직종에서의 분업에는 차이가 있지만, 핵심은 시장 규모에 있으며 오늘날에는 분업이 대형 기업 간에 이루어진다는 사실이다. 엘리지오의 고객사들은 300명에서 3,000여 명의 직원을 가진 대기업이라는 점을 생각해 보라. 그렇게 큰 기업에는 당연히 고객 응대 담당자가 필요하다. 엘리지오와 그 경쟁사들은 10년 전에는 존재하지 않았다. 재미있는 사실은 정작 그들은 안내데스크에 앉아 있는 고객 응대 담당자를 고용하지 않는다는 점이다. 180명의 직원을 둔 탄탄한 기업임에도 엘리지오의 사무실에는 단 3명의 직원만이 상주하고 있고 사무실도 아주 작다.

낸시의 사례는 아웃소싱이 모두에게 혜택을 주는 방식이라는 것을 잘 보여준다. 컨설팅 기업 입장에서도 서비스 제공 비용을 낮출 수 있고 노동자에게도 유연성을 제공할 수 있는 것이다. 하지만 기업이 아웃소싱을 선택해야 하는 또 다른 이유는 임금을 낮추기 위한 것이다. 이는 분명 노동자들에게는 좋은 일이 아니다. 보스턴 대학교의 데보라 골드슈미트(Deborah Goldschmidt)와 요한 슈미더(Johannes Schmieder) 교수는 아웃소싱이 임금에 미치는 영향을 연구했다. 청소,

보안, 물류, 식품 서비스 분야에서 일하는 독일 노동자들을 추적 조사한 결과, 1990년대 이후 회사 내부에서 해결하기보다는 외부 업체에 위탁하는 직무가 많이 늘어난 것으로 나타났다.

또 연구자들은 해당 기업의 특정 영역에 고용된 노동자들을 조사해 보았다. 예컨대, 구내식당에서 일하는 노동자들이 똑같은 구내식당에서 계속 일할 때와 외부 식품 서비스 기업의 직원으로 일할 때 어떤 차이가 나타나는지를 추적 조사했다. 기업들이 아웃소싱으로 일을 처리하게 된 결과, 비슷한 직무에 대한 임금은 점차 하락했고 10년이 지나면 외부 업체의 직원으로 일하는 경우 회사 내부 직원들보다 10% 더 낮은 임금을 받게 되었다. 그와 동시에 고용 상태와 근무 시간 등의 다른 지표에는 거의 변화가 없었다.

임금 하락은 기업들이 외부 업체를 통해 더 낮은 비용을 지불하고 동일하거나 비슷한 서비스를 얻을 수 있게 되었다는 것을 나타낸다. 설사 임금이 하락하지 않는다고 해도 아웃소싱은 노동 비용을 줄일 수 있다. 특히 고숙련 노동자들을 끌어들이기 위해 건강 등의 다양한 직원 복지 혜택을 후하게 제공하는 기업들의 경우 아웃소싱으로 진행하면 제공해야 하는 복지 혜택이 사라지기 때문에 그에 대한 부담을 줄일 수 있는 것이다. 기술 기업이 프로그래머에게 무료 어린이집을 제공하거나 대학이 교수 자녀들에게 등록금을 면제해 준다면 그 기관들은 건물 관리인에게도 똑같이 그 혜택을 제공하도록 요구받을 가능성이 크다. 하지만 건물 관리를 외부 용역 회사에 맡기게 되면 그런 압박을 받을 염려가 사라진다.

기업들이 아웃소싱을 이용하는 이유를 들여다보면 휴대폰 제조사의 외주 업체 수석 엔지니어인 에린이 모회사에 고용되지 못하는 이유도 알 수 있게 된다. 첨단 기술 분야에서 일한다고 해서 높은 임금을 받는 것은 아니다. 대형 기술 기업들은 그들의 중점 사업이 아닌 모든 활동, 즉 고객 지원, 소프트웨어 실행 관련 안내, 문제 상담 등을 외부 업체에 위탁한다. 이는 곧 실리콘밸리의 디자이너들은 높은 가치를 생산하는 일을 하므로 높은 임금을 받고 위탁 업체에서 일하는 노동자들은 더 낮은 가치를 생산하는 일을 하므로 더 낮은 임금을 받는다는 논리를 암시하고 있다.

외부 위탁 업체들은 경쟁이 치열하고 시장 지배력이 거의 없다. 위탁을 하는 기업들이 너무 지배적인 나머지 그들이 다른 기업들을 설립해 경쟁하게 할 수도 있기 때문이다. 기술 분야에서도 다른 대부분의 분야에서와 마찬가지로 기업들은 점차 고수익 고임금 기업과 저수익 저임금 기업이 공존하며 양극화하고 있다. 더구나 이 두 형태의 기업들이 고용하는 노동자들(본사에서 근무하는 높은 기술력을 보유한 슈퍼스타들과 위탁 업체에서 서비스를 제공하는 직원들)의 이력은 점차 비슷해져 가고 있다.

이처럼 양극화가 심화하는 것을 '동류 교배(assortative matching)'라고 부르기도 한다. 높은 기술을 보유한 고임금 노동자들은 더 높은 기술을 보유한 노동자들과 함께 일하게 되고 낮은 기술을 가진 저임금 노동자들은 더 낮은 기술의 노동자들과 함께 일하게 된다는 것이다. 이는 제조업이 아닌 서비스 경제에서 분업의 증가와 함께 기술 발전이 불러온 결과다. 요즘에는 어떤 기업은 엔지니어나 컨설턴트를 집중적으로 고용하고 또 다른 기업에서는 기술자나 (엘리지오의 경우처럼)

고객 응대 직원들만을 집중적으로 고용한다.

한 공장에서 엔지니어와 기술자, 관리인 모두를 고용했던 1970년 대에는 이런 구분이 별로 없었다. 그 결과 모든 기업은 구성이 비슷해 졌다. 모든 기업에게 다양한 기술 수준과 임금 수준의 노동자들이 모 두 존재했다. 심지어 오늘날에도 임금 격차는 대부분 경력 수준이 다 른 노동자들 사이에서 직급이 다른 경우 발생하고 있다. 온통 유리와 철제로 된 건물이 즐비한 실리콘밸리의 기업들은 슈퍼스타의 연봉을 받는 인공지능 전문 프로그래머가 그보다 낮은 연봉을 받는 낮은 직 급의 직원들과 같은 공간에서 일하고 있다. 컨설팅 기업에서도 파트 너들은 신입 직원들보다 훨씬 더 높은 연봉을 받는다.

달라진 점이라면 1970년대에는 사실상 모든 불평등이 한 기업 내 에서 발생했다. 파트너, 고객 응대 담당자, 건물 관리인 모두 같은 회 사 내에 존재했다. 하지만 이제는 갑의 위치에 놓여 있는 기업에는 컨 설턴트가 압도적으로 많으며 위탁 업체인 엘리지오의 경우는 고객 응대 담당자가 대부분이다. 미국, 스웨덴, 프랑스, 독일 등 국가를 막 론하고 이렇게 구분이 점점 확실해지는 현상을 통해 정형화된 사실 을 하나 이끌어 낼 수 있다. 40년 전에는 거의 대부분의 임금 불평등 이 기업 내부에서의 불평등에서 기인한 것이었다. 임금 불평등 차원 에서 보면 기업들은 경제 전반을 대변해 준다. 하지만 현재에는 기업 내의 불평등이 전체 경제 불평등의 3분의 2를 차지하는 데 그쳤다. 지난 40년 동안 우리가 경험한 소득 불평등의 증가는 대부분이 기업 간의 불평등 증가에 따른 것이다. 기업 내에서의 불평등은 거의 증가 하지 않았다.

이는 진화 생물학적 시각에서도 설명이 가능하다. 스탠포드대학교 생물학과 교수인 루이지 카발리 스포르차(Luigi Cavalli-Sforza)는 부분 모집단 사이에 커다란 유전적 차이가 존재할 것이라는 생각이 잘못되었음을 입증했다. 전 세계적으로 개체들의 유전자 풀에서 거의 모든 변이는 부분 모집단 내에서의 변이에 의해 발생하는 것이다. 그 결과 이를테면 아프리카 줄루족의 유전자 풀에서의 변이는 스칸디나비아반도 북부의 북극권 지역에 거주하는 사미족의 유전자 풀 변이와 거의 유사하다. 모든 변이는 모집단 내에서 발생한다. 모집단 간에 발생하는 변이는 거의 없다. 이 발견은 인종에는 특별한 유전적 차이가 없음을 시사하고 있다.

이제 이 발견을 기업의 임금 불평등과 연관을 지어 생각해보자. 40년 전 기업들은 인간의 부분 모집단의 유전적 특성과 비슷한 양상을 보였다. 모집단에서 임금 불평등의 가장 큰 원인은 기업 간의 차이가 아니라 기업 내에서의 차이 때문이었다. 그런데 현재에는 증가한 임금 불평등의 약 3분의 2가 기업 간 불평등으로 인한 것이며 3분의 1은 기업 내의 불평등으로 인한 것이다. 이제 기업들은 임금 구성에서 서로 큰 차이를 보인다. 일부 기업들은 고소득 임금 노동자들이 대다수를 차지하고 있고 또 다른 기업들은 저소득 임금 노동자들이 압도적으로 많다.

불평등이 증가하는 것은 아웃소싱의 경우처럼 기업들이 불평등을 표면적으로 드러내기 때문이다. 기업 구성이 점점 더 전문화되어 가는 것이 기술 발전에 따른 결과라는 근거는 쉽게 찾아볼 수 있다. 정보 통신 기술이나 로봇 등의 신기술을 채택하는 기업들은 더 고급 기술을 보유한 노동자들을 채용해 더 높은 임금을 지급하며 기술을 업그레이드하려 한다. 그리고 신기술을 채택하지 않는 기업들이 점차 저임금 노동자들을 흡수한다.

무역 자유화와 세계화는 동일한 결과(기업 간의 임금 불평등의 심화와 기업 내에서 더 기술 편향적 구성으로 바뀌는 것)를 가져온 또 다른 유인이다. 세계화가 덴마크의 노동 시장에 미친 영향을 분석한 전문가들은 직업 재배치가 무역 자유화와 세계화의 승자와 패자를 가르는 결정 요인임을 밝혀냈다. 아울러 무엇보다도 운송 및 통신 비용의 감소로 세계화가 기술 진보의 또 다른 발현임을 확인시켜 주었다.

물론 아웃소싱은 규모의 문제이기도 하다. 애덤 스미스의 시장 규모 개념은 고객 응대 담당자의 서비스를 필요로 하는 기업이 충분할 때만 기업이 시장에 들어가 고객 응대 대행 사업을 특화해서 운영할 가치가 있을 만큼의 수익성이 생긴다는 것을 설명해 준다. 또 고객 응대 담당자들이 다양한 기업들의 의뢰를 받아 다른 장소에서 일할 수 있더라도 점차 한 기업에서 위탁 의뢰가 들어올 것이고 그 기업은 위탁 업체의 유일한 고객사가 될 것이다. 앞서 언급한 에린의 회사도 휴대폰 제조 기업을 유일한 고객사로 가지고 있었다.

휴대폰 제조 기업들은 왜 자신의 사업에서 중요한 고객 서비스를 외부 업체에 위탁하는 것일까? 바로 시장 지배 때문이다. 휴대폰 제조 기업은 대량 생산으로 고객 서비스 공급업체들이 서로 경쟁하게 만들 수 있다. 생산자가 생산 공정에 필요한 투입물(이 경우에는 기술 지원)을 저렴한 가격에 얻을 수 있는 상황에서 동일하게 저렴한 비용을 들여 내부에서 그것을 더 잘 생산해 내기는 어렵다.

시장 지배 기업들은 경쟁 시장의 이점을 잘 알고 있어 공급업체들을 상대할 때 경쟁의 원칙을 이용해 이득을 보기도 한다. 같은 논리에서 앤하이저부시 인베브는 공급업체에 위탁하는 편이 더 경쟁력이 있으므로 홉이나 유리병 생산에 참여하지 않는다. 어떤 경우에는 그 투입물(상품이나 서비스)의 구매자로서 대형 기업들이 자신들의 규모를 이용해 구매자독점 권력을 휘두르며 작은 마을에서 일꾼들의 임금을 낮추는 일도 벌어질 수 있다.

시장 지배 기업의 기조는 가격 경쟁력을 높일 수 있는 투입 분야가 있다면 어떤 것이든 외부에 위탁할 수 있다는 것이다. CEO들은 자신의 성 주변에 넓은 해자를 구축하기를 원하면서 정작 그들은 해자가 없는 성들과 거래한다.

아웃소싱과 기술 발전이 기업 간의 불평등을 심화시켰다면, 나는 그다음에는 국가 간에 그 반대의 일이 벌어지고 있다고 본다. 불평등 문제에 있어 국가들은 점점 서로 비슷해져 가고 있다. 그와 더불어 여러 국가 내에서의 불평등도 증가했다. 세계화 과정을 겪으며 국가들은 불평등도 수입한 것이다.

수입된 불평등과 심슨의 역설

1951년 유명 통계학 학술지에 실린 한 기사에서 에드워드 심슨(Edward Simpson)은 하나의 분명한 역설을 기술했다. 그는 2차 세계 대전이 끝난 후 케임브리지에서 통계학을 공부

　이윤의 역설

했음에도 통계학 학자가 되지는 않았다. 전쟁 중 갓 20살이 된 심슨은 블레츨리 공원에서 일했다. 거기서 그는 통계학과 암호 해독학을 접하게 되었다. 블레츨리 공원은 영국의 자본가 허버트 사무엘 레온(Herbert Samuel Leon) 경이 19세기 말에 건설한 버킹엄셔의 부지로, 2차 세계 대전 중 연합국들이 암호 해독 본부로 사용한 곳이다. 1942년부터 1945년까지 심슨은 앨런 튜링과 같은 수학 및 통계 천재들이 에니그마 암호를 해독하고 독일군 사령부의 비밀 의사소통에 침투하는 것을 지켜봤다.

전쟁이 끝난 후 심슨은 통계학을 공부했고 1951년 그는 하나의 사례로 임상 실험을 이용한 역설을 내놓았다. 이후 그 역설은 연구 조사에 자주 인용되었다. 허구적인 사례를 기반으로 한 단순화된 역설은 다음과 같다. 1,000명의 흡연자와 1,000명의 비흡연자를 20년 동안 추적 조사해 사망자 수를 살펴본 결과, 흡연자 표본에서 300명(30%)이 사망하고 비흡연자 표본에서 360명(36%)이 사망한 것으로 나타났다. 그렇다면 우리는 흡연을 권장하고 다시 말보로를 사야 할까? 결론 짓기 이전에 다음을 먼저 살펴보자.

도표 1 심슨의 역설: 흡연자와 비흡연자의 사망률 가상 사례

	흡연자	비흡연자
50~70대	200/800 (25%)	40/200 (20%)
70~90대	100/200 (50%)	320/800 (40%)
50~90대	300/1,000(30%)	360/1,000(36%)

표 1에서 연령별 사망률을 보면 비흡연자가 흡연자보다 모든 연령대에서 더 낮은 사망률을 보인다.(50~70대 사람들은 20% vs. 25%, 70~90대 사람들은 40% vs. 50%) 이 가상의 사례에서 두 샘플 통계의 문제점은 흡연자 중에 젊은 사람들이 훨씬 더 많다는 것이다.(800명 vs. 200명) 다시 말해서 흡연자와 비흡연자 모집단이 균등하게 구성되어 있지 않은 상태다. 젊은 사람들의 사망률이 더 낮기 때문에 36%가 아니라 전체적인 사망률은 30%라는 의미이다.

심슨의 역설이 일어나 불평등과 무슨 관계가 있는 것일까? 국가들 내에서의 소득 불평등을 먼저 생각해 보자. 소수의 예외적인 경우를 제외하고는 1970년대 이후 전 세계적으로 대부분의 국가에서 소득 불평등이 심화되었다. 노동 불평등을 측정하는 방법은 보통 노동 소득으로 측정하지만 부 또는 자본 소득이 얼마나 증가했는지를 보고 측정하기도 한다.

동시에 세계 소득 분포도를 보면서(세계 어느 곳에 거주하는 개인이든 개인의 소득을 동일하게 하나의 분포로 간주한다) 우리는 불평등이 줄었다고 생각한다. 역사적으로 봤을 때 세계적으로 불평등이 감소한 것은 비교적 이례적인 현상이다. 19세기 초 이후로 불평등은 세계적으로 계속해서 증가해왔다. 가장 눈에 띄는 것은 주로 북미와 서유럽의 많은 국가가 빠른 속도로 성장해 아시아, 아프리카, 라틴아메리카의 개발도상국들과의 격차가 벌어지고 있다는 사실이다. 1970년대까지는 세계 소득 분포가 크게 두 그룹으로 나뉘어 진화했다. 각 국가 내에서 어느 정도의 불평등이 존재하는 평균 소득이 높은 부자 국가 그룹과 각 국가 내에서 비교적 소득 불평등이 존재하지 않는 평균 소득이 낮은 가난한 국가 그룹으로 나뉘는 양상을 보였다.

1970년대 후반부터 두 그룹으로 나뉘어 나타나던 패턴은 단일한 소득 패턴을 보이기 시작했다. 인도와 중국과 같이 가난하지만 큰 국가들이 빠르게 성장한 것이 주된 요인이었다. 이 국가들은 평균 소득이 상승해 부자 국가들을 따라잡기 시작했다. 그 결과 부자 국가 그룹에 뒤처져 있는 가난한 국가 그룹이 더는 존재하지 않게 되었고 수많은 중간 소득 국가들이 존재하게 되었다. 따라서 현재의 소득 분포는 단일한 형태를 보여주고 있다.

세계적으로는 불평등이 감소했음에도 불구하고 이 국가들 각각의 내부에서는 소득 불평등이 증가했다. 이제는 국가 차원에서 불평등이 확대되어 심슨의 역설을 떠오르게 만든다. 구성 비율이 다른 그룹들(흡연자/비흡연자와 부자 국가/가난한 국가)을 비교할 때는 일단 그들을 하나로 묶으면 그 구성 비율은 전체 모집단에 따라 바뀌게 된다.

1970년대에 인도와 중국을 포함한 국가 그룹은 평균 소득이 더 낮았을 뿐만 아니라 불평등의 정도도 덜했다. 2000년대 들어 인도와 중국의 평균 소득이 상승해 그들의 평균 소득과 서구의 평균 소득이 비슷한 수준에 도달하게 되었다. 여전히 각 국가 내에서는 불평등이 심화하고 있었다. 그와 동시에 서방 국가들 내에서의 소득 불평등도 증가했다. 중국에서 전반적으로 소득이 상승함에 따라 이제는 가장 가난한 중국인들이 가장 부유한 미국인들에게 과거보다 더 근접해 있다. 이런 이유로 중국과 미국 내에서의 불평등은 심화되었음에도 전 세계적으로는 불평등이 감소한 것이다.

더 가난한 나라들이 부자 나라의 소득과 비슷해진 이유는 원거리 경제를 점점 통합시킨 세계화 때문이다. 오늘날 기업들은 실리콘밸리에서 전자 기기를 디자인해서 중국의 광저우에서 손쉽게 생산할 수 있게 되었다. 최종 생산물 가치의 많은 부분이 외국에서 생산되는 것이다. 이렇게 노동 시장이 통합됨으로써 멕시코와 중국의 저임금 노동자에 대한 수요가 증가했고, 그에 따라 그들의 임금이 상승해 중국이 미국을 따라잡을 수 있게 된 것이다.

동시에 미국과 중국 내부에서는 숙련 노동자와 미숙련 노동자 수요에 차이가 발생하면서 글로벌 경쟁이 불평등을 심화시키고 있다. 미니스타 현상이 바로 그 예다. 상품 생산의 지리적 통합이 증가하면서 중국과 인도의 경제는 점차 서방 국가들의 경제를 닮아가고 있다. 하지만 서방 국가들의 경제 또한 중국과 인도를 더욱 닮아가는 방향으로 진화하고 있다.

그 결과 어떻게 되었을까? 우리 자신의 경제와 인접 국가들의 경제 내에서 불평등이 가속화되고 멀리 떨어져 있는 국가 간의 불평등은 줄어들었다. 상품과 서비스를 대량 수입하는 과정에서 국가들은 불평등까지 함께 수입하게 된 것이다. 세계화와 무역은 불평등을 진화시켰다. 국가 간의 불평등을 국가 내의 불평등으로 탈바꿈시킨 것이다.

그래도 전 세계적으로 불평등이 감소하고 있다는 것은 희망적인 소식이지만 어두운 전망은 국가들 내에 불평등이 증가하고 있다는 사실이다. 세계화는 기술 발전의 또 다른 형태일 뿐이며, 시장 지배는 빠른 기술 변화와 세계화로 인해 더욱 강화되었다. 국가 내에서 불평등이 증가하는 것은 부분적으로는 시장 지배의 증가에서 비롯된 것이다.

이윤의 역설

이는 지배 기업들의 패권을 축소해야지만 해결될 수 있는 문제다.

도시의 불평등:
스타들의 도시

우리가 살펴본 임금 불평등 문제 중 일부는 각 국가 내에서 나타나는 지리적인 차이다. 지방 소도시에서는 대도시의 동일한 일자리에 비해 훨씬 더 낮은 임금을 지급한다. 사실 임금은 지방과 도시 간의 차이만 있는 것이 아니라 도시의 규모가 크면 클수록 더 높아지는데, 이것이 이른바 도시의 임금 프리미엄이다. 2천만의 인구가 거주하는 뉴욕 메트로폴리탄 지역의 평균 주급은 1,284달러로, 인구 163,000인 위스콘신주 제인스빌의 평균 주급인 908달러보다 41% 더 높은 금액이다. 이 두 도시만 이렇게 차이가 나는 것이 아니다. 인구가 두 배로 많아지면 임금은 평균 약 4.2% 상승한다. 그리고 이 차이는 날씨, 서비스, 교통편과 같은 편의시설까지 감안하면 더 커진다.

임금의 차이는 노동자들이 더 많은 사람에게 둘러싸여 있을 때 얼마나 더 생산적인지를 보여준다. 이 통계를 통해 인구 밀도가 높은 곳에 밀집하는 것의 혜택이 상당히 크다는 것을 알 수 있다. 불행히도 우리는 아직도 집적 효과를 가져온 것이 무엇인지 잘 모른다. 수많은 이론과 가능성이 큰 설명은 존재한다. 규모와 네트워크 효과, 노동 시장의 과잉, 지식 과잉, 학습 등이 그것이다. 그러나 그 이론들을 뒷받침해 줄 직접적인 근거가 거의 없다. 집적 효과는 어려운 문제다. 경제학에서도 답을 찾지 못한 질문 중 하나로 남아 있으며 경제학자들도 아직 그 문제를 해결할 확실한 방법을 찾아내지 못했다.

　도시 경제 전문가와 학생들이 동의하는 한 가지 의견은 집적 효과가 실제로 존재해서 측정 가능하며 도시 임금 프리미엄도 높다는 것이다. 하지만 그 임금 차이도 생활비를 고려하지 않으면 무의미하다. 제인스빌의 생활비가 뉴욕의 생활비와 같았다면 극소수의 완고한 제인스빌 사람들만 남을 것이다. 다른 이들은 모두 뉴욕으로 이사해 더 높은 임금을 받으며 생활비는 추가로 더 낼 필요도 없을 것이다. 하지만 불행히도 현실은 그렇지 않다.

　뉴욕의 생활비는 제인스빌의 생활비보다 훨씬 더 많이 든다. 주거비는 자가이든 월세이든 평방 미터/피트 당 두 배 이상의 비용이 든다. 그래서 뉴욕 사람들이 소득이 더 높아도 제인스빌 사람들보다 더 작은 아파트에 살고 주거비에 더 많은 돈을 들이는 것이다. 사실 전문가들은 놀라운 규칙성을 발견했다. 평균적으로 가정에서는 소득의 일부, 즉 세전 소득의 약 4분의 1, 혹은 세후 소득(실수령액)의 약 3분의 1을 주거비로 지속해서 지출한다고 한다. 이 규칙성은 어디에 사는지와 상관없이 공통으로 적용된다. 41% 더 높은 소득을 버는 뉴욕의 가정은 주거비로 41%를 더 지불하고 보너스로 더 작은 아파트를 받는 것이다. 그 결과 도시 임금 프리미엄은 생활비로 상쇄되어버린다. 더 낮은 임금에도 불구하고 소도시에 살아야 할 경제적 이유가 여기에 있는 것이다.

　그러나 생활비를 감안하더라도 더 큰 도시들은 고숙련 노동자들이 더 많기 때문에 평균 임금이 더 높을 것이다. 대다수의 사람은 큰

　　　　　　　　　　　　　이윤의 역설

도시가 실제로 프랭크 시나트라(Frank Sinatra)의 노래 '뉴욕 뉴욕(New York New York)'에서 영감을 받은 고숙련 노동자들을 끌어들인다는 전제에 반대하지 않을 것이다. 시나트라는 "그곳에서 성공할 수 있다면 어디에서든 성공할 수 있어"라고 노래했다. 하지만 현실은 그와는 다르다. 평균적인 기술력을 지닌 노동자들은 다른 도시들에도 많이 있으며 작은 도시들 보다 큰 도시에 더 많은 것은 아니다. 따라서 도시 임금 프리미엄이 선별적으로 적용되는 것은 아니다. 대도시의 평균적인 노동자가 더 숙련된 노동자라서 평균 임금이 더 높은 것이 아니기 때문이다.

그렇다고 도시에 따라 노동자들의 기술 구성 비율에 차이가 없다는 의미는 아니다. 반대로 오히려 지역적 구분이 존재한다는 근거들을 찾을 수 있다. 평균적인 노동자의 경우는 그렇지 않지만 숙련 노동자들의 구성은 도시의 규모에 따라 달라진다는 것이다. 대도시들은 제도적으로 고숙련 노동자들을 더 많이 보유하고 있다.

따라서 시나트라의 주장에는 어느 정도의 진실이 담겨 있다. 뉴욕과 같은 대도시에는 미숙련 노동자들이 압도적으로 많기도 하다는 근본적인 사실을 알아야 한다. 그렇다면 작은 도시에는 누가 남아 있는 것일까? 앞으로 살펴보겠지만 소도시에는 중간 수준의 숙련 노동자들이 더 많이 있다. 도시 간 평균 숙련도에는 변함이 없지만 대도시는 소도시보다 불평등하게 더 많은 고숙련 노동자들을 보유하고 있다. 또한 고숙련 노동자들이 더 높은 임금을 받기 때문에 기술력의 차이는 임금의 차이로 환원된다. 요컨대 대도시는 소도시보다 소득 불평등이 더 심각하다는 것이다.

숙련 노동자들의 지역적 구성 차이와 그에 따른 임금 불평등은 어디에서 비롯되는 것일까? 의사와 변호사들은 집적 효과 때문에 대도시를 선호한다. 최고의 암 전문가들은 뉴욕의 메모리얼 슬로운 케터링 암 센터(Memorial Sloan Kettering Cancer Center)에 있다. 최고의 배우와 영화 전문가들은 로스앤젤레스에 있고 최고의 프로그래머들은 실리콘 밸리에 있다. 고숙련 노동자들(미니스타들) 혹은 슈퍼스타들이 일단 한곳에 집중되면 그들 주변에는 그들에 못 미치는 다른 스타 노동자들이 있어야 한다. 또한 이 화려한 직업인들은 서비스 중에서도 특히 미숙련 서비스가 필요하다.

병원의 의사들은 수술실을 청소해 줄 사람들이 필요하며, 바쁜 전문직 종사자들은 무엇보다도 음식 준비나 자녀 돌봄, 아파트 청소 등 단순한 가사 노동을 도와줄 사람이 필요하다. 대도시의 집적 효과는 숙련 노동자들을 끌어들이고 그것이 결과적으로 미숙련 노동자들 또한 끌어들이게 된다. 소도시와 비교해 보면 소도시는 슈퍼스타를 끌어들이는 경우가 드물며 그에 따라 단순 서비스 직종에 대한 수요도 많지 않다.

불평등과 지역적 구성 차이는 모든 연령대에서 존재하지만 대도시에서 임금 불평등이 심화된 또 다른 요인은 노동 시장에 대한 불확실성이다. 대도시는 젊은 노동자들에게는 시험대와도 같다. 경험이 별로 없는 젊은 노동자들은 대도시로 이주해 승부를 걸어본다. 그들은 기술을 별로 쌓지 못했기 때문에 낮은 임금을 받는다. 시간이 흐르면서 도시에 성공적으로 적응한 사람들은 그에 상응하는 고임금을 받으며 커리어를 계속 쌓는 것이고, 운이 나빠 대도시에서 편안하게

　　　　　　　　　　　　　　　이윤의 역설

살 만큼 돈을 벌지 못하는 이들은 더 작은 도시나 생활비가 더 싼 지방(보통은 자신이 원래 살았던 지역)으로 돌아간다. 이와 같은 선별 과정을 거치면서 대도시에는 승부수를 두고자 몰려든 젊은 미숙련 노동자들도 많고 그들 중 살아남은 성공한 승자들도 많은 것이다. 그리고 그 결과 소도시에는 중간 소득자들이 많은 것이다. 그들 중 다수는 작은 조직에서 큰 물고기가 되고자 대도시에서 돌아온 이들이다.

숙련 노동자의 지역적 비율 차이와 그에 따른 임금 격차는 증가 추세다. 사실 1970년대에는 다른 규모의 도시 간에 조직적 임금 격차는 존재하지 않았다. 대도시에서의 소득 불평등은 1980년대가 되어서 증가하기 시작했다. 1장 표2에서 본 것처럼 이때가 바로 시장 지배가 증가하기 시작한 때였다.

소도시보다 대도시의 마크업이 더 높다는 증거는 충분하다. 이는 상품이 어디서 팔리는지 뿐만 아니라 기업이 어디에 있는지를 통해 직접적인 결론에 도달할 수 있다. 더 많은 연구가 필요하겠지만 이는 시장 지배가 도시 간의 불평등을 심화시키고 있다는 증거다. 대도시에서 시장 지배가 더 많이 일어나므로 이는 대도시이자 떠오르는(그리고 지는) 별들의 도시에서 도시 불평등을 더 심화시키는 데 일조하고 있다.

사라지는 중간 소득자들: 직업 양극화

임금과 임금 불평등이 진화해온 그림을 완성하

는 마지막 퍼즐 조각은 직업의 양극화 현상이다. 1970년대 후반부터 최고 임금 직종과 최저 임금 직종에 고용되는 사람들의 수가 증가했고 중간 임금 직종에 고용되는 사람들의 수는 감소했다.

임금 분포도의 가장 아래에서는 경비원과 점원, 제조 공장에서 일하는 사람들의 수가 증가하고 있고 최상단에서는 은행 창구 직원과 같은 중간 임금 직종을 떠나 프로그래머나 컨설턴트와 같은 고임금 직종으로 이동하는 사람들의 수가 증가하고 있는 것을 확인할 수 있다. 이렇게 양 극단의 직종으로 양극화되어가는 현상은 자연스럽게 임금 불평등의 증가로 이어진다. 저임금 노동자도 더 많아지고 고임금 노동자도 더 많아지는 것이다. 직업 양극화 현상은 영국에서 가장 처음으로 보고되었고 미국을 포함해 많은 선진 국가들에서 확인되고 있다.

직업 양극화의 유인은 단순 반복적인 업무 경시 풍조를 낳은 기술 발전이다. 컴퓨터와 로봇은 수많은 단순 반복 업무를 대체하는 데 효과적이다. 기계 기사, 조립 기술자, 정밀 수작업 노동자들의 제조 일은 이제 로봇에 의해 이루어지고 사무 응대나 비서, 고객 서비스와 같은 서비스 직종의 업무는 많은 부분 컴퓨터가 대체하게 되었다.

이와 같은 중간 임금 직종들은 모두 단순 반복적인 업무의 비율이 높다. 그러나 단순 반복적인 업무에 대한 수요가 줄어들면서 단순 반복적이지 않은 업무에 대한 수요가 증가했다. 따라서 다음의 두 가지 방향으로 발전하고 있다고 볼 수 있다. 첫 번째는, 컴퓨터 프로그래머나 감독, 교사처럼 더 높은 사고력과 창의력을 요구하는 더 생산적인 일들이 증가하고 있다. 이 일들은 높은 인지 능력을 요구한다. 프로그래머나 감독과 같은 사람들은 생각하고 문제를 해결해야 한다. 프로그래머와 감독은 이제 점원과 은행 창구 직원의 단순 반복적인 일들을 대체해 나가고 있다. 두 번째는 단순 반복적인 일들 내에서 대체가 발생하는 것이다. 육체노동을 주로 하고 인지적 요소가 많지 않은 작업을 하는 그룹 내에서 이를테면 제조업에서 단순 반복적인 일들이 육체노동이지만 단순 반복적이지 않은 영업이나 경비, 의료 서비스와 같은 일들에 자리를 내주고 있다. 이 일들은 쉽게 자동화될 수 없고 육체노동의 비중이 크다. 그런데도 급여 등급에서는 가장 하단에 놓여 있다. 두 가지 방향 모두 동일한 동력이 단순 반복적인 일들을 줄여나가고 있으며 중간 소득 직종에서 이동하도록 만들고 있다. 육체노동보다 두뇌 작업을 더 많이 요구하는 일들은 지위가 상승해 더 좋은 대우를 받고 육체노동만을 요구하는 일들은 지위가 하락한다. 결과적으로 고임금 직종과 저임금 직종은 더 많아지고 중간 임금 직종은 더 적어져 양극화 현상이 발생하고 중간 임금 직종은 사라지게 된다.

연구 결과에 따르면 직업의 양극화는 세계화에 더해 정보 통신 기술의 등장이 주요 원인인 것으로 나타났다. 앞서 언급한 것처럼 세계화는 교통 및 통신 수단 이용이 더 쉬워지고 저렴해지는 기술 변화의 또 다른 형태일 뿐이다. 그러나 여러 국가를 대상으로 한 최근의 조사에 따르면 세계화보다도 정보 통신 기술의 급속한 변화를 겪고 있는 업종에서 중간 학력 노동자들보다 고학력 노동자들이 필요한 직종에 대한 수요가 더 높아지는 커다란 변화를 보인다고 한다.

이와 동일선상에 있는 학위 프리미엄 이야기로 다시 돌아가 보자.

학위 프리미엄이 상승하는 것(대학 학위를 가지고 있는 노동자들의 평균 임금이 크게 상승해 그들이 미니스타가 되는 것)처럼 직업 양극화 현상 또한 전적으로 노동 수요에 관한 문제다. 노동 공급(노동자들이 받는 훈련의 양과 종류, 그리고 그들의 축적된 경력)은 조정이 가능하지만, 기술은 주로 단순 반복 업무를 밀어내고 직업의 양극화를 불러온다.

루틴화 가설은 대학 졸업 노동자들에게는 유리하게 작용한다. 단순 반복 업무가 아닌 인지 능력을 요구하는 직종이 더 임금이 높기 때문이다. 그리고 단순 반복적이지 않은 육체노동 직종은 임금이 낮아서 대학을 졸업하지 못한 노동자들에게는 불리하게 작용한다. 그에 따라 루틴화 가설은 학위 프리미엄 상승의 원인을 설명해 준다.

그렇다면 시장 지배가 직업 양극화와 상관이 있는 걸까? 내가 아는 한 시장 지배가 직업 양극화를 불러왔다는 것을 증명한 연구는 없다. 그리고 나도 시장 지배가 그 원인이라고 암시하지 않았다. 다만 나는 시장 지배와 직업 양극화 둘 다 업무의 루틴화라는 동일한 동력이 그 원인이라는 가설을 내놓을 뿐이다. 다시 말해서 루틴화 가설은 직업 양극화를 불러올 뿐만 아니라 기업들이 시장 지배력을 발휘할 수 있게 해준다.

시장 지배력의 상승은 IT 분야에만 국한된 것이 아니지만 정보 기술의 발달은 대기업들이 성공하는 데 주요 결정 요인이 되어 주었다. 소매업에서 아마존이 되었든 패션업에서 자라가 되었든 특히 급속한 기술 발전 덕택에 시장 지배력을 얻게 된 기업들의 경우 더욱 그러하다. 이들 기업은 경쟁 기업들이 생각지도 못할 만큼 생력(노동력 절약) 기술과 자동화에 많은 투자를 함으로써 경쟁자들보다 훨씬 더 생산

이윤의 역설

성을 높인다.

예컨대 아마존 풀필먼트 센터에서 사용하는 키바 로봇은 물류센터를 완전히 뒤바꾸어 놓았다. 이전에는 물류센터가 자동화되어 있더라도 상품이 고정된 선반에 놓여 있어 사람이 선반으로 가서 배송할 상품을 집어야 했다. 하지만 이제는 고정 선반이 키바 로봇이 움직이는 이동 선반으로 대체되었다. 키바 로봇은 약 40㎝ 높이의 정사각형 모양의 자동 운반 기계로, 이동 선반 아래로 돌아다니며 선반을 비틀어 돌려 들어 올린다. 그리고 로봇이 선반을 인부에게 전달하면 그는 상품을 포장해서 배송을 준비한다. 이처럼 발전된 작업 공정은 기술이 단순 작업을 어떻게 대체해 나가고 있는지 잘 보여준다. 동시에 이와 같은 방식이 대규모로 도입되는 경우 루틴화를 통해 비용을 낮추고 시장 지배를 노릴 수 있게 된다. 다른 경쟁자들은 그렇게 대규모로 비용을 절감할 수 없을 것이기 때문이다.

키바 로봇의 사례는 직업 양극화에 대한 경고로써 지배 기업들이 시장 지배력을 높이기 위해 동시에 다양한 방식으로 기술을 활용하고 있다는 사실을 보여준다. 2012년 시장 지배 기업들이 로봇의 전략적 중요성을 깨달았을 때, 아마존은 키바 시스템을 도입하고 아마존 로보틱스(Amazon Robotics)를 만들었다. 아마존 로보틱스는 아마존에만 독점적으로 로봇을 공급하며 다른 고객들에게 로봇을 팔지는 않는다. 아마존은 경쟁자들에게 로봇 판매를 하지 않고 이 로봇 기술의 확산을 억제함으로써 해자를 넓혀서 다른 기업들이 따라오기 어렵게 만드는 것이다.

요컨대 시장 지배는 현재의 스타 경제가 발전하는데 그 원인을 제공했다. 임금 불평등은 부분적으로는 기업들이 그들이 판매하는 상품에 대해 발휘하는 시장 지배력에서 비롯된 것이라 볼 수 있다. 이는 지나치게 많은 연봉을 받는 CEO와 슈퍼스타들을 낳았고, 대학 졸업자들이 어떻게 미니스타가 되었는지를 설명해 준다. 지배 기업들은 업무의 많은 부분을 외부 업체에 위탁한다. 이것이 바로 대부분의 불평등이 한 기업의 내부가 아니라 기업들 사이에서 발생하는 이유다. 본사에는 고연봉을 받는 고숙련 디자이너들이 있고, 위탁 서비스 업체에는 저임금 기술자들이 있는 것이다. 세계화는 상품 및 서비스와 함께 임금 불평등도 수입하게 만들었다. 우리는 우리 도시에 불평등이 더 많다고 생각하는 경향이 있으며 자동화로 인해 중간 소득 직종은 사라져가고 있다.

시장 지배와 임금 불평등이 증가한 결과 임금 사다리의 맨 아래에 놓여 있는 사람들의 임금이 하락했을 뿐만 아니라 시장 지배는 지급되는 임금 이외의 부분에서도 다양한 영향을 끼치고 있다. 다음 장에서는 시장 지배가 직업 이동성 감소에 미친 영향에 대해 알아보자.

　　　　　　　　　　　　　　　　　　　　　이윤의 역설

제 7 장

금시계 신화

당신의 조부모나 친구들, 혹은 가족 중 한 사람쯤은 퇴직할 때 직장에서 시계를 받았을 것이다. 금시계는 주로 학교를 졸업하자마자 회사에 입사해 40년 이상 근무한 후 퇴직하는 충직한 직원에게 포상으로 주어진다. 하지만 직장에 대한 이와 같은 이미지는 고리타분한 옛날 이야기다.

현재에는 매력적인 일자리의 부족과 낮은 임금으로 고용 시장이 병들어 감에 따라 노동자들은 직장에 그다지 애착을 느끼지 못한다. 그 결과 오늘날의 노동자들은 직장을 자주 옮겨 다닌다. 낮은 임금을 받으며 일하는 패스트푸드 체인점의 노동자는 일주일 휴가를 내고 새로운 직장을 구할 수 있을 것이다. 그 일을 하지 않는다고 해서 크게 손해될 일은 없기 때문이다. 어쨌든 급여가 낮아 손실도 적은 것이다.

사람들은 지금 시기를 불확실하다고 인식하는 경향이 있다. 한두 세대 전에는 일자리가 안정적이고 평생(혹은 적어도 금시계를 받을 때까지는)을 보장해 주었던 반면, 오늘날의 일자리들은 불안하다고 느끼는 것이다. 하지만 조사 자료에 따르면 그 반대의 경우가 압도적으로 많은 것으로 나타났다. 실제로 오늘날 평균 근속 연수는 30년 전보다 약 1년이 더 길다. 1990년대 초반에는 평균 근속 연수가 3.2년이었던 것에 비해 현재에는 4.2년인 것으로 나타났다. 또 현재 근속 연수가 더 길어졌다면 이직 가능성은 더 낮아졌을 것이다. 이는 똑같은 상황을 다른 관점에서 바라보는 것일 뿐이다. 이직률이 매월 10%로 유지된다면 평균 근속 연수는 10개월이다. 아니면 이직률이 20%라면 평균 근속 연수는 5개월이다. 근속 연수가 늘어난 것과 맥을 같이 하여 이직률은 1990년대 중반에 3.8%이었던 것이 현재 2.9%로 감소했다.

만약 노동자들이 이직을 덜 한다면 기업들은 노동력을 더 천천히 재편할 것이다. 이것이 1980년 이후로 나타나기 시작한 비즈니스의 역동성 감소 현상이다. 당시에는 기업들이 노동력의 35%를 매년 교체했다. 현재에는 노동력의 25%만을 교체한다.

그렇다면 사람들이 예전만큼 이직을 많이 하지 않는 이유는 무엇일까? 이는 노동 시장의 역동성과 기업들이 변화하는 경제 환경에 발맞춰 어떻게 노동력을 조정하는지를 연구하는 경제학자들과 전문가들에게 가장 흥미 있는 질문 중 하나이다. 10년이 넘는 기간 동안 전문가들은 노동 시장의 역동성이 감소한 것, 즉 기업들이 40년 전보다 노동력 조정을 덜 한다는 사실을 보고했다. 또한 기업들이 노동력 조정을 덜 한다면 노동자들의 근속 기간은 더 길어진다.

역동성의 감소는 기술 발전의 결과라는 답이 즉각 나올 수 있겠다. 한 세기 전 노동자들은 부두에 모여 매일 부두의 인부로 고용되었다. 컨테이너 화물 운송이 출현하면서 그 일자리는 한물간 일자리가 되어버렸다. 이제 이론상으로는 노동자들이 장기 계약으로 더 오랜 기간 고용 관계를 유지하게 되었다. 그런데 문제는 노동 시장의 역동성 하락 현상이 비교적 최근에 나타나기 시작했다는 것이다.

전문가들은 노동 시장의 역동성을 하락시킨 원인을 다른 곳에서 찾기도 했다. 이를테면 노인 인구 증가나 숙련 노동자의 증가 등 인구 통계학적 변화나 일자리를 보호하고 지역 간 이동을 금지하려는 면허법의 등장 등이다. 그러나 이것이 근속 연수가 늘어나고 그에 따라 노동 시장의 역동성이 감소한 것에 대한 충분한 이유가 되지는 못한다.

동시에 다른 유인들도 존재한다. 노동조합의 감소와 (제조업 직종보다 평균 근속 연수가 더 긴) 서비스 직종의 증가가 그것이다. 노동조합이 있는 직장에서는 고용을 더 잘 보장받고 더 높은 임금을 받는 경향이 있어 그에 따라 근무 기간도 더 길다. 노동조합이 있는 직장의 수가 줄어든다면 그 반대의 상황을 예측해 볼 수 있다. 근속 연수가 길어지는 것이 아니라 더 짧아질 것이다.

맥주값이 내 이웃의 승진에 영향을 미치는 이유

노동 시장의 역동성을 감소시키는 또 다른 직접적인 원인이 있다. 하지만 그걸 알아보기에 앞서 주유소 사장의 입장에서 한번 생각해 보자. 수노코(Sunoco)와 엑손(Exxon) 주유소가 교차로에 있다고 가정해 보자. 휘발유 1갤런을 2달러에 판매한다고 하면 그것은 원가를 반영하고 있다. 즉 위험성 높은 자본 투자에 대한 보상으로 과하지 않은 수익을 포함한 비용이다. 고객들은 그 가격에 개의치 않으며 두 기업은 시장을 공평하게 나눠 가진다. 원유 가격이 하락해서 총비용이 10% 낮아진다면 기업들은 1.8달러 이상의 경제적 비용을 반영한 가격이라면 손실을 보지 않고 사업을 계속해 나갈 수 있을 것이다.

엑손이 2달러의 가격을 유지한다고 가정해 보자. 그렇다면 수노코는 약간 가격을 내려서 전체 시장을 얻을 수 있을 것이다. 이를테면 1.95달러에 말이다. 수노코는 엑손과 시장을 나누어 가지며 2달러에 판매할 때보다 두 배 더 많이 판매하고 더 많은 수익을 내면서 전체 시장을 거의 장악하다시피 할 것이다. 약간 낮춘 가격은 훨씬 더 많은 판매량으로 상쇄할 수 있다. 가격을 변경하는 일은 보드를 다시 페인트칠하는 일처럼 복잡한 일이 아니며 자동 차양을 여닫는 버튼을 누르는 것과 같이 간단한 일이다. 비용이 들지 않고 즉시 할 수 있는 일이다.

하지만 엑손도 가만히 앉아서 전체 시장을 빼앗기고만 있지는 않을 것이다. 그들도 결국 1.95달러 아래로 가격을 내릴 것이다. 종국에는 양쪽 모두 수익이 전혀 남지 않는 가격을 부과하게 된다. 경쟁 시장에서는 판매 상품의 원가가 떨어지면 가격도 내려간다. 사실 가격은 원가가 하락한 만큼 내려간다. 경제학자들은 이것을 '완전한 패스스루'라고 부른다. 기업들은 경쟁에 직면하게 되면 비용 하락에서 얻은 모든 수익을 고객에게 돌려준다. 수노코가 고객을 사랑하기 때문이 아니라 경쟁 시장의 압력이 그럴 수밖에 없도록 만드는 것이다. 수노코가 높은 가격을 유지한다면 그들은 아무것도 판매할 수 없을 것이다.

교차로에 주유소가 하나밖에 없다면 이야기는 완전히 달라진다. 경쟁이 적은 환경에서 패스스루는 불완전하다. 다음 주유소가 멀리 떨어져 있다면 해당 주유소는 시장 지배력을 가지게 된다. 원유 가격이 하락했을 때 수노코가 가격을 2달러로 유지한다고 해도 많은 고객을 잃게 되지는 않을 것이다. 다수의 운전자는 원유 가격 하락을 아직 모를 것이며 아는 운전자들조차도 가격이 더 싼 다른 동네의 주유소까지 가는 것이 더 이득이라고 생각하지 않을 가능성이 크다. 결국 수노코는 이윤이 남을 만큼의 가격을 유지하면서 충분한 고객 수를 유지할 수 있는 정도, 이를테면 1.90달러까지 가격을 내릴 것이다. 기업이 시장 지배력을 가지고 있을 때 패스스루는 불완전하게 이루어지고 기업은 절감된 비용 일부만을 고객에게 돌려준다.

경제학자들은 보통 수입업자(또는 수출업자)가 환율 변동에 따라 받게 되는 가격 변화의 영향을 기준으로 패스스루를 측정한다. 원가 변동은 측정이 쉽고 모든 수입업자에게 공통으로 영향을 미친다. 연구에 따르면 OECD(경제협력개발기구) 평균을 따져봤을 때 약 46%의 절감 비용은 즉시 고객에게 돌아가고 나머지 64%는 장기적으로 서서히 고객에게 돌아가는 것으로 나타났다. 즉, 절감 비용의 약 절반만이 고객에게 돌아간다는 뜻이다. 미국의 경우 패스스루의 비율이 더 낮아, 23%를 고객에게 즉시 돌려주고, 42%를 장기적으로 돌려주는 것으로 나타났다. 이를 통해 평균적으로 시장이 이상적인 완벽한 경쟁 하에서 운영되고 있지 않으며 시장 지배 기업에 의해 지배되고 있음을 알 수 있다.

양날의 검과 같이 비용 증가 또한 (그 일부가) 고객에게 돌아간다. 따라서 비용의 변동은 가격 변동을 의미한다. 여기서 중요한 통찰은 비용 변동이 똑같더라도 시장 지배 환경에서보다 경쟁 하에서 가격 변동이 더 심해진다는 사실이다. 공기를 가득 주입한 자전거 타이어처럼 경쟁 시장에서는 패인 도로를 지나갈 때마다 그것이 당신의 몸에 충격으로 전달된다. 그러나 지배 기업이 시장을 지배하는 환경은 편안한 완충 장치가 있는 오토바이나 자동차와도 같다. 당신의 몸은 움직임은 느끼지만, 대부분의 충격은 바퀴 근처의 코일에서 흡수한다.

가격 변동 또한 판매량의 변동에 발맞춰 반대 방향으로 변한다. 휘발유 가격이 두 배로 오르면 사람들은 운전을 덜 하고 휘발유를 덜 산다. 휘발유 가격이 내려가면 더 많이 산다. 그래서 치열한 경쟁 속에서는 가격의 극심한 변동이 판매량의 극심한 변동을 낳는다. 반면 지배 기업이 지배하는 시장에서는 가격의 완만한 변동은 판매 수량의 완만한 변동을 의미한다. 이는 지배 기업이 지배하는 시장이 생산량의 변동이 훨씬 덜하다는 뜻이다.

이 문제가 왜 일자리에도 큰 영향을 미칠까? 기업들은 생산량에 따라 노동자를 얼마나 고용할지를 결정한다. 이는 계절적 변동에서 가장 두드러지게 나타난다. 미국 최대 세무법인 H&R 블록은 세금 신고 기간이 되면 엄청나게 고용을 많이 한다. 그들은 정규 직원이 2,700명밖에 없지만, 세금 신고 마감일인 4월 15일을 앞둔 몇 달 동안은 임시직을 포함해 90,000명 이상의 직원이 근무한다. 그와 마찬가지로 해변에 있는 식당들도 여름 동안만 종업원을 고용하고 딸기 농사를 짓는 농부들도 수확 기간에만 일꾼을 고용한다. 그래서 많은 통계 자료가 시기별로 달라지는 것이다. 계절적 변동은 조직적이며 (매년 같은 시기에 발생한다) 예측 가능하다.

대부분의 기업은 계절에 따른 변동성이 거의 없지만 생산량을 조절하게 되면 그에 따라 고용을 조정한다. 원유 가격이 높을 때 주유소들은 판매량이 줄어든다. 그리고 스탠 스미스(Stan Smith) 테니스화가 처음 출시되고 30년 후 다시 유행하게 되면 아디다스는 테니스화 생산을 위해 더 많은 노동자를 고용한다. 이와 같은 비 계절적 변동은 패션에서부터 신기술에 이르기까지 수요 측면과 공급 측면이 모두 과잉일 때 발생한다.

이러한 변동은 생산량과 얼마나 많은 노동자를 고용할 것인가를 결정한다. 불완전한 패스스루로 인해 수요와 기술, 비용 변동이 고용 노동자 수에 얼마나 영향을 미칠지는 기업이 가진 시장 지배력에 달려 있다. 경쟁이 치열할 때는 수요나 원가에서의 작은 변동도 가격에 영향을 미치고 가격은 생산량에 영향을 미치고 생산량은 노동자의 수에 영향을 미친다. 반대로 시장 지배력이 큰 경우에는 수요나 기술의 변동은 부분적으로만 가격 변동에 영향을 미치고 충격은 흡수된다. 똑같은 충격을 받아도 충격이 흡수되어 그 기세가 한풀 꺾여 판매량의 변화가 상품 생산 및 판매를 위한 고용 노동자 수의 변화로 이어지더라도 변화의 정도가 그다지 크지는 않다.

예나 지금이나 충격을 겪고 있음은 분명하다. 기업들은 1980년대에 비하면 지금은 수요나 원가에 있어 그때만큼 큰 변동을 겪고 있지는 않다. 변화한 것은 그 충격에 대응하는 방식이다. 연구에 따르면 시장 지배로 인해 노동자들은 이직을 덜 하게 되었고 근속 연수는 더 길어졌다. 이것이 금시계 신화이다. 노동자들은 이제 한두 세대 전보다 더 오래 직장에 머물게 되었다. 그리고 우리가 일찍이 본 것처럼 그 영향은 크다. 1980년대에 3.8%의 노동자들이 매달 이직한 것에 반해 이제는 2.9%로 그 비율이 내려갔다. 현재에는 3분의 2의 노동자들이 이직할 가능성이 있는 것으로 나타났다.

노동 이동에서
노동 이주로

　　전혀 상관이 없어 보이겠지만 어떤 기업들이 노동력을 얼마나 조정하는지에 따라 도시 간, 주 간, 혹은 국가 간 이주하는 가구의 비율이 달라진다. 이사 가구들의 주된 이사 이유 중 하나는 취업 기회와 승진이다. 대다수가 날씨가 좋고 공기가 맑고 전망이 훌륭한 동네로 이사하기를 꿈꾸는 반면 노동 연령의 사람들이 이사를 고려하는 주된 이유는 취업 기회이다.

　기업들은 생산량을 늘릴 필요가 있을 때 노동자들에게 취업 기회를 제공한다. 갑작스럽게 생산량을 늘려야 할 때 고용은 증가한다. 이제 우리는 기업들이 시장 지배력을 가지고 있다면 충격을 흡수할 수 있기 때문에 갑작스러운 수요 증가에 덜 휘둘린다는 사실을 알고 있다. 같은 도시 내에서 이직이 가능한 예도 있지만 아주 좋은 취업 기회가 다른 도시에 있어 사는 곳을 벗어나 이사해야 하는 경우도 종종 발생한다. 결과적으로 시장 지배력을 가진 기업들은 노동력을 자주 조정하지 않아도 되어 도시 간 이동을 줄일 수 있다. 노동자들은 한 직장에 더 오래 머물고 그들의 가족들도 같은 도시에 더 오래 살게 되는 것이다. 따라서 시장 지배의 증가는 이주의 감소를 불러온다.

　실제로 이주와 관련된 자료들은 다음과 같은 놀라운 사실을 보여준다. 1980년에 미국의 주 간 이주율은 연 3%였다. 2016년에 이르러 그 비율은 1.5%가 되었다. 그 후 40년이 채 되지 않아 가구의 이사율은 절반으로 줄었다. 이는 아주 큰 변화로, 시장 지배 이외에도 여러 요인이 이사율 하락에 원인을 제공했다고 볼 수 있다. 아마도 우리는 이사할 필요가 없는데도 이사하면 출퇴근이 더 편리하기 때문에 이사했는지도 모른다. 또한 전문가들은 노인 인구의 증가와 신기술의 등장과 같은 다른 이유를 제시하기도 한다. 신기술의 등장으로 노동자를 비효율적으로 배치하는 사례가 줄어 다시 업무 배치를 해야 할 필요가 줄었다는 것이다. 그러나 시장 지배의 증가를 빼놓고는 이런 이유들이 이주율의 급격한 하락을 설명해 주기엔 역부족이다.

가장 놀라운 점은 이주 비용이 그 어느 때보다 낮아진 시기에 이런 하락 추세를 보인다는 사실이다. 한 세기 전에는 국내외를 막론하고 이주 비용이 훨씬 더 많이 들었다. 나의 증조부는 자녀가 다섯 명이었는데 30년 동안 두 번의 세계 대전을 겪으며 빠듯한 생활비로 근근이 생활을 영위했다. 그는 시골 마을의 검소한 농부로 가축 몇 마리를 기르며 치커리를 재배했다. 하지만 1차 세계 대전이 발발하자 삶은 피폐해졌다.

자녀들이 결혼하고 자식을 낳기 시작하자 가족들은 식탁 앞에서 부담을 느끼기 시작했다. 일할 곳은 부족했고 먹여 살려야 할 식구는 너무 많았기 때문이다. 세 명의 종조부는 집을 떠나기로 했는데 각자 다른 시기에 떠났다. 그들은 번 돈을 모두 모아 각자 앤트워프(Antwerp 벨기에의 항구 도시: 역자 주)에서 엘리스섬으로 바로 가는 대서양 횡단 서비스 레드스타 라인(Red Star Line)의 3등석 티켓을 샀다. 엘리스섬에서 그들은 건강 검진에 통과해 이민자 명단에 이름을 올렸다.

그들 중 두 명은 즉시 디트로이트로 가서 포드 공장에 취직했다. 다른 한 명은 한동안 캐나다에서 일하다가 몬태나주에서 농부가 되었다. 종조부 중 한 명은 미국에 두 번 갔는데, 한 번은 일자리를 구하고 정착하기 위해, 나중에는 아내와 아이들을 데리고 갔다. 그의 자녀 중 한 명인 수잔은 연합군이 승기를 잡기 시작한 1944년 가을 벨기에로 다시 돌아왔을 때 그녀의 고향에서 유명 인사가 되어 있었다. 그녀는 미군 간호사로 입대해 중령까지 승진했다. 그녀가 아버지의 고향 마을에 갔을 때 모든 미군이 그녀에게 일제히 거수경례했고 그 모습을 본 가족들은 놀라서 입을 다물지 못했다.

과거의 이주는 현재의 이주와 크게 달랐다. 과거에 먼 거리를 이동하는 것은 미지의 대륙으로의 탐험 여행과도 같은 것이었다. 20세기 초반에만 해도 서방인 미국으로 이주하는 것은 개발되지 않은 것은 말할 것도 없고 사람들이 많이 살지 않는 도시나 지역에 가서 사는 것을 의미했다. 그에 더해 느리고 비싼 교통수단인 기차나 마차의 비용과 불편함을 감수해야 했고 어떤 자금 지원도 받을 수 없는 훨씬 더 가난한 상황에서 위험에 직면해야만 했다.

2차 세계 대전 후 도로망과 더 빠른 기차와 항공 수단이 발달하면서 이주는 훨씬 더 쉬워졌다. 1960년대는 유럽에서 대이동이 일어난 시기였다. 한 국가 내에서 도시로 이동하기도 했고 주로 지중해 국가들에서 독일, 프랑스, 벨기에로 국가 간의 이동도 많이 이루어졌다. 미국에서는 가족들이 몇 년에 한 번씩 다른 주로 이사하는 경우가 드물지 않았다. 따라서 저렴한 항공편과 폭넓은 여행 옵션이 생겨나면 이동이 훨씬 더 증가할 것임은 예측된 결과였다.

우리는 물론 훨씬 더 많은 이동을 목격하고 있다. 유엔세계관광기구(United Nations World Tourism Organization)에 따르면 세계의 특정 장소에 처음 도착한 사람들의 총 숫자는 지난 25년 동안 3배 증가해 13억에 달하는 것으로 나타났다. 대다수는 여행, 또는 친구와 친척 방문이 목적이고 일부는 사업상의 이유나 일을 하기 위해 방문한다. 그러나 저렴하고 편리한 여행 및 이사 옵션이 있다면 장소 이전이나 이사가 훨씬 더 쉬울 것이다. 물론 코로나 19 팬데믹 사태로 모든 것이 변했고 여행 상황의 변화가 일시적인지 아니면 코로나 이전의 상황으로 되돌아갈 수 있을지는 좀 더 지켜봐야 할 일이다.

여행 비용이 하락했다고 해서 사람들의 이동이 증가하지는 않았다. 비록 우리가 부모님 세대보다 훨씬 더 자주 여행한다고 할지라도 우리가 더 자주 이사한다는 것은 왜곡된 믿음이다. 우리는 부모님 세대보다 직장을 자주 옮기지 않기 때문에 이사도 덜 한다. 시장 지배의 증가로 금시계 신화가 부활하는 것이다.

물론 해외 이주의 경우는 아주 다르다. 먼저, 국경을 넘나드는 일은 그렇게 자유롭지 못하다. 그에 따라 경제적 기회에 있어 잠재적으로 큰 차이가 생긴다. 대신 한 국가 내에서 도시 간 이동이 자유로우면 사람들이 이동하기 때문에 경제적 기회의 차이는 사라진다. 이를 '차익 원리'라 부른다. 뉴욕의 임금은 위스콘신주 제인스빌의 임금보다 높겠지만 생활비 또한 더 높다. 사람들은 임금과 주택 가격을 고려해 가장 잘 살 수 있는 곳으로 이사하려 할 것이다. 그 결과 이론상으로 따졌을 때 사람들은 장소 선택에 대해서는 대체로 무관심한 편이다. 국가 간 이동은 자유롭지 못하므로 예외로 두겠다. 중세 시대에는 도시 간 이동이 자유롭지 못했다. 이동 허가증이 있는 시민들만 출입문을 통해 드나들 수 있었기 때문이다. 그로 인해 일부 도시는 다른 지역들보다 더 매력적으로 보이고 도시에 사는 것이 시골에 사는 것보다 더 좋아 보이도록 만드는 경제적 차이가 생겨난 것이다.

경제적 차이가 더 벌어질수록 사람들이 이사하기 위해 감수해야 하는 희생도 커진다. 1990년대 후반과 2000년대 초반에 이스라엘을 방문해 택시를 타 본 사람이라면 왕년에 유명한 피아니스트나 수학 교수, 혹은 최고의 핵물리학자였던 택시 운전사를 마주쳤을 가능성이 크다.

유대 문화에 강하게 뿌리 박혀 있는 교육을 중시하는 가치관으로 인해 수많은 유대계 러시아인은 수년 동안의 학교 교육을 마친 후 교육, 연구, 문화계의 요직을 두루 거쳤다. 아버지가 유대계 러시아 이민자인 한 이스라엘 동료는 내게 이민자들 사이에 하는 농담을 들려주었다. "이스라엘에서 유대계 러시아인이 전문 피아니스트가 아니라는 걸 어떻게 알 수 있는지 아세요? 바이올린 케이스를 들고 다니면 확실히 아닌 거죠."

새로운 이민자들은 이스라엘에 도착했을 때 그들의 직업 전선과 돈벌이에 영향을 끼칠 세 가지 장벽에 부딪혔다. 첫 번째 장벽은 많은 사람이 히브리어를 유창하게 말하지 못했다는 것이다. 이로 인해 그들은 이를테면 가르치는 직업에서는 불리한 상황에 놓일 수밖에 없었다. 두 번째 장벽은 안 좋은 경제 사정이다. 소비에트 연방의 붕괴로 저축이 별로 없어 가족들을 먹여 살리고 거처를 마련하기 위해 직장을 빨리 구해야만 했다. 그러나 가장 중요한 세 번째 장벽은 그들 모두 교육 면에서나 과거 경력 면에서 아주 훌륭한 신용도를 가지고 가장 좋은 일자리와 고위직을 희망하며 온다는 것이었다. 그 결과 1990년대에 이스라엘에 오는 유대계 러시아인들의 최대의 경쟁자는 이스라엘에 사는 다른 유대계 러시아인들이었다. 이렇게 핵 물리학자와 전문 피아니스트의 과잉 공급으로 인해 고용인들은 저임금으로 최고급 인력을 고용할 수 있었고, 결국 대다수는 그들의 훌륭한 능력을 활용할 수 없는 다양한 직종으로 전업하게 되었다.

노동 시장의 역동성 감소는 나쁜 것인가?

사람들이 직장을 자주 옮겨 다니지 않고 이사를 자주 다니지 않는다는 사실은 안정성 차원에서는 아주 좋은 신호이다. 아이들은 친한 친구들을 남겨두고 전학하지 않아도 되고, 남편들도 아내가 자주 이사해야 하는 직업을 가지고 있어서 새로운 직장을 구해야 하는 일이 없다는 뜻이다. 고용 안정성은 비용이 많이 드는 수많은 사회 정책의 목표다. 기업들이 시장을 지배하게 되자 고용 안정성도 공짜로 따라오고 있다. 하지만 정말 그럴까?

고용 안정성은 바람직하지만, 이직이 줄어든 이유가 시장 지배의 증가임을 잊어서는 안 된다. 기업들은 상품의 가격을 너무 높게 책정하고 그 결과 고객들은 지나치게 높은 가격을 내고 있다. 따라서 그들은 소득이 그대로인 상태에서 더 적게 구매할 수밖에 없게 된다. (즉 실질 임금이 낮아진 것과 다름없는 상황이다). 게다가 노동 수요의 하락으로 인해 임금도 하락한다. 고용 안정성을 얻기 위해 소득이 감소하는 것을 노동자들이 받아들이려 할까? 상품의 가격이 정당하다면 받아들일 수도 있을 것이다.

높은 가격으로 효율성이 사라진 상황에서 고용 안정성의 이점이 그로 인해 치러야 할 대가보다 더 중요시될 가능성은 거의 없어 보인다. 또 손실은 거기서 그치지 않는다. 모든 노동자는 똑같은 직장을 다니며 승진에는 관심이 없다면, 혹은 운이 좋아서 조직 내에서 높은 자리에 앉아 있는 이들에게는 고용 안정성이 높은 것이 아주 유리할 것이다. 하지만 고용 안정성이 승진을 지연시키고 조직에서 가장 하단에 있는 노동자들이 위로 올라가는 것을 막는다면 아주 악영향으로 작용하게 된다.

시장 지배(노동력 조절)와는 별개의 이유로 인해 대부분의 유럽 국가, 특히 지중해 국가들은 직장 이동성이 낮아 승진이 느리고 고용 안정성이 높은 것으로 유명하다. 나의 스페인인 친구는 아내를 바르셀로나에 둔 채로 런던의 금융계 기업에서 수년 동안 일했다. 가정을 꾸리게 되면서 그는 다시 바르셀로나로 돌아와 스페인의 한 대형 은행에 취직하게 되었다. 바르셀로나에서 그 은행은 최고의 직장으로 꼽혔다. 주어지는 특전도 많았고 평생 안정적으로 다닐 수 있는 직장이며 연봉도 높았다. 하지만 근무를 시작하자마자 그는 상사가 은퇴해야지만 승진할 수 있다는 사실을 알아차렸다. 하지만 그는 은행 안팎으로 끊임없이 새로운 기회를 찾아다니며 결국은 승진을 따내는 런던의 역동적인 근무 환경을 경험하고 온 사람이었다. 그는 매우 빠른 속도로 승진했다. 그러나 바르셀로나의 은행에서 승진은 드문 것이었다. 노벨 경제학상을 수상한 위대한 폴 새뮤얼슨(Paul Samuelson)은 경제학 교수들이 둘러앉아 있는 자리에서 과학적 진보는 선임 과학자의 죽음으로 이루어진다고 언급한 바 있다. 하지만 내 생각에는 스페인 기업의 인사부 회의 석상에서 표현을 바꾸어 인용해도 무방할 것 같다. '승진은 상사의 장례를 치러야지만 가능하다.'

사실을 있는 그대로 말하자면 이직률 하락은 고용 안정성을 가져온다는 차원에서 바람직한 현상으로 간주되지만 동시에 기회를 줄이기도 한다. 직장 이동성이 줄어들면 노동자들은 승진 기회가 줄어들고 임금은 정체된다. 시장 지배는 고용 보장과 안정성을 가져다주는 것처럼 보일 수도 있겠지만 무엇보다도 아메리칸드림의 실현을 가로막는다.

4~6장에서 살펴본 것처럼 시장 지배는 임금과 노동력의 이동에 실제적인 영향을 미친다. 다음 장에서는 시장 지배가 노동 시장 이외의 분야에 가져온 결과를 분석하고자 한다. 시장 지배는 사회 구조와 건강, 부, 스타트업, 그리고 이율에도 커다란 영향을 미친다.

제 8 장

부자 도시인, 가난한 도시인

뉴저지주 머서 카운티(Mercer County)의 부유한 교외 도시에서는 엄청난 변화가 일어나고 있다. 나는 2017년에 뉴저지주의 약 16,000명이 거주하는 학원 도시인 프린스턴에서 안식년을 보내고 있었다. 도시의 일자리는 대부분 대학과 그 주변의 제약회사들과 관련된 일자리였다. 하지만 뉴욕과 가까운 위치여서 좋은 학교 주변을 찾는 고소득 통근자들을 끌어들이기도 한다. 이곳은 부유한 도시이다. 몇 마일 떨어져 있는 도심지인 트렌턴(Trenton)과 비교해 보면 그 차이가 확연히 느껴진다.

나는 강아지를 데리고 나와 프린스턴 고등학교의 뒷길을 따라 산책할 때면 몇 블록 아래 동네에 사는 이웃인 조와 그의 아내 베티를 만나 인사를 나누곤 했다. 그들은 날씨가 좋은 날에는 예민한 강아지와 함께 항상 집 앞에 나와 앉아 있었다. 강아지는 기다란 가죽 목줄을 하고 있었는데 우리를 보면 달려들 듯이 으르렁댔다. 그들의 집은 전형적인 1960년대 혹은 1970년대 모델이었다. 무질서하게 흩어져 있는 단층 주택으로, 폭이 넓은 외관과 낮은 지붕, 정면으로 입구가 나 있는 차고가 있었다. 이 주택들은 원래 2차 세계 대전과 1970년대 사이에 자가용 문화가 출현하면서 건축된 것으로, 집들이 더 넓은 부지에 멀찌감치 떨어져 지어질 수 있었다. 잔디는 티 하나 없이 말끔히

이윤의 역설

정돈되어 있었지만 처음 지어진 이후 특별히 집수리를 한 적은 없다고 했다. 조와 베티는 진입로에 포드의 머큐리 그랜드 마퀴스(Mercury Grand Marquis)를 주차해 놓았다. 이 자동차는 2011년에 단종되어 같은 종류의 새 차는 찾아볼 수 없었고 그들의 차는 족히 15년은 되어 보였다. 우리는 직업적인 이야기는 나눠본 적이 없지만, 그 부부는 두 사람 모두 직장 생활을 마무리하는 단계에 있거나 최근에 정년퇴직한 것처럼 보였다.

우리 집 근처에는 새로 지은 주택이 있었다. 집주인은 조와 베티 부부의 집과 비슷한 양식의 오래된 주택을 매입해 허물고 새집을 지었다. '대저택'까지는 아니더라도 그와 비슷하게 지어진 장엄한 3층 짜리 건물로, 천장은 성당의 천장을 본떠서 만들었고 완벽히 단장된 지하실과 두 개의 차고가 있었다. 6개월 만에 랜치 하우스에서 미니 대저택으로 완전히 탈바꿈한 것이다. 이사 온 사람들은 각각 다른 제약회사에서 근무하는 과학자들이었다. 웨이와 리민 부부는 중국에서 태어나 교육받았고 각자 미국 대학에서 박사학위를 취득했다. 연령대는 30대였고 5세 이하의 두 명의 자녀를 두고 있었다. 중국에서 온 그들의 부모는 그들과 함께 살면서 아이들을 돌봐주었다. 진입로에 세워져 있는 두 대의 차는 테슬라 모델 3와 볼보 X90이었다. 웨이와 리민도 예외가 아니었다. 이 동네의 새집에 이사 온 이들은 고학력에 고소득 직종 종사자들이었고 그들 중 다수는 미국 밖에서 태어난 이들이었다.

짐작건대 조와 베티의 가장 최근의 가구 연 소득은 동네에서 가장 낮은 축에 들었을 것이며 심지어 전체 평균보다 낮았을는지도 모른다. 웨이와 리민의 연 소득은 아마도 400,000달러를 충분히 넘고도 남을 것이다. 그들은 아마 가계 소득 분포도에서 상위 1%에 들 것이다. 두 가족은 같은 동네에 살고 그들의 부지도 가격이 비슷하고 재산세도 똑같이 높음에도 불구하고 그들의 삶은 달랐다. 이 동네가 처음 생겨난 이래로 직업에 따른 연봉 차이가 어떻게 생활을 다르게 만드는지 그들의 집과 자동차가 분명히 보여주고 있다.

이 동네에 이사 왔을 때만 해도 성공 사다리의 가장 꼭대기에 있었던 노년층의 사람들은 치솟는 재산세와 얼마 안 되는 소득과 연금으로 인해 이제는 이 동네에 거주하는 것이 부담스러워졌다. 더 중요한 사실은 조와 베티의 자녀들은 이 동네에 살 형편이 못 되어 이곳보다 부유하지 않은 동네로 이사해야 할 것이다. 소득 및 사회적 불평등은 지역에 따른 차별과 궁극적인 슬럼화로 인해 더욱 강화되고 있다.

경제가 변화함에 따라 노동자들과 그들이 하는 일도 변화한다. 20세기 전반기에는 신기술이 노동자들을 일제히 농장에서 공장으로 끌어들였고 최근 몇십 년 동안은 공장에서 서비스 직종으로 끌어들였다. 하지만 이러한 변화가 모든 이에게 똑같은 속도로 일어나는 것은 아니다. 더 중요한 것은 세대에 따라 다르게 일어난다는 사실이다. 농촌에 일자리가 부족하면 젊은 세대들은 일자리를 찾기 위해 도시로 떠나지만 나이 든 세대들은 남아서 터무니없이 낮은 소득을 벌며 일하는 경우도 많다. 20세기 중반에 농촌 공동체가 무너지자 과거 농촌에서의 좋았던 기억을 회상하며 공장이 훌륭한 삶을 파괴했다고 생각하기도 한다. 그리고 이제는 공장에서 일하던 때의 향수를 느낀다. 신기술은 경제를 구조적으로 변화시키고 있으며 그 변화는 세대마다 각각 다른 속도로 일어난다.

내가 런던정치경제대학에서 박사 과정을 밟고 있었을 때 함께 공부하던 친구의 아버지는 스페인의 한 외진 산골 마을의 양치기였다. 1990년대였음에도 양치기는 이미 드문 직업이 되어 있었다. 조와 베티도 말하자면 집 앞에 구형 자가용을 세워두고 옛날 집에 사는 현재의 양치기인 셈이다. 경제 발전은 비용이 많이 드는 변화이며 같은 조건에서 일어나지 않는다. 대부분 비용을 발생시키는 쪽은 보통 나이 든 노동자들이다. 그들이 옛날 기술 경제에서 신기술 경제로 옮아가는 데 비용이 많이 들기 때문이다. 일자리 사다리의 가장 낮은 단계에서부터 새롭게 다시 시작해야 하는 경우도 발생하는데, 활발히 일할 수 있는 근무 연한이 얼마 남지 않은 상황에서 그런 투자를 하는 것은 성공하기 어렵다. 특정 연령대를 떠나서도 이와 같은 직업적 변화는 이제 선택 사항이 아니다. 따라서 많은 나이 든 노동자들은 현상 유지 쪽을 선택하고 결국 처음 일하기 시작했을 때와 비교해 저임금과 불안정한 생활 수준을 감수하게 된다.

혁신으로 인해 집중적으로 가장 큰 타격을 입은 쪽은 나이 든 노동자들이다. 젊은 노동자들은 특히 IT 업종의 경우 더 높은 급여를 받으며 혁신의 이점을 누리고 있기도 하다. 나이 많은 노동자들은 IT 분야에 대해 잘 모르는 경향이 있어 IT 분야에 익숙한 노동자가 부족하다. 그에 따라 어린 IT 노동자들의 급여는 더 올라가는 것이다. 이것이 바로 경제 발전의 커다란 모순 중 하나다. 기술 발전이 젊은 세대에게는 좋은 기회와 사회적 유동성을 제공하는 반면, 양치기와 은퇴자들은 뒤처져 다달이 벌어 먹고살게 만드는 것이다. 기술 발전을 저해하지 않으면서 뒤처진 이들이 받는 피해를 최소화하는 것은 어려운 도전이다. 이 부분에 대해서는 다음 장에서 더 자세히 알아보도록 하자.

기술 발전과 아울러 21세기 초에 나이 든 세대가 운이 나쁘게도 안 좋은 패를 뽑게 된 다른 이유도 있다. 조와 베티의 세대는 베이비 붐 세대인 덕택에 직업적으로 두 차례 크게 타격을 입었다. 미국에서는 2차 세계 대전이 끝난 후 급속한 경제 성장이 이루어지던 시기에 수년 동안 출산율이 크게 상승해 인구 1,000명당 25명 이상이 태어난 것으로 기록되었다. 그러나 1970년대 초가 되자 출산율이 전쟁 전 수준으로 다시 떨어져 인구 1,000명당 12명으로 하락했다. 한 인구 집단이 다른 집단보다 인구가 두 배나 더 많은 것은 노동 시장에 상당히 큰 영향을 미친다. 베이비 붐 세대들은 가장 승객이 붐비는 시간대에 버스를 타는 것과 비슷한 느낌이었으리라. 대다수의 사람은 버스가 아주 복잡한 상황을 경험한다. 절반 정도의 경우 버스가 비어 있긴 하지만 버스가 비어 있을 때는 사람이 거의 없으므로 비어 있는 버스를 경험한 사람은 극소수이다. 붐비는 시간대에 버스를 타는 것은 베이비 붐 세대들이 경험하는 일과 정확히 같다. 늘 사람이 붐빈다.

베이비 붐이 중요한 이유는 그것이 사람들의 직업 전망을 결정하기 때문이다. 기업에서의 노동자 구성은 보통 젊고 경력이 없는 노동자들과 나이가 많고 경력이 있는 노동자들이 섞여 있다. 노동자는 젊은 시절에는 일자리 사다리의 가장 아랫단에서부터 일하기 시작해 서서히 승진해 나이가 들면 관리자나 부장으로 올라간다. 나이 든 노동자들은 많은 경력을 가지고 있으므로 교사나 멘토, 관리자의 역할을 한다. 논의를 위해 편의상 젊은 노동자와 나이 든 노동자가 같은 비율로 필요하다고 가정해 보자. 그렇게 되면 베이비 붐은 베이비 붐 세대의 발목을 잡지만 다른 이들에게는 뜻밖의 행운을 선사하는 것이 된다.

1970년대와 1980년대에 베이비 붐 세대가 젊었을 때는 경력자한 명당 무경력자 2명이 있었다. 노동 시장은 여러 가지 방식으로 이구성의 균형을 맞춘다. 명백하지만 많은 사람이 간과하고 있는 점은절반의 베이비 붐 세대가 미고용 상태라는 사실이다. 더 중요한 것은그것이 임금에 미치는 영향이다. 경력이 없는 젊은 노동자들이 과잉공급 상태일 때는 젊은 베이비 붐 세대들은 더 낮은 임금을 받는 곳에 고용되었다. 베이비 붐 세대가 저임금을 받고 일하기를 거부했다면 다른 누군가가 그 일을 하려고 했을 것이다. 베이비 붐 세대가 공급 과잉이었으므로 일할 사람은 충분히 많이 있었다. 그것이 가져올수 있는 긍정적인 효과조차도 언제 불행으로 바뀔지 알 수 없었다. 가장 유능한 젊은 노동자 중 일부는 관리자의 수가 부족해서 일찍 승진한 경우도 있을 것이다. 하지만 그들도 경력이 거의 없다는 이유로 어쨌든 저임금을 받아야만 했다.

베이비 붐 세대가 젊었을 때 상황이 안 좋았다면 그들이 나이가 들고 경력이 많아졌을 때는 상황이 더 안 좋아졌다. 1990년대와 2000년대 초반 인구 1,000명당 15명의 출산율로 새로운 세대가 탄생했다. 따라서 이제는 젊은 노동자의 수가 너무 적고, 나이 들고 경력이 많은 노동자는 너무 많아졌다. 결과적으로 베이비 붐 세대는 경력이 많은 노동자가 되어서도 다시 저임금을 받게 된 것이다.

빠른 기술 변화와 베이비 붐은 현재의 노년층에 가장 큰 영향을 미쳤다. 하지만 시장 지배의 증가 또한 베이비 붐 세대가 다른 집단에 비해 자신들이 뒤처졌다고 느끼게 된 원인이 되기도 했다. 시장 지배는 전반적으로 사회적 유동성을 저해시킨다. 신기술로의 이전을 더 어렵고 비용이 많이 들게 만들고 세대 간 양극화를 심화시켜 특히 나이 많은 노동자들에게 불리하다. 또한 우리 공동체 내에서 가진 자와 가지지 못한 자 사이의 간극을 넓힌다. 불평등은 불가피하며 항상 존재할 것이다. 하지만 경쟁 경제에서 세대 간의 차이는 훨씬 적으며 오래 지속되지 않는다. 경쟁 경제는 도시 전체에 걸쳐 사람들의 생활방식을 비슷하게 만든다.

부자 동네에서부터 가난한 동네, 빈민가에 이르기까지 지역에 따른 불평등은 항상 존재해왔다. 그러나 더 좋은 동네 내에서 지리적 분리가 심화하면서 문화적 소외가 발생한다. 특히 슈퍼스타가 되는 데 성공하지 못한 중산층이 그런 분위기를 이끄는 중심에 있다. 이러한 소외 현상은 주택 가격의 상승으로 일반 직장인들이 구입할 수 있는 집이 없다는 현실로 인해 더욱 강화된다. 심지어 자신들의 비싼 교외 주택을 파는 사람들조차도 다른 지역으로 이사할 수밖에 없는 실정이다. 모아둔 잔고에서 돈을 뽑아 쓰는 것은 은퇴 생활을 그럭저럭 지탱해 줄 수는 있어도 가족의 재산은 영구적으로 줄어들고 만다.

더 중요한 사실은 어쩔 수 없이 동네를 떠나게 되면 슈퍼스타를 탄생시키는 경제 구심과의 연결이 끊어져 그들의 가족은 경제적으로 소외된다는 것이다. 이처럼 교외 지역의 분열을 조장하는 슈퍼스타 경제는 소수의 노동자와 기업가의 손에 부를 집중시키는 거대 기업들이 인위적으로 만든 것이다. 양극화 문제를 해결할 수 있는 유일한 방법은 시장 경쟁을 회복시키는 것이다. 그렇게 하려면 (뒤에서 언급하겠지만) 새로운 독점 금지 정책이 필요하다.

건강 문제

슬프게도 이제 반이민 케이블 TV 채널에서 반복적으로 말하고 있는 이야기는 늙은 백인 남성들이 화가 나 있는 이유가 급여가 낮아서 뿐만 아니라 이민자나 외국인이 급여가 높은 직장의 좋은 자리를 꿰차고 있기 때문이라는 것이다. 그에 더해 가족의 가치나 기독교에 그다지 신경을 쓰지 않는 다른 문화의 이민자들이 사회질서를 무너뜨리고 있다는 것이다. 그들은 혼외 자녀가 있는 경우도 있고 술과 마약을 하며 범죄율도 놀랍도록 높다.

현실은 훨씬 더 복잡하다. 미국의 시골과 러스트 벨트를 포함해 사양화한 지역에서는 마약 중독이 가족을 해체하고 있다. 결혼제도 아래에서 태어난 자녀들과 함께 화목한 가정을 꾸리고 조부모가 자녀를 돌봐주며 사회 공동체의 지지를 받는 웨이와 리민의 가족은 바람직한 예가 될 수 있겠다. 가족 중 누군가가 마약 중독 문제를 겪고 있는 늙은 백인 남성들은 이제 이웃들이 더 부유하며 훨씬 더 사회 질서에 협조적이며 훨씬 더 행복하다는 사실을 인정해야만 한다. 슈퍼스타 이민자들이 많은 특권이 주어지는 사회적 환경을 누릴 뿐만 아니라 저임금을 받는 다수의 라틴계와 아시아계 이주 노동자들도 조와 베티보다 더 가난하지만 훨씬 더 풍부한 소셜 네트워크를 가지고 있다. 조는 일자리 사다리의 가장 아랫단에서 그의 직장 생활을 마감했고 지금도 사회 사다리의 가장 아랫단에 놓여 있다. 그리고 이는 그의 건강 상태에 영향을 미치고 있다.

인간의 기대 수명을 측정하기 시작한 이래로 기대 수명은 점점 늘어났다. 그것 또한 기술 및 경제 발전의 주요 성취 중 하나라 볼 수 있다. 우리는 더 좋은 음식을 먹고 더 규칙적으로 충분한 칼로리를 섭취한다. 건강에 해가 되는 생활방식에 대한 정보를 쉽게 접할 수 있게 되었으며 건강관리 기술도 엄청난 발전을 이뤘다. 그러나 미국에서 하나의 특정 부분 모집단에서만 이 추세가 반대로 나타났다.

앤 케이스(Anne Case)와 앵거스 디턴(Angus Deaton)은 그들의 저서 〈절망의 죽음과 자본주의의 미래(Deaths of Despair and the Future of Capitalism)〉에서 1990년대 후반부터 다른 부분 모집단들은 사망률이 더욱 감소했지만 45~54세 사이의 백인 미국인들의 사망률은 다시 증가하기 시작했음을 지적했다. 이 중년 사망률의 증가는 남성과 여성 모두와 교육 수준이 높은 그룹에서 관측되었다. 그렇지만 교육 수준이 더 낮은 그룹에서 증가율은 가장 높게 나타났다. 이 현상은 미국에 국한된 것이다. 다른 모든 선진국에서는 이 부분 모집단에 대한 사망률이 지속해서 하락했다. 1990년대 후반에는 그 중년 백인 미국인들이 베이비 붐 세대였고 현재의 중년 백인 미국인들은 베이비 붐 세대의 자녀들이다.

케이스와 디턴의 연구에 따르면 중년의 백인 미국인들의 사망률 증가의 원인은 주로 음독, 자살, 만성적인 간 질환이었다. 이는 완전히 새로운 사실은 아니지만, 이 연구에서 주목해야 할 사실은 약물 및

이윤의 역설

알코올과 관련된 죽음이 하락세를 보였던 사망률을 뒤집을 만큼 비중이 크다는 사실이다. 케이스와 디턴은 경제적 요인들이 인구통계학적 집단의 사망률 증가의 원인을 설명해 줄 수 있을 것이라 암시하고 있다. 이 세대가 어른이 되었을 때 불평등은 증가하기 시작했고 그들은 부모 세대보다 풍족하지 못한 첫 번째 세대가 되었다.

사망률 증가세를 보이지 않는 다른 국가에서도 불평등은 많이 존재하는 것이 사실이다. 하지만 미국에서 불평등의 심화 사실이 더 많이 알려지는 측면도 있다. 불평등의 증가로 이 세대의 상당수는 임금정체와 불평등으로 그들의 부모보다 더 가난하게 살고 있다. 시장 지배의 증가가 불평등을 심화시키고 불평등이 자살과 약물 중독으로 인한 사망을 증가시키므로 시장 지배가 이 세대의 사망률 증가와 상관이 없다고 말하기는 어렵다.

게다가 기대 수명의 불균형도 증가하고 있다. 미국의 가장 부유한 남성들(가계 소득 상위 1%)은 가장 가난한 남성들(가계 소득 하위 1%)보다 15년 더 오래 산다. 여성의 경우 그 차이는 10년이다. 그 격차는 2001년에서 2014년 사이에 3년 이상 증가했다. 거주지 차별, 소득 불균형, 혹은 실업률과 같은 경제적 결과만이 수명 차이를 초래하는 것은 아니다. 흡연, 비만, 운동과 같은 행동의 차이도 중요한 요소로 작용한다. 이민자가 더 많고 집값이 더 높고(대도시) 대학 졸업자들이 더 많은 지역은 기대 수명이 더 길다.

특히 경제적 불평등은 사람들의 건강에 영향을 미친다. 이 책에서 줄곧 확인해온 것처럼 시장 지배는 부자와 가난한 자의 소득 격차를 더 심화시킨다. 그러므로 시장 지배의 증가는 건강 불평등의 증가를 설명해 줄 원인으로 그 첫 번째 후보이다. 지배 기업들의 증가와 경쟁의 부재는 일반 노동자들이 노동의 대가로 받는 임금에만 영향을 미치는 것이 아니라 그들의 육체적 건강에도 영향을 미친다.

우리는 시장 지배가 건강한 경제에 부정적인 영향을 끼치기도 한다는 것을 살펴보았다. 그러나 부정적인 경제적 영향에도 불구하고 주식 시장은 번성할지도 모른다. 실물 경제와 주식 시장의 이분화는 이윤의 역설에서 가장 중요한 대목이라 할 수 있다.

주가가 상승해도 경제 건전성은 떨어질 수 있다

주식 시장은 롤러코스터처럼 움직인다. 내가 이 책을 쓰고 있는 시간과 당신이 이 책을 읽고 있는 시간 사이에 주식 시장이 어떻게 변할지 누가 알겠는가? 설사 커다란 충격으로 주식 시장이 크게 하락한다 해도 (2020년에 코로나19 팬데믹이 발생했을 때 혹은 2008년 금융 위기 때 그랬던 것처럼) 주요 주식 시장 지표는 몇 년 내로 회복한다(코로나19 팬데믹의 경우 수개월 사이에 회복하기도 했다). 갑작스러운 단기 변동을 장기적 시각으로 혼란스럽게 만들기보다는 장기적인 안목으로 2차 세계 대전 이후의 주식 시장 변화에 초점을 맞춘다면 뭔가가 보일 것이다.

2020년 11월 다우존스30 산업평균지수(다우지수)는 30,000을 돌파했다. 주가지수는 항상 등락을 거듭하지만 1980년대 이후 다우는 인플레이션에 맞춰 연평균 6.2% 성장해왔다. 하지만 항상 그랬던 것은 아니었다. 1981년에는 인플레이션에 맞춰져 있던 주가지수가 1946년 2차 세계 대전 직후와 동일한 수준으로 떨어지기도 했다. 35년이라는 기간 동안 실제 성장률이 제로였다는 뜻이다.

이는 1980년부터 크고 작은 기업들이 번창했음을 보여준다. 예를 들면 항알러지 장치 에피펜의 제조사인 (2장에서 언급했었던) 미국 기업 마일란은 최근 몇 년 동안 지속해서 큰 수익을 올리고 그 결과 주가도 크게 오른 것으로 보고되었다. 다양한 규모의 많은 기업의 주식 가치도 크게 올랐다. 우리가 잘 알고 좋아하는 애플, 비자, 존슨앤존슨, 알파벳 등 대다수의 대기업도 최근 몇 년간 주식 시장에서 전례 없는 고공 행진을 벌이기도 했다.

이미 예상하듯이 주가가 가장 높은 기업들이 시장 지배력을 가장 많이 가지고 있기도 하다. 시장에 있는 기업의 수는 줄어들고 있으며 각각의 기업은 더 시장 점유율을 높이려고 한다. 경쟁이 줄어든 이러한 편안한 상황은 기업들이 더 많은 수익을 올리도록 해준다. 이는 기술 대기업들에만 해당하는 현상이 아니다. 시장 지배는 첨단 기술에서 섬유 산업에 이르기까지 모든 업종에 만연해 있다.

주식 시장이 호황인 것은 놀라운 일이 아니다. 투자자들은 항상 시장 지배력을 지닌 기업들을 찾고 있다. 최근에는 가장 안전한 해자를 구축한 성들(시장 지배력을 가지고 있고 그것을 더욱 키우고 있는 기업들의 주식)을 골라내는 데 워런 버핏보다 더 성공적인 사람은 없었다. 시장 지배력을 이용해 마일란이 에피펜의 가격을 올리면 투자자들은 그로 인해 기업의 이윤이 증가할 것이라 믿기 때문에 마일란의 주가는 상승한다. 그리고 이윤이 증가하면 투자자들은 그 기업에 더 많이 투자하려고 한다. 하지만 보통의 경우 주식 시장이 호황일 때는 경제가 건강하다는 신호로 받아들여진다. 하지만 실제로는 그렇지 않다. 경쟁 경제에서 기업들이 고수익을 얻는 시장은 그 이익의 일부를 얻을 기회를 잡으려는 새로운 진입자들을 끌어들이기 때문이다. 당신이 앞서가기 위해 기술을 개발한다고 해도 경쟁자들도 그 뒤를 따를 것이고 기술 혁신에 나설 것이다. 경쟁은 불가피하게 시장 지배를 줄이고 가격을 낮춘다. 또한 시장 지배력이 별로 없으면 기업의 주가도 내려간다.

연구 조사에 따르면 기업의 주가와 시장 지배력 사이에 직접적인 관계가 있는 것으로 나타났다. 예상하듯이 더 높은 시장 지배력을 지닌 각 기업은 주가도 더 높다. 기업의 주식 시장 실적은 매출 대비 주식 시장 가치의 비율로 측정한다. 모든 상장 기업을 통틀어 이 비율의 평균 수치는 1980년에 0.5 이하에서 지금은 1.5 이상으로 증가했다. 3배 증가는 엄청난 수치이며, 상승의 대부분은 시장 지배력을 가장 많이 가지고 있는 기업들이 주도한 것이다. 이는 투자자들이 미래에 배당금이 증가할 것을 기대하고 있다는 뜻이다. 결국 한 기업의 주가는 미래 수익성의 척도다.

코로나19 위기 시기에는 이 사실이 더욱 명확하게 드러난다. 실업률은 역사상 최고치인 14%에 달하고 GDP(국내총생산)는 거의 10% 하락했지만 주식 시장은 빠른 속도로 회복했다. 매출이 평균 15% 하락한 상장 기업들은 그에 상응하는 정도로 비용을 줄인 덕분에 수익이 크게 하락하지 않았다. 그리고 이 기업들은 경쟁이 계속해서 줄었기 때문에 매출이 줄었음에도 수익은 더 증가할 것을 기대할 수 있다. 비상장 소기업들이 파산을 선언함에 따라 지배 기업들의 주식 시장에서의 경쟁도 더욱 줄어들 것이다.

오해하지는 마시라. 주가는 해당 기업의 가치를 충분히 보여준다. 하지만 현재와 같은 정도로 시장 지배가 존재할 때는 주식의 가치가 경제적 건전성을 반영하지 못한다. 이것이 바로 이윤의 역설의 핵심이라 할 수 있다. 주식은 지난 35년간 놀라운 성장을 이루어냈다. 하지만 경제는 가격 상승과 생산량 하락, 그리고 임금 하락으로 서서히 허약해졌다. 유감스럽게도 불건전한 경제로 인해 입은 손실은 높은 주가로 얻은 이익보다 더 크다. 생산량의 증가가 둔화하면 결국은 워런 버핏조차도 자신의 투자 포트폴리오에서 그걸 느낄 것이다.

나는 이미 시장 지배가 노동자들에게 특히 큰 피해를 준다는 점을 분명히 했다. 시장 지배는 경제 전반에서 일어나는 현상이므로 노동에 엄청난 영향을 미친다. 시장 지배는 더 높은 가격과 더 낮은 판매 수량을 의미하며 그 결과 노동 수요와 임금을 하락시킨다. 일반적인 노동자들은 두 번 손해를 봐야 한다. 첫째는 노동 수요가 하락하면서 임금이 하락한 것이고, 두 번째는 노동자가 소비하는 제품이 독점 가격에 판매되므로 그들의 구매력을 더욱 하락시킨다는 것이다. 또한 이것으로 충분치 않은 노동자는 세 번 손해를 입고 만다. 그들은 주식을 보유하고 있지 않기에 시장 지배가 가져다주는 경제적 이득을 포기해야 하기 때문이다.

하지만 지금으로서는 많은 이들이 강세장을 즐기고 있고 불건전한 경제로 고통받고 있지는 않다. 이 책을 읽는 당신은 주식형 연금 펀드에 가입되어 있고 일자리 사다리에서 어느 정도 권력 있는 지위를 차지하고 있을 것이므로 시장 지배의 혜택을 받는 순 수혜자일 가능성이 크다. 어쩌면 당신이 지급하는 비용이라고는 알러지 증세를 보이고 있는 당신의 자녀를 위한 고가의 에피펜일는지도 모른다.

더 심각한 것은 2020년 코로나19 팬데믹이나 2008년 금융 위기 당시 경제 전반이 하락세로 돌아섰을 때조차도 경제를 소생시키기 위한 정책적 개입이 대기업의 주주들에게 편파적으로 유리하게 이루어졌다는 점이다. 경기 침체기가 아닐 때 항공 여행의 수요가 급격히 떨어지리라는 걸 누가 예상이나 했겠는가? 하지만 납세자들이 항공사들을 구제해 줘야 할까? 그래서 주주들에게 엄청난 액수의 지원금을 대줘야 할까? 그 주주들은 좋은 시기에든 나쁜 시기에든 위험을 감수하고 투자한 것이었다. 그들을 국가 세금으로 긴급 구제해 준다면 남는 것은 오직 좋을 때 얻게 되는 혜택뿐이다.

주식을 보유하지 않아 시장 지배가 가져다주는 이득을 놓치고 있는 가구들이 가장 큰 걱정이다. 이것이 점점 더 부의 분배를 불평등하게 만들기 때문이다. 소득이 점차 불평등하게 분배되는 것뿐만 아니라 부 또한 그러하다. 재산이 거의 없는 사람들과 불건전한 경제의 증상으로부터 고통받고 있는 이들은 충분한 정보를 받고 있지 못하다. 하지만 우리의 자녀 중 다수도 패배자가 될 것이다. 젊은이들은 이제 더 낮은 임금을 받는 직장에 다니고 있고 한 세대 전과 비교해 훨씬 더 적은 재산을 보유하고 있다. 그 결과 그들은 부모들이 집을 산 것보다 더 늦은 나이에 집을 산다. 설사 당신이 완전한 승자라 할지라도 당신의 자본 소득은 당신 주변 사람들이 입은 모든 손실액을 합친 것보다 많지 않을 것이다.

현재의 정부 정책은 시장 친화가 아닌 기업 친화적인 정책으로 기

이윤의 역설

울어지고 있다. 그로 인해 주식을 보유한 사람들과 그렇지 못한 사람들 사이의 부의 격차가 벌어지고 있다. (12장에서 정부 정책에 대해 자세히 이야기할 예정이다). 시장 지배에 맞서 싸우게 되면 생산량은 증가할 것이고, 그것이 가격을 하락시키고 임금은 상승시키고 주식 소득은 더 낮추어 필연적으로 재분배를 불러일으킬 것이다. 현재의 정치 환경에서는 승자들이 주식에 취해 있는 사이 패자들은 케이블 TV를 보며 위로받고 있다. 당신의 연금 펀드에는(연금 펀드를 가지고 있다면) 아직 당장의 위험이 감지되고 있지는 않다. 마치 마약 중독처럼 이 유행병은 치료하려면 시간이 걸릴 것이며, 현재 주식을 소유하고 있는 이들은 기업들이 시장 지배력과 엄청난 수익을 잃게 되면 그들의 부에 큰 타격을 입어 큰 대가를 치러야 할 것이다. 그러나 만약 언젠가 치유가 시작되고 1980년대에 우리가 알던 경쟁 시장으로 완전히 회귀한다고 할지라도 다우지수가 30,000이 아니라 10,000 이하로 떨어지는 때를 대비해야 한다. 그것이 건강한 경제의 필수적인 신호다. 그리고 또다시 이것이 이윤의 역설이다.

스타트업
신화

사기충천한 주식 시장은 지배 기업들의 수익성을 반영하고 있지만 다른 대부분 기업의 고전을 감추고 있기도 하다. 절반 이상의 기업이 1980년대에 비해 더 낮은 마크업을 보여주고 있으며 최상위 기업들만이 아주 높은 시장 지배력을 가지고 있다. 주식 시장은 편파적으로 지배 기업들의 성공만을 반영하고 있어 주식 시장의 성공을 비공개 기업들을 포함한 모든 기업의 승리로 기뻐할 수는 없다. 시장 지배의 증가는 주식을 보유하지 않은 가구들과 노동에 불리한 영향을 미칠 뿐만 아니라 지배 기업이 아닌 대부분의 기업에게도 영향을 미친다. 현재의 경제 기류는 분명 시장 친화적이지 않다. 이제 우리는 이런 상황이 기업 친화적이지도 않다는 사실을 깨닫고 있다. 다수의 기업, 그중에서도 중소기업들은 그 어느 때보다도 어려운 시기를 보내고 있기 때문이다. 현재의 환경은 대기업 친화적인 환경이다.

그렇다면 이 기술 혁신의 시기가 스타트업들에게 어느 때보다도 좋은 환경이라는 일반적인 인식은 맞는 것일까? 과거 20~30년 동안 우리는 기술 분야에서 스타트업들의 눈부신 성장을 목격했다. 구글, 아마존, 페이스북과 같은 일부 스타트업은 눈 깜짝할 새 세계에서 가장 큰 기업들로 성장했다. 이 거대 기업들뿐만이 아니다. 규모가 작거나 잘 알려지지 않은 스타트업들 중에도 성공한 기업들이 많다. 반면 팻츠닷컴(pets.com)이나 가브워크스닷컴(govWorks.com)처럼 실패한 스타트업들도 많다. 그 기업들은 영화 〈스타트업닷컴(Startup.com)〉에 등장함으로써 그 명성을 이어가고 있다. 당연한 이야기지만 스타트업의 실패는 위험한 투자에서 기인하는 것이다.

지금이 스타트업의 시대라는 생각은 일반적인 인식이지만 잘못된 믿음에 불과하다. 현실이 그것을 분명히 말해주고 있다. 1980년이 되기 직전 스타트업(설립된 지 1년이 안 된 기업들)의 비율은 14%였고 2018년에는 8%였다. 사람들이 현재 더 많은 스타트업이 존재한다고 착각하는 이유는 빙산의 일각만을 보고 있기 때문이다. 구글, 페이스북, 아마존과 같은 거대 기술 기업들과 함께 바라보면 성공한 스타트업들은 아주 두드러져 보인다. 물론 우리가 지금 말하고 있는 대상은 작은 스타트업들이다. 그들 대다수는 비교적 일찍 실패한다. 그에 더해 스타트업들은 기술 분야에만 있는 것이 아니라 모든 분야에 존재한다. 이를테면 새로 문을 연 작은 식당이나 술집, 지역 사업체들을 대상으로 하는 작은 회계사 사무실, 대학에서 출원한 특허를 기반으로 설립된 생명공학 기업 등도 스타트업이다.

이들 모두 스타트업이며 그 숫자는 그렇게 많지 않다. 스타트업의 수가 생각보다 많지 않다면 크게 성공하는 스타트업의 수도 그리 많지 않은 것이다. 그 결과 기업 공개를 하는(주식 시장에 상장하는) 스타트업의 수도 점차 줄어들고 있다. 연간 신규 상장 기업의 수는 1990년대에 평균 409개에서 2010년대에는 117개로 줄었고 2019년에는 112개로 줄었다.

스타트업의 수가 감소하는 메커니즘은 복잡하다. 앞서 수익이 많이 증가했음에도 불구하고 시장에 진입하는 기업들의 수는 줄어든 이유에 대해 이미 언급했다. 시장 지배 기업들이 자신들의 성 주변의 해자를 더 넓히는 데 성공했기 때문이다. 이는 자본주의의 기본 원칙에 어긋나는 것이다. 어떤 기업들이 초과 수익을 창출하고 있다면 얼마간의 자본을 가진 누구라도 시장에 합류해 비슷한 제품을 생산하고 더 낮은 가격을 제시함으로써 수익성 높은 기업의 고객들을 놓고 경쟁을 벌일 수 있어야 한다. 그와 같은 가격 경쟁을 통해 시장에 새롭게 진입한 기업이 수익 일부를 가져갈 수 있게 되는 것이다.

오늘날에는 왜 이와 같은 경쟁이 벌어지지 않는 것일까? 그 이유는 결국 시장 지배의 증가이다. 첫째, 스타트업의 감소는 시장 지배의 결과인 동시에 원인이기도 하다. 스타트업의 감소가 시장 지배의 원인을 제공했다는 것은 지배 기업들에게는 반가운 일이다. 시장에 진입하는 기업의 수가 더 적어진다면 경쟁은 줄어들 것이고 그에 따라 기존의 잘나가는 기업들이 더 많은 지배력을 가지게 되는 것이다. 그러나 스타트업의 등장이나 기업들의 시장 진입은 경제학 용어로 '균형적 결과(equilibrium outcome)'라고 부른다. 기업들의 시장 진입 여부는 지배 기업들이 시장을 장악하고 있는 정도에 따라 결정되는 것을 의미한다.

애초에 시장 지배가 생겨난 원인을 생각하면 스타트업의 비율이 하락한 것은 시장 지배가 상승한 결과이다. 3장에서 기술 발전이 아마존과 같은 기업들에 치우치게 된 원인을 설명한 것처럼 기업들은 더 낮은 비용을 들여 생산하거나 더 품질이 좋은 상품을 생산함으로써 생산성을 더욱 높이기 위해 엄청난 투자를 한다. 그러한 투자가 규모의 경제와 만나게 되면 더 발 빠르게 움직이는 기업이 필요한 규모와 낮은 비용을 실현해 시장 점유율과 수익이 낮은 경쟁자들에 대항할 수 있게 된다. 규모와 효율성으로 인해 아마존은 최저가에 판매하면서도 비용 우위를 가질 수 있는 것이다. 기존의 기업들이 경쟁이 힘들다면 새로운 시장 진입자들은 더 경쟁이 어려울 것이다. 시장에 새로 진입한 기업이 수익을 올릴 수 있는 유일한 방법은 동일한 비용효율과 규모를 만들어내는 것이다. 이는 엄청난 투자가 필요한 일이며 기존의 기업들이 애초에 시장 지배력을 지니게 된 이유다. 따라서

이윤의 역설

기업들의 시장 지배로 새로운 기업들이 시장에 발붙이기 힘들어져 스타트업의 비율이 낮아지는 것이다.

경쟁 기업을 인수하려는 지배 기업들의 존재가 사업을 시작하는 충분히 좋은 동기가 될 수도 있다. 부모님의 차고에서 사업을 시작하는 사업가라면 누구라도 결국 기술 대기업에 인수된 유튜브나 인스타그램과 같은 기업을 설립하고 싶다는 꿈을 꿀 것이다. 독립적으로 상장을 하게 되든 큰 기업에 인수가 되든 큰 차이는 없다. 양쪽 모두 창업자는 젊은 억만장자가 되는 것이다.

앞서 언급한 것처럼 이 예들은 빙산의 일각이다. 구글과 페이스북은 그들이 돈이 아주 많다는 이유로 스타트업에 함부로 돈을 뿌리지는 않는다. 그들 또한 내부에 비슷한 기술을 가지고 그런 기업을 설립할 전문가와 자원을 가지고 있다. 해당 스타트업이 특별히 기술 우위를 가지고 있지 않다면, 그리고 더 중요한 점은 유튜브와 인스타그램과 같은 플랫폼 기업들이 가진 규모의 경제를 가지고 있지 않다면 기술 모방이 쉽게 가능한 경쟁 기업에 굳이 투자할 이유가 없는 것이다. 다시 한번 말하지만 시장 지배가 심화될수록 대기업에 인수되기를 꿈꾸며 창업을 해서는 안 될 것이다.

과대평가된 주식 시장과 같이 허약한 스타트업이 많다는 것은 시장 지배로 병든 건강하지 못한 경제를 알려주는 신호라 할 수 있다. 이제 병든 경제의 마지막 신호에 대해 알아보자. 그것은 바로 '인플레이션의 부재'다. 이는 최고위직에 있는 정책 입안자들을 다소 긴장하게 만드는 시장 지배의 결과다.

인플레이션과
금리 하락

경제학자들이 정책 입안에 미친 영향 중 가장 성공적인 것은 분명 인플레이션 안정화일 것이다. 이제 가장 앞서가는 선진국들은 독립적인 사법부의 정신을 살려 정치적 입김과 선거 주기에 직접적인 영향을 받지 않는 독립적인 중앙은행을 가지고 있다.

정치인들은 추가적인 지출을 발생시켜 경기를 부양함으로써 세금을 올리지 않고도 경제 상황이 좋아져 그들의 행정부가 경제 성장에 성공한 것처럼 보이기를 원할 것이다. 국가 채무를 늘림으로써 그렇게 할 수 있지만, 훨씬 더 효과적이면서도 주목을 받지 않아도 되는 방법은 화폐를 발행하는 것이다. 자금 투입은 단기적인 부양 효과는 있겠지만 종국에는 가격을 상승시켜 가계가 높은 물가와 구매력 저하로 고통받게 되어 경제를 혼란에 빠뜨리게 될 것이다.

여러 경제학자는 인플레이션이 그 자체로는 해롭지 않다는 시각을 가지고 있다. 하지만 예기치 못한 인플레이션의 변이가 해로운 것이다. 사람들이 자신의 미래 소득의 가치를 예상할 수 없게 되기 때문이다. 그에 따라 독립적인 중앙은행의 목표는 인플레이션을 안정적인 수준, 즉 보통 연 2%로 유지하는 것이 되었다.

역사적으로 보면 인플레이션 수준은 아주 낮아서 거의 제로에 가까웠다. 물론 11세기 중국 송나라에서 사용되기 시작한 종이돈의 형태이든, 아니면 15세기 후반에 스페인 가격 혁명 중 등장한 동전의 형태이든, 화폐가 교환 수단으로 등장한 이래 인플레이션에 대한 우려는 늘 존재했다. 당시 에스파냐 제국에 유입된 금과 은이 연간 평균

1~1.5%의 인플레이션을 발생시켰다. 이 수치는 지금의 기준으로 봤을 때는 낮은 것이다. 그러나 당시에는 사실상 종이돈이 존재하지 않았으며, 더 중요한 점은 그것이 의도적인 정책이라기보다는 남미에서 금과 은이 무분별하게 유입된 결과였다는 사실이다.

그때부터 정치인들은 시뇨리지(화폐 주조세)라는 뜻밖의 소득원을 발견하게 되었고 정부는 실물 상품과 서비스를 받고 아무 가치도 없는 종잇조각을 인쇄해서 나누어 주었다. 그 종잇조각을 소유한 사람은 인플레이션을 통해 시뇨리지를 지급하게 되는 셈이다. 시간이 지나면서 인플레이션은 똑같은 금액으로 제품을 더 적게 구매하게 만들기 때문이다. 인플레이션은 이를테면 전쟁이 일어났을 때 노동세를 올리지 않고도 과도한 부채를 갚을 수 있는 편리한 도구가 되어 주었다. 이와 같은 상황은 상승 나선을 발생시켜 초인플레이션으로 이어질 수 있다. 많은 독재자의 사례에서 보았듯이 정부 지출을 비슷한 수준으로 유지하기 위해서는 인플레이션이 점점 더 확대되어야 하기 때문이다. 인플레이션은 정부 지출을 감당해주는 유익한 도구가 되어 주지만, 이제는 예측 가능한 낮은 수준의 인플레이션이 기업과 가계가 투자할 수 있는 안전한 환경을 만들어준다는 차원에서 바람직하다는 데 모두가 의견을 같이하고 있다. 또한 독립성을 지닌 중앙은행이 가격 안정화라는 목적을 달성하기에 가장 좋은 방법이라는 것이 전 세계적인 사례들로 입증되고 있다.

하지만 최근 중앙은행 총재들은 새로운 문제들에 직면해 있다. 놀랍게도 그 문제 중 하나는 인플레이션율이 너무 낮다는 것이다. 인플레이션율이 낮을 때는 중앙은행의 통화 정책으로 저금리의 부양 효과를 내지 못한다. 그리고 이것이 바로 문제가 되는 부분이다. 무위험 수익률(손실 위험이 전혀 없는 투자 수익률)은 1980년대 초반 이후 꾸준히 하락했고 이제는 바닥을 치고 있다. 투자자들은 10년 만기의 미국 재무부 장기 채권 수익률을 무위험 수익률의 기준으로 보고 있다. 미국 국채 투자는 아주 안전하기 때문이다. 하지만 미국 재무부 채권 수익률은 1980년대 초반부터 큰 하락세를 보이고 있다.

물론 1980년에 무려 12.5%에 달했던 인플레이션율을 조정할 필요는 있었다. 인플레이션이 조정되고 난 뒤에도 무위험 수익률은 1980년부터 약 3%에서 현재는 1%를 약간 웃도는 수준까지 하락했다. 낮은 무위험 수익률이 문제가 되는 것은 금리가 너무 낮아 제로에 가까워지면 통화 정책으로 경제를 부양할 수 있는 여지가 거의 없어지기 때문이다. 무위험 수익률의 하락과 더불어 현재 인플레이션율은 매우 낮아 통화 확대 정책에 따른 인플레이션이 발생하지 않고 있다.

이것이 중앙은행 총재들이 시장 지배의 증가에 어리둥절하는 이유이다. 시장 지배가 증가한다는 것은 가격이 지나치게 상승하고 있음을 의미한다. 기업들이 시간이 지남에 따라 시장 지배력을 키우게 되면 제품을 해마다 더 높은 가격에 판매한다. 그래서 시장 지배가 증가하지 않고 마크업도 계속 평균을 유지했다면 인플레이션율은 더 낮아져 1980년부터 현재까지 연간 약 1%를 기록했을 것이다. 아니면 이보다 더 낮았을지도 모른다. 중앙은행 총재들은 인플레이션율을 높이느라 그토록 고생하고 있지 않은가! 이해를 돕기 위해 조금 단순화해서 설명해보겠다.

기술이 발전하면서 제품의 생산 비용은 더 저렴해지고 그 결과 가

이윤의 역설

격도 더 하락한다. 오직 시장이 경쟁적이라는 가정하에서 말이다. 예컨대 극단적인 가정이긴 하지만 우리가 유일하게 소비하는 제품이 컴퓨터라고 가정해 보자. 무어의 법칙에 따르면 집적회로 1제곱센티미터당 트랜지스터의 수는 2년마다 2배씩 증가하며, 이 기하급수적 성장은 기하급수적 가격 하락으로 이어진다. 그럴 때 컴퓨터만 존재하는 이 경제는 인플레이션율이 크게 하락할 것이다. 우리는 여전히 하나의 컴퓨터만을 사용하지만, 지금은 컴퓨터가 훨씬 더 빠르고 몇십 년 전과 비교해도 더 비싸지 않다. 따라서 일단 품질이 상향 조정되고 난 후에는 컴퓨터의 가격이 하락했다. 이는 우리가 긍정적인 인플레이션보다 부정적인 인플레이션의 세계를 더 분명히 상상할 수 있다는 것을 의미한다.

물론 우리는 컴퓨터보다 훨씬 더 많은 상품을 소비한다. 다른 상품들은 경제 발전과 함께 가격이 상승한다. 토지는 부족하고 주택 가격은 주택 가격 자료가 수집된 이래로 지속해서 상승했다. 그럼에도 전반적으로 우리의 장바구니에 담겨 있는 제품 상당 부분의 가격은 하락했다. 대표적으로 공산품과 농산물, 식품, 운송비가 하락했다. 시간이 지나면서 기술 발전의 결과로 생산비가 하락하자 가격도 하락한 것이다.

그렇다면 우리 소비의 상당 부분이 더 저렴해지고 있다면 연방준비제도 이사회에서 어떻게 인플레이션율을 2%로 유지할 수 있을까? 컴퓨터와 식품처럼 돈은 우리가 가치를 두는 또 하나의 상품으로 해석될 수 있다. 시장에 더 많은 돈을 주입함으로써 돈은 더 풍부해지고 그로 인해 더 저렴해진다. 똑같은 양의 상품과 서비스는 이제 더 많은 금액의 돈으로 교환되며 그 결과 다른 모든 상품의 가격도 상승해 돈의 가치가 하락하게 되는 것이다. 이것이 인플레이션이다. 그러므로 급속한 기술 발전이 가격 하락을 불러온다고 하더라도 중앙은행(미국 연방준비제도 이사회가 되었든 유럽 중앙은행이나 다른 국가의 중앙은행이 되었든)은 인플레이션 발생을 유도하기 위해 시장에 유통되는 통화의 양을 늘릴 수 있다. 따라서 기술 발전이 가격 하락을 발생시킨다 해도 인플레이션 목표치인 2%는 달성될 수 있는 것이다.

시장 지배 현상으로 인해 1980년대부터 마크업이 꾸준히 상승했으므로 중앙은행은 시장 지배가 없는 경쟁 시장일 때 시장에 주입했을 만큼의 통화량을 주입할 필요가 없었다. 여기서 가장 중요한 통찰은 시장 지배가 비용 대비 가격의 비율에 영향을 미치는 것처럼 기술 변화가 생산비에 영향을 미친다는 것이다. 그래서 (기술 변화로 인한) 비용 하락과 (시장 지배로 인한) 마크업 상승이 동시에 발생할 수 있는 것이다. 급속한 기술 발전으로 말미암아 우리는 여전히 가격 하락과 마크업 상승을 기대할 수 있다. 예컨대, 컴퓨터 업계에서 시장 지배가 심화되면 급속한 기술 발전으로 인해 품질이 향상된 컴퓨터의 가격은 하락한다. 하지만 마크업 상승으로 인해 완전한 경쟁 시장에서만큼 가격이 하락하지는 않을 것이다.

연방준비제도 이사회나 유럽 중앙은행이 2%의 인플레이션 목표치 달성을 위해 통화 공급을 조정하기 때문에 완벽한 경쟁 아래에서보다 시장 지배 아래에서 가격이 더 높다 할지라도 시장 지배는 인플레이션에 영향을 미치지 못한다. 중앙은행은 2%의 인플레이션 목표치를 유지하기 위해 경쟁 시장 아래에서보다 시장 지배가 증가하는

이윤의 역설

시장 아래에서 통화를 덜 풀려고 할 것이다.

시장 지배의 증가가 인플레이션에 미치는 영향보다 더 우려스러운 것은 무위험 금리에 미치는 영향이다. 금리를 결정하는 요인은 아주 복잡하다. 특히 중앙은행이 통화 정책으로 금리에 개입한다는 점에서 그렇다. 하지만 수요와 공급을 유발하는 가장 근본적인 요인에 집중해서 살펴보자.

경제학자들의 언어로 표현하자면 금리는 일정 기간 자본에 대한 수요와 공급의 균형을 맞추는 가격이다. 빵을 예로 들자면 빵을 만드는 사람은 빵을 공급하고 가계는 그것을 구입한다. 제품이 부족하면 가격은 상승하고 제품이 풍부하게 있으면 가격은 하락한다. 자본도 그와 마찬가지다. 자본의 공급이 부족하면 금리는 상승하고 자본이 풍부하면 금리는 하락한다.

그렇다면 자본의 수요와 공급에 시장 지배가 미치는 영향은 무엇일까? 기업들이 비싼 가격에 팔면 더 적은 양을 팔게 된다. 더 적은 수량을 생산한다는 것은 자본 투자가 더 적게 들어가는 것을 의미한다. 애플이 가장 최근 모델인 아이폰을 1,200달러가 아니라 400달러에 판매했다면 더 많은 수량을 판매했을 것이고 생산에 더 많은 투자를 해야 했을 것이다. 따라서 시장 지배는 자본의 수요를 감소시킨다. 실제 연구 조사에 따르면 (이자를 지불하고 자본을 구매해 투자하는 이들에 의한) 자본 출자가 감소한 것으로 나타났다.

자본 공급은 어떻게 이루어지는 것일까? 자본 공급은 가계 저축과 기업들이 투자 후 융통할 수 있는 자금, 즉 이윤에서 나온다. 가계 저축률은 1980년에 약 11%이었던 것이 지금은 8%로 다소 하락했다.

하지만 가장 중요한 것은 GDP 대비 경제 전반의 수익률은 1980년에 5%이었던 것이 2019년에는 12%로 크게 상승했다는 점이다. (상장 기업의 경우에는 1980년 초에 수익률이 약 3%에서 지금은 약 15%로 급등했다). 이는 자본 공급이 많이 증가했다는 의미이며 저축률 하락보다 훨씬 더 큰 수치이다. 자본 수요는 감소하고 총공급은 증가함에 따라 금리 하락이 예측되었고 지난 40년 동안 어김없이 그런 일이 벌어졌다. 무위험 이자율은 약 3%에서 1%로 하락했다.

출자금으로 지출한 돈과 수익으로 되돌아오는 자산에 투자한 자본 사이의 중요한 차이점을 알아둘 필요가 있다. 4장에서 나는 주택을 구매해 기존 상태 그대로 세를 주는 것과 추가 비용을 들여 집을 개조하여 임대 소득을 늘리는 것 사이의 차이에 대해 명확히 설명한 바 있다. 시장 지배는 수익을 증가시킨다. 즉 더 많은 자본을 구매할 수 있는 돈을 늘리고 투자를 감소시켜 자본 수요를 하락시킨다.

무위험 이자율의 하락은 기본적으로 시장 지배 기업들의 지나치게 많은 현금 보유량으로 인해 발생한 것으로 중앙은행 총재들에게 문젯거리를 안겨준다. 제로 금리에 가까운 이율로 경제는 이미 부양 정책의 지원을 받을 만큼 받고 있다. 또한 지배 기업들이 시장을 장악하고 있는 한 투자할 만한 흥미를 끄는 프로젝트도 많지 않다. 그 결과 통화 당국은 경제를 부양할 능력을 잃게 된다. 시장 지배가 통화 정책에 초래하는 문제는 낮은 인플레이션율이 아니다. 낮은 금리다.

2부에서는 지배 기업들이 장악하고 있는 경제가 노동과 그 밖의 부문에 몰고 온 심각한 결과를 살펴보았다. 시장 지배는 불평등만 심화시키는 것이 아니라 임금과 노동력의 이동도 감소시킨다. 사람들의 건강에도 영향을 미치며 주식 시장과 작은 스타트업들의 성공을 왜곡한다. 사회의 분열도 조장하는데, 이는 (새로운 독점 금지 정책이 수반 되어야겠지만) 시장 경쟁을 회복함으로써만 개선될 수 있다. 해결 방안 에 관한 이야기로 넘어가기에 앞서 모든 상황이 암울한 것만은 아니 라는 말을 해두고 싶다.

PART 3

일의 미래와
해결 방안

제 9 장

충분히
낙관적으로
볼 수 있는 이유

빠른 기술 변화가 기업들에게 시장 지배를 구축하게 하였지만 우리는 나쁜 것을 제거하려다 좋은 것까지 함께 제거해버리는 실수를 범해서는 안 될 것이다. 시장 지배의 증가가 19세기 중반에 영국의 노동자들이 노동력을 절감해 주는 방직 기계를 파괴한 러다이트 운동을 부활시킬 구실이 되어서는 안 되겠다. 장기적인 시각에서 보면 기술 변화는 발전의 유일한 동력이다. 우리는 혁신을 막아서서는 안 된다.

현대의 노동은 한 세기 전 노동과 비슷한 점을 가지고 있지만, 전반적으로 우리는 100년 전보다 지금 훨씬 더 좋은 환경에 놓여 있다. 다음 단계로의 이행에는 대가가 따르지만(항상 승자와 패자가 존재한다), 장기적으로 보면 기술 변화와 세계화는 삶의 질을 높이고 사람들을 더 부자로 만들어준다. 심지어 조와 베티, 그리고 급속한 경제 발전의 뒤안길에 남은 많은 이들은 웨이와 리민에 비교할 때만 더 가난해 보일 뿐이다. 대다수의 사람은 자신이 한 세대 전 '패자'로 분류되었을 양치기보다 더 부유하다고 말할 것이다.

경제적 관점에서 보자면 거의 모든 사람의 생활 수준은 그들이 어렸을 때보다 높아졌다. 다만 이제는 그들의 집이 더는 자신의 구역에서 가장 멋진 집이 아닐 뿐이다. 또한 1장에 등장했던 수석 엔지니어 에린의 경우도 그녀가 가장 불리한 패를 뽑았는지는 몰라도 그녀의

이윤의 역설

전반적인 삶의 질은 한 세기 전 사다리의 가장 아랫단에 있던 사람들보다 확실히 더 높다. 그녀는 기대 수명이 훨씬 더 길고 칼로리를 풍부하게 섭취하고 있으며 훨씬 더 많은 자유시간을 누리며 저렴한 교통수단을 이용해 여행한다. 더욱이 많은 질병을 치료할 수 있고 백신이 치명적인 질병을 막아준다. 심지어 현재 겪고 있는 코로나19 팬데믹도 반세기 전이었더라면 백신이 없어 더욱 치명적이었을 것이다.

기술 발전의 효과는 아주 놀랍다. 우리는 지금은 치료가 가능한 전염병들도 불과 얼마 전까지만 해도 치명적이었다는 사실을 잊곤 한다. 조지 오웰은 1950년 (영국에서 가장 좋은 병원 중 하나로 알려진) 유니버시티 칼리지 병원에서 폐결핵을 치료하지 못해 사망했다. 그에게는 베스트셀러 소설 〈동물 농장(Animal Farm)〉 판매로 받은 인세가 은행에 두둑이 있었고 흔치 않은 약을 구해줄 사람들이 있었음에도 치료법이 개발 초기 단계였기 때문에 적절한 항생제 치료를 받지 못했던 것이었다.

기술 발전은 상대적으로 더 낮은 가격을 통해 소비를 진작하고 건강한 삶을 증진시킨다. 가장 좋은 예가 식품 비용이다. 대부분의 서구 국가 가정에서는 오늘날 평균적으로 식료품에 소득의 12%를 지출하며 모든 식료품은 농업에 고용된 1% 미만의 인구가 생산한다. 한 세기 전 대다수 가정의 식료품비는 가장 큰 비중으로 예산 대부분을 차지했다고 해도 과언이 아니었다. 이른바 '엥겔의 법칙(Engel's law))'은 지출과 소득 사이의 관계에 주목했다. 경제가 발전하면 사람들은 더 많은 식료품을 소비하지만, 식료품 소비가 전체 생계비에서 차지하는 비율은 더 낮아진다는 것이다. 기술이 발전함에 따라 같은 수량의 생산물을 생산하는 데 필요한 노동자의 수는 감소한다. 그리고 그 결과 가격은 내려간다.

무역과 세계화는 기술 발전과 점차 심화하고 있는 전문화의 또 다른 표현일 뿐이다. 세계은행에 따르면 중국에서만 지난 40년간 8억 명의 사람이 빈곤에서 벗어난 것으로 나타났다. 중국의 빈곤율(하루 3.20달러 이하의 생계비로 살아가는 인구의 비율로 정의)은 1990년대 초 90%에서 2016년 5%로 하락했다. 중국과 인도의 성장으로 불평등의 정도가 더 심각해졌다 할지라도 6장에서 언급한 바와 같이 전 세계적인 불평등은 크게 줄어들었다. 무역은 세계의 전반적인 경제 발전과 빈곤 감소에 커다란 영향을 끼치고 있다.

기술 발전의 놀라운 측면 중 하나는 그것이 모든 이의 건강한 삶을 가능하게 해준다는 것이다. 사다리의 가장 아랫단에서의 삶은 아주 많은 수의 자녀를 가졌던 시절에 비해 놀랍도록 편안해졌다. 그 당시에는 전체 가족이 영양실조에 걸리는 경우가 많아 1년 이내로 여러 명의 자녀가 사망하기도 했다. 그렇다고 사다리의 가장 아랫단에 있던 사람들만 삶의 질이 낮았던 것은 아니었다. 18세기가 되기 전까지 절대다수의 사람이 극빈 상태에서 살았고 세계의 평균 수명은 30세도 채 되지 못했다. 1900년대가 되어서도 2차 산업혁명이 한창일 때 평균 수명은 32세밖에 되지 않아 현재의 선진국들 평균 수명보다 약 50세가 적었다. 극소수의 사람만이 편안하고 부유한 삶을 사는 특권을 누렸을 뿐이었다.

그러나 18세기 1차 산업혁명 전으로 거슬러 올라가 사다리의 가장 꼭대기에 있었던 사람들조차 현재 가난한 사람들도 누리고 있는

이윤의 역설

질 높은 삶을 살지 못했다. 경제학자들은 이따금 14세기 이슬람 말리제국(1235년부터 1670년까지 서아프리카에 존재했던 만딩고족이 세운 제국: 역자 주)의 왕이었던 만사 무사(Mansa Musa 역대 세계 최고의 부호로 알려진 말리제국의 제9대 왕: 역자 주)를 언급한다. 그는 자신의 제국을 확장했고 금의 수요가 엄청났던 시절 금의 가장 큰 생산자 중 하나였다. 그의 자산 가치를 정확히 가늠하기는 어렵지만, 역사가들은 아마도 그가 역사상 최고의 부호이며, 오늘날 1,850억 달러 이상의 순자산을 보유한 것으로 추정되는 세계 최고의 부자 제프 베조스보다 몇 배는 더 부자였다는 데 의견을 같이하고 있다. 그럼에도 만사 무사의 삶은 그다지 편안하지 못했다. 그는 56세에 사망해 그 시대의 보통 사람들보다 훨씬 더 오래 살았지만, 현대 시대의 보통 사람들보다 25년이나 짧게 살았다. 또한 그 시대에는 안경도 없었으므로 아마 그는 시력이 나빠져 눈이 침침했을 것이고 지금은 쉽게 치료가 가능한 일반적인 질병이나 충치로 인해 사망했을 가능성이 높다. 지금은 몇 시간이면 이동할 수 있지만, 그 시대에는 다른 도시로 이동하려면 수개월은 걸렸을 것이다.

오늘날 사다리의 가장 아랫단에 있는 사람들은 평균 40시간 미만 일하며 휴대폰으로 즉시 소통하고 평균 80세까지 살며, 냉난방이 잘 되는 안전한 주거지에서 살고 있다. 그들의 삶의 질은 여러 가지 면에서 역사상 가장 부유한 인물인 만사 무사의 삶보다 우월하다.

노동 경제가 어느 방향으로 가고 있는지에 대한 불안감에도 불구하고 우리가 몇 세대 전보다 훨씬 더 부유하게 산다는 사실은 쉽게 잊곤 한다. 기술 혁신은 모든 경제 발전의 동력이며 우리는 질병보다 더 유해한 치료법을 개발하는 일이 발생하지 않도록 주의해야 할 것이다.

우리가 알고 있는 것 중 많은 부분은 오해다. 의사이자 통계학자인 고 한스 로슬링(Hans Rosling) 박사는 일반인을 대상으로 한 설문을 통해 대중적 의견과 사실 사이의 불일치를 보여주었고, 특히 오해를 낳게 한 출처가 무엇인지에 대해 지적했다. 그는 사람들에게 아동 사망률, 빈곤, 경제적 웰빙 등 삶의 질 및 발전과 연관된 사실에 대해 여러 가지 질문을 던졌다.

그 결과 사람들이 삶의 질 향상에 대해 매우 비관적이라는 사실이 드러났다. 네 개의 선택지가 주어졌을 때 단 9%만이 우리가 과거 세대보다 훨씬 더 부유하게 살고 있다고 답했다. 정답은 실제로 '우리가 훨씬 더 부유하게 살고 있다'이다. 따라서 응답자 100%가 그의 모든 질문에서 우리가 훨씬 더 잘산다고 답했어야 맞는 것이다. 로슬링은 원숭이도 인간보다 더 잘 답변한다고 농담을 한다. 원숭이들은 질문의 내용을 제대로 이해하지 못하므로 대부분의 인간처럼 편견을 기반으로 답변하는 것이 아니라 무작위로 답하기 때문이다.

그러나 우려스러운 점은 학자나 정치가 등의 전문가들조차도 원숭이들보다 낫지는 않다는 사실이다. 단 8%만이 우리가 많이 부유해졌다고 생각한다고 답했다. 하지만 가장 실망스러운 사실은 언론인들 가운데 2%만이 우리가 현재 훨씬 더 부유하게 살고 있다고 생각하는 것으로 나타났다는 것이다. 로슬링은 대체로 대중의 의견을 이끌어가는 이들이 가장 잘못된 정보를 가지고 있다고 지적한다.

전반적인 발전에 관해서만 그런 것이 아니라 노동에 관해서도 오

해가 반복되고 있다. 노동에 관한 오류가 가장 큰 부분을 차지하고
있다.

노동 총량과
성장

우리가 생산하는 생산물의 총 가치는 미국에서
의 1인당 실질 국내총생산으로 측정되는데, 2012년 고정 달러를 기
준으로 총 가치는 1900년도에 6,000달러였고 현재는 10배 상승한
58,000달러이다. 그리고 1990년대까지 뒤처져 있었던 중국과 인도
와 같은 국가들은 이제 빠른 속도로 발전하고 있다. 그들은 수백만 명
을 빈곤에서 탈출시키는 데 성공했다. 이는 세계은행과 같은 국제기
관이 선의의 목적으로 수십억 달러의 비용을 투자하고도 20세기 후
반에 이루지 못한 위업이다. 물론 GDP가 건강한 삶이나 행복을 나타
내주는 좋은 척도라고 할 수는 없다. 하지만 더 범위가 넓은 다른 척
도들 또한 우리가 현재 훨씬 더 부유해졌음을 보여준다.

우리가 부유해진 이유는 같은 노동량으로 더 가치가 높은 상품과
서비스를 생산할 수 있게 되었기 때문이다. 그렇게 노동을 절감해 주
는 기술 발전은 경제 성장의 유일한 엔진이다. 한 세기 전에는 절반
이상의 인구가 여전히 힘들게 농사일을 수작업으로 하고 있었고 나
머지 인구 대다수는 제조업의 생산라인에서 긴 시간 동안 반복적인
일을 했다.

오늘날 선진 경제에서는 1% 이하의 노동력이 전체 인구를 먹여

살릴 충분한 식품을 생산할 수 있으며 단 8%의 노동력이 제조업에 종사하고 있다. 농업과 제조업의 일자리들은 새로운 직종으로 대체되었다. 밭에서 등골 빠지게 수작업을 하거나 생산라인에 서서 장시간 쉬지 않고 반복적인 일을 하던 때로 다시 돌아가고 싶은 사람은 없을 것이다.

그러나 기술 발전 과정에서 직업 파괴가 일어나면서 제조업이나 심지어 농업에서도 과거의 일자리에 대한 낭만적인 동경이 생겨나기도 한다. 퇴출당한 직업들은 대체될 수 없으며 다른 직업으로 대체되었을 때 새로운 직업들은 더 근로 조건이 안 좋으며 임금도 낮다는 주장도 있다. 하지만 그에 대한 근거는 별로 없으며 특히 오랜 기간에 걸쳐 이루어진 조사에서는 근거를 찾기가 힘들다. 100년 전에는 터널과 운하를 사람의 노동으로 직접 만들었지만, 지금은 그런 힘든 일들은 기계가 대신하고 있는 것이 현실이다.

이런 낭만주의는 러다이트 운동으로 거슬러 올라간다. 이 운동은 1800년경 영국 노팅엄에 있는 방직 공장에서 시작되어 전국으로 확산됐다. 2차 산업혁명이 일어나기 직전이었다. 러다이트 운동은 처음에는 더 나은 근로 조건을 요구하는 초창기의 노동 운동이었으나 노동의 기계화에 대한 저항을 상징하는 운동으로 알려지게 되었다. 나폴레옹 전쟁 후의 노동 환경은 열악했고 임금은 낮았고 식료품과 생필품 가격은 크게 요동쳤다. 양말 짜는 기계나 레이스 편기, 혹은 자카드식 플라이셔틀 직기와 같은 방직 기계들이 등장했고 적은 노동력으로도 생산력을 향상시켰다. 이와 같은 변화는 해고되거나 더 낮은 임금을 받고 더 단순한 노동으로 내몰린 노동자들의 희생을 대가로 실현되었다. 그들의 일자리와 생계를 보호하기 위해 러다이트 운동은 새 기계들을 파괴했다. 이를 통해 경영주들이 더는 기술에 투자하지 않고 옛날 기계로 계속 생산하게 만들겠다는 의도였다.

대부분의 기술 혁신은 노동력을 절감해 준다. 주차장 주인이 자동 차단기와 함께 주차증 자동 발급기를 설치한다면 안내원의 노동 비용을 절감해 기계 비용을 대는 것이다. 혁신이 반드시 로봇화나 새 기계의 등장만을 지칭하는 것은 아니다. 이를테면 운송비를 크게 줄여 주는 이케아의 조립용 가구 개념처럼 인건비를 절감해 주는 새로운 아이디어의 등장도 혁신이라 할 수 있다. 가구는 낮은 비용에 매장으로 운송되고 고객은 가구를 집까지 옮기기 위해 별도의 운송 서비스를 이용할 필요가 없는 것이다. 또한 유럽에서 가장 인건비가 높은 국가의 항공사인 노르웨이 항공(Norwegian Air Shuttle)이 태국 조종사와 스페인과 포르투갈의 승무원을 고용한다면 대부분 고임금의 자국민을 고용하는 직접 경쟁사인 전통적인 스칸디나비아 항공(Scandinavian Airlines)에 비해 비용 우위를 가지게 된다. 하지만 이러한 저가 항공사들은 비용을 절감하기 위해 노동력의 이동만이 아니라 해외 이주도 활용한다. 또한 전체 운영을 간소화하기도 한다. 노르웨이 항공은 특히 2016년 효율성을 높이는 데 주력했다. 그들은 연간 고용 노동자 한 명당 평균 5,055명의 승객을 운송한 것으로 나타났으며, 그에 비해 스칸디나비아 항공사는 노동자 한 명당 평균 2,745명의 승객을 운송한 것으로 나타났다. 비용 절감은 확실히 서비스 품질을 떨어뜨리긴 하지만 많은 고객이 저렴한 항공권에 대한 대가로 기꺼이 그것을 감수하려고 한다. 노르웨이 항공은 수익을 창출하기 위해 엄밀한 의미에서 로봇이나 자동화를 활용하진 않지만 노동력 절감을 위한 혁신은 시도하고 있다. 기계보다는 새로운 발상으로 생산을 재편하는 쪽을 택한 것이다.

혁신을 장려하기 위한 우대책은 분명 기업에 이득으로 돌아간다. 혁신적인 기업은 더 낮은 가격에 판매하고 일시적으로 수익을 증대시키는 방식으로 새로운 고객들을 확보하기 때문이다. 이케아는 똑같은 가구를 팔지만, 운송 서비스가 필요한 경쟁사보다 훨씬 더 저렴한 가격에 가구를 팔아 수익을 올린다. 노르웨이 항공사는 오슬로와 리스본 사이의 노선을 스칸디나비아 항공사보다 훨씬 더 싼 가격에 운행할 수 있어서 수익을 낼 수 있는 것이다. 또한 18세기 방직 공장은 옷감과 실로 짠 소품을 더 저렴한 비용으로 생산해 수익을 증대했다.

이 모든 기업은 더 낮은 가격에 판매해 더 많은 고객을 끌어들이기 때문에 더 높은 시장 점유율을 기록하기도 한다. 상품이 경쟁 시장에서 판매되고 있다면 기술 혁신과 비용 절감으로 얻은 이익은 모두 고객에게 되돌아간다. 이케아가 조립용 가구를 생산할 수 있다면 어느 기업이든 할 수 있다. 적어도 15년 뒤에 특허가 만료된 뒤에는 말이다. 결국 경쟁은 가격을 낮추고 수익을 감소시킨다.

혁신하지 못하고 선진 기술을 따라가지 못하는 기업은 뒤처질 수밖에 없다. 이것이 바로 슘페터의 창조적 파괴 개념이다. 하지만 앞서 언급했듯이 그 과정에서 특히 과도기에는 다른 패자들도 생겨난다. 파산한 기업 또는 구조조정을 단행한 혁신 기업에서 교체되는 인력은 직장을 잃거나 그 기업에 계속 남아 있으려면 더 낮은 임금을 받게 된다. 승자인 혁신적인 기업가와 패자인 노동자 사이에 생겨나는

이윤의 역설

긴장으로 인해 심지어 오늘날에도 많은 사람이 러다이트 운동 정신을 지지하고 있다. 특히 전환기에는 혁신적인 기업가가 많은 수익을 내는 경우가 많기 때문이다. 로봇과 자동화는 노동자들을 더 가난하게 만들고 기업들을 더 부자로 만드는 즉각적인 효과를 발휘한다.

주요 쟁점은 경쟁이 존재하는 시장 경제에서는 노동력을 절감하는 기술 혁신의 결과로 가격이 하락한다는 점이다. 오슬로에서 리스본까지의 항공 운임이나 조립용 가구가 그러했듯이 18세기 방직 공장들도 그러했다. 한 기업이 노동력을 절감하는 기술의 도움을 받아 옷감을 더 싸게 생산하는 것이 가능하다면 다른 기업들도 곧 그렇게 따라 할 것이다. 이제 혁신적인 기업들은 한시적으로만 높은 시장 점유율과 함께 고수익을 누릴 수 있게 되었다.

일단 경쟁 기업들이 신기술을 채택하고 나면 모든 기업은 더 낮은 비용으로 생산해 고객 유치 경쟁을 벌일 것이고 그 결과 가격은 하락할 것이다. 경쟁 시장에서는 혁신으로부터 얻은 이익을 고객에게 되돌려준다. 노동자는 이제 같은 소득으로 (기술 발전으로 인해 품질이 더 높아진) 같은 상품을 더 낮은 가격에 구매할 수 있게 되어 그들의 실질 소득이 증가했다고 느낀다. 이것이 러다이트 오류의 가장 곤란한 부분이다. 노동력을 절감해 주는 기술 발전으로 말미암아 기업들이 경쟁 시장에서 경쟁하는 한 노동자들은 더 낮은 비용을 들여 생산된 상품을 구매할 수 있게 된다. 1901년에는 식료품에 지출하는 비중이 소득의 43%였던 것에 비해 오늘날 미국의 평균적인 가정은 식료품에 소득의 13% 이하를 지출하고 있다는 사실도 그와 무관하지 않음을 짐작할 수 있다.

그렇다면 이직 노동자들은 어떨까? 조지 오웰은 자본주의를 사회주의와 비교하면서 자본주의는 실업자를 낳는다고 주장했다. 경기 불황, 특히 1930년대 초 대공황 당시 실업률이 아주 높았던 것은 사실이지만 자본주의 경제에서 기술이 발전한 이후로 실업률이 끝없이 증가하는 것은 본 적이 없었다. 이것은 이와 아주 관련성이 높은 노동 총량의 오류로 설명할 수 있는데, 노동 총량의 오류란 노동의 양은 고정되어 있고 미리 결정되어 있다는 이론이다. 자동 차단기와 주차증 자동 발급기의 등장으로 해고된 주차장 안내원은 앞으로 다시는 그 직무를 수행하지 못할 것이다. 하지만 그렇다고 해서 그들이 다른 직무를 수행할 수 없다는 뜻은 아니다. 더 중요한 것은 그들이 새로운 직업을 찾게 될 때 다른 누군가의 일자리를 빼앗는 것이 아니라는 사실이다.

기술 변화로 영향받는 모든 노동자가 똑같이 부유해지거나 승자가 되는 것은 아니다. 특정 위치에서 특정 기술을 가진 특정 연령대의 일부 그룹의 노동자들은 특히 직업 재훈련이나 재배치로 직무 조정이 가능하지 않을 때 다른 이들보다 더 많은 영향을 받게 된다. 애팔래치아산맥 탄광촌에서 일하던 대부분의 광부는 직업을 바꾸거나 새로운 기술을 습득하지 않고는 직업 전망이 밝지 않을 것이다. 또한 기술을 활용한 기업식 농업이 농촌에 자리를 잡게 되면서 55세의 이 시대 마지막 소치기는 다른 곳에서 소몰이 일을 구할 수 있다는 기대를 버려야 할 것이다. 기술 혁신은 노동자들에게 파괴적인 영향력을 끼치며 적응을 위한 대가가 큰 노력을 요구한다.

궁극적으로 노동 시장에 진입하고자 하는 사람들의 수만큼 노동

이윤의 역설

의 양은 많다. 물론 실업이 존재하지만, 그것은 노동의 수요와 공급의 균형을 제대로 맞추지 못해서 빚어진 결과이다. 수요와 공급을 맞추는 과정은 불경기에 훨씬 더 왜곡된다. 그러나 장기적으로 봤을 때 중요한 것은 건강한 신체를 가진 개인이 일자리를 구할 수 있는지의 여부이며, 그것은 그들이 일하면서 주어진 임금을 수용할 용의가 있는지에 달려 있다. 배우자가 높은 연봉을 받는 기업의 임원이라서 자신이 시간당 11달러를 버는 것보다 차라리 집에서 아이들을 돌보는 편이 낫겠다고 결정한다면 그는 실업 상태는 아니지만 경제 활동을 하고 있지 않은 것이다. 큰 차이점이라면 실업자는 주어진 임금을 받고 일할 의향이 있지만 일자리를 구하지 못한 것이고, 비경제 활동자는 주어진 임금 수준으로는 해당 일자리를 수락하기 어려워 거부하는 것이다.

기술 변화의 결과로 쫓겨난 노동자들이 겪는 문제는 그들이 일자리를 구할 수 없거나 실업자가 되는 것이라기보다는 더 낮은 임금을 받고 새로운 일을 해야만 한다는 현실이다. 광산업도 이제 많은 부분 자동화되어 있다. 기술 혁신 덕택에 광산의 생산량은 증가했지만 노동자 수는 감소했다. 로봇 작동을 위해 남아 있는 노동자들은 보통 임금이 인상된다. 다른 노동자들은 정리 해고되어 직업을 바꾸게 되면서 임금이 하락할 가능성이 크다. 숙련된 광부가 우버 운전기사나 경비원이 되면 최저 임금보다 단 몇 달러 더 버는 정도일 것이다. 설사 전망이 좋은 새로운 전문적인 일자리를 구한다 해도 그 직업에서 높은 급여를 받는 자리에 오르려면 일자리 사다리의 가장 밑바닥에서부터 시작해야 할 것이다.

일자리의 수는 고정되어 있지 않으며 기술 발전이 대량 실업을 낳는 것은 아니다. 노동 총량은 정해져 있지 않다. 만약 정해진 노동 총량이 있다면 현재의 실업률은 99%가 넘었을 것이다. 몇 세대 전에만 해도 거의 모든 인구가 농업에 종사한 것을 생각해 보라. 하지만 현재는 농업 인구가 1%에도 못 미친다. 장기적인 시각으로 보면 이전 직종에서 밀려난 노동자들은 새로 생겨난 다른 직종에서 일하게 된다. 그 과정에서 우리는 재취업 기회가 별로 없는 나이 많은 노동자들에게 신경을 써야 한다. 하지만 그것이 혁신과 창조적 파괴가 일어나는 방식이다.

계속되는 혁신과 새로운 직업의 탄생은 유일하게 인간에게만 일어날 수 있는 일로, 이것이 바로 인간이 다른 종들과 구분되는 특성이다. 그렇지만 아마도 맬서스의 인구론의 영향을 받은 이들은 노동자를 동물과 비교하려 한다. 동물은 자원이 부족하면 빈곤해지고 결국은 죽음에 이르게 된다는 것이다. 하지만 헨리 조지(Henry George)는 맬서스의 인구론을 반박하면서 다음과 같이 지적했다. "동물과 인간 사이에는 차이가 존재한다. 매와 인간 모두 닭을 먹지만 매들이 더 많을수록 닭의 수는 더 적어지는 반면 인간의 수가 더 많아질수록 닭의 수는 더 많아진다." 인간의 식량의 양이 정해져 있지 않은 것과 마찬가지로 일자리의 수도 정해져 있지 않다. 더 많은 사람이 일하기를 원한다면 더 많은 일자리가 생겨난다.

만일 누군가가 노동 총량이 정해져 있다고 믿는다면 그는 일하는 여성들이 큰 폭으로 증가한 것이 실업을 불러왔다고 주장할지도 모른다. 하지만 일하는 여성의 수는 증가했고 우리는 불황이 아닌 시기

이윤의 역설

에 실업률 증가를 경험한 적이 없다. 또한 유럽의 여러 나라가 이른 퇴직 정책을 시행하고 있지만, 그것으로 인해 실업률이 감소하지도 않았다. 더 많은 일자리를 창출하려는 취지에서 교사, 은행원, 우체국 직원들은 50세의 이른 나이에 의무 퇴직을 해야만 한다. 그럼에도 실업률이 감소한 적은 없으며 비경제 활동 인구로 내몰린 사람들의 수만 증가했을 뿐이다.

이민자들이 일자리를 가져가 버린다는 인기영합주의적인 발언 또한 노동 총량의 오류의 다른 예이다. 프랑스의 극우 정당인 국민연합(Front National)은 다음의 유명한 구호를 내걸고 캠페인을 벌이곤 했다. "2백만의 이민자가 2백만의 실업자를 만들었다." 일관성을 지키려면 여성들의 노동 참여가 많이 증가한 것에 대해서도 국민연합의 현재 당 대표인 마린 르 펜(Marine Le Pen)은 이렇게 말해야 한다. "2백만의 여성이 2백만의 실업자를 만들었다." 이것만 봐도 노동 총량을 주장하는 것이 얼마나 잘못된 것인지 알 수 있다.

20세기 후반에 접어들면서 여성들의 노동 참여는 대다수의 서방 국가에서 두 배로 증가했다. (미국에서는 1962년 약 43%이었던 것이 2019년 76%로 증가했다). 그 시기에 실업률은 5~10% 사이에서 등락을 거듭했다. 더 많은 사람이 일한다면 더 많은 사람이 소득을 벌고 결과적으로 그 소득을 지출하게 된다. 그 결과 상품과 서비스에 대한 수요가 더 늘어나고 결과적으로 더 많은 노동력이 필요해진다. 그리고 중요한 것은 일하는 사람의 수만이 아니라 그들 각자가 얼마만큼의 일을 하는가이다. 당시 프랑스 총리였던 리오넬 조스팽이 2000년에 도입한 주 35시간 근무제는 기업들이 더 많은 노동자를 고용하도록 유도하는 데 실패했고 결과적으로 실업률 감소에 도움이 되지 않았다.

　노동의 양은 고정되어 있지 않다. 시대의 흐름과 함께 노동은 식품을 생산하는 것에서 점차 지식 생산, 농업과 제조에서 노동력을 절감해 주는 기계 설계, 인공 지능 작동을 위해 사용되는 프로그래밍 언어 프로세서 개발, 우버 운전, 그리고 경비원이나 관광 안내원 등 다른 직종으로 이동해갔다. 여기서 중요한 통찰은 비록 기술 발전이 노동자들을 일자리에서 밀어내긴 해도 모든 노동자의 실질 소득을 상승시킨다는 점이다. 일부 노동자의 명목 소득이 하락한다고 할지라도 상품의 가격이 하락했기 때문에 낮은 임금으로도 더 많은 상품을 살 수 있게 된다. 이처럼 기술 발전은 모두에게 이득이 된다.

　그러나 한 가지 명심해야 할 이 책의 핵심 주제는 기술 발전이 모두에게 이득이 되기 위해서는 경쟁 시장이 전제되어야 한다는 것이다. 그것이 이윤의 역설이다. 기업이 시장 지배력을 가지고 있을 때 노동력을 절감해 주는 기술 혁신으로 인해 기업의 비용은 하락하지만, 그들이 생산하는 상품의 가격은 하락하지 않는다. 지배 기업들은 시장 점유율을 놓고 경쟁을 벌이다가 소비자 가격을 낮추게 될 경쟁자들이 시장에 진입하지 못하도록 막을 수 있다. 그뿐만 아니라 시장 지배의 흐름은 전반적으로 임금을 하락시키고 더 나아가 노동자들의 구매력을 감소시킨다.

　예를 들면 유럽의 노르웨이 항공과 이지젯(EasyJet), 라이언에어(Ryanair)와 같은 항공사들이 노동력 절감을 위해 단행한 혁신은 아주 저렴한 여행 상품들을 만들어냈다. 하지만 미국 시장에서는 이런 혁신이 똑같은 가격 하락을 불러오지 못했다. 〈워싱턴 포스트

(Washington Post)〉의 보도에 따르면 미국 항공사들의 운임은 유럽의 항공사들보다 두 배가 비싸다고 한다. 여러 가지 원인이 있겠지만 네 개의 대형 항공사가 미국 시장의 70% 이상을 장악하고 있는 상황에서 경쟁은 거의 존재하지 않는다. 따라서 최근 몇 년 사이 경쟁을 장려하는 규정이 부족했다는 점이 큰 원인 중 하나일 것이다. 여러 기업이 시장에 진입할 수 없으므로 그것이 기존의 기업들에게 시장 지배력을 가지게 해 더 높은 가격을 부과할 수 있게 만드는 것이다. 노동을 절감해 주는 기술 발전은 이윤은 증대시키지만 가격을 낮추지는 않는다.

높은 가격으로 인해 기술 발전이 얻은 이익은 더는상 분명치가 않다. 자유 경쟁 아래에서는 기업들이 일시적으로만 경쟁 기업들에 대해 우위를 가질 수 있고 장기적으로 보면 이윤이 경쟁 때문에 사라진다. 이것이 경쟁을 지지하는 자본주의의 개념이다. 신기술은 기업이 일시적인 우위와 이익을 얻게 해주지만 경쟁자들도 그것을 재빨리 도입할 것이고 그로 인해 선발 기업의 수익은 줄어들게 된다. 이런 차원에서 러다이트 운동은 경영주의 시장 지배에 대항하는 반작용이자 더 나은 근로 조건을 요구하는 수단으로 이해할 수 있겠다. Z세대가 휴대폰과 소셜미디어 사용을 꺼리는 사람을 러다이트라고 부른다면 그것은 그 단체가 행한 기계를 파괴하는 행위에만 초점을 맞추고 있는 것이다. Z세대들은 러다이트 운동이 신기술의 등장과 함께 혁신기업들이 가지게 된 시장 지배 권력으로 인해 악화된 노동 환경 개선과 임금 인상을 요구했다는 사실은 간과하고 있다.

단순히 개인이 기술을 싫어하는 차원을 넘어 과거의 러다이트 집단과 비슷한 오늘날의 인물로는 앞서 등장한 에린을 꼽을 수 있겠다. 에린의 임금은 기업들의 시장 지배력이 증가하면서 정체되어 있기 때문이다. 특히 신기술의 혜택으로 혁신하고 있는 기업들은 해자를 구축하는 데 성공했고, 산업 전반의 임금 수준을 하락시키는 결과를 가져왔다. 우리는 당연히 현대적인 방직 기계를 부수고 기술 발전에 훼방을 놓고 싶은 마음이 없다. 하지만 에린의 입장에서는 시장 지배 기업이 활개 치고 있는 경제가 안정되어 산업 전반에 걸쳐 임금이 상승하는 환경이 마련되는 것을 요구하는 것이 마땅하다. 오늘날의 러다이트 집단은 조와 베티, 그리고 오하이오주의 쇠락한 러스트벨트 노동자들의 권리를 위해 싸울 수도 있을 것이다. 경제의 파괴적인 변신으로 말미암아 나이 든 노동자들은 새로운 체제로 이행하는 데 큰 대가를 떠안게 된다. 그 이유는 직업 변경의 대가가 크기 때문이다.

직업 선택은 장기적인 판단이다. 대부분 그 직업에 대해 배우고 일자리 사다리를 올라가면서 커리어가 구축된다. 전문적인 기술과 책임 의식을 갖추고 인정받는 자리에 오르려면 정규 교육 과정을 제외하고도 족히 10~15년은 걸린다. 따라서 이행 비용은 단순히 직무를 변경하는 정도가 아니라 직업을 바꾸는 것인 만큼 그 대가가 크다.

운송 회사의 비서는 건강 보험 회사의 비서와 비슷한 기술과 능력을 갖추고 있다. 신기술의 발달로 운송 업계의 직업들이 사라질 때 비서는 건강 보험 회사의 비서직으로 쉽게 이직할 수 있다. 문제가 되는 경우는 노동자들이, 이를테면 행정 업무를 하다가 간호사가 되는 것처럼 직업을 바꾸는 경우이다. 새로운 업무를 수행하려면 그에 걸맞은 훈련을 받아야 하며, 그보다 더 중요한 사실은 새로운 일자리는 일자리 사다리의 밑바닥에서부터 시작할 것을 요구한다는 점이다. 노동자가 이직하기 전에 받았던 수준의 임금을 받기 위해서는 전체 사다리를 처음부터 다시 올라가야 한다. 게다가 낮은 단의 사다리일수록 미끄럽다. 즉, 새로운 직업에 도전하는 노동자들은 중도에 포기하고 다른 직업에 도전하게 될 가능성이 크다. 그리고 직업을 바꾸면 임금이 더 낮아진다. 기술 발전이 가속화되면 그에 발맞추지 못하는 사람들만이 그 대가를 감수해야 한다. 우리가 보아온 것처럼 그들은 주로 나이 든 노동자들이다.

비록 노동자들이 전환기에 감수해야 할 비용이 많고 기술 발전이 단기적으로 어려움을 초래할 수는 있지만, 혁신과 무역을 통해 장기적으로 엄청난 이익을 얻을 수 있다는 기대를 할 수 있어 그것만으로도 충분한 위로가 된다. 그리고 현대 사회의 노동 분화가 이 수익에 대한 기대를 현실화하고 있다.

분업, 전문화, 그리고 혁신

약 1만2000년 전까지 이어진 홍적세(약 258만 년 전부터 약 1만2000년 전까지의 시기로 신생대 제4기 전반에 속함: 역자 주)의 수렵 채집 사회에서는 가정에서 노동의 분화가 일어나기 시작했다. 즉, 사냥과 자식을 돌보는 일이 분화된 것이다. 이처럼 이른 시기의 노동 분화는 인간에게서만 나타난 것이 아니라 다른 많은 동물 종에서도 나타났다. 하지만 특히 인간이 자식을 키우는 데 집중해야 할 필요가 있었다.

호모 사피엔스의 직계 조상이 직립 보행을 시작했을 때 그들은 허리가 잘록해졌다. 동시에 지능이 발달해 뇌가 커지면서 머리가 더 큰 종으로 진화하고 있었다. 날씬한 허리와 큰 머리는 인간이 미성숙하게 태어난다는 것을 의미한다. 대부분의 포유류는 태어나자마자 걷지만 인간은 걷기까지 1년이 걸린다. 진화가 많은 것을 바꿈에도 불구하고 간단한 논리에 따르면 완전한 임신 기간은 21개월이어야 맞다. 따라서 10개월 만에 태어남으로 인해 자녀를 특별히 돌보기 위해 가정에서는 협력할 필요가 생긴다. 협력하지 않으면 부모는 절반의 시간은 아이들을 돌보는 데 할애하고 또 나머지 절반의 시간은 식량을 구하는 데 할애해야 한다. 하지만 분업이 전문화될 때 모두에게 이득이 된다.

예컨대, 아버지가 9시간 동안 사냥을 해서 온 가족이 먹을 수 있는 충분한 양의 식량을 구할 수 있다고 할 때, 어머니가 사냥하면 8시간이 걸린다. 아버지는 자녀들을 돌보면 7시간이 걸리고 어머니는 4시간 만에 돌볼 수 있다. 두 사람이 절반의 시간을 사냥하는 데 보내고 나머지 절반의 시간을 자녀를 돌보는 데 보낸다면 아버지는 8시간 일하고 어머니는 6시간을 일하게 되어 총 14시간 일하게 된다. 그와 달리 그들이 비교 우위를 가진 일에 집중하게 되면, 즉 아버지는 사냥하고 어머니는 아이들을 돌본다면, 그들은 비슷한 양의 식량을 얻으면서 아버지는 9시간을, 어머니는 4시간을 일해 총 13시간 일하게 된다. 온 가족에게 1시간을 절약해 주는 효율이 생긴다. 이는 어머니가 아이들을 돌보고 아버지가 사냥했을 때 나타나는 비교 우위에서 비롯된 것이다.

비교 우위와 분업과 관련해 다음의 두 가지를 자세히 관찰할 필요가 있다. 첫 번째는 설사 어머니가 두 가지 활동 모두를 더 잘한다(절대 우위를 가지고 있다)고 할지라도 그녀가 상대적으로 더 생산성이 높은 활동만을 수행해야 한다는 것이다. 이 경우에는 아이 돌보기다. 두 번째는 가족 전체에게 이득인 경우라도 그것이 꼭 개인에게도 더 좋은 것은 아니라는 사실이다. 아버지가 1시간 더 일함으로써 어머니는 2시간 덜 일하면서도 모든 이득을 누릴 수 있게 된다. 물론 아버지가 이전과 똑같은 시간 일하고 어머니가 아이 돌보기와 사냥을 둘 다 할 수도 있다. 분업과 전문화는 전체적인 효율 향상을 추구하지만. 반드시 모두에게 이득이 돌아가는 것은 아니다.

분업은 장기적으로 큰 영향을 미칠 수도 있다. 더 많은 시간이 생긴 가정들은 삶의 질을 높이기 위해 다른 활동을 즐길 수 있게 된다. 사냥과 아이 돌보기, 학습을 더 많이 할 수도 있겠으나 다른 활동을 할 수도 있을 것이다. 예를 들면 남는 시간에 동물을 키우거나 도구를 만들 수도 있다. 이것이 말하자면 설비 투자에 해당한다.

이 설비 투자는 결과적으로 미래의 생산성을 증대시켜 사냥 시간을 줄여준다. 전문화는 경험을 늘려주기도 한다. 훈련이 완벽을 만든다. 아버지는 사냥에 두 배 더 많은 시간을 할애하고 어머니는 아이들을 돌보는 데 두 배 더 많은 시간을 할애함으로써 각자 더 짧은 시간 내에 더 많은 일을 할 수 있게 된다. 이것이 바로 기술 발전이 추구하는 바이다. 노동은 분업과 전문화를 통해 그 자체로(더 많은 경험), 그리고 도구(설비 투자)의 도움을 받아 더 생산성이 높아진다.

물물교환이 좁은 가정을 뛰어넘어 먼 친척과 지역 사회로까지 뻗어나가게 되면 교환 경제가 시작되었다는 뜻이다. 그다음은 노동자들이 자신의 정착지를 벗어나 물건을 교환하기 위해 특정 장소에서 만날 것이며, 이것이 시장의 시초라 할 수 있다. 선사시대의 이와 같은 발전은 분업과 전문화, 그리고 기술 발전이 자본주의(자본주의의 뜻이 무엇이 되었든)와 동의어가 아니라는 사실을 분명히 보여주고 있다. 심지어 공산주의 국가인 소비에트 연방에서도 분업과 전문화, 기술 발전이 무역과 교환을 발전시켰다. 그리고 이는 인간에게만 국한된 것이 아니라 다른 동물들 역시 서로 협력하지만 다른 방식으로 협력한다. 벌은 협력하는 곤충으로 유명하며 새들은 힘을 절약하기 위해 V자 대형으로 날아간다. 전문화는 자원 최적화로 나아가는 보편적인 동력이다. 인간의 분업은 협력하고자 하는 노력이며 신뢰를 요구한다.

분업은 보통 시간이 흐르면서 무역으로 이어지므로 신뢰가 그 중심에 있다. 물물교환을 한다고 해도 상품 교환이 일제히 이루어지게 되면 상품을 시장으로 가져오려는 노력과 투자가 우선으로 이루어져야 하기 때문이다. 기계가 생산되거나 약품이 개발될 때 기업은 고객이 상품을 구매하기 수년 전에 과학자들을 미리 고용한다. 이처럼 투자에 대한 불투명성이 존재한다는 점이 중요하다. 분업을 진행하기 위해서는 미래의 교환 기회가 예측할 수 있도록 위험성이 낮다는 보장과 전문화가 요구된다. 위험성이 낮은 환경은 노동자들이 미래에 보상을 받을 것이라는 믿음으로 아주 세분화된 작업을 수행할 수 있도록 동기를 유발한다.

결국 거래되는 상품이 무엇이든 그 속에는 수많은 개인의 노동이 담겨 있다. 전문화가 아주 폭넓게 진행되고 있어 그것이 어디에 어떻

이윤의 역설

게 기여하고 있는지 정확한 세부 내용은 알 수 없다. 다만 한 대의 자동차가 수천 개의 부품으로 이루어져 있고 그 대부분은 다른 기업에서 다른 노동자들의 손에서 생산된 부품이라는 점만은 분명하다. 그뿐만 아니라 수천 명의 프로그래머가 수백만 줄의 컴퓨터 프로그램을 만든다. 그중 일부는 자동차 제조업체와는 상관이 없는 프로그래머들이 만들어 허가를 받은 표준 알고리즘도 포함되어 있다.

한 대의 자동차에서 각각의 부품에 얼마큼의 시간과 노동이 투여되었는지를 추적하는 것은 불가능하다. 그러나 헤어커트나 마사지와 같은 서비스조차도 한 사람이 제공하는 간단한 서비스로 보이겠지만 상상할 수도 없이 수많은 사람의 기여로 이루어지는 일이다. 미용실이 입점해 있는 쇼핑몰은 누가 지었을까? 그리고 미용실에 놓여 있는 의자와 가위를 제조한 사람은 누구일까? 각각의 상품은 여러 부품으로 이루어져 있다. 그들 중 일부는 운송되거나 운반된다. 그렇다면 이제 자동차를 생산하는 데 기여했을 수많은 사람도 떠올릴 수 있을 것이다.

세분화된 전문화는 전문화된 상품이나 서비스를 구매할 충분히 큰 시장이 존재할 때만 이득이 된다. 애덤 스미스가 지적한 것처럼 분업은 시장 규모에 따라 제한적으로 이루어진다. 전문화는 그것이 충분히 수익이 날 때, 그리고 또 중요한 점은 전문화된 일을 수행하기 위한 교육이나 도구에 대한 투자가 정당화될 때만 활발히 이루어질 수 있다. 상품 및 서비스 교환을 장려하는 제대로 작동하는 경제 제도는 최대한의 전문화와 분업을 보장해 준다. 상품을 배송하는 기업은 상품이 배송되지 않을 위험을 최소화하기 위해 관련 규정을 따라야 한다. 제도가 신뢰를 구축한다. 사회 기반 시설에 투자하는 공장은 투자 수익률을 가능한 한 정확히 계산하기 위해 인플레이션을 예측할 수 있어야 한다. 그에 따라 중앙은행들이 제도적 안전성을 제공하고 총 위험 부담을 줄여주는 것이다.

이렇게 고도로 전문화된 시스템은 아주 가치가 크다. 엄청난 가치의 상품과 서비스를 놀랍도록 낮은 비용으로 생산할 수 있게 해준다. 취미가 아닌 이상 식량을 자급자족하고자 뒤뜰에 채소 텃밭을 가꾸는 것은 분명 이득이 나는 일은 아니다. 당신이 직업적인 일을 할 때 받는 임금률과 비교해 노동 시간 측면에서 비용을 따져보면 슈퍼마켓이나 가게에서 채소를 사 먹는 편이 몇 배는 더 싸다. 그리고 농산물 가격은 이를테면 주택 가격보다 훨씬 싸다. 그 결과 식료품에 지출하는 비용의 비율이 이제는 몇 세대 전보다 훨씬 더 낮다. 이는 앞서 설명한 엥겔의 법칙에 잘 드러나 있다. 전반적으로 공산품의 가격은 상대적으로 저렴해졌다. 1980년대에 내가 스키장에 처음 갔을 때 스키 장비를 일주일간 대여하는 데 드는 비용이 일주일 스키장 이용권만큼 비쌌다. 하지만 이제는 스키장 이용권 가격의 절반이나 3분의 1 정도의 가격이다.

더 적은 노동으로 더 많은 상품을 생산하게 되자 노동이 차지하는 경제적 가치의 비중이 줄어들 것임을 예상할 수 있다. 한 세기 전에는 90% 이상의 노동력이 모든 농산물과 공산물을 생산했었던 것에 비해 오늘날에는 10% 이하의 노동력이 생산하고 있다. 노동의 가치 비중이 줄어들 것이라는 추측은 합당해 보일 것이다(그러나 잘못된 생각이다).

하지만 (4장에서 언급한) 칼도어의 사실들을 통해 알고 있는 바대로 노동은 시장에 창출되는 가치의 약 3분의 2를 차지하고 있다. 그리고 그 비중이 시장 지배의 증가로 하락하고 있다. 그럼에도 노동이 계속 그렇게 높은 비중을 차지하고 있다는 것은 놀라운 일이다. 이것이 바로 기술 발전에도 불구하고 노동 총량이라는 것이 존재하지 않는다는 증거다. 기술 변화로 일자리에서 밀려난 노동력은 다른 생산 활동에 고용된다.

궁극적으로 모든 가치는 노동에서 창출된다. 즉 자본이 차지하고 있는 3분의 1의 비중은 과거에는 노동으로 생산되었다. 노동과 자본을 들여 작년에 만든 기계가 올해 판매되면 자본재로 비춰지지만 그 속에는 과거의 노동이 담겨 있다. 따라서 심지어 자본 지분조차도 어느 정도는 노동이라 볼 수 있다. 노동자들을 더 생산적으로 만드는 기계와 구조를 만드는 데 사용되는 것 역시 노동이다.

이것이 2세기 전 애덤 스미스가 관측한 내용의 핵심이다. "노동은 가장 기본적인 대가였으며 구매의 시발, 즉 모든 것에 대해 지급되는 돈이었다. 세상의 모든 부는 금이나 은이 아니라 노동으로 구매 가능했다." 하지만 기술 변화에서 얻게 되는 이득이 오늘날의 노동에 항상 가치를 더해주는 것은 아니다. 과거의 노동으로 쌓아 올린 자본의 소유주는 자본에 투자함으로써 보상을 받는다. 건전한 경제에서는 경쟁 기업들의 자유로운 시장 진입으로 자본의 보상을 통제한다.

자유로운
시장 진입

성 주변에 구축된 해자는 기업이 시장 지배력을 구축하고 유지하게 해준다. 자유로운 시장 진입이 허락된다면 경쟁 기업들은 해자를 뛰어넘어 성에 접근할 수 있게 된다. 어느 한 기업이 막대한 수익을 올리고 있다면 자본과 사업 노하우를 가지고 있는 다른 기업도 시장에 들어가 수익 일부를 가져가려고 할 것이다. 진화 생물학에서 식량 입수 가능성과 다른 경쟁자(포식자와 동일한 종 내에서의 경쟁자)의 존재와 같은 환경 압력이 건강한 종을 만들 듯이 경제에서도 자유로운 시장 진입의 위협으로 말미암아 가격은 최대한 내려가고 노동이 차지하는 비중은 최대가 된다. 자유로운 시장 진입은 필요 이상으로 지나치지 않은 선에서 자본이 충분히 보상받도록 해준다.

봉고(Bongo)의 사례를 통해 그 힘이 얼마나 강력하게 작용할 수 있는지 살펴보자. 닷컴버블이 절정에 달했던 2000년 초반에 각각 기술 기업과 광고 기업에서 몇 년 일한 경력을 가지고 있었던 두 명의 대학 졸업생 브루노 스파스와 마크 베르하겐은 사업 아이디어를 생각해냈다. 그들은 특별한 주말 활동과 단기 휴가를 제공하기를 원했다. 여행사들이 천편일률적으로 제공하는 판에 박힌 여행과는 다른 완전히 새로운 것을 원했던 것이다.

그들은 래프팅이나 열기구 투어, 혹은 영국 이스트 서섹스 절벽에 있는 특별한 호텔에서 며칠 머물기와 같은 특별한 활동의 예약 가능 여부를 실시간으로 알려주는 서비스를 제공하는 등 기존의 여행 서비스와는 다른 혁신을 추구했다. 20년 전 당시에는 (아직 스마트폰이 없

이윤의 역설

었기에) 열기구 탑승 가능 여부를 인터넷을 통해 확인할 수 있다는 것이 아주 신선한 일이었다. 고객은 현재 예약 상황을 확인하고 즉시 예약할 수 있었다. 그뿐만 아니라 그들은 숨겨진 비용이나 장소와 활동에 대한 옵션 비용을 따로 두는 비상식적인 가격제가 아닌 모든 서비스가 포함된 정찰가를 제공했다. 그 결과 서비스를 이용하는 여행 판매 회사와 고객들로부터 큰 호응을 얻게 되었고 웹사이트에 접속이 폭주하기 시작했다. 문제는 판매할 수 있는 상품의 양이 한정되어 있다는 것이었다. 여행사가 넘쳐나고 여행사 광고가 난무한다고 해도 당시에는 고객들이 온라인에서 신용카드로 결제하기를 꺼렸고 호텔에 직접 전화하는 것을 선호했다. 인터넷은 유용한 정보를 제공해 호텔에서 예약을 관리하는 데 도움을 주는 도구였지만 직접 매출을 올릴 수 있는 수단은 아니었다.

다양한 활동을 제공하며 1년여간 투자와 실험을 거듭했지만 두 창업자는 손실을 보고 있었으므로 크리스마스를 앞두고 새로운 상품을 시도해 보기로 했다. 그들은 사람들이 휴가를 선물하고 싶어 할 것이라는 생각에 착안해 가족과 친구들에게 선물할 수 있는 내년 여름 휴가를 위한 열기구 투어와 주말 맛집 기행을 기획했다. 처음에는 그 선물들이 그저 예약 확인 번호가 인쇄된 종이쪽지에 불과해 다소 믿음이 가지 않는 선물로 비춰질 수도 있다. 몇 년이 흐른 후 그 상품권은 봉고로 발전했다. 봉고는 화려한 사진과 선택 가능한 다양한 활동 옵션이 담겨 있는 박스 안에 담겨 명실공히 선물로 판매되고 있었다. 열기구 투어, 로맨틱한 저녁 식사, 경치 좋은 곳으로의 주말여행 등의 선택 메뉴가 담겨 있는 여행 선물을 할 수 있는 것이었다. 그 메뉴 중

한 가지는 선물 받는 당사자를 기쁘게 해줄 것임이 분명하다. 이 상품은 즉시 히트를 했고 크리스마스가 가까워져 오면서 수요를 감당하기 어려울 정도가 되었다. 세련된 박스에 담겨 여행사를 통해서도 판매되었고 나중에는 사람들이 막판 선물로 고를 수 있도록 슈퍼마켓과 신문 가판대에서도 구매가 가능해졌다. 판매점들은 공급을 더 늘려달라고 요청하기도 했다. 봉고박스는 그야말로 불티나게 팔렸다.

선물용 카드라는 봉고박스의 기본 원리는 물론 새로운 것이 아니었다. 하지만 제시 방식에 차별성이 있었고 그것을 휴가와 경험에 적용해 선물에 호소력 있는 메시지를 담은 것이 성공 요인으로 작용했다. 만일 내가 조카에게 번지점프를 해 볼 수 있는 선물용 카드를 준다면 50유로짜리 상품권을 주는 것보다 훨씬 더 멋져 보일 것이다. 하지만 수요가 많아서 성공한 것만은 아니었다. 이 비즈니스 모델을 이례적인 성공으로 이끈 예상 밖의 부수적 효과 두 가지가 있었다. 첫 번째 부수적 효과는 사람들이 12월에 봉고박스를 구입하고 조카는 8월에 번지점프를 하러 간다는 것이다. 봉고박스 구입과 사용 사이의 평균적인 기간은 9개월이다. 고객은 봉고를 구매할 때 돈을 지급지만 봉고는 고객이 9개월 뒤 그 상품을 사용하는 시점에서 서비스 제공자(번지점프 사업자)에게 비용을 지급하는 것이다. 결과적으로 봉고는 9개월 동안 현금을 쥐고 있을 수 있다. 이 현금으로 기업 운영 중 겪게 되는 현금 흐름 문제를 해결하고 서비스를 개선하는 것뿐만 아니라 연 매출의 4분의 3을 그들이 은행에 예금하거나 투자함으로써 재정적 이익을 얻을 수 있는 자본으로 가지고 있을 수 있는 것이다.

예상치 못한 두 번째 부수적 효과는 봉고박스의 일부는 이용되지 않는다는 점이다. 호텔 숙박과 주말 맛집 탐방은 대부분 이용하지만, 번지점프는 이용하지 않는 경우가 아주 빈번하다. 봉고의 다른 활동들은 이용하지 않는 경우가 절반이 채 되지 않는다. 번지점프는 선물하기엔 흥미롭고 멋지지만(특히 선물을 주는 사람으로서는), 실제로 번지점프를 시도하기 위해서는 많은 용기가 필요하다. 조카가 고소 공포증이 있을 수도 있고 그의 엄마가 켄 삼촌의 선물이 그렇게 훌륭하다는 데 동의하지 않고 봉고박스가 쥐도 새도 모르게 슬쩍 사라지는 일이 발생할 수도 있다. 이런 사태를 방지하기 위해 어드벤처 봉고는 그다지 부담스럽지 않은 활동들을 포함해 폭넓은 선택지를 제공했다. 그럼에도 어드벤처 봉고는 상당히 낮은 이용률을 보였다. 이용률이 95%라는 것은 하나에 100유로에 판매된 봉고가 기업에는 평균적으로 95유로의 비용만을 발생시켰음을 의미한다. 5%의 뜻밖의 고마운 수익은 순익이 된다.

예상치 못한 순익에 9개월 동안의 현금 수입이 더해져 이 기업은 여행사라기보다는 거의 금융 기업에 가까운 형태가 되었다. 엄청난 수요와 금전적 소득으로 봉고는 이른 시간 내에 성공적인 스타트업으로 부상했다. 처음에는 벨기에와 네덜란드 룩셈부르크에서 시작해 곧이어 유럽의 9개국으로 사업을 확장했고 2007년에는 1억5천만 유로 이상의 총 매출을 달성했다.

많은 고객이 봉고를 알고 있었다면 투자 기회를 엿보고 있는 다른 투자자들과 기업가들 또한 봉고를 알고 있었을 것이다. 봉고의 비현실적인 수익은 다른 기업들의 진입을 충동질했다. 봉고는 그 이름과 기프트 박스 형식에 대해서는 지적 재산권을 가지고 있었지만, 여행 상품 판매 아이디어에 대해서는 특허권을 가질 수 없었다. 처음에는 경쟁을 어느 정도 억제할 수 있었지만, 점차 새로운 경쟁자들이 그들의 시장에 들어와 이익을 빼앗고자 위협했다. 2007년 여름 사모펀드로부터 재정 지원을 받는 한 프랑스 기업이 봉고에 인수 제안을 했다. 그 기업은 자신들이 경영하면 이용률을 더 줄여 더 많은 수익을 창출할 수 있을 것으로 생각한 것이다. 2007년 말 마침내 인수 계약은 성사되었고 브르노와 마크는 봉고를 매각했다. 가장 적절한 시기에 말이다.

적절한 시기였다는 것은 그때가 바로 리먼 브러더스가 몰락하고 대공황이 시작되기 직전이었기 때문이다. 게다가 당시에는 시중에 자금이 충분히 돌고 있던 때여서 유리한 인수 합병이 가능했다. 그러나 더 중요한 점은 시장 진입 관점에서 적기였다는 것이다. 그로부터 몇 년 동안은 봉고(후에 스마트박스로 사명이 변경되었다)가 여전히 시장의 선두 자리를 지키고 있었으나 이제는 수많은 경쟁자가 등장했다. 그들 중 많은 기업은 한 국가 내에서만 사업을 하는 기업들이며 자체 소매 판매망을 보유한 대형 여행사가 소유하고 있는 경우도 많다. 경쟁 압력으로 스마트박스는 고객들이 새로운 경쟁업체들의 상품을 구매하는 것을 막기 위해 가격을 낮추어야만 했다. 가격은 심지어 번지점프 사업자에게 지급하는 비용보다 더 하락해 이용되지 않는 상품에서 남는 수익을 갉아먹고 있었다.

봉고의 성공 신화는 슘페터의 창조적 파괴를 보여주는 전형적인 사례다. 혁신은 엄청난 이윤을 얻을 수 있게 해주고 오래된 전통적인 방식을 대체하는 새로운 방식의 사업 모델로 이끈다. 그러나 새로운 사업 모델 자체는 일시적이고 단기적이다. 경쟁 기업들이 시장에 진입해 가격 경쟁을 벌여 결국 초기의 수익을 갉아먹기 때문이다. 새로이 시장에 진입한 기업들은 투자 자금에 대한 보상을 얻기 위해 노력해 이익을 얻게 되지만 그 수익은 다른 기업들의 시장 진입을 유도하기에는 충분한 정도이지만 투자에 대한 보상으로는 충분치 못하다. 그 수혜자는 고객이다. 노동자뿐만 아니라 고객은 상품과 서비스를 가능한 가장 낮은 가격에 구매할 수 있게 된다. 3장에서 논의한 바와 같이 전반적으로 낮은 가격과 높은 자본 비용은 결과적으로 임금 수준을 올려주고 노동의 비중을 높인다.

기술 발전과 그에 따른 분업 및 전문화로 인해 미고용 상태인 노동력이 더 많은 상품과 서비스를 생산하는 데에만 이용되는 것은 아니다. 고용에서 해방된 시간과 노동력은 더 많은 여가를 가지는 데 이용될 수도 있다. 다음으로 우리가 집중적으로 살펴볼 것은 기술 발전이 노동 시간에 미치는 영향이다.

여가는 노동의
끝인가?

이른 오후 아프리카의 어느 해변 모래사장에서 한 어부가 야자나무 아래에 앉아 그날 아침에 잡은 물고기를 굽고 있었다. 지나가던 한 서양인이 그 모습을 보고 그와 이야기를 나누게 되었다. 서양인은 어부에게 왜 오후에는 물고기를 잡지 않는지 물었다. 그러면서 오후에 잡은 물고기는 시장에 내다 팔아 돈을 저축할 수 있고 그 돈으로 배를 한 척 더 구해서 인부를 고용할 수 있을 것이며 그러면 어획량은 두 배로 불어날 것이라고 조언했다. 서양인은 어부에게 사업을 일으켜 자신은 일하지 않고도 돈을 벌 수 있는 수단을 알려준 것이다. 그러자 어부는 서양인에게 그렇게 해서 돈을 벌면 그다음에는 무엇을 해야 하는지 물었다. 서양인은 어부에게 은퇴해서 아름다운 해변 야자나무 아래에서 편히 쉴 수 있다고 답했다. 그러자 어부는 잘 이해가 가지 않는다는 듯 그를 보며 다시 물었다. "왜 은퇴해서 아름다운 해변의 야자나무 아래에서 쉴 수 있을 때까지 기다려야 하죠? 당신은 내가 지금 그렇게 사는 모습이 보이지 않나요?"

사람들은 지금보다 사회가 고도로 발전하기 전이 훨씬 더 좋았으며, 기술 발전과 국제 무역으로 고도성장을 이룩한 현대 사회가 우리의 삶을 자기 자리를 지키기 위해서 쉬지 않고 달려야 하는 무한 경쟁 속으로 몰아넣었다는 공통된 믿음을 가지고 있다. 오늘날 우리는 더 오랜 시간 일할 것을 강요받는다. 실제로 그에 합당한 임금을 받지 못하면서 장시간 일하는 전문직 종사자가 많다. 특히 사회 초년병 시절에는 더욱 그렇다. 맥킨지의 컨설턴트와 로펌의 연차가 낮은 고용 변호사, 월스트리트와 런던의 주식 중개인, 의사들은 모두 오랜 시간을 일하기로 악명이 높다. 새벽에 출근해서 밤늦게 퇴근하고 자신의 책상에 앉아 세 끼 식사를 해결하기도 한다. 그들은 주당 80시간 이상을 근무하며 높은 연봉을 받지만, 시간당 급여로 계산하면 패스트푸드점 노동자의 급여와 큰 차이가 나지 않는 경우도 종종 있다.

또 요즘에는 장시간 노동하고 적은 급여를 받는 일반적인 직종의 사람도 많이 있다. 특히 단기 계약으로 일하는 사람들은 자신이 원

이윤의 역설

하는 만큼 일할 수 있고 그래서 부족한 급여분을 메꾸기 위해 긴 시간 일하기도 한다. 우버 택시에 탔을 때 얼마나 많은 운전기사가 저녁 시간이나 주말, 휴일을 이용해 추가 근무를 하고 있던가? 한 고등학교 수학 교사가 내게 학생들에게 수학을 가르치며 그들이 수학에 흥미를 느끼도록 하는 것이 얼마나 의미 있는 일인지에 대해 말한 것이 기억난다. 그러나 7월이 되자 그는 여름에 수학 보충 수업을 하면서 쥐꼬리만 한 수입을 버는 것보다 우버 택시를 운전하는 편이 낫겠다고 말하기도 했다.

장시간 일하는 사람들도 많지만, 단시간 일하는 사람들은 더 많아지고 있다. 노동 시간은 항상 다양하게 분포되어 있었다. 사람들이 장시간 일하는 직업의 예를 들 때면 내가 과거에 그랬듯이 예외 없이 극도로 장시간 일하는 직업 중 하나에 초점을 맞추는 경향이 있다. 하지만 직업들 사이에 격차가 존재할 뿐만 아니라 나이와 성별, 소득에 따른 인구 집단 간의 큰 격차가 존재한다. 그러나 극도로 장시간 일하는 경우와 일부 장시간 일하는 집단이 전체 경제 상황을 대표하고 있는 것은 아니다.

세계의 노동자들은 수십 년 또는 수 세기 전과 비교해 오늘날 현저히 더 적은 시간 동안 일한다. 최근의 연구에 따르면 2차 산업 혁명 이래로 노동 시간은 연 0.3%씩 혹은 주당 7분씩 하락해왔다고 한다. 아무것도 아닌 수치로 보이겠지만 오랫동안 7분씩 쌓인다면 아주 큰 시간이 된다. 미국의 주당 평균 노동 시간은 1830년에 70시간이었던 것이 2015년에 40시간으로 줄어들었다. 즉, 오늘날에는 예전의 절반밖에 일하지 않고 있다는 뜻이다.

1930년 존 메이나드 케인즈는 2000년이 되면 인간은 주당 15시간을 일하게 될 것이라는 예측을 담고 있는 에세이를 집필했다. 숫자는 완전히 잘못 짚었지만(특히 노동 시간이 얼마나 빨리 줄어들지에 관해서) 점차 인간이 일을 덜 하게 될 것이라는 예측은 옳았다. 지난 150년간 노동 시간이 줄어든 속도로 노동 시간이 계속 줄어든다면 2200년 이후에는 주당 평균 노동 시간이 15시간이 될 것이다. 물론 그 미래 예측은 생산성 증가율이 그대로 유지되며, 더 많은 돈을 버는 쪽보다 여가를 더 많이 가지는 쪽을 선택하려는 인간의 욕망이 변하지 않는다는 것을 전제로 하고 있다.

물론 아주 장기적인 안목으로 보면 경제 상황은 많이 바뀌었다. 다수의 노동자가 농장이나 공장에 고용되어 일했을 때는 노동 시간이 무지막지하게 길었다. 이른 아침에 시작해 밤늦도록 주 6~7일 일하기도 했다. 하지만 이제는 대부분의 서비스 직종이 40시간 이하의 노동을 요구한다. 물론 우리가 더 부유해졌기 때문에 더 짧은 시간 일하게 된 이유가 크다. 엥겔의 법칙에 따라 우리는 총지출에서 식료품과 생필품이 차지하는 비율이 더 낮아졌고 그 돈을 다른 상품과 서비스에 지출할 수 있게 되었다.

임금이 더 높아지면 우리가 노동을 덜 하는 쪽을 택할지는 확실하지 않다. 한편으로는 한 시간이라도 더 일하면 더 많은 소득을 창출하므로 일을 하는 쪽이 더 혜택이 크다. (이것이 '대체 효과(substitution effect)' 라는 것이다). 반면, 소비를 충분히 하고 난 뒤에는 여가 활동에 더 많은 시간을 할애하고 싶어진다는 것이다. (이것이 '소득 효과(income effect)' 이다). 연구 결과에 따르면 시간이 흐르면서 노동 생산성이 더 높아져

이윤의 역설

임금이 상승하면 가구들은 더 많은 시간을 스포츠 경기 관람, 여행, 야외 활동, 영화 관람 등의 여가 활동에 할애하게 되는 것으로 나타났다. 사람들은 더 많은 시간이 생겼고 여가 활동은 훨씬 더 저렴해졌다. 노르웨이 사람들에게는 저가 항공사인 노르웨이 항공을 타고 오슬로에서 마요르카 섬으로 짧은 휴가를 다녀오는 것이 술을 마시러 가거나 외식을 하는 것보다 더 저렴하다. 모든 것이 비싼 높은 물가를 감안하면 그것이 현실이다. 특히 주류는 아주 비싸다.

아리스토텔레스는 여가에 대해 다음과 같이 말한 바 있다. "행복은 여가에 달려 있다. 우리는 여가를 가지기 위해 바쁘게 일하고 평화롭게 살기 위해 전쟁을 벌인다." 아마도 "우리는 여가를 가지기 위해 바쁘게 일하고"라는 구절을 "노동의 끝은 여가를 얻는 것"으로 해석할 수도 있을 것이다. 인간의 노동과 기술 발전이 추구하는 것은 결국 다름 아닌 여가를 얻는 것으로 보인다.

이제 노동의 또 다른 형태인, 노동과 여가 활동이 자연스럽게 혼합되어 나타나는 긱 이코노미에 대해 알아보도록 하겠다.

긱 이코노미

로봇이나 다른 노동 절감 기술과 같이 긱 이코노미(비정규 프리랜서 근로 형태가 확산되는 현상)는 노동에 위협이 되고 있다. 이미 일자리 수는 많이 부족하지만, 이제 신기술의 등장으로 자동차와 스마트폰이 있고 몇 시간만 낼 수 있으면 면허가 있는 택시 운전기사의 일을 빼앗는 일이 더 쉬워지고 있다. 그 일자리 도둑 중 한 사람의 사례를 살펴보자.

에우티키오스는 평생 교사로 재직하며 보스턴의 한 학교의 교장을 지냈다. 퇴직할 나이가 되어 2002년에 학교를 떠나게 된 그는 계속 일하고 싶었지만 일자리를 구할 수가 없었다. 온갖 종류의 일자리에 지원했지만, 답변이 오는 경우는 좀처럼 없었다. 그가 가장 원하는 일은 대리 교사 역할이었다. 하지만 그는 (고용주가 그렇게 말한 적은 없었지만) 채용되지 못했던 주된 이유가 많은 나이라고 생각했다.

절박해진 에우티키오스는 불법적인 일이 아닌 이상 어떤 일이든 하겠다는 각오였다. 하지만 고용주가 그를 고용하고 싶어 하지 않는 것 또한 이해가 갔다. 겨우 몇 년 일할 수 있을 것으로 보이고 젊은 노동자들보다 자주 아플 것 같은 그에게 누가 투자하겠는가? 물론 그는 자신이 일자리를 구할 수 없는 이유가 오로지 나이 때문만은 아니라는 사실을 인정한다. 에우티키오스는 3~4개월마다 한 달씩 쉬면서 여행을 할 수 있기를 바랐다. 그는 몇 군데에서 제안을 받기는 했으나 결국 단기 근무로 끝나고 말았다. 파파 지노스에서 배달원 일을 제안받았지만, 수염을 깎아야 한다는 것이 근무 조건이었다. 그는 평생 자랑스럽게 기르고 다닌 턱수염을 깎고 싶은 마음이 전혀 없었다. 피자헛에서 잠깐 배달을 하긴 했다. 하지만 그가 한 달 동안 자리를 비우고 첫 번째 여행을 다녀오자 다른 사람이 그 자리에 들어와 버려 다시 복귀하지 못했다.

에우티키오스가 인기 있는 승차 공유 회사에서 일하는 것을 처음 고려했을 때 그는 자신이 택시 기사들의 일자리를 빼앗게 되는 것은 아닌지 우려했다. 결국 다른 대안이 없다는 현실을 깨달은 그는

이윤의 역설

2015년 10월 79세의 나이로 우버 택시 기사로 일하기 시작했고 일을 시작하자마자 그 일이 아주 마음에 들었다. 그는 결코 늦는 법이 없었다. 상사도 없으며 돈을 직접 관리하지도 않는다. 그는 고객들과 정보를 주고받고 비밀을 엄수하는 일을 즐긴다. 한 가지 문제가 있다면 보스턴에는 주차할 곳이 마땅치 않아 화장실 가기가 어렵다는 것이다. 그는 그 일을 너무 좋아해서 주 7일 하루 10시간씩 일한다. 이제 그는 자기 계좌에서 주유비가 결제되는 우버 신용카드를 가지고 다닌다. 그래서 그가 구매하는 것은 순비용으로 간주된다. 물론 유지관리비와 수리비, 자동차의 감가상각비는 제외다. 그의 하루 목표는 20건의 운행을 해서 150달러의 수입을 버는 것이다. 한 달로 계산하면 약 4,500달러의 수입이다. 에우티키오스에게는 여섯 명의 장성한 자녀들이 있고 편안한 삶을 위한 연금과 저축도 가지고 있다. 그가 일하는 이유는 우간다의 한 고아원을 도와줄 기금을 마련하기 위해서이다.

"나는 2002년에 캄팔라의 한 자선 단체에 방문했을 때 캄팔라에서 70㎞ 떨어진 곳에 있는 미티아나라는 마을에 있는 한 고아원도 방문했습니다. 나중에 알게 된 사실이지만 그 고아원 원장이 형편이 어려운 아이들과 고아들을 데려다가 먹이고 기본적인 교육도 하는 모습을 보고 크게 감명받았습니다. 그는 다달이 나오는 그의 연금 200달러를 그 일을 위해 사용하고 있었는데 아이들이 영양 결핍 상태임을 알았을 때 원장은 내게 말했습니다. '어쩌겠습니까? 이게 제가 해줄 수 있는 전부인 걸요.'"

에우티키오스는 자신이 어린 시절 크레타에서 미국으로 오게 된 고아였기 때문에 우간다의 고아원을 그가 어린 시절 받은 것을 되돌려줄 수 있는 통로로 여기고 있다. 아프리카에 다녀온 이후로 그는 일하면서 친구들에게서 모금도 해서 3~4개월마다 우간다를 방문한다. 한 달에 500달러면 콩, 쌀, 밀가루, 설탕, 기름, 비누, 소금, 땅콩 가루 등을 살 수 있어 아이들의 식사 질을 높일 수 있다. 그는 이제 우간다에 갈 여행비를 마련하고 고아원에 있는 아이들에게 필요한 물건들을 사주기 위해 열심히 일한다.

"과거에는 이런 일을 할 수 없었는데 지금 저는 우버 택시 운전을 아주 기쁜 마음으로 하고 있습니다. 이 일은 자유롭게 스케줄 조정이 가능해 제가 오랜 시간 여행하는 것이 가능해요. 또 제가 보스턴에 있는 동안에는 원하는 만큼 열심히 일해서 필요한 만큼 수입을 벌 수 있지요. 살아야 할 이유가 있다는 거니까 일을 하는 편이 훨씬 더 저를 안정시켜 줍니다. 매일 아침 일찍 일어나서 출근하려는 의욕이 생기죠. 저는 하루에 10시간 일하지만 피곤하지 않아요. 고아원 아이들을 생각하면 일하러 나가는 게 신이 납니다. 시내를 운전하며 돌아다니면서도 아이들의 웃는 얼굴이 떠오르죠. 전혀 피곤하지 않고 일을 하는 게 아주 행복합니다. 아주 좋은 사람들을 만나서 좋은 대화를 나누면 제 삶도 풍요로워져요. 저는 살아야 할 이유가 130가지랍니다. 고아원에 130명의 아이가 있거든요."

에우티키오스는 행복한 우버 운전기사다. 그는 자유로운 근무 시

이윤의 역설

간의 엄청난 이점을 누리고 원하는 만큼 혹은 필요한 만큼 더 많이 혹은 더 적게 일하며 부업의 개념으로 일하고 있다. 고용주와 시간제 근무 계약을 하지 않는 이런 종류의 일이 그에게는 거의 완벽하게 맞다. 노동 시간 계약을 하지 않는다는 것은 그에게는 최대한의 시간을 일하는 계약이나 마찬가지이기 때문이다.

하지만 다른 이들에게는 상황이 다르다. 예컨대 어떤 이유에서든 우버 택시 운전을 본업으로 하게 된 사람이 있다고 가정해 보자. 그들은 택시 운전기사들처럼 종일 일한다. 얼마간 일하고 나면 운전기사는 이직하기보다는 계속 근무하기로 결정한다. 일을 시작할 때 자동차를 구매했으므로 그 대출금을 갚아야 하기 때문이다. 그런데 이는 우버 보조금 모델이 노리는 부분이기도 하다. 우버는 운전기사들이 계속 우버에 남아주기를 바라므로 그들이 일을 시작할 때 거액의 보조금을 지급하고 있다. 그러나 현실은 우버가 임금은 최대한 낮춰서 지급한다는 것이며, 기사가 일단 우버와 일하기 시작해 자동차 대출금과 유지비를 상환하고 나면 겉으로 보기에는 적정한 수준의 임금처럼 보일지라도 실제로는 얼마 남지 않는다는 것이다. 업계 내에서 우버의 임금 정책은 '최저 임금 플러스 2'로 불리고 있다. 최저 임금에서 2달러를 더 준다는 뜻이다. 보통 주행 거리에 따라 요금을 받기는 하지만 그 금액은 운전기사들이 시간당 버는 수입과 비슷하다.

물론 지배적인 거대 기업들은 최저 임금을 지급하는 것 이상의 피해를 줄 수 있다. 4장에서 살펴본 것처럼 노동자들이 선택지가 별로 없을 때 우버와 같은 대형 기업은 수요독점 권력을 이용해 더 낮은 임금을 지급할 수도 있다. 심지어 그들은 자신들의 지배력을 이용해 뻔뻔하게 노동자들을 착취하거나 노동자들이 가지고 있는 일반적인 권리와 혜택을 누리지 못하도록 만들기도 한다. 그들의 그러한 행태를 중단시키는데 필요한 모든 일을 해야 한다. 하지만 임시직에서 저임금의 주된 원인은 전체 시장에서 미숙련 노동자들이 저임금을 받는 이유와 같아 보인다. 우버는 다른 곳에서도 노동자들이 그 정도밖에 받을 수 없다는 것을 알기에 '최저 임금 플러스 2'의 임금을 지급하는 것이다.

이 '최저 임금 플러스 2'는 뉴욕시에서 택시 면허 소지자에게 고용된 택시 기사들이 버는 수입과 아주 비슷하다. 대부분 도시에서 택시 면허는 회사가 소유하고 있고 회사가 운전기사들을 고용해 매출을 유지하고 휘발유 비용을 버는 것이다. 물론 면허 소지자는 기사가 일할 수 있을 만큼의 임금을 지급하는 사업가이다. 그리고 기사가 자신의 면허를 구매하게 되면 면허 구매를 위해 대출한 100만 달러를 상환 후 그들이 버는 수입은 최저 임금에 가까울 것이다. 대출금을 상환하고 그들이 집으로 가지고 가는 임금은 '최저 임금 플러스 2'와 다를 바가 없다. 이것이 경쟁적인 노동 시장의 냉혹한 현실이다. 미숙련 노동자는 미숙련 임금으로 보상받는다는 것이다. 차량공유 서비스에 대한 수요가 상승하고 경쟁자가 별로 없다면 운전기사는 여전히 '최저 임금 플러스 2'를 받게 되지만 승차 공유 기업은 수익을 올린다. 하지만 승차 공유 기업들과의 경쟁에 맞서야 하는 전통적인 택시 면허 소지자들은 상황이 그와 반대다. 그들은 손해를 보고 있다. 2014년에 100만 달러가 넘었던 면허는 이제는 14만 달러도 안 되는 가격에 거래되고 있다.

그렇다면 우버는 고객들에게 훨씬 더 좋은 선택일까? 승차 공유 기술은 교외 등 덜 복잡한 지역에서는 전통적인 택시보다 보급률이 높다. 그리고 기술 발전이 승차 공유 서비스를 더 우월하게 만들어주고 있다. 승차 공유 서비스는 현금을 주고받지 않는다. 그리고 운전기사는 위성 위치 파악 시스템을 이용해 가장 빠른 경로를 선택할 수 있고, 택시 소유주와 사용자 양측 모두 등록되어 있으므로 안전하며, 평가 시스템을 활용해 훌륭한 서비스에 대해 인센티브를 제공하는 등의 기술적 우위를 가지고 있다. 하지만 기존의 택시 서비스 또한 이러한 신기술을 채택하는 것을 막을 방법은 없다.

우버의 주된 성공 요인은 많은 지역에서 기존의 보조금을 받지 않는 개인택시에서부터 대중 교통수단에 이르기까지 경쟁이 너무 치열하다는 점이 부분적으로 작용했다. 면허 시스템은 진입 장벽을 높여 신용 대출을 받지 못하는 운전기사들은 진입할 수 없도록 만들어 결국 몇 개 기업이 대다수의 면허 차량을 소유하고 있는 아주 집중적인 독점 시장을 탄생시켰다. 우버는 이와 같은 비경쟁 경제를 실제로 파괴하고 있다. 그러나 면허 소지 택시들이 이 신기술을 채택하는 것은 그들에게 장벽으로 보이며 많은 경우 실제로 그러하다. 승차 공유 서비스가 주로 공헌한 부분은 아마도 경쟁을 통해 인구 밀집도가 낮은 지역에서 더 나은 서비스와 더 낮은 가격을 제공해 더 많은 사용자를 끌어들이고 그들을 더 부자로 만들어 준 것일 테다.

분명 우버의 비즈니스 모델은 에우티키오스와 같은 운전수와 나와 같은 승객에게 단순히 탄력적인 스케줄을 제공하는 것만이 아닐 것이다. 우버는 돈을 벌기 위해 사업에 나선 것이다. 위험한 점은 그들이 혁신적인 기술을 이용해 자신들의 성 주변에 버핏이 말한 경쟁자들이 건너기 힘든 해자를 구축하고 있다는 사실이다. 운전기사와 승객을 연결해주는 네트워크 외부성은 규모가 가치를 창출하는 산업을 만들어낸다. 그리고 시장에 먼저 진입해서 빨리 성장하는 기업이 규모가 더 커지는 것이다. 온라인 경매 업계의 이베이나 온라인 소매 업계의 아마존처럼 규모의 경제는 단 하나 또는 아주 소수의 경쟁자만을 허락할 수 있을 뿐이다.

경쟁자가 별로 없는 시장에서 시장 지배 기업들은 노동자들에게 '최저 임금 플러스 2'의 임금을 지급하고 경쟁자들을 물리칠 수 있을 만큼 가격을 내려서 책정하지만, 예상과는 달리 고수익을 올린다. 현재로서는 승차 공유 기업들이 여전히 네트워크 구축을 위해 운전기사들에게 막대한 보조금을 지급하고 있어 많은 수익을 내지는 못한 상황이다. 중국과 인도의 경우가 특히 그러하다. 하지만 일단 그들이 승자가 되는 날에는 시장 지배력을 발휘하게 될 것이고 가격도 서서히 오르기 시작할 것이다. 이런 이유에서 투자자들은 이런 기업들의 주식에 엄청난 투자를 하는 것이다. 아직은 단 한 기업도 큰 성과는 없지만 앞으로 아주 큰 수익이 예상된다.

시장에 고객들이 존재하는 한 우리가 할 수 있는 일은 별로 없다. 일각에서는 긱 이코노미 기업들의 상품을 불매 운동해야 한다고 주장하기도 한다. 그렇게 함으로써 해당 기업에게 윤리적 기준을 준수해야 한다는 신호를 줄 수 있기 때문이다. 기업들은 불매운동으로 기업 이미지가 손상되는 것을 싫어한다. 소비자들의 이런 의사 표현으로 인해 나이키와 같은 기업들은 미성년 노동자들을 고용하는 기업

이윤의 역설

들에게 생산을 위탁하지 않으려고 부지런히 거래 기업을 선별하고 감독하게 되었다. 그러나 경제적 관점에서 보면 정치적 행동, 특히 우버나 딜리버루(Deliveroo, 영국의 온라인 식품 배달 기업)를 개인적으로 불매 운동하는 방식의 정치적 행동은 노동자에게 피해가 갈 수 있다. 나는 십 대 때 인도에 처음으로 여행을 갔을 때 어렵게 이 사실을 깨닫게 되었다. 나는 캘커타의 기차역에서 걸어 나와 자전거 인력거를 거절하고 오토바이 인력거를 찾으려 했다. 영양 상태가 그다지 좋아 보이지 않는 인력거 기사가 뜨거운 햇볕 아래에서 땀을 뻘뻘 흘리며 부유한 서양인인 나를 자전거로 목적지까지 데리고 가게 하는 것은 비윤리적이고 비인간적인 일이라고 생각했기 때문이었다. 영어를 조금할 줄 아는 가게 주인을 통해 자전거 인력거 기사는 내게 자신이 승객을 태우지 못하면 어린 자녀들을 먹여 살릴 수 없다고 설명했다. 그래서 결국 나는 자전거 인력거를 타게 되었고 팁도 넉넉히 주었다. 그리고 그곳에는 스무 명이 넘는 인력거 기사들이 줄을 서서 기다리고 있었다.

노동자가 우버나 딜리버루의 일자리를 수락하게 되는 이유는 그것이 그들에게 주어진 가장 좋은 선택지이기 때문이다. 그 직장이 급여가 아주 형편없다는 사실이 항상 착취를 뜻하는 것은 아니다. 오히려 더 나은 대안이 없다는 신호이다. 개인적으로 특정 서비스를 불매함으로써 우리는 해당 서비스의 노동에 대한 수요를 감소시키고 있다. 결과적으로 그들의 임금도 더 하락하게 된다. 설사 어떤 상품을 불매하고 싶더라도 그 상품이 우리의 공급망 안에 존재한다는 사실을 어떻게 부정할 수 있단 말인가? 생선을 주문하는 식당에서 내가 가장 좋아하는 종류의 생선이 거의 다 팔렸다면 그 식당은 파트너 식당에서 추가 생선을 우버나 딜리버루 기사를 통해 배달 받을 것이다. 이처럼 우리는 우리가 긱 이코노미의 혜택을 이용하고 있는지조차 알지 못한다.

　현재의 경제에서는 상품 및 서비스 공급망은 복잡하게 얽혀 있고 작은 일부분이라도 상대적으로 낮은 임금을 받는 노동을 수용하지 않고서는 생존할 수 없다. 긱 이코노미 일과 같은 저임금 노동을 비윤리적으로 생각한다면 우리가 구매하는 모든 상품에는 일부 누군가의 비윤리적인 노동이 포함된 것이다. 핵심은 다른 모든 미숙련 노동의 임금이 낮으므로 긱 이코노미의 일도 그렇게 임금이 낮을 수밖에 없다는 사실이다. 이것이 이윤의 역설이다. 에린의 임금이 우버 택시 기사의 임금과 비슷하며, 시장 지배로 촉발된 전반적인 하락 추세로 인해 모든 임금이 낮아졌다.

　개인적인 정치 행위가 효과를 발휘하지 못한다고 해서 긱 이코노미의 저임금에 대해 아무 일도 하지 않아도 된다는 말은 아니다. 지역구와 전국구 국회의원들에게 로비하거나 시장 지배력을 행사하는 업종을 규제함으로써 우버의 행태를 바꾸고 변화를 기대할 가능성을 더 높일 수 있다. 우버와 같은 승차 공유 서비스와 무인 자동차를 이용하는 것이 이로운지 아닌지를 살펴봐야 할 필요가 있다. 미숙련 노동자들의 임금이 정체되어 있음에도 불구하고 많은 노동자는 긱 이코노미를 좋아하는 것처럼 보인다. 승차 공유 서비스에 관한 자료에 따르면 대다수의 운전기사는 주당 10시간 이하로 일하며 19%만이 풀타임으로 일하고 있는 것으로 나타났다. 대부분의 노동자에게 일하는 시간이 탄력적이라는 요소는 긱 이코노미 일자리를 분명 매력적으로 느끼게 만든다. 그들이 다른 일을 해서 추가 수입을 벌 수 있게 해주고 원하는 시간에 원하는 만큼 일할 수 있기 때문이다. 우버앱을 켜고 몇 초 내로 우버 기사는 근무를 재개한다. 오히려 많은 노동자가 자유로운 근무 시간에 대한 대가로 낮은 임금을 수용할 의향이 있는 것으로 나타났다. 많은 이들은 맥도날드에서 교대 근무를 하는 것보다 급여가 조금 더 낮더라도 원하는 시간에 원하는 만큼 우버 택시를 운전하는 쪽을 선호한다.

긱 이코노미에는 많은 이점이 있으며 그것이 저임금의 주범은 아니다. 긱 이코노미는 비록 임금은 낮지만, 이 일자리가 아니었다면 직장을 구할 수 없었을 이들에게 일할 기회를 제공한다. 그래서 긱 이코노미 일자리의 탄력성이 다른 많은 저임금 일자리보다 더 매력적으로 보이는 것이다. 그러나 가장 중요한 것은 긱 이코노미 일자리는 임금이 낮다는 것이고 이는 모든 미숙련 단순 노동이 임금이 낮아서이다. 지배 기업들의 전체 경제에 걸친 시장 지배는 노동 수요를 감소시키는 추세로 몰고 가고 있다. 따라서 노동을 위협하는 것이 긱 이코노미가 아니라면 노동의 미래는 과연 어떤 모습일까? 이것이 바로 다음 장에서 다룰 주제다.

노동의 미래

나는 구글 번역기의 열성적인 사용자로서 개별 단어들의 뜻도 자주 찾아보지만, 문장이나 전체 페이지를 번역해 보기도 한다. 나는 누군가에게 번역을 의뢰하거나 스스로 번역하기보다 영어 문장을 복사해 붙여넣어서 구글 번역기를 이용해 빠르게 번역문을 얻어낸다. 나의 경우 대부분 영어를 스페인어로 번역한다.

내가 15년 전에 구글 번역기를 사용하기 시작했을 때는 번역문에 오류가 많았다. 특히 한 단어가 여러 가지 의미로 쓰이는 경우 가장 적확한 의미를 골라 번역하는 데 어려움이 있었다. 예를 들면 minister라는 단어는 '종교 성직자'의 의미로 쓰일 때도 있고 '정부 각료'의 의미로 쓰일 때도 있다. 그리고 번역문의 문장 구조가 이상할 때도 있다. 하지만 2016년 말 즈음 번역의 질이 갑작스럽게 향상된 것을 발견했다. 그것은 마치 19세기 시내 전차에서 일본의 고속철도 신칸센으로 갈아탄 것 같은 기분이었다. 속도, 정확성, 편이성 등 모든 것이 이전보다 훨씬 더 나았다.

처음에 구글은 단어나 구절 대응을 활용한 통계적 방식의 기계 번역을 사용했다. 기본적으로 한 언어의 모든 단어에는 다른 언어에 그 대응어가 존재한다. 그러나 단어 간의 대응이 (minister의 경우처럼) 일대일 대응만 있는 것은 아니므로 구글은 번역할 단어를 결정할 때 통계

이윤의 역설

적 모델을 기반으로 한다. 여러 번역문 중 어느 것이 가장 좋은 번역인지 결정하기 위해 그들은 사람이 직접 번역한 방대한 번역문 데이터베이스를 활용한다. 더 복잡한 경우는 구글이 영어 이외의 외국어를 또 다른 외국어로 번역하는 경우다. 예를 들면 프랑스어를 독일어로 번역해야 하는 경우, 구글은 프랑스어를 영어로 번역한 다음 다시 영어를 독일어로 번역한다. 비가 내리는 지루한 일요일 기분 전환을 하고 싶을 때면 나는 구글 번역기를 돌려보곤 했다.(이를테면 영어에서 스페인어로 번역을 실행해 보고 다시 그걸 영어로 번역해 보는 것이다). 그리고 정말로 놀라운 번역 결과들이 나를 웃게 만들었다.

하지만 요즘 들어서는 구글 번역기가 오류를 범하는 걸 발견하기가 쉽지 않다. 2016년 11월 구글은 신경 기계 번역 시스템으로 교체했다. 이와 같은 형태의 인공 지능은 학습을 통해 번역의 질을 높이기 위해 실제 사람이 한 번역 사례들을 활용한다. 이 번역 시스템은 한 구절씩 번역하기보다는 전체 문장을 번역하며, 학습에서의 주안점은 전체 텍스트의 문맥을 고려하는 것이다. 인공 지능의 이와 같은 학습 과정 덕분에 '정부 각료'에 대해 이야기하는 텍스트에서 minister를 성직자로 번역하는 오류를 줄일 수 있게 된 것이다. 그와 더불어 여러 언어 간의 보편성을 이용하기도 한다. 이는 인간의 뇌는 스스로 문장을 만들어 낼 수 있다는 노암 촘스키(Noam Chomsky)의 초기 이론을 따르는 언어학자들의 일치된 관점과도 일맥상통한다. 여러 다른 언어를 처리하는 이러한 방식은 공통적인 기원을 찾을 수 있는 표현상의 보편성을 낳는다.

인공 지능은 증기 기관, 전기, 혹은 컴퓨터가 과거 산업 혁명 시기에 그랬던 것처럼 차세대 범용 기술이다. 더 정확히 말하자면 가장 최근의 기술들은 머신러닝에서 나온 것이다. 머신러닝 컴퓨터는 규칙 기반의 로직이 알고리즘에 입력되어 있다기보다는 샘플 데이터를 통해 학습한다. 아직 인공지능과 머신러닝 번역 서비스가 경제적으로 어떤 파장을 몰고 올지에 대한 확실한 근거는 별로 없다. 그러나 최근의 한 연구에 따르면 이베이의 플랫폼에서 판매자와 구매자에게 제공하고 있는 자체 기계 번역 시스템 덕분에 수출이 17.5% 증가했으며 번역과 관련된 검색 비용은 매우 감소한 것으로 나타났다. 컨테이너 수송이 교역 비용을 절감해 준 것과 함께 언어 장벽이 사라지게 된다면 사용 언어가 다른 무역 상대국들 사이의 거래는 훨씬 더 활발해질 것이다.

알고리즘과 기계를 비웃기 쉽지만 그들의 성능이 얼마나 좋아지고 의사결정의 질이 향상되었는지, 그래서 궁극적으로 우리의 삶을 향상시키고 있는지 알게 되면 아주 놀랄 것이다. 업무 영역에서 알고리즘은 효율적일 뿐만 아니라 인간이 의사결정 과정에서 어쩔 수 없이 편견에 사로잡히는 상황을 바로잡아주기도 한다.

최근에 컴퓨터 프로그래머 채용을 위해 콜롬비아대학교에서 이력서를 선별하는 과정을 지켜본 결과 알고리즘이 인간보다 훨씬 더 일을 잘한다는 사실을 알 수 있었다. 그 프로그램은 이력서를 분석해 비교해서 순위를 매길 수 있도록 측정 가능한 결과로 전환해 준다. 과거 선별 결과를 보여주는 데이터베이스를 활용해 알고리즘은 정량화된 이력서와 결과 사이에 연결 고리를 만드는 훈련을 받는다. 누가 면접 대상이 될 것이고 누가 일자리 제안을 받고 그것을 수락할 것인지 등을 예측한다. 인간은 선별 과정에서 적합한 후보자들에게 일자리 제안을 하기 위해 개인에 관한 제한된 정보만을 기반으로 결정한다.

연구에 따르면 알고리즘이 선별한 후보자들은 면접을 통과할 가능성이 확실히 더 컸으며 취업 제안을 수락할 확률도 훨씬 더 높았다. 알고리즘을 능가할 인간의 하위 집단은 존재하지 않는다. 특히 제한적인 정보(몇 페이지의 이력서)만으로 아주 정확한 판단을 내리기 어려운 환경에서는 더욱 그렇다.

알고리즘은 의사결정에 있어 인간과는 달리 편견으로부터 훨씬 더 자유롭다. 알고리즘은 유명하지 않은 대학을 나와 인맥이 없고 경력도 별로 없지만, 타인의 감정에 공감하는 등의 소프트 스킬이 좋은 사람을 선정하는 경향이 있다. 인간들은 데이터베이스에 존재하는 완전한 정보를 보유하고 있지 않기 때문에 편견에 사로잡힌다. 자신이 경험해본 몇 가지 경우를 참고해 판단하는 것이다. 자신의 경험은 데이터세트에 존재하는 과거의 총 사례에 비하면 새 발의 피일 것인데도 말이다. 그렇게 자신의 관점에서 판단하고 후보자들을 걸러낸다.

예컨대, MIT를 졸업한 프로그래머가 사우스다코타대학교를 졸업한 프로그래머보다 평균적으로 더 유능하다 해도 MIT를 나온 우수 졸업생들은 이 직장에 지원하지 않을 테지만 사우스다코타대학을 나온 최우수 졸업생들은 지원할 것이다. 인간은 이전에 사우스다코타대학이나 MIT를 졸업한 지원자를 본 적이 없을 수도 있지만 알고리즘은 수십만의 지원자 데이터베이스를 기반으로 훈련받아왔기 때문에 이런 사항을 감안해 선발하는 것이다.

인공지능과
기업들

인공지능은 효율성을 향상할 수 있다. 하지만 많은 영역에서 권력을 구축하는 데 이용될 수도 있다. 인공지능이 시장 지배 기업들의 지배력을 강화하기 위해 기존의 비즈니스 모델 및 새로운 비즈니스 모델을 보호하는 해자를 구축하고 넓히고 유지하는 무력 이상의 도구가 될 것이라는 데에는 이견이 없다. 나는 그저 미래에 대해 노스트라다무스처럼 앞으로 다가올 상황을 예측하는 것일 뿐이므로 나의 접근 방식은 사실과 기존의 연구 결과를 제시하기보다는 개인적인 의견을 말하는 데 더 비중을 두고 있다. 어쨌든 미래 예측에 관해서는 설득력 있는 근거를 찾기가 어려운 것이 사실이다.

'이윤의 역설'과 관련된 주된 질문은 인공지능이 시장 지배에 어떤 영향을 미치고 지배력을 창출하는가 하는 부분이다. 증기기관과 전기 등 앞선 기술 혁명들과 마찬가지로 인공지능이 이끄는 기술 변화는 2장에서 언급한 시장 지배의 세 가지 원천에서 시장 지배를 창출하는 동력이다.

첫 번째 원천은 한 세기 전 철도 독점을 낳은 규모에 따른 공급 수익이다. 이는 오늘날에도 동일하게 작동하고 있다. 빅데이터를 이용한 신기술인 인공지능과 머신러닝은 월마트와 의류 기업 자라와 같은 전통적인 소매업체들을 성공으로 이끌었다. 데이터 기반의 물류를 이용해 소비자 수요 변화에 발 빠르게 대응하고 있는 월마트는 허리케인이 산사태를 발생시킬 우려가 있는 것으로 예상되는 지역의 점포에 에너지바와 생수 공급량을 재빨리 늘릴 수 있다. 보통 이런 기상 상황은 긴급하게 알려진다. 자라 또한 수요에 따라 점포에 어떤 상품을 공급할지 조정한다. 아주 짧은 시간 안에 디자인, 생산, 운송 결정이 바뀔 수도 있는 것이다. 물류와 데이터 처리 능력에 투자함으로써 이 기업들은 상품을 저가로 생산하는 것이 가능해진다. 동시에 그들은 우위를 이용해 해자를 구축한다. 우세한 기술을 가지고 있으면 저가 생산이 가능해지는 한편 경영자들은 장벽을 세울 수 있게 된다.

규모에 따른 수요 수익은 기술 발전이 불러온 시장 지배의 두 번째 원천으로, 두터운 사용자층에서 비롯된 규모의 경제다. 이베이나 틴더(Tinder)를 이용하는 사람들이 많을수록 더 많은 사람이 그것을 이용하고 싶어 할 것이다. 또한 기술적인 측면에서 규모의 경제의 혜택을 보고 있는 이러한 플랫폼들이 오랫동안 전통적인 기술 시장(신문, 주식 시장 등)에 존재해온 반면, 신기술이 이를 한 차원 끌어올렸음은 분명한 사실이다. 그 이유는 물리적인 시장이 없는 상태에서 온라인 플랫폼을 구축하기가 훨씬 더 쉽고 저렴하기 때문이다. 하지만 그만큼 중요한 사실은 이를테면 머신러닝의 알고리즘이 앞으로 데이트 상대를 더 성공적으로 연결해줄 잠재력은 무한하다는 것이다. 이것이 결과적으로 시장 지배 가능성을 증가시킨다. 공유 정보가 많아질수록 정보량은 더 많아지고 그에 따라 매칭의 정확도가 상승하는 것이다. 규모가 커질수록 시장 지배의 가능성도 그만큼 더 커진다.

기술 발전이 불러온 시장 지배의 세 번째 원천은 실행을 통한 학습이다. 공급이나 수요의 규모가 반드시 직접적인 영향을 주는 것은 아니다. 하지만 경쟁 우위는 더 많은 데이터를 보유한 상태에서 단가를 낮출 수 있을 때 생겨난다. 우버와 구글 카, 도요타에서 개발한 자율주행차는 운전 경험을 통해 더 많은 데이터가 쌓일수록 기능이 향상되는 머신러닝 알고리즘을 활용하고 있다. 알고리즘이 더 똑똑해질수록 상품의 가격은 더 저렴해진다. 가장 크게 비용을 절감할 수 있는 부분은 자동차가 예상대로 반응하지 않을 때를 대비해 자리를 지키는 감독관이 필요 없도록 만드는 것이다. 감독관은 초기 단계에서는 필요하지만, 자율주행 경험을 충분히 쌓아 데이터가 충분해지면 감독관 없이 차량 운행이 가능해져 비용이 훨씬 더 저렴해질 것이다. 그것이 자율주행차의 미래 전망이다. 자율주행차는 더 많은 데이터가 축적됨에 따라 감독관이 없이도 점차 그 기량이 향상되고 있다. 먼저 실행하는 자가 먼저 배우는 것이다. 그리고 후발 주자들에 대해 유리한 고지를 선점하게 된다. 따라서 이러한 학습 과정이 경쟁자들이 따라오기 어려운 우위를 점하게 해주는 것이다.

시장 지배는 수요와 공급에서의 규모의 경제나 학습의 결과로서가 아니라 전략적 행동에서 비롯될 수도 있다. 이 역시 이를테면 알고리즘적 담합과 같은 기술의 영향을 받은 것이다. 기업들의 공공연한 담합 및 가격 조정은 불법이다. 하지만 당사자들 간의 분명한 합의 없이 일방적으로 가격이 정해지는 암묵적 담합의 경우 기업들이 그것을 지속시키기 위해 복잡한 전략을 사용할 수 있으므로 높은 가격이 유지된다. 가장 유명한 전략이 맞대응(tit-for-tat) 전략이다. 맞대응 전략은 '당신이 나보다 저가로 판매하지 않는 한 나는 높은 가격을 유지한다. 그리고 당신이 가격을 내리면 똑같이 대응한다'는 전략이다. 이 전략은 어떤 의사 교환 없이도 담합을 유지할 수 있다. 알고리즘의 발전과 훨씬 더 빨라진 교역의 영향으로 담합에 의한 높은 가격 유지

이윤의 역설

가 훨씬 더 쉬워진 것이다. 이를테면 그러한 알고리즘적 담합은 결국 경쟁 기업이 똑같이 대응할 것이므로 경쟁자보다 더 낮은 가격에 판매하는 것이 이득이 아니라는 사실을 확인시켜 준다. 결과적으로 담합 가격을 깨뜨려서 이득이 될 일은 없다는 것이다.

고객에 관한 데이터를 많이 보유할수록 유리해질 수 있으므로 세부 데이터를 활용한 전략적 접근법을 가격 차등화에 적용할 수 있다. 수집된 데이터의 내용이 더 세부적일수록 가격은 고객의 요구에 맞춰 더 잘 조정될 수 있다. 이론상으로는 차등 가격 적용이 더 나은지 아닌지는 명확하지 않지만, 가격을 차등 적용하면 예컨대 가난한 이들을 위한 식료품 가격은 하락한다. 분명 기업들이 데이터를 보유하고 있으면 훨씬 더 높은 이익을 얻게 된다. 가격 차등 적용을 위해 기업들은 브라우저 쿠키를 광범위하게 활용한다. 그들은 사용자가 맥에서 접속하는지 윈도우에서 접속하는지에 따라 다른 가격을 부과하기도 한다. 또한 항공권 가격은 웹사이트에 다시 방문할 때마다 바뀐다.

신기술은 분명 시장 지배를 지나치게 한쪽으로 집중시키는 도구를 제공하고 있다. 그렇다면 그것은 노동에 어떤 영향을 미치게 될까? 지난 세기 가장 영향력 있는 경제학자 중 한 사람은 그에 대해 어떻게 생각했는지 알아보자.

말의 비유...
타당할까?

바실리 레온티예프(Wassily Leontief)는 1973년 12월

스톡홀름에서 그의 1941년 생산 업종 간의 네트워크 연결성 분석을 기반으로 한 투입 산출 행렬에 대한 노벨상 수상 강연을 하고 있었다. 소문에 따르면 맨 앞줄에 앉아 있던 노벨 물리학상 수상자 중 한 사람이 다른 물리학상 수상자에게 이렇게 속삭였다고 한다. "역행렬로도 노벨상을 받을 수 있는지 미처 몰랐군."

나는 이 이야기를 여러 번 들었지만, 이 이야기의 출처는 확실치 않다. 레온티예프의 연구를 무시하는 듯한 물리학자의 말에도 불구하고 레온티예프의 이론은 엄청난 영향을 끼쳤다. 세르게이 브린(Sergey Brin)과 래리 페이지(Larry Page)가 개발한 알고리즘인 페이지랭크(PageRank)는 사이트의 중요도를 결정하는 데 레온티예프의 역행렬과 유사한 반복법을 활용하고 있다. (말장난을 의도했든 아니든 래리 페이지는 웹페이지의 페이지가 아니라 자신의 이름을 따서 페이지랭크라는 이름을 지었다). 얼마나 많은 이들이 당신의 웹사이트를 참조하는지만이 중요한 것이 아니다. 웹사이트를 참조하는 이들이 얼마나 많은 영향력을 지닌 이들인지 그 중요도 또한 중요하다. 한 웹사이트가 천여 개의 잘 알려지지 않은 웹사이트에 링크되어 있다면 그것은 주요 언론 매체나 신문사 등에 백여 차례 링크된 다른 웹사이트보다 훨씬 중요도가 낮은 웹사이트로 순위가 매겨질 것이다. 이는 당신이 몇 명의 친구들을 가졌는가의 문제일 뿐만 아니라 당신의 친구들이 얼마나 인기가 많은지와도 연관이 있다.

브린과 페이지가 발견한 것처럼 이것이 정보가 가치를 지니는지를 결정하는 아주 효과적인 방식이다. 물론 그들은 한발 더 나아가 구글을 설립했지만 그들의 방식은 투입과 산출의 연결성이 얼마나 중요한지를 보여주는 행렬 대수를 이용한 레온티예프의 방법론을 기반으로 하고 있다.

자동차 생산 기업들은 당신과 나와 같은 고객들에게만 자동차를 판매하는 것이 아니다. 상품 배송 차량을 운행하는 기업들과 관공서 등에도 판매한다. 생산물 일부는 투입물로 이용되고 또 다른 일부는 최종 산출물로 이용된다. 그리고 자동차 생산 기업은 자동차를 만들기 위해 자신의 투입물이 필요하다.

이는 전 세계의 기업들 사이에 엄청나게 복잡한 네트워크를 만든다. 기업들은 투입물의 사용자임과 동시에 다른 기업의 최종 생산물 또는 생산을 위한 투입물로 사용되는 산출물의 생산자이기도 하다. 분업과 전문화가 증가하고 세계화로 세계 구석구석까지 연결된 덕분에 이 투입 산출 관계망은 아주 촘촘하고 복잡해졌다. 레온티예프는 이 복잡성을 쉽게 설명하기 위해 수학적인 방법을 제시했다. (레온티예프의 투입 산출 역행렬 계산이 필요한) 고유값과 고유벡터는 이 복잡한 관계망을 당신이 관계하고 있는 것들의 연관성을 나타내는 단순한 서열로 바꾸어 놓았다.

레온티예프의 방법론이 제시하는 통찰은 모든 투입 조건의 변화가 미치는 영향을 분석해야 한다는 것이다. 예컨대, 연소 기관에 대한 수요가 전기 엔진 수요로 바뀐 것이 석유 굴착업자들이 사용하는 고무장화 수요에 어떤 영향을 미치게 되는 걸까? 전문화의 진화와 경제 불황과 호황 시기의 충격 전이와 같은 현상들을 연구해 정책 개입에 활용하는 것이 중요하다.

과학 지식을 생산하는 교수와 학생들의 네트워크에서 레온티예프는 가장 상위에 올라 있는 주요 인사였다. 그는 본인이 노벨상 수상자였을 뿐만 아니라 네 명의 다른 노벨상 수상자의 박사학위 지도 교수이기도 했다. 컴퓨터의 초창기 수용자로서 레온티예프는 1949년에 이미 미국 경제를 분석하는 데 그의 방법론을 적용하기 시작했다. 당시 컴퓨터는 1차 방정식으로 이루어진 거대 시스템의 문제를 해결하고 역행렬을 계산하는 데 사용된 유일한 도구였다. 펜과 종이로 이 계산을 한다는 것은 지루한 일이며 오류투성이일 것이다. 그는 남은 생애 동안 경제학자로서 데이터를 기반으로 하는 정량적 분석의 강경한 지지자가 되었다.

레온티예프는 신기술을 수용했지만, 신기술에 대한 시각은 다소 비관적이었다. 말년에는 전국 공학 아카데미의 심포지엄에서 다음과 같은 비유를 하기도 했다. "가장 중요한 생산 요소로서의 인간의 역할은 농경 사회에서 말의 역할이 처음에는 줄어들다가 나중에는 트랙터의 등장으로 사라진 것과 같은 방식으로 줄어들 수밖에 없다." 인간의 역할을 말에 비유한 것은 노동의 미래에 대한 반이상향적 예측으로 특히 유명 언론 매체에서 자주 인용되고 있다. 레온티예프의 지적 탁월함으로 인해 이 주장에는 많은 신뢰성이 실렸다. 하지만 현시대의 대다수 경제학자와 마찬가지로 나는 이 유명한 종말론적 결론에 반대하고 싶다.

먼저 말에 관한 이야기에는 반론의 여지가 없다. 1915년에는 미국에 주민 100명당 20마리의 말이 있었던 것으로 추정된다. 말의 수는 1964년에 최소 주민 100명당 0.78마리였던 것이 최근 들어 완만하게 다시 증가했다. 하지만 100년 전에 비하면 여전히 낮은 수준을

이윤의 역설

유지하고 있다. 전 세계적으로는 1961년에 2.02마리로 기록된 수치만을 가지고 있을 뿐이며 2018년에는 0.76마리로 하락했다.

물론 인간은 말이 아니다. 인간은 적응할 줄 알며 새로운 일을 배울 수 있다. 만약 은행원의 일이 없어진다 해도 경비원이나 소매점 관리인의 일은 존재할 것이다. 새로운 일에 적응하는 데는 시간이 걸리겠지만 충분히 가능한 일이다. 이처럼 대체 가능한 상황은 훨씬 더 많은 기회를 만들어준다. 더욱이 인간은 창조적이며 새로운 상품과 서비스를 창조할 수 있다.

하지만 인간에 관한 이야기는 어떨까? 9장에서 여가에 대해 언급하면서 확인한 바대로 우리는 과거에 비해 더 적은 시간 일하고 있다. 이는 레온티예프의 주장을 뒷받침해주는 근거가 될 수 있을 것으로 보인다. 그러나 부연 설명을 좀 해야겠다. 우리가 과거보다 평균적으로 훨씬 더 적은 시간 일하는 것은 삶의 질을 높이는 쪽을 선택한 것이다. 우리는 100년 전 우리의 선조들처럼 토요일에 일하기보다는 축구 경기를 보고 해변에서 점심을 먹고 스포츠 경기를 하는 것을 더 좋아한다. 이는 종말론적 예측과는 달리 우리 삶의 질이 엄청나게 향상되었음을 보여준다. 우리는 이제 생산 라인에서 나사못을 조이는 일을 반복하는 대신 TV를 보거나 극장에 간다. 사람들이 더 많은 시간 동안 일하려고 한다면 우리의 수입은 늘어날 것이다. 그러나 우리는 이미 편안하게 살 수 있는 충분한 소득을 벌고 있으며 여분의 돈을 벌고 그것을 소비할 시간이 없는 편보다는 더 많은 여가를 가지는 편을 선호한다. 이는 레온티예프도 예측하지 못했던 부분이라고 생각한다.

노동 시간이 더 줄었을 뿐만 아니라 실제로 더 적은 수의 사람이 일하고 있다. 앞서 노동 참여율이 감소한 현상에 대해 언급한 바 있다. 1990년대 중반 이후 남성과 여성 모두 더 적은 수의 노동 인구가 일하고 있다. 일하는 여성들의 소득은 많이 증가했음에도 불구하고 지난 20년간 직업을 가지고 있거나 찾고 있는 노동 연령의 인구는 점차 줄어들었다.

이는 레온티예프의 주장과 맥을 같이 하는 것처럼 보인다. 그러나 노동 인구의 감소는 임금 하락에서 비롯된 것이다. 특히 중간값 이하의 임금을 받는 경우들 때문이다. 나는 또한 시장 지배의 증가가 임금 중간값의 하락과 많은 관련이 있다고 주장했다. 만약 경쟁이 활발히 이루어지는 시장이고 수익이 제로라면 임금은 다시 상승할 것이고 현재 집에 있기를 선택한 저임금 노동자들도 출근하려고 할 것이다.

레온티예프의 말 이야기가 설득력을 얻지 못할 수밖에 없는 핵심적 통찰은 경쟁 시장에서는 자본의 소유주가 큰 이윤을 얻는 것이 아니라는 사실이다. 혁신과 기술 발전에서 얻어지는 모든 소득은 자본 투자의 경쟁 가격을 제외하고는 노동자들에게로 돌아간다. 기술 발전은 생산량을 증가시키며 경쟁 시장에서는 이것이 임금 상승으로 이어진다. 결과적으로 기술 발전에서 얻어지는 모든 소득은 노동자가 누리게 되는 것이다.

소득이 높아짐에 따라 노동자들이 적은 시간 일하기를 원한다면 그들은 그렇게 할 것이고 토요일에 극장에 갈 것이다. 하지만 임금이 생산성을 반영하고 있는 한 기술 발전이 인간을 노동 시장에서 사라지게 할 수는 없다. 앞서 언급한 말의 비유는 임금이 노동자의 생산성을 반영하고 있지 않은 노예 제도에는 적용될 수 있을 것이다. 임금을 받는 노동과 시장의 경쟁에서는 노동자들이 기술 발전의 모든 이점을 누린다. 경쟁 시장에서 노동자들은 기술의 실질적 주인이다. 모든 기술 발전의 결과는 노동 속에 녹아 있다. 서류상으로는 기업이 자본과 지적 재산에 대해 소유권을 가지지만 자본의 소유주는 커다란 이윤을 얻지 못한다. 경쟁은 산출물의 가격을 하락시키고 그에 따라 실질 임금을 상승시킨다. 따라서 모든 기술 발전은 임금 상승을 가져온다고 볼 수 있다.

생산 시장에서의 경쟁과 그에 따른 임금 상승은 노동자들이 기술이 발전할수록 노동 시장에서 활발히 일할 수 있도록 해준다. 말은 항상 동일한 양의 귀리로 보상을 받을 뿐이다. 하지만 또 하나 주의할 점이 있다. 만약 두 종류의 말, 즉 밭을 가는 복마와 토요일이면 사람들을 즐겁게 해주고 내기 시장도 먹여 살리는 경마용 말이 있다면 어떻겠는가? 기술이 발전할수록 경마용 말의 수요는 높아지고 복마의 수요는 낮아질 것이다. 실제로 1960년대 이후 말의 숫자 증가는 확실히 농업에서의 사용 목적보다는 유흥의 목적으로 증가했다.

사람도 마찬가지다. 기술 발전은 미숙련 노동자의 생산성에 비해 고숙련 노동자의 생산성을 훨씬 더 많이 증가시킨다. 그 격차가 벌어지게 되면 점점 더 많은 수의 미숙련 노동자들은 노동 시장을 이탈하게 될 것이다. 하지만 가족이나 정부의 지원이 없이는 사람들은 일해야 하고 경제 사정이 가장 어려운 이들은 설사 임금이 고숙련 직종과 비교해 터무니없이 낮다 해도 계속 일할 것이다. 그에 따라 저임금 노동자들은 많은 여가를 즐기지 못할 것이다.

기술 발전은 숙련 노동자를
편애한다

레온티예프의 말 비유에서 우리가 기억해야 할 교훈은 시장에 경쟁이 허용된다는 전제에서 기술 발전은 일자리와 노동에 큰 위협이 되기보다는 미숙련 노동자들의 임금에 위협이 된다는 것이다. 해야 할 일의 양은 충분할 것이다. 기술 발전으로 모든 일자리가 위태로워질 것이라 예상하고 콘서트장의 좌석 안내원이나 공공 의료 서비스 종사자들의 일을 로봇이 대체한다고 할지라도 사람들은 인간의 노동이 필요한 새로운 활동과 서비스를 만들어낼 것이다.

나는 일자리가 사라지는 것에 대한 사람들의 두려움은 잘못된 판단이라고 믿는다. 이 두려움은 어떤 미래가 펼쳐질지 모르는 우리의 무지에서 일부 기인한 것이다. 우리 대다수는 이제 한 세기 전에는 존재하지 않았던 일을 하고 있고, 지금으로부터 한 세기가 지나면 어떤 직업이 생겨날지 아무도 알 수 없다. 과거에 우리가 걸어온 길이 바로 노동 총량이 존재한다고 생각하며 두려워할 필요가 없다는 증거다. 우리는 기술이 발전함에 따라 끊임없이 새로운 직업이 생겨나는 것을 보아왔으며, 미래에는 그렇지 않을 것이라 믿을 이유가 없다.

그렇지만 우리는 일자리가 어떻게 될지에 대해 전혀 모르고 있다. 그리고 일자리가 충분할 것이라고 해도 가장 큰 문제는 많은 수작업 직종은 아주 낮은 임금을 받게 될 것이라는 점이다. 미숙련 노동자들에게는 불리하고 소수의 슈퍼스타에게는 지나치게 편향적인 기술 변화는 결국 파괴적인 결과를 가져올 것이다. 편향적인 기술 변화가 지금까지 얼마나 큰 영향을 미쳤는지는 확실치 않다. 또한 앞으로 어떤

이윤의 역설

상황이 펼쳐질지는 더욱 불투명하다. 하지만 이는 기술 발전이 미래의 경제에 안겨줄 더욱 근본적인 도전 중 하나다.

소수의 천재는 자신의 직장에서 점점 더 월등해지고 나머지 노동자들은 아주 낮은 임금을 받으며 그저 허드렛일하는 들러리로 전락한 세상을 한번 상상해 보라. 그리고 슈퍼스타의 수가 점점 줄어드는 상황에서 집에서 아이를 돌보는 남편을 지지해줄 배우자는 별로 없을 것이다. 이것이 미래에 우리가 해결해야 할 가장 큰 문제다.

한편 기업들이 시장에 지배력을 행사하는 경우 상황은 확실히 더 나빠진다. 시장 지배는 기업들의 이윤을 높이기 위해 모든 노동자의 임금을 낮출 뿐만 아니라 슈퍼스타들과 나머지 노동자들, 그리고 대학 학위를 가지고 있는 노동자들과 그렇지 않은 노동자들 사이의 임금 격차를 벌리기도 한다. 숙련 노동자 편향적인 기술 변화가 임금 불평등을 심화시키는 막을 수 없는 화학 반응이라면, 시장 지배는 그 과정을 더 가속화하고 빈부 격차를 심화시키는 촉매제다.

시장 지배는 이미 슈퍼스타를 편애하고 있는 신기술의 영향력을 증대시킨다. 한쪽으로 치우쳐 있는 반이상향적 영향력을 누그러뜨리기 위해 우리는 그 근본 원인을 따져볼 필요가 있다. 그리고 그러기 위해서는 노동에 관한 지식과 우리가 적절한 정책을 수립하는 데 필요한 자료를 입수할 수 있는 방법을 찾아야 한다.

제11장

사실 탐구

시장 지배가 노동에 미치는 영향을 충분히 이해하기 위해서는 사실을 있는 그대로 알아야 할 필요가 있다. 노동 시장이 작동하는 방식을 이해하고, 시장 지배의 정도를 측정하고, 바람직하지 못한 결과를 바꿀 수 있는 가장 좋은 방안이 무엇인지 평가하려면 정확한 정보를 기반으로 한 판단을 내리기 위해 데이터가 필요하다. 놀랍게도 데이터가 넘쳐나는 현재에도 연구자들과 정책 입안자들은 가장 중요한 통계 자료를 입수하는 데 큰 어려움을 겪고 있다. 이 장에서는 우리가 즉각 볼 수 없는 경제적 측면은 무엇이며 그 장애물을 극복할 방안은 무엇인지 알아볼 예정이다. 아울러 경제가 작동하는 방식과 사실들이 정책 수립에 어떻게 영향을 미치는지 이해하기 위해 데이터가 필요한 이유에 대해서도 살펴보려 한다.

예컨대 미국에서는 매월 주식 시장을 움직이고 특정 가구가 실업 수당 신청 자격을 가질 수 있는지를 결정해주는 가장 중요한 자료인 실업률 통계가 전국 60,000가구를 대상으로 한 전화 설문 조사를 통해 산출된다. 미국은 총인구가 3억3천만 명이다.

무작위로 선발된 표본은 소수자와 다양한 지역, 비도시 인구를 대표할 수 있도록 표본의 균형을 맞추기 위해 복잡한 조정 과정을 거친다. 통계 수치가 아주 정확하지 않아 수개월 혹은 심지어 수년 후에도 상당 부분 수정될 수 있다는 사실은 놀랄 일이 아니다. 실업률이 5.9%인지 6.1%인지에 따라 수십억 달러의 사용처가 달라진다. 경기 침체기에는 실업률이 6% 이상일 경우 실업 수당 지급 기간이 26주에서 99주로 자동 연장된다. 몇 개월 뒤 통계 수치가 수정되면 처음 통계에서 실업률이 6% 이하가 나왔기 때문에 수백만의 실업자들이 실업 수당을 받지 못하게 된다. 실업률이 6% 넘는 것으로 수정이 되면 실업 수당 수급 자격이 되는데도 말이다. 더구나 통계 결과는 전화 설문조사를 진행하고 한 달 뒤에 나오므로 수급 자격이 되는 가구들이 실업 수당을 그만큼 늦게 받게 되는 것이다.

전화로 수집되는 데이터는 상당히 정확도가 떨어진다. 개인의 투표 의향을 묻는 여론조사가 최근 몇 년 사이 신뢰도가 떨어진다는 사실을 우리는 경험상 알고 있다. 그 대표적인 예가 지난 두 번의 미국 대통령 선거였다. 선거 여론조사는 보통 천여 개의 전화번호를 무작위로 추출해서 진행한다. 사람들은 어떻게 겨우 천 명에게 물어보고 미국 전체 유권자들의 투표 의향을 알 수 있는지 궁금해한다. 하지만 당신이 투표할 것인지와 두 명의 주요 후보자 중 누구에게 표를 던질 것인지 등 선택지가 몇 개 되지 않는 기본적인 통계에서는 무작위로 추출한 표본이 오차범위 플러스마이너스 3%포인트로 꽤 정확하게 결과를 예측한다.

전화 여론조사의 문제는 추출된 표본이 시간이 지나면서 전체 인구를 대표하기 어려워진다는 점이다. 일반 전화보다 휴대폰 사용자들이 더 많아짐에 따라 잠재 투표자의 무작위 표본을 얻기가 더 힘들어졌기 때문이다. 그에 더해 응답률 또한 크게 하락해 1970년대에는

80%이었던 것이 현재는 8%에 불과하다.

우리는 하루 중 가장 바쁜 시간대에 마케팅 전화를 받는 것에 신물이 난 것이 아닐까? 다행히 우리는 수신을 원치 않는 전화번호를 차단할 수도 있고, 아니면 표본 선정에서 제외하도록 신청할 수 있다. 전화를 받고 답변하는 이들은 점점 더 전체 인구에 대한 대표성이 떨어진다. 이러한 문제는 전화 기반의 여론조사보다는 인터넷 기반 여론조사의 경우 더 두드러진다.

현재의 디지털 시대에는 데이터가 훨씬 더 정확한 방식으로 수집될 수 있다. 모든 고용주에게 온라인 포털에 직원들을 등록하게 해 보라. 그것이 곧 실시간 데이터가 되는 것이다. 60,000명의 표본이 아니라 1억5천9백만 명의 미국 노동자들 전체 자료가 되는 것이고 더 이상의 데이터 업데이트 따위는 필요하지도 않다.

구글 스트리트뷰가 눈 깜짝할 사이에 전국의 어느 공공장소이든 시각 이미지로 보여줄 수 있고, 월마트는 수십억 개의 상품이 어느 물류센터에서 관리되고 있으며 어느 매장에서 어떤 상품의 수요가 발생하는지 알 수 있고, 아마존은 내가 일요일마다 어떤 종류의 시리얼을 먹는지 알고 있는 시대에 유독 정부만이 노동 관련 데이터를 수집하기 위해 구석기 시대의 방식을 사용하고 있는 것처럼 보인다. 노동은 대다수의 사람에게 가장 중요한 활동이며 국내총생산(GDP)의 3분의 2를 차지하고 있다. 그럼에도 우리가 노동에 관한 정보를 수집하는 방식은 무선 기기를 가지고 있으면서도 의사소통을 하기 위해 비둘기를 이용하는 것에 비유될 수 있다.

구글과 같은 기업이 이 문제를 해결하려고 들면 6개월이면 운영

가능한 시스템을 개발해 낼 것이다. 수백만 달러의 개발비가 들겠지만, 그 개발비는 1,000명의 표본 응답자를 대상으로 매월 은밀히 진행되는 전화 여론조사에 이미 약 100만 달러의 비용이 들어가고 있는 것을 감안하면 새 발의 피다. 또한 미국 국세청과 인구조사국을 비롯한 모든 연구 기관은 실시간으로 고용 데이터를 입력하게 될 것이다.

더 심각한 문제는 대부분의 데이터가 이미 온라인으로 수집이 되어 있으며 그것도 여러 차례 수집된 경우도 많다는 것이다. 정부 기관들은 다양한 이유로 행정 자료를 입수한다. 미국 헌법에 명시되어 있는 것처럼 인구조사국은 하원 의석을 할당하고 연방 자금을 주와 산업계, 도시 기반 시설, 교육, 보건, 안전, 그 밖의 서비스에 할당하기 위해 10년에 한 번씩 인구통계 및 경제 데이터를 수집한다. 국세청과 사회보장국은 시민과 기업의 연 소득과 세금, 사회 보장 기여금에 관한 정보를 수집한다.

미국 시민과 언론인, 기업, 연구자들은 이 정보에 접근하지 못한다. 하지만 전 세계적으로 모든 나라에서 그런 것은 아니다. 스칸디나비아의 사례를 보자.

데이터가 풍부한
노르웨이

1814년 덴마크로부터 독립해 수십 년이 지난 후 노르웨이 정부는 국가의 경제 활동과 인구에 관한 통계 자료를 만들기 시작했다. 수집된 통계 자료는 이른바 〈스태티스틱스 노르웨이

(Statistisk sentralbyra)〉라는 곳에 게재되어 이용할 수 있다.

　처음부터 그 간행물들은 모든 시민이 불 수 있도록 공개되어 있었다. 곧 누구든 이웃의 총수입을 확인할 수 있다는 뜻이다. 분명한 출처는 알 수 없지만, 세금 자료 목적으로 공표된 총수입은 알 수 있다. 해마다 10월이면 언론에서는 정치인과 공인의 소득뿐만 아니라 노르웨이의 최고 부자 순위를 앞다투어 보도한다. 인터넷 시대가 열리기 전에는 자료를 찾기 위해 도서관에 가거나 국내 관련 기관에 가야 했지만, 이제는 인터넷만 접속하면 자료를 구할 수 있다. 온라인 자료에의 접근성이 좋아짐에 따라 정보 남용도 더 흔하게 발생하고 있어 현재에는 누군가 정보를 요청하면 그 정보의 보유자에게 정보 요청자의 신원을 통지해준다. 그렇게 함으로써 검색 횟수를 현저히 줄일 수 있었다.

　스칸디나비아 국가들은 공통적으로 데이터의 투명성을 중시하고 있다. 데이터를 공개하지 않으려는 것이 청교도적 윤리 사상을 기반으로 한 검소한 삶의 방식이거나 혹은 부를 과시해서는 안 된다는 규범을 지키려는 것일 수도 있다. 그러나 그로 인해 현대에는 경제 관련 연구, 즉 우리가 노동과 사회 정책의 효과에 대해 알고 있는 많은 자료가 스칸디나비아 국가들의 데이터를 활용한 연구를 기반으로 하고 있다는 것을 알아둘 필요가 있다. 우리는 모든 시민의 급여와 보너스, 노동 시간, 휴일, 사회 보장 기여금, 세금, 실업 기간 등에 관한 정보에 접근할 수 있다.

　그 데이터를 근거로 연구자들은 이를테면 기업 내에서의 임금 불평등과 기업 간의 임금 불평등, 그리고 평균 실업 기간을 계산할 수

　　　　　　　　　　　　이윤의 역설

있다. 당연하게도 우리는 인구 3억3천만의 가장 경제가 발전한 미국에 관한 정보보다도 인구 530만 국가인 노르웨이의 노동과 그들 정책의 영향에 대해 훨씬 더 많은 정보를 가지고 있다.

사생활 침해에 관한 문제는 가벼운 문제가 아니다. 사생활권은 더 많은 데이터 수집과 데이터의 투명성을 위해 간과해서는 안 되는 부분이다. 시장 지배의 큰 문제 중 하나로 기술 기업들이 지배력을 구축하고 행사하기 위해 개인 정보를 수집하고 있다는 사실이다. 사생활 침해는 시장 지배의 커다란 우려점이며 이런 이유로 독점 금지의 필요성이 제기된다. 이 문제에 관해서는 12장에서 자세히 살펴볼 예정이다.

그러나 시리얼을 판매하기 위해 시리얼을 통해 개인에 관한 세부적인 정보를 수집하는 기술 기업과 사람들의 소득 정보를 공개하는 것 사이에는 근본적인 차이가 존재한다. 개인의 소득은 단순한 사생활의 영역이 아니라 납세 문제가 결부되어 있어 정부와 관계된 문제이다. 그리고 경제가 가장 발전되어 있는 미국에서는 시민들의 사생활 보호에 대해 강박적으로 지나치게 신경을 쓴다. 기술 및 커뮤니케이션 기업들은 아주 개인적인 정보를 자유롭게 수집, 사용, 판매하도록 하면서도 정부는 시민들의 세금과 관련된 정보를 익명으로도 사용할 수 없다.

미국에서 소득의 투명성이 아예 통용되지 않는 것은 아니다. 위스콘신주에서는 소득 정보가 요청에 따라 제공되며 노르웨이의 경우처럼 관련 기관에서는 정보 관련 당사자에게 그 정보를 요청한 사람의 신원을 알려준다. 미국 의회에서 1861년 최초로 세금을 징수했을 때 모든 이들의 성명과 소득이 게재되었다. 이러한 투명한 제도는 재빨리 자취를 감추었지만 1924년 미국은 짧은 시간 동안 소득 정보를 다시 공개했다. 이는 부자들의 거센 반대에 부딪혔다. 소득의 투명성을 추구하면 부자들은 자신의 고소득을 모두 신고해야만 했기 때문이다.

소득을 투명하게 공개하면 아주 큰 이점이 따른다. 첫 번째 이점이자 가장 중요한 점은 사기와 탈세를 방지할 수 있다는 것이다. 탈세하는 고소득자들은 그것을 눈치채는 사람이 적은 것이 좋을 것이다. 소득의 불투명성으로 인해 소득 분포가 고르지 않기 때문에 소득이 투명하게 공개되면 분배의 효율성이 향상된다. 사람들은 다른 이들이 비슷한 일자리에서 급여를 얼마나 받고 있는지 알고 있다면 어떤 일자리를 수락하고 언제 더 나은 직장을 구해야 하는지에 대해 더 나은 결정을 내릴 수 있게 된다. 급여 데이터를 공개하는 것은 성별, 인종, 연령에 따른 소수자들을 위해 급여 격차를 줄여줄 수도 있다. 차별을 줄이고 급여가 공평하게 지급되도록 만들 수 있는 것이다.

네브라스카주 공화당 상원의원 로버트 하웰은 1924년 투명성 법안이 상정되었을 때 "비밀주의는 부패의 가장 큰 조력자"라고 말하기도 했다. 투명성이 증가할 때 정부의 세수도 증가했다는 증거도 존재한다. 연구에 따르면 정보 공개는 소득 보고율을 3% 끌어올렸다.

개인 소득을 투명하게 공개하는 것이 효율성을 끌어올리고 불평등을 감소시킨다면 기업의 매출을 투명하게 공개하는 것은 시장 경쟁을 더욱 활성화한다. 미국의 거의 모든 기업의 매출이 공개되지 않는다는 점은 아주 놀라운 사실이다. 매출 정보는 공급업자에게는 고객과 거래를 지속할 것인지를 결정해주는 중요한 요소이다. 한 기업이 수백만 달러 가치의 제품을 국내 모 기업에 납품하면서 두 달 뒤 그 비용을 받고 있다면 그 고객이 상환 능력이 있는지 알고 싶을 것이다. 이럴 때 기업들의 재무제표를 들여다보는 것보다 더 좋은 방법이 있을까? 하지만 미국에서는 상장 기업들(총 6백만 개 이상의 기업 중 약 5,000개 기업)만이 의무적으로 재무제표를 공개한다. 미국에서는 개인 기업들에 관한 가장 기본적인 정보도 얻기가 어렵다. 따라서 과거에 거래해 본 적이 없는 기업에 상품을 납품할 때는 어느 정도의 각오를 하고 거래에 임하는 경우가 많다.

우리는 사생활을 보호하면서도 투명성을 추구할 수 있는 균형점을 찾을 필요가 있다. 우리는 스마트폰에 깔린 애플리케이션 하나가 동의도 없이 나의 개인 정보를 수집, 사용, 판매하는 시대에 살고 있다. 스마트폰에는 내가 현재 있는 위치에서부터 사용하는 개인 위생용품과 약품에 이르기까지 모든 정보가 담겨 있다. 그럼에도 작은 회사는 그들의 잠재 고객의 재무 건전성을 확인할 길이 없다. 투명성이 없이는 경쟁도 어려워진다. 해자는 투명성이 부족할 때 더 제 역할을 잘한다.

덴마크의 사례: 데이터가 충분하지 못하다

투명성이 없이는 지극히 일부 데이터에만 접근할 수 있으며 경쟁은 불가능해진다. 아울러 시장 지배와 노동 시장을 분석하는 연구자들은 자동차 앞창문에 성에가 끼어 있는 채로 운전하고 있는 것과 마찬가지다. 질 높은 데이터는 정확한 결론을 내리는 데 가장 중요한 요소이지만 그것만으로는 충분치 않다. 완벽한 데이터를 가지고도 잘못된 결론에 도달하는 사례도 많이 있다.

다음의 예를 살펴보자. 오피오이드(의사의 처방을 받아 합법적으로 구매할 수 있는 마약성 진통제: 역자 주)를 사용하는 사람 중에는 부유한 사람이 많고 크랙 코카인(코카인을 가공해서 만든 흡연 형태의 코카인: 역자 주)을 사용하는 사람 중에는 가난한 사람이 많다. 따라서 부자이기 위해서는 오피오이드를 사용해야 한다는 결론을 냈다고 가정해 보자.

경제적 형편과 오피오이드 사용 사이에는 상관성이 존재하지만, 그것으로 원인을 추론해서는 안 된다. 상관관계가 무조건 인과 관계를 드러내는 것은 아니다. 오피오이드를 사용하면 부자가 되는가, 아니면 부자가 오피오이드를 사용하는 것인가? 여기서 더 의심스러운 점은 전혀 인과 관계가 없을 수도 있다는 것이다. 예를 들면, 10년 동안 '미국이 노르웨이로부터 수입하는 원유'와 '철도 충돌 사고로 사망한 운전기사들'은 아주 연관성이 높다. (상관 계수는 0.95이다.)

이 경우 연관성은 순전한 우연일 수도 있으며, 아니면 공통적인 원인 때문에 그런 것일 수도 있다. 아이스크림 판매는 수영장 익사 사고와 연관성이 있다. 그러나 더 많은 사람이 아이스크림을 사 먹는 것이 더 많은 익사 사고를 발생시키지는 않는다. 단지 더운 날씨가 두 가지 모두에 영향을 미치는 것이고 그 둘 사이에는 아무런 관련이 없다.

경제 연구에서 가장 중요한 것은 무엇이 어떤 결과를 가져오는지

이윤의 역설

증명해 낼 수 있는 조건을 찾아내는 것이다. 이는 정책 수립 과정에 참여하기를 원한다면 아주 중요하다. 우리가 오피오이드 사용이 부의 축적을 가져온다고 생각한다면 가난한 사람들에게 오피오이드를 처방해야 할 것이다. 따라서 정책 기구를 가동하기에 앞서 과학적인 사고가 우선시 되어야 한다. 어떤 것의 원인을 밝히기 위해 과학자들은 다양한 접근 방식을 사용한다. 이 모든 방법에는 어떤 형태로든 간접적인 관찰이 포함된다. 그것은 마치 수증기로 뿌옇게 된 거울 앞에서 면도하거나 화장하는 것과 비슷하다 할 수 있겠다. 즉 보이는 것보다는 알고 있는 것을 기반으로 진행하는 것이다. 당신은 당신이 찾고 있는 것을 보려고 하는 것이 아니라 간접적으로 결론을 추론한다.

이는 물론 모든 과학적 노력에 공통으로 해당한다. 예를 들면 우리는 우주가 팽창하고 있다는 증거를 직접적으로 끌어낼 방법은 없지만, 별의 스펙트럼 컬러를 측정하고 도플러 효과(Doppler effect)를 이해한다. 스펙트럼 컬러는 별이 움직이는 속도와 거리에 따라 변화한다. 추론을 위해서는 정확한 측정이 필요하지만. 그중에서도 가설과 세상이 어떻게 작동하는지에 대한 이론이 필요하다. 혹은 조지 산타야나(George Santayana)의 말을 빌자면 "이론은 우리가 사실에 대한 무지를 견딜 수 있게 도와준다." 연구는 끊임없이 새로운 이론을 탄생시키고 똑똑한 기법들을 사용해 직접적으로 관측되지 않는 특징들을 끌어내고 있다.

경제학자들이 사용하는 모든 데이터는 어떤 형태로든 이론과 실험의 결합이어야만 한다. 실험은 한 집단의 실험 쥐들(처치 집단)의 유전자를 변형시키고 유전자를 변형시키지 않은 집단의 쥐들(대조군)에

견주어 결과를 비교하는 실험실 생물학자의 실험과 흡사할 것이다. 경제학자들은 처치 집단에 해당하는 인구의 행동을 확실히 통제해서 대조군과 비교할 수 있는 실험을 설계한다. 과학적 이론은 근거를 기반으로 특정 정책에 대해 사람들이 왜 그런 반응을 보이는지 그 이유를 설명해 준다.

실험적 방법은 노동 시장에서의 특정한 현상들의 원인을 밝혀내기 위해 점점 더 흔히 사용되고 있다. 노동 시장과 경제 전반에 특별히 작용하는 한 가지 중요한 실험적 측면은 덴마크의 대규모 정책 실험에서 확인할 수 있는 바와 같이 다른 영역의 과학에서는 중요도가 떨어질 것이다. 1990년대 초에 덴마크는 실업률이 10%에 육박하는 특히 혹독한 경기 불황을 겪었다. 덴마크의 국회의원들은 집중적인 노동 시장 점검에 나섰다. 직업의식 수준도 높고 불로소득이 거의 없으며 경제적 형편이 어려운 이들에 대한 배려가 제도화된 사회에서 일하기를 원하는데도 일자리를 구하지 못해 경제적 불안과 불평등에 노출된 사람들이 10%나 된다는 것은 받아들이기 어려운 사실이다.

1994년 당시 덴마크의 총리였던 포울 뉘루프 라스무센(Poul Nyrup Rasmussen)은 '유연성(flexibility)'과 '안정성(security)'의 합성어인 유연안정성(flexicurity)이라는 개념을 들고나왔다. 덴마크 정책 담당자들은 높은 실업률을 발생시킨 주범이 노동 시장의 유연성 부족이라고 결론 내렸다. 그들은 논란 속에서도 일자리의 유동성을 높일 수 있는 유연한 노동 계약을 도입함으로써 실업률을 떨어뜨릴 수 있을 것으로 판단했다.

유연안정성을 보장하는 정책 아래에서는 기업들이 더는 큰 비용

이윤의 역설

을 감수해야 하는 해고 제약에 얽매이지 않아도 되게 된다. 즉 평생 고용을 보장하지 않아도 되는 것이다. 기업들은 자리가 나는 경우에만 고용하면 된다는 개념이다. 기업이 성과가 부진한 노동자를 쉽게 해고할 수 있게 되면 새로운 직원을 고용하게 될 것이다. 따라서 기업들은 채용 시 장기적인 계약 관계를 고려해 너무 많이 고민하지 않아도 된다. 경제 사정이 어려울 때 해고하는 데 비용이 들지 않을 것이기 때문이다.

유연한 노동 시장의 부정적인 효과(실업 증가)에 대한 우려를 잠재우기 위해 유연안정성 정책은 노동자들의 안정성을 보장해 줄 수 있는 두 가지 방안을 함께 제시했다. 첫째는 이직자들을 위해 실업 급여를 충분히 지급하는 현대적인 사회 보장 제도를 제공한다는 것이다. 두 번째는 평생 교육과 기술 업그레이드뿐만 아니라 실업자들이 새로운 직장을 구할 수 있도록 코칭과 훈련을 제공하는 적극적인 노동 시장 정책에 초점을 맞춘다는 것이다.

유연안정성 정책은 전례 없는 성공적인 정책으로 평가받았다. 덴마크는 이제 세계에서 가장 실업률이 낮은 국가 중 하나가 되었고 더 중요한 점은 다시 불황이 찾아오더라도 실업률 급증은 쉽게 일어나지 않았으며 실업률 수치도 비교적 빨리 정상화되었다. 2008년 금융 위기 때도 실업률은 8% 이하로 유지되었다. (스페인에서는 실업률이 2012년 말까지 26%를 웃돌았다).

실업률이 낮은 것만이 아니라 실업 기간이 눈에 띄게 줄었다는 사실도 성공적인 부분이었다. 그 결과 노동자들이 경험하는 실업 기간이 더 짧아져 소득 불안을 덜 수 있게 되었으며 실업 기간에는 충분한 실업 수당을 받는다. 특히 젊은 노동자들은 일자리 사다리의 밑바닥에서 일자리를 빨리 구하게 되었고, 사다리의 꼭대기에서 떨어진 나이 든 노동자들도 퇴직 연령이 가까워져도 다양한 노동 기회를 가질 수 있게 되었다.

그에 따라 스칸디나비아 국가들의 노동 정책은 노동 시장 전문가와 정책 담당자들에게 자랑거리가 되고 있다. 그러나 스칸디나비아 국가들의 정책 담당자들은 그들이 모든 진실을 파악하고 있지는 못하다는 사실을 순순히 인정한다. 그들은 어떤 정책들이 가장 효과가 좋은지 기꺼이 실험을 통해 찾아내고자 한다. 덴마크의 사례와 같이 새로운 실업자들이 일할 수 있도록 도와주는 활성화 프로그램을 시행하는 등의 실험은 놀라운 통찰을 안겨주었다.

2005년 11월에서 2006년 2월 사이에 (대서양 연안의) 쇠네르윌란주와 (코펜하겐 남부에 있는) 스토르스트룀주에서 최근에 실업자가 된 사람들을 대상으로 실험을 진행했다. 한 달 중 전반부(1일부터 15일 사이)에 태어난 사람들은 취업 활성화 프로그램에 의무적으로 참여하도록 했다(처치 집단). 선발된 사람들은 실업자가 되자마자 구직을 하는 방법을 알려주는 교육 과정에 참가했고 1~2주에 한 번은 사회복지사를 만났다. 그리고 실험 참가자의 활동은 모두 추적 관찰되었다.

한 달 중 후반기(16일~31일)에 태어난 이들은 기본적인 지원을 받았다. 3개월에 한 번씩 사회복지사를 만났고 실업 기간이 1년 이상 이어지는 경우 더욱 집중적인 지원을 받았다. 생일은 무작위이기 때문에 한 달의 전반부에 태어난 이들과 후반부에 태어난 이들을 구분 짓는 객관적인 잣대가 없으므로 이는 타당한 실험 설정이라 판단된다.

이윤의 역설

따라서 이 실험이 정책 효과를 시험하기에 충분한 조건을 제공한다고 믿어도 될 것이다.

연구자들은 실험에서 얻은 데이터를 분석하면서 활성화 프로그램의 영향력이 크고 긍정적이라는 사실을 발견했다. 구직은 30% 더 속도가 빨라졌다. 이는 곧 평균 실업 기간이 3주 감소해 14주에서 11주로 줄었음을 의미한다. 활성화 프로그램을 시행하는 데 큰 비용이 소요됨에도 불구하고 잠재적인 경제적 이점은 어마어마하다. 노동자는 3주 더 수입을 벌 수 있게 되고 정부는 실업 수당을 지급하지 않아도 되는 것이다. 덴마크에서는 실업 수당이 직전 직장에서 받았던 임금의 약 70%로 후하게 지급된다. 실업 기간을 단축하고 취업하게 된 노동자의 비금전적인 만족감에 더해 벌게 된 임금과 절감된 실업 수당의 총 이득을 합산해 보면 약 5주 동안의 임금에 해당하는 비용이 나온다(1.7×3주). 이는 정부 정책의 명백한 승리라 해도 과언이 아니다.

그렇지 않은가? 이 성공은 한 달의 후반부에 태어나고 구직 활동에 대한 집중적인 교육을 받지 않은 노동자들이 교육을 받은 노동자들과 경쟁하고 있다는 사실을 덮어버리고 있다. 만일 기업들이 정해진 수의 일자리를 창출하고 있다면(기술 발전의 영향으로 이렇게 짧은 기간 동안 일자리가 대체되지는 않는다. 노동 총량에 대해 언급한 것을 상기해 보라), 프로그램에 참여한 누군가가 취업을 하게 되면 프로그램에 참여하지 않은 다른 누군가는 취업하지 못하게 되는 것이다. 이는 마치 자전거 경주에서 절반의 참가자들은 전기 자전거를 타고 달리고 나머지 절반은 일반 자전거를 타고 달리는 것이나 마찬가지다. 전기 자전거를 탄 경주 참가자들은 승리할 가능성이 더 크며 그 결과 일반 자전거를 탄

참가자들은 승리할 가능성이 작아진다. 그야말로 제로섬 게임인 것이다.

덴마크 실험의 결과가 정확히 그것을 증명해 주고 있다. 특별한 교육을 받지 않은 사람들은 재취업 비율이 더 낮다. 긍정적인 효과도 있지만(기업들은 취업 활성화 프로그램이 진행되는 동안 구인 광고를 더 많이 낸다.) 전반적인 결과는 중도적이거나 정책 시행 비용을 감안하면 부정적이기까지하다. 덴마크의 사례는 이례적인 것이 아니다. 프랑스에서도 장기 실업자들의 취업을 지원하기 위해 비슷한 실험을 한 바 있고 그 결과도 비슷했다.

이와 같은 부차적인 효과는 과학 실험실에서 이루어지는 실험에서는 발생하는 경우가 거의 없지만 현장에서 이루어지는 경제 실험에서는 아주 흔히 발생한다. 모든 경제 활동에서의 핵심은 균형이다. 비가 내리면 지하철 출입구에서 우산의 수요가 급격히 상승한다. 누군가가 지하철 출입구에서 우산을 판다면 더 높은 가격에 팔 수 있을 것이다. 특히 취업 면접을 보기 위해 서둘러 가야 하는 사람들에게는 더욱 그렇다. 가격은 수요와 공급의 균형을 맞춰준다.

정책 담당자나 연구자들이 실험을 진행할 때는 (예를 들면 우산을 무료로 나누어주는 실험을 한다고 가정해 보자) 일부 사람들의 행동에 개입해서 균형 상태에 영향을 미친다. 즉 가격 및 판매 수량 등을 조정한다.(이 경우에는 연구자도 가격과 매출 하락을 원치 않는 일반 우산 상인에게 시달릴지도 모른다).

덴마크의 실험에서 정부의 정책적인 개입은 실업자들의 재취업률을 변화시켰다. 실업은 노동 시장의 균형적 결과이기 때문이다. 시장의 균형 상태는 마치 연통관과도 같다. 이 경우에는 추가적인 훈련을

이윤의 역설

받은 실업자들이 하나의 시험관에 담겨 있고 추가적인 훈련을 받지 않은 실업자들이 또 다른 시험관에 담겨 있는 것이라 가정할 수 있다. 두 시험관의 수위표는 일자리를 구하는 속도를 나타낸다. 그리고 그 두 수위표는 연결되어 있다. 하나의 시험관의 수위표를 낮추려고 압력을 가한다면(한 그룹의 구직자들에게 훈련을 제공) 다른 시험관의 수위표가 올라갈 것이다.

덴마크의 사례를 통해 우리가 알 수 있는 것은 데이터만으로는 충분하지 못하다는 사실이다. 과학적인 가설 또한 필요하다. 가설을 통해 노동자들의 행동이 다른 이들의 행동 변화의 영향을 받는다는 사실과 함께 노동자들이 정부 프로그램의 변화에 어떻게 반응하는지를 명확히 보여주는 이론을 세울 수 있다. 이 균형 효과는 재취업 가능성에도 영향을 미치지만, 가격과 임금에도 영향을 미친다.

모든 데이터는 동등하지 않다

수집된 데이터는 종종 이상적인 기대에 못 미친다. 그런 경우 데이터가 어떤 방식으로 수집되었는지를 자세히 따져보고 수집 과정에서 영향을 미쳤을 법한 편향을 조정하는 것이 중요하다. 수학에 관한 책으로 조던 엘렌버그(Jordan Ellenberg)의 저서 〈틀리지 않는 법(How Not to Be Wrong)〉에 나와 있는 훌륭한 예가 이를 잘 보여주고 있다. 아브라함 왈드(Abraham Wald)는 오스트리아에서 박사 학위를 취득한 유대인 수학자였다. 그는 공교롭게도 오스트리아 경제사상 학파의 창시자이자 프리드리히 하이에크(Friedrich Hayek)의 지적 지주인 경제학자 카를 멩거(Carl Menger)의 아들인 카를 멩거(Karl Menger)에게 사사했다. 1938년 나치 독일의 오스트리아 병합 이후 왈드는 미국으로 망명해 당시 시카고대학교 내에 있었던 콜스 재단에서 일하기 시작했다. 2차 세계대전이 발발했을 당시 왈드는 전시에 발생하는 문제를 해결하기 위해 그의 통계 지식을 활용했다. 해군 분석 센터의 연구 과제 중 하나는 격추되는 폭격기의 수를 줄이는 것이었다. 문제점을 분석하기 위해 기술자들은 적지에서 임무를 수행하고 돌아온 전투기를 조사해 전투기를 관통한 탄흔과 관련된 자료를 수집했다. 그들은 폭격기의 날개와 꼬리 쪽에 특히 탄흔이 집중되어 있다는 사실을 발견하고는 그 부분을 보강하기 위해 강판을 사용하기로 했다. 무게 제약 때문에 제한된 양의 철강만 추가할 수 있었고 가장 피해가 큰 부분을 보호해서 격추당할 가능성을 낮추려는 것이었다.

그런데 왈드는 탄흔이 거의 발견되지 않은 폭격기 동체 아랫부분에 강판을 덧댈 것을 권유해 기술자들을 놀라게 했다. 기술자들은 왈드가 더 많은 조종사가 적군의 포화에 죽임을 당하기를 원하는지 강하게 의문을 제기하며 항의했다. 하지만 왈드는 기술자들의 마음을 완전히 돌려놓는 데 성공했다. 그들에게 완벽한 증거를 제시하며 설명한 것이다. 그는 도버와 칼레(도버 해협에 면해 있는 프랑스 북부의 항구 도시: 역자 주) 사이 북해의 밑바닥 어딘가에 완벽한 증거가 존재한다고 말했다. 격추된 폭격기를 검사해보면 어느 부위의 총알이 폭격기 격추에 영향을 미쳤는지에 대한 확실한 증거가 나올 것이다.

그는 그들이 가진 유일한 정보가 임무 수행을 무사히 마치고 돌아온 폭격기에 남아 있는 탄흔이라는 사실에 주목했다. 그들은 격추된 폭격기에 대한 자료는 가지고 있지 않았다. 그는 기술자들이 수집한 데이터가 아주 선별적이라는 사실을 지적했다. 그 선별적인 증거는 폭격기의 날개와 꼬리 부위의 훼손은 그렇게 치명적으로 작용하지 않으며 폭격기가 기지로 되돌아올 만큼 오랜 시간 공중에서 버틸 수 있는 것임을 보여주었다. 오히려 아랫배 부분의 훼손이 치명적이었고 폭격기를 격추에 이르게 한 것이다.

수집된 자료에서 생존 편향(survival bias)(또는 표본 선택 편향)이 나타나는 현상은 경제학에서는 아주 흔한 일이다. 아마존이나 월마트가 시장에 진입하면 일부 작은 소매점들이 폐업할 수도 있다. 한 기업이 시장 지배력을 가진지의 여부를 분석하려면 어떤 기업들이 시장에 존재하는지에 관한 정보뿐만 아니라 폐업한 기업들과 아마존이 시장에 진입하지 않았더라면 시장에 진입했을 기업들이 어떤 기업들인지도 알아야 한다. 하지만 시장에 진입한 적이 없는 기업들이나 파산해서 시장을 떠난 기업들에 관한 정보는 잘 나오지 않는다. 따라서 우리는 어떤 기업들이 애초에 시장에 진입하지 않았는지에 관한 가설을 세울 필요가 있다. 돌아오지 못한 폭격기들이 어디에 총알을 맞았을지에 대한 왈드의 가설과 같이 말이다.

노동 시장에서의 변수들 가운데 경영진은 매우 다른 능력과 기술을 가지고 있음이 분명하다. 경영진 표본 가운데 겨우 몇 명만이 CEO가 된다. 그리고 생존자의 특징은 생존하지 못한 이들과 잠재적으로 매우 다르다. 마찬가지로 대기업의 CEO의 특징은 작은 스타트업의 CEO의 특징과 매우 다르다.

이 모든 것은 우리가 관찰하는 데이터에 특정한 편향들이 존재한다는 사실을 암시한다. 경쟁 기업들은 시장 진입을 포기한 기업들이나 파산해서 시장을 떠난 기업들과는 다른 특징을 가지고 있다. 데이터에 존재하는 편향을 알아차리고 그것을 바로잡는 것이 올바른 정책을 수립하는 데 핵심적인 요소로 작용한다. 우리가 선정한 표본 데이터만을 들여다보고 있을 때 이론은 우리가 빠뜨린 데이터를 고려해 결론을 도출할 수 있도록 도와준다. 데이터 표본을 선정하게 된 계기와 방식을 감안하여 논리적인 가설을 수립한다면 완전한 데이터를 재구축할 수 있게 된다. 이것이 바로 아브라함 왈드가 문제를 해결한 방식이었다. 그는 임무 수행에서 되돌아오지 못한 폭격기들이 어떻게 되었는지에 관해 가설을 수립했다. 그 가설은 문제를 해결하고 조종사들의 생존율을 높이는 데 큰 역할을 했다.

테세우스의 배

아브라함 왈드의 이야기는 맹목적으로 데이터를 분석하기 이전에 그 데이터가 어떻게 수집되었는지를 주의 깊게 살필 필요가 있다는 교훈을 준다. 경우가 다르긴 해도 그 하부를 드러내 보여주지 않는 데이터의 또 다른 예로 일자리 데이터가 있다. 매월 미 노동부에서는 일자리 보고서를 발행한다. 정치인들은 일자리 창출에 집착하지만, 현실은 그보다 훨씬 더 복잡다단하다. 이해를 돕기 위해 그리스 신화에 나오는 테세우스의 배를 생각해 보자.

고대 그리스의 군주인 테세우스는 유명한 해전에 배를 몰고 나갔다가 크레타섬에서 아테네로 돌아오는 길에 후대를 위해 배를 아테네 항구에 정박시켜 놓았다. 수년이 흐르면서 목재로 된 배는 부식되어 배를 만드는 목수들이 새 목재를 가져다 배를 수리했다. 수리하다 보니 결국 그들은 모든 목재 널빤지를 교체하게 되어 배를 다시 새롭게 만들다시피 하게 되었다. 헤라클레이토스와 플라톤과 같은 철학자들은 새로운 목재로 만든 이 배가 여전히 테세우스의 배인지에 대해 의문을 제기한다. 우리가 새로운 목재로 만든 배를 테세우스의 배라고 간주한다고 가정해 보자. 그렇다면 오래된 널빤지들을 모아 방부 처리를 한 후 그 널빤지들로 별개의 배를 하나 조립했다면 그 배는 테세우스의 배인가라는 아주 흥미로운 또 하나의 철학적 질문이 제기된다.

여기서 정체성에 관한 철학을 논하려는 것은 아니지만 고용 시장에서도 이와 비슷한 질문이 제기된다. 기업이 배이고 널빤지가 노동자라고 생각해 보자. 노동자들은 끊임없이 변화한다. 노동자들은 계속해서 들어오고 나가며 오래지 않아 모든 노동자가 새로운 인물로 바뀐다. 그렇다 해도 회사는 같다. 현재의 코카콜라는 여전히 옛날과 같은 콜라(적어도 코카인 성분이 제거된 1929년 이후의 것)를 판매하고 있다. 하지만 그 당시의 노동자들은 아무도 남아 있지 않다.

우리 몸속의 세포에서도 이와 비슷한 일이 발생한다. 세포들은 한정된 수명을 가지고 있어 새로운 세포로 대체된다. 피부 세포의 생존 주기는 2~3주다. 적혈구는 1년 이상 생존하며 신경 세포와 같은 일부 세포들은 죽어도 새로운 세포로 대체되지 않는다. 결국 우리 몸속의 약 50~75조 개의 세포는 수도 없이 새로운 세포로 대체되지만 우리는 그 사람을 항상 같은 인물로 인식한다.

노동자들은 항상 직장을 들고나며 이동한다. 그들은 실업 상태에서 취직하기도 하고 한 직장에서 다른 직장으로 옮기기도 하고 직장을 다니다가 실업 상태가 되기도 한다. 노동 시장에 대해 가장 눈에 띄는 사실 중 하나는 순수한 이직률이다. 공개적인 토론에서 자주 오해를 받고 잘못 제시되는 부분이 바로 이 이직률이다.

2020년 2월의 일자리 보고서에서 273,000개의 새로운 일자리가 창출되었다고 보고했다면 그것은 약 4,611,000명의 사람이 직장을 잃고 4,884,000명이 새로운 직장을 구했다는 것을 의미한다. 일자리 변동의 규모는 천문학적으로 보이지만 기업들은 항상 그들의 사업 상황에 따라 고용을 확대하거나 축소한다. 그리고 노동자들 또한 가족들의 이동 문제를 이유로, 혹은 더 좋은 기회를 찾아서 이직한다.

하부에서는 엄청난 일자리 변동이 일어나고 있음에도 불구하고 표면은 고요하고 실업자 수에 변동이 거의 없는 편이다. 고용 시장은 숫제 원자들이 서로 부딪치며 분자를 형성하고 파괴하는 압력솥과 유사하다 할 수 있겠다. 온도를 일정하게 유지한다 해도 입자들은 계속해서 충돌한다.

압력솥이 폭발하는 한 가지 예외 상황은 위기 상황이다. 그런 시기에는 사라지는 일자리는 많고 새로이 생겨나는 일자리는 극소수다. 예를 들자면 코로나 팬데믹 위기 동안 2020년 5월 초에 인구의 14% 이상이 실업자가 되었고 두 달 동안 3천8백만 명의 실업 수당 신청자가 생겨났다. 위기의 시기에는 기저에 잠재되어 있었던 경향이 겉으로 표출된다. 평상시에는 강한 암류가 흘러도 수면은 고요하지만 그 암류들은 보통 서로 균형을 맞춘다. 위기 상황에서 일어나는 사건들은 그 암류들이 얼마나 중요한지를 잘 보여준다.

중요한 사실은 기업들이 생산력을 끌어올려야 할 때 일자리가 창출되며 기업들이 역풍을 맞을 때 일자리가 사라진다는 것이다. 또한 노동자들이 더 좋은 기회를 찾아 떠나면 새로운 대체 인력이 필요해진다. 따라서 기업은 고용을 하게 된다. 노동자들이 새로운 일자리로 더 빈번히 이동할수록 그들이 떠나는 기업에는 빈자리가 더 많이 생기는 것이다.

이는 일자리 창출을 위한 큰 노력이 별로 효력이 없다는 사실을 보여주는 것이기도 하다. 새로운 일자리가 생겨날 때 그 일자리는 다른 일자리를 대체하게 된다. 이는 다른 일자리가 사라졌기 때문이거나, 혹은 다른 새로운 일자리가 창출되지 않았기 때문이다. 일자리 창출에 집착하는 것은 마치 분출하는 화산에 비가 내리는 것처럼 자연스러운 현상이라 하겠다. 덴마크의 실험에서 확인한 것처럼 실업자들의 구직을 지원하는 프로그램은 효과가 있었지만, 구직 지원을 받지 않는 실업자들의 손해를 감수해야 했다. 정책적 지원은 재취업에 성공한 이들에게는 큰 도움이 되지만 전체 일자리 수와 사람들의 평균 취업률이나 실업률에는 거의 도움이 되지 않는다.

일자리 창출이 불가능한 것이 노동 총량의 오류와 모순되는 것은 아니라는 점에 주목해야 한다. 로봇이 적은 수의 노동자만으로 생산성을 향상시킬 때 퇴출당한 직업들은 영원히 사라진다. 기계화의 영향을 받은 노동자들은 결국 다른 직종으로 이직한다. 이를테면 자동차 조립에서부터 의료보건 서비스에 이르기까지 다양한 분야에서 일하게 된다. 혹은 여성들이 대거 노동에 참여하게 된 20세기 후반에 그랬던 것처럼 노동력 공급이 증가하게 되면 그 새로운 노동자들의 급여는 다른 상품과 일자리에 대한 새로운 수요를 창출하게 될 것이다. 기술이 변화하거나(노동 수요) 노동자의 수(노동 공급)가 변화하게 되면 노동 총량은 존재하지 않으며 새로운 일자리가 창출된다. 하지만 노동 공급과 수요의 조건이 변함이 없을 때는 일자리의 수는 변하지 않는다. 그런 경우 일자리 창출은 신기루와도 같은 허상이 된다.

이상적인 세상에서는 노동자들이 빨리 일자리를 구하고 천천히 일자리를 잃게 되는 것을 원한다. 그것은 곧 실업 상태의 노동자들이 취업을 확실히 보장받는 것을 의미한다. 그들이 일자리를 잃을 때마다 이른 시일 내에 일자리를 찾을 수 있다는 뜻이기 때문이다. 그 결과 그들은 실업 기간이 짧다. 노동자들이 일터에서 천천히 밀려난다면 그들 또한 고용 보장을 아주 잘 받고 있는 것이다. 한번 취업하면 그 직장은 오랜 기간 안전하다는 뜻이다.

고용 보장(긴 고용 기간)과 취업 보장(짧은 실업 기간) 두 가지 모두를 희망하는 것은 최고 목표점을 지향하는 것이다. 하지만 그것은 중력의 법칙이 작동하지 않기를 바라는 것과도 같다. 고용 시장은 아이들이 타는 회전목마와도 같다. 회전목마가 오래 돌아가면 기다리는 시간이 길어지고 회전목마가 짧게 끝나면 기다리는 시간도 짧아진다. 하지만 기다리는 시간이 길든 짧든 줄 서서 기다리는 사람들의 수와 줄 서는 데 소모되는 총 시간은 언제나 똑같다. 여러 번 짧게 기다리다가 어쩌다 한 번씩 길게 기다리는 것이다.

실업도 마찬가지다. 고용 보장이 잘 이루어져 있어 근무 기간이 길다면 취업하는 데 오랜 시간이 걸릴 것이므로 취업 보장은 잘 이루어지지 않는다. 그 반대의 경우도 마찬가지다. 고용 보장이 잘 이루어지지 않는다면 취업 보장은 잘 된다. 그동안 실업자 수는 동일하게 유지되어왔다. 이것이 노동 경제학에서의 기본적인 법칙이다. 고용 보장과 취업 보장이 모두 잘 이루어진다면 실업률은 0에 가까워질 것이다. 실업률(경제 활동 가능 나이에 있는 일을 하고 있거나 일을 구하고 있는 이들의 일부분으로서의 실업자 수)은 시간이 흐르면서 전국적으로 아주 안정적인 추세를 보인다. 물론 2020년 봄 코로나19 팬데믹으로 인해 미국에서 3천8백만 명의 실업자가 발생한 것을 보았듯이 실업률이 치솟는 경기 불황 시기는 예외로 간주해야 할 것이다.

스페인과 같이 눈에 띄는 예외적인 사례도 있다. 스페인은 실업률에서 특이점을 보이는 국가다. 물론 그들도 경기 침체기에는 실업률이 더 높고 경제 사정이 좋은 시기에는 실업률이 더 낮다. 그런데 최근 수십 년 사이에 실업률에 특별한 변화가 보이지 않고 있다. 대부분의 국가는 실업률이 5%에서 10% 사이에서 오르내리는 것이 보통이다. 그러나 노동과 관련해 가장 놀라운 사실 중 하나는 국가별로 고용 보장과 취업 보장이 큰 차이를 나타낸다는 것이다. 앵글로색슨 국가들(미국, 영국, 캐나다, 호주, 뉴질랜드)과 스칸디나비아 국가들은 취업 보장(짧은 실업 기간)은 아주 잘 되어 있지만 고용 보장은 잘 되어 있지 않다(짧은 근무 기간). 그리고 지중해 국가들은 정반대의 경향을 보인다. (긴 근무 기간, 긴 실업 기간)

미국은 취업 보장 문제에 있어서는 최상위 자리를 점하고 있는 국가이고 이탈리아는 맨 아래에 놓여 있다. 그 격차는 아주 크다. 미국의 실업 기간은 (두 달이 약간 넘는) 약 9주 정도로 중간값에 해당하는 것에 비해 이탈리아의 실업 기간은 거의 1년에 가깝다. 물론 이탈리아의 일자리들은 평균적으로 20년 넘게 지속된다. 반면 미국의 일자리들은 약 4년 지속된다.

겉으로(실업률) 보기에는 이들의 경제가 비슷해 보이지만 하부에 흐르는 기류는 아주 큰 차이를 감추고 있다. 예컨대 남부 유럽에서의 청년 실업률은 엄청나게 높다. 어떤 직장을 구하든 평균적으로 1년 이상이 걸리며 학교를 졸업하자마자 첫 직장을 구하는 데 수년이 걸리기도 한다. 또한 정리해고 당한 50세 이상의 나이 든 노동자들은 새로운 일자리를 구하는 데 오랜 시간이 걸릴 뿐만 아니라 조기 퇴직으로 내몰리는 경우도 빈번하다. 지중해 국가들은 취업하기만 하면 고용 보장은 잘 되어 있지만 취업하지 못한 사람들은 취업 보장을 받을 수 없어 큰 고통을 겪는다. 특히 청년층과 노년층 노동자들에게는 더욱 치명적으로 작용한다.

요컨대 수요와 공급에 커다란 구조적 변화가 일어나지 않는 평상시에는 오래된 일자리들이 사라지는 만큼 새로운 일자리가 창출되는 것이라 볼 수 있다. 법과 정책으로 근무 기한을 바꿀 수는 있다.(이를테면 취업 보장을 희생하고 고용 보장에 무게 중심을 두는 경우) 그렇지만 일자리 창출과 관련된 정치적 수사는 끊임없이 반복됨에도 불구하고 정책 입안자들이 실업 상황을 바꾸기 위해 실제로 할 수 있는 일은 별로 없다. 비유하자면 일자리는 영구적으로 자동차를 소유하는 것이 아니라 택시를 타는 것과 비슷하다. 정치인들은 시민들에게 자동차를 주는 데 비용을 지출하지만, 사람들에게 필요한 것은 갈아탈 수 있는 택시이며 기업들이 우리에게 주는 것이 바로 그것이다.

탁월한 일자리 창출자는 비즈니스의 역동성과 혁신이다. 우리가 금시계 신화를 통해 깨달은 바처럼 불행히도 시장 지배는 스타트업과 혁신, 노동자의 이동성을 저해하는 요소다. 우리는 그저 느리고 조용한 노래에 맞춰 행진하다가 개수가 부족한 의자를 먼저 차지하려고 달려드는 게임을 하는 수밖에 없는 것이다. 심지어 아주 활기찬 앵글로색슨과 스칸디나비아 국가들의 노동 시장조차도 해자를 구축한 욕심 많은 지배 기업들의 무게에 눌려 위축되고 있다. 따라서 고용 상황을 개선하기 위해서는 시장 지배를 중단시켜야 한다.

이제 앞서 알아본 정책 수립에 필요한 사실들을 바탕으로 다음 장에서는 시장 지배를 통제하고 해자의 물을 빼고 그 공간을 바위와 모래로 메우기 위한 구체적인 방안에 대해 논의해 보자.

제 1 2 장

독점 금지로
신뢰 회복하기

시장은 진공 상태에서는 잘 작동하지 않는다. 시장은 도용, 수용, 억제되지 않은 인플레이션 위험이나 경제 불확실성을 낳는 정치적 변덕이 없이 자유로운 상품 교환을 지원하는 제도 체계가 있을 때 제대로 작동한다. 이것이 대런 애시모글루(Daron Acemoglu)와 제임스 로빈슨(James Robinson)의 〈왜 국가는 실패하는가(Why Nations Fail)〉에서 다루고 있는 주제이다.

바람직하게 작동하는 시장에는 재산권을 존중하고 그것이 침해되는 경우 처벌하는 법적 기준이 필요하다. 청동기 시대(BC 3000년~BC 1200년)에는 병력을 키울 수 있게 해준 청동 도구와 무기의 발명으로 인해 키클라데스 제도와 메소포타미아에서 자유 무역이 발달하기 시작했다. 당시 교역에서 상품 교환을 통해 얻은 소득은 적절한 절차에 따라 보호받을 수 있었다. 자유 시장이 발달하기 위해서는 법적인 제도가 뒷받침되어야 한다. 애초에 시장에서 자유로운 것은 아무것도 없다. 만약 시장이 완전히 자유롭다면 모든 것을 도난당하고 말 것이다.

청동기 시대와 마찬가지로 오늘날 자본주의 시장에서도 재산권을 보호하고 법을 강제하는 법적 제도가 필요하다. 선진적인 시장에서는 이것이 보장되기 때문에(이것이 보장되기 때문에 그 시장들이 선진화된 것이다) 우리가 교과서에서 배운 대로 자유 시장이 잘 작동하는 것이다. 애덤 스미스의 '보이지 않는 손'은 우리를 번영으로 이끈다. 자신의 이익을 추구하는 개인들은 더 큰 공동의 선을 추구하고 있는 것이기도 하다. 자유 시장은 한 세기도 안 걸려 우리에게 부를 가져다주었고 수십억 명을 빈곤에서 탈출시켰다.

그러나 법질서를 보장하는 제도 체계만으로는 모든 시장이 잘 작동하기에 충분치 못하다. 너무 많은 시장에서 신기술은 무엇이 어떤 방식으로 생산되는지를 근본적으로 바꾸고 있고 이는 한 세기 전 채플린의 〈모던 타임스〉에서 확인할 수 있었던 것과 같이 보이지 않는 손을 실패로 이끌고 있다. 앞서 언급한 바와 같이 네트워크 외부성과 규모의 경제, 자유재 시장, 그리고 행동 편향을 보이는 소비자들은 모두 만족스럽지 못한 결과와 시장 실패를 낳는다. 이는 보통 시장 진입을 위해서는 치열하게 경쟁하지만, 시장 내에서는 실질적으로 경쟁이 없는 상황을 말한다. 경쟁자들의 진입을 해자가 막아주어 승자가 전체 시장을 가져가는 것이다.

이 시장 실패를 해결하기 위해서는 청동기 시대처럼 재산권을 보호해주는 제도뿐만 아니라 시장을 규제하는 제도 또한 필요하다. 자본주의와 자유 시장이 아무런 규제 없이 작동하고 있다는 생각은 자유 시장이 재산권을 보장해 주는 법적 제도와 경찰력 없이 작동한다는 생각만큼 큰 오해이다.

자유 시장을 통제해야 할 필요성은 아주 흔히 볼 수 있다. 2018년과 2019년 6개월 사이에 두 대의 보잉 737 맥스 항공기가 이륙 후 몇 분이 지나지 않아 추락해 탑승객 전원이 사망하는 사고가 발생했다. 두 경우 모두 조종사가 가파른 수직 이동을 시도하면서 항공기 본체에 대한 통제력을 잃어버려서 생긴 사고였다. 나중에 알려진 바로는 특히 저속에서 조종사의 조종이 없이도 자동으로 기수를 아래로 향하게 한 안티스톨 시스템(항공기의 속력이 떨어지는 현상을 막는 시스템)의 오작동이 원인이었다. 737 맥스는 새로운 모델이었고, 인도네시아 항공사인 라이언에어 610편의 189명이 사망한 첫 번째 추락 사고가 발생하기 전까지 1년이 조금 넘게 운항해오던 차였다. 사고가 발생하기 전 다른 조종사가 또 한 명의 조종사와 함께 동일한 항공기에서 비슷한 통제 상실을 경험했지만 세 번째 조종사는 문제의 원인을 진단하고 비행 제어 시스템을 통제하는 데 성공했다. 에티오피아 항공 302편이 케냐 나이로비에서 추락해 157명이 사망하는 두 번째 사고가 발생하자 전 세계의 항공 당국은 737 맥스 항공기의 운항을 전면 중단했다.

경찰 조사에서 보잉은 첫 번째 사고가 발생하기 전에도 항공기의 제어 시스템에 문제가 있다는 사실을 알고 있었던 것으로 드러났다. 기존의 설계에서 문제점을 찾기 위한 점검은 단 한 번뿐이었고 문제가 진단될 경우에도 시정할 여지는 없었다. 보잉 측에서는 규제 기관과 소통하는 과정에서 이 문제를 심각하게 받아들이지 않았던 것이다. 보잉과 보잉의 주주들에게는 항공기가 안전하다는 사실을 항공 당국에 확인시키는 것이 우선이었던 것이다. 재점검과 시스템 업데이트를 진행하게 되면 큰 비용이 발생하고 항공기 운항에 심각한 차질이 빚어질 것이었다. 심지어 첫 번째 사고가 발생한 이후에도 보잉은 그 사고가 항공기 시스템이나 점검 오류의 문제가 아니라고 계속해서 주장했다. 더 심각한 부분은 조종사들이 라이언에어의 사고가 발생한 후에야 안티스톨 소프트웨어가 깔려 있다는 사실을 알게 되었다는 것이다. 사고 발생 후 비공개회의에서 조종사 대표단은 737 맥스 모델 운항을 즉각 중단할 것을 강력히 요구했지만 보잉 경영진은 이를 거부했다.

이런 경우 규제 기관이 나서서 고객에게 노출되지 않는 정보를 평가해 주는 역할을 한다. 보잉의 경제적 이해와 고객의 이해 사이에는 기본적인 긴장이 존재한다. 문제가 있다는 사실을 일찍이 인정하게 되면 항공기 운항에 심각한 차질이 빚어지고 엄청난 경제적 손실이 발생한다. 보잉은 문제가 가볍게 지나가길 바라며 도박을 한 것이었고 그들은 그 도박에서 패배했다. 하지만 보잉의 주가가 특히 두 번째 추락 사고 후 11% 폭락했음에도 불구하고 경제적 타격은 생각보다 적었다.

자유 시장주의자는 시장의 실패는 제3자의 규제에 의해서라기보다는 시장이 스스로 해결할 것이라고 주장할 것이다. 부도덕한 항공기 생산업체는 더 많은 사고를 경험할 것이고 결국은 파산하게 될 것이다. 기업의 가치는 그 명성에 달려 있다. 그러나 항공기와 같은 복잡한 기계의 안전성을 고객이 직접 조사할 수는 없는 노릇이다. 민간 안전성 기관에서 안전 보고서를 판매할 수도 있겠지만, 대공황 시기에 금융 신용 등급 평가 기관에서 그랬듯 그들도 수익을 남길 수 있는 보상 체계가 필요할 것이다.

항공 업계(이 문제에 있어서는 다른 업계도 마찬가지로)가 자기 규제를 해줄 것이라는 생각은 희망 사항일 뿐이다. 도박에서 성공할 때 얻어지는 이득은 아주 큰 것에 비해 복잡한 기계는 무한한 복잡성으로 말미암아 개발 과정에서 비공개된 정보가 많아 사실이 왜곡될 여지가 충분히 존재한다. 안전하지 못한 항공기를 건설해서 운이 좋게도 사고가 발생하지 않으면 엄청난 이득을 취할 수 있으며 보잉은 주식 시장에서도 한몫 잡았을 것이다. 하지만 정말 심각한 안전상의 문제가 존재한다면 아무리 사고 발생 가능성이 작다 하더라도 보잉을 탄 가족 전원이 사망하게 될 수도 있는 것이다. 최악의 경우 보잉은 파산하게 되지만 도박을 하는 사람의 시각에서 보자면 손실보다 이득이 더 많을 수 있다. 그 결과 안전하지 못한 항공기를 타게 되는 것이다.

기업들이 사회가 요구하는 안전 수준을 준수하는 결정을 내리도록 유도하지 않는 시장에는 규제가 필요하다. 식품의약처가 없었다면 유독한 음식을 먹고 사망하는 사람들도 많았을 것이고, 시험도 거치지 않았으면서 부작용 없이 원하는 치료 효과를 기대할 수 있다고 홍보하는 약을 사용하는 환자들이 사망하는 사례도 부지기수였을 것이다.

코로나19 팬데믹으로 사회적 거리두기를 시행하면서 사회적 규제는 그 어느 때보다 더 절실해졌다. 사회적 거리두기가 교역을 저해하고 일시적으로 시장을 폐쇄했다 하더라도 사망자 수와 장기적인 경제적 피해를 최소화하는 데 필요 불가결한 조치였다. 분명 어떤 시장도 확산하는 바이러스에 대해서는 가격을 적절히 매길 수 없다. 어쨌든 식당 주인은 식당 고객들이 바이러스를 확산시켜 그곳에서 식사하지 않은 사람들까지 감염시키는 경제적 비용은 고려하지 않는다. 경제학자들이 말하는 것처럼 급속하게 확산하는 바이러스는 외부성의 전형적인 예이며, 이 외부성은 어떤 형태로든 정부의 개입이

이윤의 역설

나 규제가 있어야 억제할 수 있다.

규제는 건강과 안전을 확보하기 위해서뿐만 아니라 기업들이 시장 지배를 창출하려고 할 때도 필요하다. 3장에서 이베이의 플랫폼이 시장이 모든 구성원에게 이로운 방향으로 작동하지 못하도록 시장실패를 만든 환경에 대해 언급한 바 있다. 자유 시장이 경쟁을 저해하는 환경에서 경쟁 지향적인 규제를 만드는 것이 독점 규제 기관이 주로 해야 할 일이다.

역사 속의 독점

'독점(monopoly)'이라는 말은 고대 그리스어 단어인 모노스(monos, '혼자' 또는 '단 하나의'의 의미)와 폴레인(polein, '팔다' 또는 '판매자'의 의미)의 합성어에서 유래한 말이다. 이 단어는 16세기 중반에 라틴어로 차용되어 '독점적 판매권'으로 정의되었다. 엄밀히 따지자면 단어의 의미 그대로 순수한 독점이란 아마도 존재하지 않을 것이다. 판매되는 어떤 상품이나 서비스도 더 좋거나 나쁜 대체품이 존재하기 때문이다. 미국의 케이블 방송 공급업체로 1990년대에 국내 시장에서 실질적으로 독점 지배권을 가지고 있었던 컴캐스트조차도 위성 TV와의 경쟁에 부딪혀야 했다.

역사적으로 봤을 때 규제는 독점을 금지하기 위해서보다는 독점을 허용하기 위해 실시되었다. 사실상 대다수의 독점 기업들은 군주의 선물로 상품이나 서비스를 독점 판매할 수 있는 권한이 주어지거나 혹은 기업이 제공하는 서비스에 대한 보상으로서 독점 판매할 수 있는 법적 특권을 가지고 시작했다. 종종 독점 판매권을 보장받기 위해서는 술과 담배에서 그랬던 것처럼 가격 체계와 다른 제한사항들에 합의해야만 했다. 독점 기업은 경쟁하지 않아도 되었으며 상품을 고가에 판매해 수익을 남겼다. 왕에게 독점 판매 상품을 제공하거나 특허권 사용료를 지급하는 방식으로 왕실과 그 수익의 일부를 나누기도 했다. 그래서 기업과 군주는 더 부자가 되었지만, 고객들과 사회는 더 가난해졌다. 상품을 구매할 때 더 높은 가격을 지급하게 되자 상품을 구매하려는 고객의 수는 더욱 감소했고 사회적으로는 손실이 빚어졌다.

1623년 영국의 전매조례(Statute of Monopolies)는 특허 제도로 향하는 첫발로, 혁신을 포상하는 의미에서 독점권을 부여했다. 예컨대 네덜란드 동인도 회사와 영국 동인도 회사는 식민지국들과의 향신료 무역 등에서 무역 독점권을 부여받았다. 동인도 회사는 애초에 전 세계적으로 숨어 있는 시장 발견을 장려하려는 의도가 있었으나 일단 시장이 형성되고 나면 그들의 독점권을 완벽히 발동했고 어떤 경쟁도 허용하지 않았다. 그 결과 반대와 저항에 부딪히게 되었다.

그중 하나가 1773년 12월 영국에서 발생한 보스턴 차 사건(Boston Tea party)이었고, 이는 미국 독립 전쟁의 발단이 되었다. 저항을 불러일으킨 숨은 동기는 1773년 차 조례(Tea Act)였다. 차 조례는 영국 동인도 회사에 세금을 감면해주고 미국 내에서 차 판매 독점권을 부여했다. 한마디로 요약하자면 독립 전쟁은 영국 동인도 회사가 미국 내에서 행사하는 시장 지배에 반발하는 저항에서 시작된 것이었다.

이 역사적인 사례들을 보았을 때 독점과 시장 지배는 하나의 기업이나 일부 기업들이 시장에서 상품을 판매하는 독점적인 권한을 가짐으로써 시장을 완전히 장악할 수 있는 법적 특권을 부여받게 된 결과이다. 이는 소위 경제학자들이 군주에 의한 '지대 채취'라고 지칭하는 것의 일종이다. 독점권은 비용을 지불하고 그 대가로 주어지는 경우가 많았기 때문이다. 그런 경우 고객들이 상품의 원가보다 더 높은 가격을 지급함으로써 일종의 세금을 내는 것으로 볼 수 있다. 얼마나 많은 수익이 군주에게 돌아가는지에 따라 생산 기업이 얼마만큼의 초과 이윤을 착복할 수 있는지 결정되는 것이다.

이 사례들처럼 많은 현대의 독점 기업들 또한 그와 비슷하게 정부 당국의 허가를 받는다. 특허권은 특히 신상품의 소유주에게 일시적으로 독점권을 부여하는 합법적 수단이다. 일정 기간 (보통은 15년간) 특허 소유주는 특허 기술을 이용한 상품 및 서비스를 생산해서 판매할 수 있는 독점적인 권리를 지닌다.

특허권은 물론 새로운 개념이 아니다. 특허의 기원은 고대 그리스 시대로 거슬러 올라간다. 동인도 회사의 사례에서 본 것처럼 독점권을 주는 것의 목적은 단순한 지대 채취나 비효율적인 방식의 세금 부과보다 훨씬 더 수준이 높다. 특허권을 통해 일시적인 독점권을 부여하는 이유는 비용이 많이 드는 선불 투자를 보상하기 위함이다. 결국 좋은 아이디어는 쉽게 모방이 가능해 모방자는 선불 투자를 하지 않고도 창안자에 대항해 경쟁할 수 있게 된다.

정부가 허락하는 소수의 독점 방어벽 중 하나가 바로 특허다. 미국 헌법은 영국 왕실 재정에는 이롭지만, 미국 식민지의 기업인들과 시민들에게 피해를 주는 영국의 독점적 제도에 신물이 나 있었다. 미합중국 헌법 제정자들은 독점 금지 어구를 헌법에 포함할 것을 고민했고 일부 변호사들도 법의 특별한 보호를 받는 독점에 대항하여 수정헌법 제14조에 동등한 보호를 보장하는 조항을 추가할 것을 고려했다. 넓은 의미에서 보면 하나의 국가로서 미국의 독립은 정부가 승인한 독점에 대항한 투쟁에 그 근거를 두고 있다.

미국이라는 독립 국가가 반독점이라는 고결한 의지에서 탄생했음에도 불구하고 현재의 특허 제도는 걷잡을 수 없는 상황으로 치닫고 있다. 그에 따라 일부 전문가들은 특허 제도의 전면 폐지를 요구하기도 했다. 특허 제도가 모든 분야에 두루 적용될 수 있다는 것이 가장 큰 문제다. 스마트폰의 무선 기술뿐만 아니라 말라리아 백신 발명에도 15년간의 독점권이 인정된다는 것이다. 스마트폰 기술은 훨씬 수명이 짧으며 그 기술이 구식이 될 때까지 경쟁에 노출되지 않는다. 더구나 이동 통신 기기들은 특허권을 보호받는 기술이 한둘이 아니어서 애플이나 삼성과 같이 충분한 자금력을 가진 거대 기업들은 그 특허 기술을 이용해 기기를 생산하기 위해서는 비용을 지불하고 특허를 구매해야만 한다.

특허 제도의 맹점을 이용해 약간의 수정을 가하고 그 기간을 연장받는 경우도 종종 있다. 대기업들이 해자를 구축하기 위해 특허법을 침해하면서 그들의 지적 재산권 포트폴리오에 다양한 특허권을 추가하고 있다는 것은 자명한 사실이다. 특허권은 특히 정보 통신과 같이 빠르게 변화하는 복잡한 기술 분야에서는 시장 지배를 구축하고 유지하는 도구가 되기도 한다. 특허권은 일시적인 독점권을 부여해 새로운 아이디어를 보상해주기보다는 휴대폰 대기업들이 경쟁 기업들의 접근을 막기 위해 복잡한 장애물을 구축하도록 도와준다. 혁신을 장려하기 위한 지적 재산권의 보호는 칭찬할 만하지만 특허 제도는 현대의 혁신에 주안점을 두고 있지 않으며 오히려 더 많은 왜곡을 낳는 경우도 많다.

미국 재계 일부에서는 혁신을 촉진하겠다는 고상한 의도로 고안된 특허 제도를 해자를 더 넓히는 도구로 둔갑시키는 데 성공했다. 그 증거는 아주 분명하다. 미국에서는 1980년에 66,170건의 특허가 발급된 것에 비해 2018년에는 339,992건의 특허가 발급되었다. 그만큼 혁신과 기술 발전이 증가했다는 의미이므로 현상 자체만 보면 특허의 증가가 훌륭한 발전으로 비칠지도 모른다. 하지만 샴페인을 터뜨리기에 앞서 먼저 현실을 직시하자. 2012년 미국에서 4,700건의 특허 관련 소송 중 62%가 '특허 괴물(특허 기술을 사들여 이를 이용해 특허 소송만으로 수익을 내는 특허 전문 기업: 역자 주)'과 관련된 사건이었던 것에 비해 2006년에는 19%에 불과했다. 특허 괴물은 특허를 구매해 특허권 침해 소송을 제기할 상대 기업이나 민간인을 찾아 돈을 버는 것이 유일한 존재 이유인 기업이다. 즉 특허 괴물은 특허 기술을 이용한 상품 생산을 통해 수익을 내지 않는다. 심지어 특허를 출원할 만한 제품을 만들지도 않는다. 그들은 보통 기존의 창작물 중에 이미 돈이 되고는 있지만, 특허권이 없는 상품을 찾는다. 그리고는 특허 괴물은 그 아이디어를 처음 생각해낸 기업이나 개인에게서 특허 사용료를 받아낸다.

특히 소프트웨어 특허는 모호한 설명으로 폭넓게 정의될 수 있어 특허 괴물의 표적이 될 수 있다. 오늘 부여받은 특허는 미래에 개발되는 신기술이 오늘 받은 특허 설명에 부합되게 개발될 때 특허권을 주장할 수 있는 효력이 발생함을 의미한다. 설사 그것이 합법적이라 하더라도 다른 누군가가 창안한 새로운 기술을 찾아서 모호하게 정의된 과거의 특허에 짜맞춰 소송을 제기하는 행위는 특허법의 정신과 철학에 완전히 위배되는 행위이다. 이와 같이 합법적인 지적 재산권 사기는 특허 소송이 워낙 비용이 많이 들기 때문에 먹히는 것이다. 특허 괴물들 또한 기업들이 기술 개발을 더 지연시키느니 차라리 합의하는 편을 더 좋아한다는 사실을 알고 있다. 따라서 특허 괴물은 기업이 소송을 중단하기 위해 기꺼이 지불할 것으로 예상되는 최대한의 합의금 수준을 찾아낸다. 그 결과 특허 소송의 90%가 합의 종결된다.

경쟁 기업들이 신기술을 그대로 모방하는 것이 가능할 때 사회에서는 혁신을 장려하기 위해 투자하는 기업들에 보상할 필요가 있다. 하지만 인위적으로 독점 기업을 만드는 것이 보상하는 최고의 방법일까? 독점적 지위를 만들지 않고도 보상할 수 있는 대안은 존재한다. 그중 하나는 포상을 통해 혁신을 장려하는 것이다. 역사적으로 보아도 가장 시급한 기술 혁신에 대해서는 자유롭게 접근 가능한 기술 개발에 대한 대가로 금전적인 포상이 주어지곤 했다.

1707년 네 척의 영국 해군 군함이 시칠리아섬에서 침몰해 1,400~2,000명가량의 군인이 목숨을 잃었다. 이는 해군 역사상 가장 처참한 해양 사고 중 하나로 기록되어 있다. 당시에도 괘종시계는 존재했지만, 괘종시계는 안정적인 위치에서 작동하므로 배 위에서 시간을 측정하는 데에는 무용지물이다. 배 위에서는 경도 측정을 위해 정확한 시간을 아는 것이 필수다. (별의 위치는 정확한 시간을 알고 있다면 정확한 경도상의 위치를 추정할 수 있게 해준다). 상업 및 방위 해상 교통을 보호하기 위해 1714년 영국 의회는 경도상(Longitude Prize)을 창설했다. 이는 바다에서 경도를 측정하는 실용적인 방법을 고안해 내는 사람에게 20,000파운드(현재 금액으로 약 300만 파운드의 가치)의 상금을 주는 상이다. 목수인 존 해리슨(John Harrison)은 평생을 바쳐 자신의 H4 바다 시계를 개발했고 그가 80세가 되던 1773년이 되어서야 그 발명에 대한 완전한 보상을 받을 수 있었다. 그 시계의 주요 구성 요소들은 오늘날의 기계식 시계에 여전히 사용되고 있다.

상을 수여하는 것에 대한 논란은 많지만 (발명품이 진정으로 언급된 목표를 만족시키는지를 판단하기가 어렵고 정부가 혁신 기업들의 투자를 유도하기 위해 어떤 기준으로 상을 수여해야 할지가 문제이다) 아주 커다란 이점도 있다. 무언가가 발명되었을 때 그것을 발명한 사람에게 독점적으로 생산할 수 있는 독점권을 주는 특허는 없다는 것이다. 또한 비용을 내지 않고도 경쟁자들이 혁신적인 아이디어를 사용할 수 있게 된다. 정부는 발명을 재정적으로 지원해주고 그다음에는 그 발명을 경쟁업체에서도 사용할 수 있도록 보장하는 것이다. 세계 보건 기구나 미국 식품 의약국이 최초로 코로나19 백신을 개발한 제약 기업에 포상했다고 상상해 보라. 2020년 12월에 동시에 백신을 생산하는 제조사가 수백 개까지는 아니더라도 수십 개는 되었을 것이다. 생산량도 충분했을 것이고 백신이 더 저렴한 가격에 판매되었을 것이며 전 세계는 훨씬 더 빨리 백신을 맞을 수 있었을 것이다. 특허 제도에서 비롯된 독점 권력이 발생시키는 경제적 비용과 의료 비용은 상당하다.

그러나 특허 제도는 우리가 현재에도 가지고 있는 유일한 제도이다. 특허권이 혁신을 장려하려는 목적으로 주어지는 것이라면 정반대의 효과를 낼 수도 있다. 우리는 전기차 제조사인 테슬라의 놀라운 결정을 보며 많은 것을 배울 수 있다. 2014년 그들은 자신들의 모든 정보 기술을 공용 도메인에 올리기로 했고 자신들의 하드웨어와 소프트웨어를 오픈 소스로 공개했다. 사람들은 다른 제조사들이 테슬라의 기술에 접근할 수 있게 되면 테슬라의 실적이 더 안 좋아질 것이라 예상할 것이다. 하지만 업계에 대한 투자 효과는 두 가지 방향으로 나타날 수 있다. 경쟁 기업들은 생산 비용이 더 낮아지므로 투자를 늘릴 수 있게 될 것이다. 게다가 진입 장벽이 낮아져 경쟁은 생산 비용을 더욱 낮춘다. 그러나 경쟁 기업들이 테슬라가 투자한 기술에 무임 승차할 수 있으므로 투자를 더 줄이는 결과가 나올 가능성도 있다. 연구 조사에 따르면 전반적으로 테슬라와 전기차 전체 업계 모두에게 이로운 것으로 드러났다. 가장 놀라운 사실은 테슬라가 더 부유해졌다는 것이다. 그 이유는 혁신으로 인해 얻어지는 여러 파급 효과 덕분이다. 또한 혁신은 수명이 짧고 소프트웨어의 발전 속도는 빠르기 때문에 테슬라 역시 테슬라의 혁신 위에 또 다른 혁신을 건설하는 다른 기업들의 결과물을 무료로 취할 수 있는 것이다.

하지만 특허권은 정부가 승인해주는 독점 권력을 누릴 수 있는 마지막 카드다. 오늘날의 독점 권력은 독점 기업들 자신이 만든 해자의 보호를 받고 있다.

반독점은
까다로운 문제다

프랭클린 D. 루스벨트(Franklin D. Roosevelt)

대통령 시절 미국 법무부 반독점 분과 위원장을 지낸 웬델 버지(Wendell Berge)가 독점을 어떻게 바라보는지 그의 말을 들어보면 독점 금지가 얼마나 어려운 문제인지 공감하게 된다. "독점 기업들은 무기가 교묘하고 다양할 뿐만 아니라 수많은 무기를 가지고 있습니다. 이것이 대중이 인식하지 못하는 사이에 독점 상황이 심각해진 이유이죠. 어느 날 갑자기 업계에는 더는 경쟁이 존재하지 않으며 모든 경쟁을 무찌를 수 있는 경제 독재자가 시장을 통치하고 있다는 사실을 깨닫게 되는 것입니다."

시장 지배를 해결할 수 있는 만병통치약은 존재하지 않는다. 특히 반독점을 직업적으로 고민하는 수많은 전문가도 쉬운 해결책을 찾지 못하는 것을 보면 준비된 해결책도 없는 것이다. 그 전문가에는 경쟁 당국의 직원, 변호사, 판사, 그리고 기업 합병 상담을 해주는 컨설팅 기업의 전문가, 반독점과 산업 구조의 문제를 연구하는 경제학자가 포함된다. 그 많은 전문가는 독점 문제를 어떻게 해결할 수 있을지에 대해 고심하고 있다. 최근에 출간된 책 중 반독점법 시행 상황을 아주 잘 보여주는 조나단 베이커(Jonathan Baker)의 〈반독점 패러다임(The Antitrust Paradigm)〉이라는 책이 있다. 반독점에 관한 책을 읽어보지 않는 한 사람들은 독점 금지가 시장 지배 문제를 근본적으로 해결할 수 있는 열쇠이며 독점이 현대 사회에서 노동이 부딪히는 문제들을 야기하고 있다고 생각할 것이다.

시장 지배를 해결하기 위해 떠오르는 간단하고도 직접적인 해결책으로는 기업의 수익에 대해 세금을 부과하는 방법이 있다. 이는 시장 지배로 인해 고통받는 이들에게 돌아가는 수익은 증가시킬 수 있지만, 시장 지배 기업들이 가격을 너무 높게 책정하는 문제의 근원을 제거하지는 못한다. 애플이 아이폰 한 대를 1,200달러에 판매해 1,000억 달러의 수익을 낸다면, 법인세율이 10%에서 80%로 오른다 해도 애플은 여전히 아이폰을 1,200달러에 판매할 것이다. 세금이 더 올랐다 해도 애플은 가능한 최고의 이윤을 얻을 수 있는 가격을 책정하기를 원하는 것이다. 2014년에 유럽 당국이 아일랜드에 감추어져 있는 애플의 소득을 추적하려고 나섰을 때 소득 집중 문제가 대두되었지만, 애플은 시장 지배와 높은 가격의 근본 원인을 해소하기 위해 아무런 조치도 취하지 않았다.

기업의 수익에 대해 세금을 부과하면 투자금과 경영진이 받는 인센티브는 다소 줄어들 수 있겠지만 소득 분배의 문제는 여전히 남는다. 자주 듣게 되는 일반적인 의견과는 반대로 기업이 높은 수익을 유지하는 것은 사회에 이익이 되는 목표가 아니다. 이윤은 재투자되는 것이 바람직하지만 경쟁이 활발한 시장에서는 초과 수익이 항상 최소 수준에 불과할 것이다. 애덤 스미스는 다음과 같이 주장한 바 있다. "소비는 모든 생산의 유일한 목적이다. 그리고 생산자의 이익은 소비자의 이익을 증진하는데 필요한 만큼 존중되어야 한다."

물론 그 이유는 소비자들은 가격이 가장 낮을 때 가장 부유해지기 때문이다. 기업이 벌어들이는 수익은 가격이 하락하면 소비자에게로 돌아가는 것이다. 따라서 낮은 수익을 감수하고 가격을 낮춘다고 해서 잃을 것은 없다. 오히려 그 반대로 더 많은 고객이 상품을 구매할 수 있게 되는 부가적인 혜택이 따라와 경쟁에서 우위를 점할 수 있게 된다. 가격은 낮고 구매자의 수는 최대가 될 때 이른바 '소비자 잉여'는 최대로 증가하는 것이다.

더욱이 시장에 경쟁이 활성화되면 수익이 별로 없으므로 법인세율을 올리는 것이 그다지 큰 의미가 없다고 볼 수 있다. 법인세로 시장 지배의 근원을 공격할 수는 없기에 경쟁을 활성화하기 위한 당국의 일이 더 복잡해지는 것이다. 경쟁을 회복시키기 위해 더 복잡한 규제에 의지해야 하기 때문이다.

언론에서 자주 언급되는 가장 눈에 띄는 반독점 조치는 합병 적합도 심사다. 두 기업이 합병하거나 하나의 기업이 다른 기업을 인수하게 되면 합병 기업은 특정 조건에서 정부 관련 당국의 심의를 받는다. 미국에서는 보통 연방거래위원회(Federal Trade Commission) 또는 법무부에서 그 일을 한다.

두 기관은 민사상의 반독점법 집행을 공동으로 담당하고 있다. 법무부 산하 반독점 분과 위원회 또한 반독점과 관련된 형사 사건을 다룰 수 있다. 연방거래위원회는 1914년 불공정한 경쟁을 불러일으키는 독점 기업들의 지배력을 통제한다는 취지에서 클레이턴법(Clayton Antitrust Act)과 함께 우드로 윌슨(Woodrow Wilson) 당시 대통령에 의해 창설되었다. 클레이턴법은 1890년 제정된 셔먼 반독점법을 기반으로 제정된 법이다. 셔먼 반독점법은 지금도 여전히 반독점 관련 법의 기반이 되고 있다.

유럽연합에서는 각 국가에 경쟁 당국이 있다. 하지만 경쟁력 있는 하나의 유럽 시장을 키우기 위한 유럽의 경쟁법은 행정부 격인 유럽 연합 집행 위원회에서 관할한다. 집행 절차는 나라마다 다르지만 기본 원칙은 같다. 예를 들면 2018년 AT&T는 미디어 기업인 타임 워너(Time Warner)를 인수했다. 이 인수 합병은 미국 법무부의 승인은 물론 그 두 기업 중 한 기업이라도 사업을 벌이고 있는 전 세계 여러 국가의 반독점 당국의 승인을 받아야만 했다. 반독점 소송에서 재판부는 미국 고객의 입장을 대변하는 법무부 반독점 분과 위원회와 기업 입장을 대변하는 AT&T의 변호사들 사이의 엇갈린 주장을 듣는다. 그리고 법원은 인수를 중단할 것을 명령할 수 있다. 또한 AT&T에게 일부 시장에서 지배력을 지니는 일부 계열사를 매각하도록 요구할 수도 있다. (AT&T는 다이렉트TV(DirectTV)나 CNN의 모기업인 터너 브로드캐스팅(Turner Broadcasting)을 처분하라는 명령을 받았다). 혹은 인수를 승인해 줄 수도 있다.

이 판결에서, 그리고 적대적인 사법 체계에서 핵심적인 역할을 하는 것은 양측에서 내놓는 주관적인 관점이다. 자신의 입장을 주장하는 각 측의 이해관계에 따라 제시되는 관점과 사실은 달라진다. 그에 더해 종종 특정 학파와 연관된 학계 및 정책 토론도 벌어진다. 그렇지만….

학파는 존재하지 않는다

다만 자신의 주장을 뒷받침하기 위해 의견을 제시

이윤의 역설

하는 개별적인 사상가들이 있을 뿐이다. 그럼에도 반독점 토론은 의견을 개진하다 보면 다른 두 사상적 관점 사이의 싸움으로 번지는 경우가 많다. 즉 브랜다이스학파와 시카고학파로 나뉜다. 더욱이 이 학파들을 종종 단순화해 정치적 좌파와 우파로 구분 짓기도 한다. 하지만 현실에서는 훨씬 더 미묘한 차이가 존재한다. 두 학파 사이의 차이 때문만이 아니라 많은 학자와 실무자가 스스로를 둘 중 하나의 학파를 옹호하는 사람으로 여기지 않기 때문이다. 관점을 지나치게 단순화하고 그것을 영구적으로 고정시키는 무책임한 행동을 할 위험성이 있긴 하지만 사람들이 반독점에 대한 두 학파의 생각을 어떻게 이해하고 있는지 요약해보려 한다.

브랜다이스학파는 독점과 시장 지배가 그 자체로 나쁘다고 주장한다. 이는 우드로 윌슨 대통령 시절 연방대법관을 지낸 루이스 브랜다이스(Louis Brandeis)의 관점을 바탕으로 하고 있다. 그는 독점과 대기업이 경쟁 기업과 고객, 그리고 기업의 노동자에게 피해를 주고 있다고 주장했다. 또한 독점적 지배력을 행사하는 대기업들은 혁신에 악영향을 주고 있다고 지적하기도 했다.

브랜다이스학파의 견해는 20세기 초에 형성되었다. 즉 시장 지배가 증가하기 시작한 현대에 형성된 관점이다. 당시 기업에 부가 과잉 집중되는 현상이 두드러지자 시어도어 루스벨트 대통령이 직접 나서서 시장 지배를 공고히 한 기업들과 기업 합동을 해체하기에 이르렀다. 루스벨트는 그의 '공정 거래(Square Deal)' 정책에서 세 가지 요소인 보존, 기업 통제, 소비자 보호를 강조했다. 그는 기업 합동과 노동자의 조직화는 찬성했지만 시장 지배자의 착취는 반대했다. 루스벨트는 강도 귀족들의 지배 세력을 통제하기 위해 싸웠다.

 브랜다이스가 반독점에 관한 그의 견해를 구축한 것은 루스벨트가 대통령으로 재임하던 시기였다. 대기업들은 설사 더 효율적으로 운영된다고 할지라도 시장에서 절대적인 지배력을 휘둘렀으므로 해로운 존재로 여겨졌다. 무엇보다 중요한 점은 브랜다이스가 대기업들과 시장 지배력의 집중이 혁신에 해악을 끼치고 산업의 역동성을 저해하며 노동자 및 공급 업체에 피해를 준다고 주장했다는 것이다. 브랜다이스는 이를 '대기업의 저주'라고 지칭했다. 더욱이 수익성이 높은 대기업은 정치적 결정이 자신에게 유리한 방향으로 영향을 미칠 수 있을 만큼 충분한 자금을 가지고 있었다. 그 결과 더욱 많은 합병과 지배가 발생했다.

 2차 세계대전 종전 직후 브랜다이스학파의 관점은 구조주의로도 불리는 하버드학파에 심대한 영향을 끼쳤다. 하버드학파와 그들의 구조주의적 접근은 1970년대까지 반독점 활동가의 시대를 장악했고, 에드워드 체임벌린(Edward Chamberlain), 에드워드 메이슨(Edward Mason), 조 베인(Joe Bain)의 경제학 사상에서 영감을 받았다. 그들은 (소수의 기업이 시장의 대부분을 점유하고 있는) 시장 집중이라는 단순한 사실이 시장 분위기를 반경쟁적으로 몰고 간다고 주장했다.

 대공황 이후 반세기 동안은 시장 지배와 집중화 현상이 적은 시기였다. 그에 따라 브랜다이스학파는 1980년대 초에 시카고학파와의 주도권 다툼에서 패하고 이념적 우위를 잃게 되었다. 최근 몇 년 사이 시장 지배와 집중화가 매우 증가하는 추세 속에서 법학자이자 현재 연방거래위원회 위원장을 맡은 리나 칸(Lina Khan)의 〈아마존의 반독점 역설(Amazon's Antitrust Paradox)〉이라는 논문이 계기가 되어 브랜다이스학파의 관점이 새로이 부상하고 있다. 그녀의 논문은 아마존의 독점적 권력이 공급업체와 경쟁 기업, 노동자, 고객에게 미치는 파급력이 얼마나 큰지에 대해 대중의 이목을 집중시켰다.

브랜다이스학파의 주된 입장은 경쟁 자체를 지지하며, 효율성이 떨어지는 생산자들을 인위적으로 살려두어야 한다는 것이다. 경쟁자가 존재하면 그 경쟁자가 비슷한 수준의 생산성을 발휘할 때만 가격이 하락한다. 일부 생산자가 시장 선도 기업보다 훨씬 생산성이 떨어지면 (예를 들어 소매업에서 아마존이 독보적인 것처럼) 그 비효율적인 생산자는 시장 선도 기업과 실질적으로 경쟁할 수 없어 시장에 존재하지 않는 것이나 마찬가지가 된다. 그런 상황은 비용 낭비일 뿐만 아니라 효과적이지 못하다.

1970년대 후반까지 시카고학파는 실증적인 근거에 기반을 둔 소송 접근으로 주목받기 시작했다. 모두 시카고대학교와 연관이 있는 인물들로, 리처드 포스너(Richard Posner)와 로버트 보크(Robert Bork) 등의 변호사들과 조지 스티글러(George Stigler), 아놀드 하버거(Arnold Harberger), 밀턴 프리드먼(Milton Friedman)과 같은 경제학자들은 기업들은 자유롭게 놓아두어야 한다고 믿었다. 한 기업이 가격을 너무 높게 책정해 비정상적인 수익을 창출할 때 다른 기업들도 진입해 그 수익의 일부를 가져가기 위해 경쟁할 것이다. (하버거의 삼각형을 통해 시중손실을 판단했을 때) 보통 소비자들에게 돌아가는 손실은 아주 적다. 그리고 발생하는 수익은 비효율의 문제가 아니라 단지 재분배의 문제일 뿐이다. 필요하다면 잉여 수익의 문제는 과세나 재분배로 해결할 수 있다.

하지만 시카고학파 내에서도 미묘한 차이가 존재한다. 예컨대 밀턴 프리드먼은 미국의학협회(American Medical Association)가 경쟁을 가로막는 기능을 하는 것에 대해 자세히 적은 바 있다. 의료 인력의 시장 진입 규제는 의사들이 정치적으로 주로 로비를 벌이는 사안이며 이로 인해 새로 진입하는 의사들의 수는 아주 적어지고 경쟁도 줄어들고 임금은 아주 높아지는 결과가 초래되는 것이다. 4장에서 우리는 면허의 영향력에 대해 언급하면서 의사들의 신규 진입이 지나치게 줄어드는 것이 의료 서비스에 얼마나 큰 영향을 미치는지 살펴본 바 있다.

미국의학협회가 내세우는 주장은 오직 그들만이 최고의 의사를 고를 수 있으며 의료 서비스는 아주 중요하고 사람들의 삶에 직접적인 영향을 미치는 분야이므로 전문가가 아닌 사람들의 손에 맡겨서는 안 된다는 것이다. 이는 좋은 목적이긴 하지만 그 전문가들이 자신의 지갑 속에 엄청난 액수의 인센티브를 챙기고 있을 가능성을 배제하지는 못한다. 그 결과 효율성이라는 가면을 쓴 미국의학협회 주관의 규제가 시장을 지배하게 된 것이다. 시카고학파의 프리드먼은 미국의학협회가 자율권을 가지는 것을 격렬히 반대하기도 했다.

정부는 의료계 외의 다른 시장에서도 해당 산업이 자율적으로 규제하도록 방임하는 안을 시도했다. 미국의학협회 외에도 고객에게 피해를 주는(건강에 대한 피해는 아니더라도) 두 개의 대표적인 자율 규제 조직이 있다. 하나는 전국부동산협회(National Association of Realtors)로, 주택 구매자들에게 6%의 중개수수료를 받고 있다. 이 중개수수료 비율은 다른 국가들에 비해 높다. 다른 하나는 금융산업 규제당국(Financial Industry Regulatory Authority)으로, 중개 기업들과 교환 시장을 감독함으로써 비효율적인 높은 수수료와 투명성 부족을 야기하고 있다.

미국의학협회의 자율 규제에 관한 주장을 다른 기업 리더들과 의사결정권자들, 예를 들면 기술 기업의 경영진들에게로 확대해 본다면, 구글과 애플, 페이스북의 CEO들 또한 시장 경쟁을 보장하기 위해 그들의 산업을 스스로 규제해야 한다고 말해야 논리에 맞을 것이다. 그들이 사회에 가장 이득이 되는 방향으로 나아가지 않을 것이라는 사실은 그리 놀랍지 않다. 주주들은(종종 경영진들도) 수익이 증가해야 기업에 보상하며, 수익 증대를 위해서는 시장 지배력을 키우고 유지하는 것만큼 좋은 방법은 없기 때문이다.

시카고학파 내에서의 의견 차이는 거대 통신 기업 AT&T의 독점 금지 소송 중 가장 두드러지게 나타났다. 이 소송은 1974년에 시작되어 결국 1984년 '베이비벨스(Baby Bells)'라는 별명을 가진 독립적인 지역 벨 운영회사를 탄생시켰다. 일부 시카고학파 경제학자들은 AT&T의 기업 분할을 적극적으로 지지했다. 하지만 시카고학파의 법학자들은 이에 반대하는 입장이었다. 그들은 시장 지배가 가져온 후생 손실이 적음을 증명하는 이론적 틀을 제시한 하버거의 연구에 기대고 있었다. 그의 증거가 기반으로 하는 시기는 가장 경쟁이 치열하고 시장 지배력이 낮고 (가장 중요한 것은) 대기업과 슈퍼스타 기업의 수가 아주 적을 때였다. 따라서 그 결과는 현재의 경제 상황에서는 유효하지 않을 수도 있다.

2차 세계대전 후 반세기 동안 하나로 통일되지 못한 견해를 보여준 시카고학파는 시카고학파로 알려진 일부 유명 인사들이 차츰 견해를 수정하면서 그 분열 양상이 더 확실히 드러났다. 초기에 밀턴 프리드먼과 조지 스티글러는 더 많은 경쟁을 보장하기 위한 정부의 개입과 강력한 반독점 규제에 찬성했었다. 하지만 두 사람 모두 그 견해를 수정했다. 반독점으로 이득을 보는 이들이 반독점 기관을 이용한다고 믿게 되었기 때문이다. 결국 프리드먼과 스티글러는 반독점 규제가 아예 규제가 없는 것보다 경쟁에 더 해롭다는 결론에 도달했다.

경제사상이 생산되고 교육되는 대학 강의실에서 풍기는 분위기만큼 시카고학파의 내부 분열을 잘 보여주는 것은 없을 것이다. 1980년대 후반에 조지 스티글러와 레스터 텔서(Lester Telser)는 공동으로 박사학위 과정 수업을 하고 있었다. 학생들은 이 수업을 '정부 혐오 수업'과 '독점 혐오 수업'이라고 불렀다. 텔서는 스티글러가 시장 지배에 대해 가지고 있는 거의 모든 생각과 반대되는 생각을 하고 있었다. 텔서는 예를 들어 열차 산업의 높은 고정비가 정부의 개입이 없는 경쟁이 파괴적임을 드러내 보여주는 것으로 생각했다. 반면 스티글러는 정부 개입을 반대하는 입장이었다. 학생들은 시험 전에 텔서에게 이렇게 질문했다. "교수님, 시장 지배에 관한 문제가 나오면 어떻게 답을 쓰면 좋을까요?" 그러자 텔서는 이렇게 대답했다. "답하기 전에 누가 그 문제를 냈을지 먼저 생각해보는 게 좋겠구나."

시카고학파 내의 분열과 AT&T의 기업 분할에도 불구하고 법학자들은 우위를 점했다. 정책 분야에서 가장 영향력 있는 인물은 로버트 보크로, 그는 거의 연방대법관이 될 뻔한 인물로 잘 알려져 있다. (그는 로널드 레이건 대통령이 지명했지만 상원에서 거부되었다). 그는 시카고대학교에서 수학했고 예일대 법대 교수를 지냈으며 미합중국의 헌법을 최초로 제정한 자들의 본래의 뜻과 목적을 보존하고 지키려는 원전주의자였다.

보크는 1978년 그의 저서 〈반독점의 역설〉이 출간된 이후 독보적인 반독점 전문가로 자리매김했다. 〈반독점의 역설〉에서 그는 반독점법 시행의 주목적은 경쟁을 보장하는 것이라기보다는 소비자 후생 증진을 위한 것이라고 강조했다.

그의 주장의 요지는 기업들이 효율적으로 운영되어 대기업이 되었다면 규제 당국은 그 시장에 개입해서 그 대기업들을 규제해서는 안 된다는 것이다. 사실 그는 기업이 효율적으로 운영되기 때문에 규모가 커진 것이라고 주장한다. 대기업을 여러 개의 작은 기업으로 나누는 규제는 효율성을 떨어뜨리며, 그에 따라 인위적으로 가격이 상승하는 역설적인 상황이 벌어진다는 것이다. 이 주장은 아마존과 같은 기업들이 시장을 지배하고 있는 오늘날의 상황과 특히 잘 맞아떨어진다. 아마존은 효율적이기 때문에 거대 기업이 되었다고 볼 수 있다.

보크의 주장은 특히 기술적 우위나 네트워크 효과로 인한 시장 장악 문제를 다룰 때 일리가 있어 보이나, 그의 관점은 지나치게 단순화되어 있다. 예컨대 만약 규모의 경제로 시장 지배를 시도하는 경우 기업들은 여전히 그들의 상품에 높은 가격을·부과할 것이며 시장 지배력을 행사하려 할 것이다. 이런 경우 규제 당국의 개입이 필요해진다.

놀라운 사실은 1980년대 이후로 보크의 견해는 수많은 사례에 반독점법이 적용되는 데 깊은 영향을 끼쳤다. 첫째, 효율적인 대기업은 변함없이 시장 지배력을 행사하므로 보통 기업 분할보다는 규제가 더 적합하다는 의견이다. 두 번째는, 많은 기업이 기술적 우위 덕분이 아니라 인수 합병(M&A)으로 인해 거대 기업이 된다는 의견이다. 수천 개의 맥주 브랜드가 두 개 기업의 소유인 것이나 매치그룹(Match Group, Inc.)이 (틴더(Tinder), 매치닷컴(Match.com), 오케이큐피드(OkCupid)를 포함해) 45개의 글로벌 데이트 회사를 보유하고 있는 것은 기술적 우위 때문은 아니다. 다만 이와 같은 거대화로 인해 이 기업들은 더 높은 가격을 책정한다.

보크의 영향으로 합병 지침은 완화되었고 합병 허가의 유일한 기준은 공급업체나 노동자에 대한 영향보다는 소비자 후생 증진이 되었다. 흥미로운 사실은 소비자 후생은 반독점 규제가 기반으로 하는 셔먼 반독점법(1890년)과 클레이턴법(1914년)에는 언급조차 되어 있지 않다는 것이다. 이후 법무장관들은 기업의 인수 합병이 지배력 남용이며 고객들에게 피해로 돌아간다는 것을 이해시켜야 했다.

그것은 쉬운 일이 아닐뿐더러 아직 일어나지 않은 합병의 결과가 어떻게 될지 충분히 확신하기는 어렵다. 시장 환경을 가상으로 예측하기 위해서는 아주 다르게 나타날 수 있는 수많은 잠재적 결과를 추정해야만 한다. 이런 상황에서 합병 기업들의 변호인들은 합병 결과 엄청난 비용 절감을 기대할 수 있는 시너지 효과가 발생한다고 주장한다. 원가가 하락하면 기업들이 가격을 낮출 것이므로 합병 기업의 변호인들이 주장하는 시너지 효과는 결국 고객들에게 돌아가는 것이다.

그러나 반독점 소송의 현실은 그다지 이상적이지 않다. 딜로이트(Deloitte)의 연구에 따르면 기업들이 주장하는 합병이 발생시키는 총 경제적 가치(시너지)는 1조 6,000억 달러~1조 9,000억 달러이다. 이는 캐나다의 국내총생산에 맞먹는 가치다. 그러나 1980년 이래 시장 지배는 증가했고 합병이 발생했을 때 효율성 개선은 눈에 띄지 않지만 마크업 상승의 증거는 쉽게 찾아볼 수 있다. 특히 가장 마음에 안 드는 부분은 합병 심의 활동이 크게 줄었다는 점이다. 합병 관련 소송 건수는 1970년~1999년 사이에 연평균 15.7건이었던 것이 2000~2014년 사이에 3건이 되었다. 소송에서 확실한 과학적 정보를 증거로 제시해야 한다고 주장했던 시카고학파는 변호사가 판사의 추정에 확신을 주기 위해 경쟁해야 한다는 입장으로 바뀌었다.

현재의 반독점 제도는 경쟁 행위를 감시할 목적으로 만들어졌지만, 비경쟁 원칙에 기반을 두고 있다. 자신의 이익을 좇는 소송 당사자들은 자신들의 주장을 뒷받침할 만한 분명한 유인 구조 없이 합병의 기대 이득과 손실만을 주장할지도 모른다. 프리드리히 하이에크가 주장하는 계획 경제의 위험성 중 하나는 가격이 엄청나게 왜곡될 수 있다는 점이다. 자신의 이득을 좇는 경제 주체들은 상품의 가치를 더 높게 책정할 것이다. 여러 공급업체가 경쟁하는 시장에서는 한 기업의 터무니없는 주장은 힘을 발휘하지 못해 가격이 터무니없이 상승하는 일은 일어나지 않는다. 반독점 제도는 시장에서 형성되지 않은 가격을 강요하며 합병 기업의 기관원이 지휘하는 계획 경제와 더 가까워 보인다.

비용과 수익을 결정해주는 경쟁 동력이 없는 반독점 제도는 라디오와 이동 통신의 광대역 라이선스를 판매했을 때의 상황을 연상시킨다. 1990년대 후반까지 광대역 라이선스는 임의로 가격이 책정되고 부여되었다. 이동 통신 기업들은 광대역 라이선스의 사업 수익이 높지 않다고 주장했다. 그러나 정부가 모든 공급자들이 광대역 주파수 대역 경쟁 입찰에 참여할 수 있도록 기회를 주는 이른바 주파수 대역 경매를 주관하기 시작하자 상황은 크게 달라졌다. 이 경매는 정부와 시민을 위해서뿐만 아니라 경쟁의 가치를 입증했다는 의미에서 대성공이었다. 공급자가 경매에서 가장 높은 입찰가를 제시해야지만 비로소 라이선스 승인을 받아 이동 통신 서비스를 운영할 수 있게 되자 정부 관리들은 그들이 일찍이 수차례 사업 수익이 낮다고 들었던 것이 사실이 아님을 알게 되었다. 오랫동안 경제학자들은 이해 당사자들이 서로 자신의 주장만을 펼치도록 놔두는 것보다 경쟁이 훨씬 더 정확한 가치를 결정해준다고 주장해왔다.

토론 석상에서는 시카고학파와 브랜다이스학파의 대립이 여전히 존재하지만, 이들은 지나치게 단순화된 구식 사상이다. 다수의 전문가와 학자는 이 둘 중 하나의 입장을 취하지 않는다. 시카고학파의 시각이 경제에 이롭지 못하다고 비판하는 반대층도 존재한다. 시카고학파의 시각은 시장 지배를 이해하기 위해서는 산업계에서의 게임 이론을 이해하는 것이 중요하다고 강조한다. 산업계에서는 경쟁 기업들과 고객들 사이의 전략적 상호작용을 이해하는 것이 시장 지배의 근원을 이해하는 데 아주 중요하다. 이는 결국 구체적인 시장 상황과 경쟁 기업들의 행동을 기반으로 시장 지배를 분석한 (1990년대 초에 시작된) 현대적 실증 연구에서 또 하나의 획기적인 혁명을 불러일으켰다.

그러나 시카고학파의 시각을 비판하는 이들이 브랜다이스학파의 시각에 동의하는 것도 아니다. 오히려 그들은 제3자의 입장을 취한다. 최근 이와 같은 관행을 잘 보여주는 사례로는 예일대의 서먼 아놀

이윤의 역설

드 프로젝트(Thurman Arnold Project)가 있다. 이 프로젝트명은 프랭클린 D. 루스벨트 행정부 시절 1930년대 후반에서 1940년대 초까지 법무부 차관보를 지낸 이의 이름을 따서 붙여진 것이다. 루스벨트 대통령은 그를 법무부의 반독점 분과 위원회에서 최고 법원 소속으로 승진시켰으나 그는 독과점 단속 캠페인을 발족했다.

지금까지 시카고학파와 브랜다이스학파가 뚜렷한 의견 차이를 보였음에도 불구하고 경제학자들은 독점과 시장 지배, 비효율을 발생시키는 것이 무엇인지에 대해서는 놀랍게도 의견을 같이하고 있다. 대부분의 경제학자는 시장 경쟁을 미덕으로 여기지만 자유 시장이 제대로 작동하지 못할 때는 규제가 필요하다는 의견 또한 수용한다. 경제학자들 사이의 논쟁은 비효율을 해결하기 위한 가장 좋은 방법이 무엇인가에 관한 논의에 더 가깝다 할 수 있다. 논쟁의 핵심은 규제는 필요한 것이긴 해도 규제로 인해 상황이 더 악화될 가능성도 존재한다는 것이다. 규제가 바람직하지 못한 보상 체계를 만들어 기업들이 규제를 이용해 규제가 없을 때보다 오히려 더 시장 지배를 강화하려 들 수 있기 때문이다. 더 심각한 것은 정치적 영향력은 규제받는 이들에게 유리한 법 제정으로 이어져 의도했던 것과는 반대되는 결과를 초래하는 것이다. 이는 경쟁을 회복시킬 효과적인 규제를 단행하기에는 정치 제도가 미흡하다는 의미이다.

시장 지배의 악순환과
정치 개입

시장 지배의 부정적인 영향에 대해서는 동의한다고 할지라도 어떻게 규제해야 할 것인지에 대해서는 관계자들 사이에 의견이 분분하다. 이해 집단들과 로비스트들 사이에서는 종종 언어적 오해가 발생한다. 규제에 반대하는 사람들은 스스로를 친기업 인사로 자처하며 정부의 개입은 부적절하며 경쟁을 저해한다고 주장한다. 그러나 시장이 제대로 작동하지 않을 때에는 규제의 부재는 그 주장과는 정반대의 상황을 연출한다. 시장 지배나 반경쟁적인 행위를 할 수 있는 여지가 생긴다. 따라서 규제에 대한 소위 친기업적 관점은 경쟁을 없애는 결과를 초래한다.

대신 자유 시장을 옹호하는 관점은 시장 실패가 발생할 때마다 시장의 경쟁을 보장해 주기 위해 규제가 필요하다고 주장한다. 가장 정통적인 시카고학파의 관점은 친기업이 아닌 자유시장주의다. 그러나 친기업적인 관점을 가진 이들이 시장은 경쟁적이며 규제는 필요치 않다는 잘못된 주장을 펼치면서 시카고학파의 주장에 올라타는 경우가 종종 있다. 더욱이 친기업적 관점의 핵심 원리는 기업에 좋은 것이 경제에도 좋다는 것이다. 이 관점에서 바라보면 기업들이 수익을 많이 낼수록 그 수익은 결국 더 많은 일자리와 더 높은 임금으로 이어지는 것이다. 우리는 지금까지 그 반대가 진실임을 보아왔다. 이것이 바로 이윤의 역설이다.

친기업적인 관점을 가진 이들은 시장 지배가 존재한다는 것을 인지함에도 정부의 개입에는 반대한다. 규제는 좋은 점보다 나쁜 점이 더 많으며 시장을 더욱 왜곡한다고 생각하기 때문이다. 그에 따라 친기업적인 관점은 종종 변형된 형태의 규제를 제안하기도 한다. 그것은 바로 '자기 규제'다. 기업들이 스스로 규제함으로써 경쟁 지향적인 행위를 보장할 수 있다는 주장이다. 그러나 기업들이 자신의 이익을 좇아 수익을 극대화하지 못하도록 한다는 측면에서 애덤 스미스의 '보이지 않는 손'의 중심 사상과는 반대의 것이다. 자기 규제는 기업들이 이득을 더 적게 취하고 경쟁 기업과 주주, 고객, 노동자들의 이해를 배려하는 조치를 취하는 것이다. 누가 구글과 페이스북이 시장 친화적인 가격과 낮은 수익을 위해 기술 분야를 자기 규제할 것이라는 말을 믿겠는가? 이는 북미에서 에너지 산업 대부분을 보유하고 있는 코크(Koch)가(家)에게 이산화탄소 배출량을 줄이라고 요구하는 것과 마찬가지다.

현재에는 거대 기업들이 시장 지배를 줄이기 위해 자기 규제를 하는 것이 아니라 그 반대의 일을 하고 있다. 자신들의 지배력을 줄이기보다는 늘리는 규제를 만들기 위해 정치 제도를 이용하는 것이다. 법 제정을 위해 이해 집단들이 영향력을 행사하려는 움직임은 사회의 모든 영역에서 나타난다. 하지만 시장 지배의 경우 그것이 악순환의 고리를 형성하므로 가장 큰 문제가 된다.

정치적으로 영향력을 행사하기 위해서는 돈이 필요하며, 돈이라면 시장 지배력을 가진 기업들이 많이 가지고 있는 요소이다. 그렇다면 그들은 그 돈을 어디에 사용할까? 더 많은 수익을 창출하기 위해 자신들의 시장 지배력을 강화하고 공고히 할 수 있는 법 제정을 위한 로비에 사용한다. 이것이 시장 지배 기업들에게 수익을 안겨다 주고 또 그 수익은 그들에게 정계에 영향력을 행사해 더 많은 시장 지배권을 살 수 있는 돈을 안겨다 주는 악순환이다. 그 결과 지배 기업들은 더 많은 수익을 창출하게 된다.

큰 기술 기업들이 자신들이 원하는 방향의 법 제정을 위해 로비하는 데 엄청난 비용을 지출한다는 것은 놀랄 일이 아니다. 시장 지배로 노동자들의 임금을 동결시키고 고객들에게 바가지를 씌워 벌어들인 돈은 누구도 쓰려고 하지 않을 것이기 때문이다.

전문가들 사이에서는 시장 지배를 줄이기 위한 규제 방안에 대해 완전한 합의가 이루어졌다 하더라도 더 많은 시장 지배권을 사려고 하는 소수 기업의 악순환은 전체 경제에 바람직한 합의된 권고를 완전히 위배하고 있다.

시장 지배의 전반적인 문제에 대한 구체적인 해결책을 제안하기에 앞서 신기술의 문제 중 하나로 데이터에 대해 집중적으로 알아보려 한다. 10장에서 우리는 인공지능과 데이터 축적이 시장 지배를 형성하는 이상적인 자원임을 확인했다. 그런 차원에서 나는 데이터 공유를 유도하는 규정을 제안하고자 한다.

공공의 이익으로서의
데이터

자율주행차는 애초의 데이터 저장 노력이 스스로의 지속적인 학습 과정과 결합된 예로, 아주 비용이 많이 드는 사업이다. 이 알고리즘은 수백만 회가 관측될 때만 적용된다. 따라서 학습이

이윤의 역설

가능한 데이터를 만들어내기 위해서는 엄청난 시간과 자원의 투자가 필요하다. 이것이 경쟁자들의 진입을 막는 장벽이 된다. 업계의 모든 이들은 소프트웨어가 아닌 데이터에 대한 접근성이 경쟁 우위를 차지하는 핵심이라는 데 동의한다. 구글이 자신들이 개발한 인공지능 프로그램의 일부를 너그럽게 공개했을 때 그들은 데이터가 가장 핵심이라는 사실을 넌지시 확인시키고 있었다. 프로그램만 보유해서는 경쟁 우위를 점할 수 없다. 데이터가 있어야지만 우위를 획득할 수 있다. 그것도 아주 많은 빅데이터 말이다.

구글의 수석 이코노미스트인 할 배리언(Hal Varian)의 말에 따르면 데이터는 칼로리에 비유될 수 있다. "우리는 데이터가 많이 결핍된 상태였지만 지금은 데이터 비만이 문제다"라고 그는 말한다. 데이터가 너무 많은 게 문제가 아니라 편중되어 있다는 것이 문제. 구글과 같은 일부 기업들은 데이터 과잉이지만 다른 기업들은 배를 곯고 있다. 심지어 5대 기술 기업들조차 경쟁 기업들이 자신들보다 데이터 축적이 빠르다며 발을 구르고 있어, 2위로 결승선에 도달하는 자는 그만큼 불리해진다. 데이터 부문은 진정한 승자 독식의 시장이라 할 수 있다.

기술 기업들은 데이터를 수집할 수 있는 또 다른 경로이기도 한 클라우드 컴퓨팅 분야로 진출하고 싶어 안달이 나 있다. 당신이나 당신의 기업이 어떤 데이터 프로젝트를 추진하고 있든 간에 데이터를 원하는 목적에 맞게 활용하기 위해서는 확실한 데이터 확보 경로가 필요하다. 자체 데이터 기반시설을 구축하고 서버를 구입하는 대신 아마존웹서비스(Amazon Web Services)나 구글 클라우드 플랫폼(Google

Cloud Platform), 마이크로소프트 애저 클라우드(Microsoft Azure Cloud)와 같은 클라우드 공급자의 공간을 대여할 수도 있다. 하지만 당신의 데이터가 한 번 클라우드에 업로드되면 클라우드의 주인은 당신의 데이터에 접근할 수 있게 된다. 게다가 당신이 데이터를 체계화하기 위해 정리를 많이 해두었을 것이므로 그들은 그 정보를 씹지 않고도 삼킬 수 있게 되는 것이다.

그렇다면 과연 그 데이터는 누구의 소유일까? 응답자가 사람임을 확인하는 퀴즈에서 내가 교량 사진을 인식하고 클릭했으므로 사용자나 제공자로서 데이터가 내 것이라면 그 데이터가 생산하는 가치의 수혜자는 내가 되어야 하는 것이 아닐까? 이 문제가 바로 시카고대학교 법대 교수인 에릭 포즈너(Eric Posner)와 마이크로소프트의 이코노미스트 글렌 웨일(Glen Weyl)이 최근 집필한 저서 〈래디컬 마켓(Radical Markets)〉에서 시장의 역할에 관해 제시하고 있는 새로운 시각이다. 엄청난 이득을 얻은 기업들은 데이터 제공자들에게 보상해야 할 것이다. 그들은 '데이터는 노동'으로 여기므로 데이터 제공자들에게 비용을 지급한다. 문제는 수백만 명이 데이터를 제공하고 있기에 데이터를 수집해 이용하는 기술 기업이 얻게 되는 수익이 얼마나 크든 그 수익을 수많은 데이터 제공자들이 나누어 가지게 되면 푼돈이 된다는 것이다. 사용자들이 제공한 데이터의 가치는 연간 몇 달러에 불과한 것으로 추정된다. 행정적으로 집행하기에는 적은 금액이다.

기술 기업들이 사용자들에게 그들의 데이터 가치에 대해 보상할 수 있는 또 다른 방법은 경쟁을 통해서다. 더 많이 경쟁할수록 소셜미디어 플랫폼들은 사례금을 제공하거나 사용자들에게 더 많은 콘텐츠를 제공할 것이기 때문이다. 우리는 구글과 페이스북의 서비스를 사랑하지만, 그 기업들은 우리의 데이터를 더 사랑한다. 소셜네트워킹 사이트들은 신문과 TV처럼 광고주와 잠재 고객을 한곳에 집합시키는 플랫폼이다. 플랫폼은 서비스를 제공함으로써 사용자를 끌어들이고 사용자들의 관심을 끌기를 원하는 기업들에게 광고를 판매함으로써 수익을 창출한다. 어떤 시장에서 한 기업이 독점력을 가지고 있을 때 그 기업은 더 높은 가격을 부과하고 더 적게 되돌려준다. 이런 경우 페이스북과 구글과 같은 플랫폼 기업들은 광고를 게재하는 기업들과 사용자 모두에게 지나치게 큰 비용을 부과한다. 비록 사용자들에게 부과하는 금전적 비용은 없다 해도 말이다.

경쟁 세계에서는 당신이 그들의 플랫폼을 떠나 경쟁 기업에 혜택이 돌아가는 것을 막고자 기술 기업들은 사용자에게 더 많은 콘텐츠를 제공할 것이다. 이를테면 넷플릭스나 스포티파이는 당신의 데이터에 대해 콘텐츠로 보상한다. 이제는 사용자들에게 이미 제공하고 있는 콘텐츠에 더해 추가로 더 많은 콘텐츠를 무료로 제공하는 것이 더 적절한 보상이 될 것이다. 현재 당신의 모든 데이터를 제공하고도 모든 서비스와 콘텐츠를 무료로 이용할 수 없는 이유는 이 기업들이 경쟁자가 없기 때문이다. 시장 지배는 하나의 기업이 당신이 지급하는 비용에 대한 대가로 너무 적은 서비스를 제공하는 것을 의미한다. 그 비용이 금전적인 비용이든 아니면 당신이 제공하는 소중한 데이터든 말이다.

무료 앱 시장은 경쟁이 존재하는 한 가격이 적정한지, 혹은 서비스 구성이 당신의 소중한 데이터에 대한 대가로 충분한지 판단하기 위한 개입이 필요치 않다는 점에 주목할 필요가 있다. 공급자들은 분명 경쟁 압박으로 인해 사용자에게 금전적인 사례금을 주거나 그들의 플랫폼에 계속 머무르게 하려고 충분한 서비스를 제공할 것이다. 유일하게 필요한 개입이라면 규제 기관이 플랫폼 기업들 사이에 충분한 경쟁이 이루어지도록 감독하는 것이다. 물론 소셜네트워크상에서 엄청난 규모의 경제가 작동할 때는 감독한다는 것이 말처럼 그렇게 쉬운 일이 아니다. 그러나 네트워크의 규모의 혜택을 유지하면서 경쟁을 보장하는 일부 검증된 규제책들도 존재한다. 그중 하나가 상호운용성(interoperability)의 개념으로, 이 장의 후반부에서 자세히 알아볼 예정이다.

당신의 데이터가 서비스 차원에서 너무 적은 대가를 받는 것 외에도 중요한 문제는 데이터를 축적하는 기업들이 그 축적 데이터를 이용해 경쟁자의 진입을 막는 장벽을 만든다는 것이다. 인공지능과 머신러닝 기술에 이용되는 빅데이터는 시장 지배를 구축하는 이상적인 도구이다. 또한 데이터 해자가 한번 구축되면 그 시장 지배는 아주 막강해져 경쟁할 수 없어진다.

그렇다면 해자를 채울 바위와 모래는 어디에서 구할 것인가? 경제학 용어로 표현하자면 데이터는 비 경합재다. 만약 한 사용자가 이를테면 식품과 같은 경합재를 소비한다면 다른 사람은 아무도 그 식품을 소비할 수 없다. 하지만 그것이 아이디어가 되었든 데이터가 되었든, 아니면 한가로운 공원의 산책이 되었든 비 경합재의 소비는 다른 이들이 같은 상품을 소비하는 것을 불가능하게 하지 않는다. 다른 사용자가 사용하는 비용도 무료다. 만약 당신이 뉴턴의 만유인력의 법

이윤의 역설

칙에 대한 정보를 조사했다면 당신은 그것이 무엇인지 알고 다른 이에게 설명해 줄 수 있다. 운이 좋다면 그 정보를 팔아서 돈을 벌 수도 있다. 하지만 그 법칙이 인터넷과 책에 나오기 때문에 무료로 구전될 수 있다면 누가 그걸 돈을 주고 사려고 하겠는가?

사실 데이터는 저작권의 보호를 받지 않는다. 그러나 데이터의 주인은 여전히 그 데이터를 개인 소유로 비공개로 남겨 놓을 수 있다. 데이터의 가치는 바로 거기서 나온다. 앞서 언급했듯이 대부분의 현대 사회에는 사람들이 새로운 아이디어에 투자하도록 독려하기 위해 특허 제도가 존재한다. 특허 제도로 인해 새로운 아이디어를 창안한 사람은 한시적인 독점권을 가지게 되며 그 결과 시장을 지배할 수 있게 된다. 제약 회사는 신약을 개발하면 15년간 특허를 보호받게 된다. 그에 따라 독점권을 가지게 되어 훨씬 더 높은 가격에 약을 판매할 수 있다. 독점 판매로 얻은 이익은 약을 개발하기 위해 들인 대규모의 선행 투자에 대한 보상인 셈이다. 일단 약이 개발되면 이 제도가 비효율적으로 비춰질 수 있다. 그러나 그 약을 개발하기 위해서는 필요한 보상 체계이다. 그리고 특허가 만료되면 경쟁 기업들이 시장에 진입해 약값을 끌어내린다.

그렇다면 정보가 무료이며 다른 이가 그것을 도용하는 것을 막을 길이 없다면 인공지능 애플리케이션에 이용되는 빅데이터가 무슨 문제란 말인가? 문제는 누군가가 정보를 공개했을 때만 그것이 무료라는 것이다. 만약 뉴턴이 만유인력의 법칙을 공개하지 않고 홀로 간직했다면 우리는 그것에 대해 알지 못했을 것이며 누군가 다른 사람이 그 법칙을 발견해 공개했다면 그 즉시 대중에게 다른 이름으로 알려졌을 것이다. 요지는 데이터의 (한 번 공개되면 무료로 소비될 수 있는) 비 경합재적 성격에도 불구하고 데이터 주인들은 그것을 그냥 간직하고 있다는 것이다. 기업들은 그 데이터를 비공개로 독점하기 위해 할 수 있는 모든 일을 한다. 부분적으로는 데이터 수집에 비용이 많이 들기 때문이지만 주된 이유는 경쟁 기업들이 경쟁력 확보를 위해 그 데이터를 이용해 그들의 알고리즘을 훈련하도록 내버려 두지 않기 위해서다. 구글이 그들의 알고리즘을 공개했을 때 그것은 실수나 이타심에서 한 행동이 아니었다. 자신들이 가진 데이터를 공개했다면 그것이야말로 진정으로 너그러운 행동이었을 것이다.

따라서 나는 우리의 데이터를 수집해 시장 지배력을 형성하려고 하는 이들이 익명 처리된 데이터를 공유하게 만드는 정책을 수립할 것을 제안한다. 이는 혁신에 대한 장려책으로 제공되기 시작한 전통적인 특허 제도와 비슷한 일종의 인버스 데이터 특허 개념이라 할 수 있겠다. 특허 제도의 주요 목적은 새로운 아이디어에 대한 선행 투자가 정당한 보상을 받고 특허가 만료되었을 때 경쟁을 보장하기 위한 것이어야 한다.

인버스 데이터 특허 또한 일시적인 보상을 안겨준다. 차이점이라면 특허가 만료되었을 때 무슨 일이 일어나는가의 차이다. 전통적인 특허의 아이디어는 그것이 공개되는 순간 또는 처음으로 상품이 판매되는 순간부터 자유롭게 사용이 가능해진다. 그래서 법적으로 그 아이디어를 자유롭게 모방할 수 있는 경쟁자들로부터 창안자를 보호하는 것이다. 특허가 만료되었을 때 특허 보유자는 그 보호권을 잃어버리게 된다. 대신 인버스 데이터 특허는 아무도 자유롭게 모방할 수 없는 정보를 가진다. 인버스 데이터 특허는 만료되었을 때 그 정보의 보유자가 경쟁자들이 자유롭게 그 정보에 접근할 수 있도록 데이터를 공유 재산으로 공개해야 한다. 학계에서도 이와 비슷한 방식으로 정보를 공유한다. 발표된 논문의 저자는 다른 연구자들이 연구 결과를 참고하거나 새로운 가설을 시험할 때 이용할 수 있도록 그들의 데이터와 소프트웨어를 공개해야 한다.

애리조나주 템피에서 자율주행차량 운행을 통해 데이터를 수집한 우버와 같은 기업들은 일정 기간 그 데이터에 대한 독점적인 접근권을 누리고 난 뒤 그것을 경쟁 기업들이 사용할 수 있도록 대중에 공개해야 한다. 특허와 마찬가지로 데이터를 수집하는 기업이 일시적으로 데이터의 독점 사용권을 가지게 된다. 하지만 인버스 데이터 특허는 쉽게 모방이 가능한 아이디어에 대해 독점 사용권을 부여하는 것과는 달리 쉽게 감출 수 있는 정보의 독점권을 빼앗는다는 측면에서 특허와 반대다.

초기에 주어지는 독점권을 통해 상품 가격을 더 높게 책정하고 일시적인 시장 지배를 누림으로써 높은 수익을 올려 비싼 초기 투자 비용을 상쇄할 수 있게 된다. 그러나 나중에는 정보의 비경합재적 성격으로 인해 무료로 이용이 가능해진다. 게다가 시장 지배가 기술 분야뿐만 아니라 모든 업계와 영역으로 확산함에 따라 데이터 공유 정책은 데이터에 의해 시장 지배가 이뤄지는 다른 분야들에도 적용이 가능해질 것이다.

특허 제도에서처럼 유인 효과가 왜곡되는 경우도 많을 것이다. 심지어 법적 분쟁이 더 많이 일어날 가능성도 있다. 가장 큰 문제는 기업들이 데이터를 훼손해 사용할 수 없게 만들거나 더 심하게는 데이터를 조작해 사용자가 잘못된 결론에 도달하게 만드는 행위이다. 자율주행차 사고에서 얻은 데이터를 통해 갑자기 좌회전할 때는 50%만 사고를 방지할 수 있지만 갑자기 우회전할 때는 100% 사고를 방지할 수 있다는 결과를 얻었다고 가정해 보자. 이때 데이터 전문가들이 이 결과가 근거로 삼고 있는 273건의 데이터에 손을 대 갑자기 오른쪽으로 방향을 틀 때는 사고가 자주 발생하지만, 왼쪽으로 방향을 틀 때는 사고가 발생하지 않는 것처럼 보이게 만든다면 그 데이터를 이용하는 기업은 엄청난 사고율을 기록하게 될 것이다.

설사 데이터 조작이 없다 해도 기업들이 경쟁자에게 가치가 낮거나 그들의 학습을 더디게 만드는 데이터를 모아서 공개할 가능성은 존재한다. 그럼에도 유인 효과가 왜곡되지 않는 한 더 많은 데이터에 접근하는 것이 접근할 데이터가 아예 없는 것보다 나을 것이다. 또한 특허에서와 마찬가지로 독점을 통해 일시적인 이익을 얻게 함으로써 질 높은 충분한 양의 데이터를 수집하고 공개해야 할 유인책을 제공하는 것이다.

역사적으로 대부분의 새로운 기술 혁신과 마찬가지로 인공지능과 머신러닝은 삶을 더 쉽게 만들어주고 우리가 수작업과 지루한 반복 노동을 하지 않아도 되도록 구원해주는 커다란 발전이다. 그러나 과거의 다른 많은 기술처럼 이 신기술은 소수 기업의 손에 자원을 집중시키는 경향이 있다. 인공지능과 머신러닝에서는 그 자원이 곧 데이터다. 문제는 데이터가 너무 많다거나 우리가 데이터를 처리하지 못하는 데 있지 않다. 소수의 기업이 데이터를 가지고 있고 다른 이들은 가지고 있지 않다는 것이 문제다.

불평등한 데이터 접근은 엄청난 규모의 이점을 누릴 수 있게 해주고 더 중요한 점은 경쟁자들의 진입을 막는 장벽을 만든다는 것이다. 그 결과 데이터를 소유한 기업들은 원가보다 훨씬 더 높은 가격에 상품을 판매할 수 있으며 경쟁자들이 아예 발도 들이지 못하게 할 수 있는 것이다. 이렇게 소수 기업의 손에 생산 자원이 집중되는 현상은 이미 한창 진행 중이다. 거대 기술 기업들의 성은 이미 많은 부분 데이터라는 해자의 보호를 받고 있다. 또한 고객들은 높은 상품 가격과의 직접적인 연관성을 보지 못할지 몰라도 광고주들은 구글과 페이스북, 인스타그램 광고에는 더 큰 비용을 지불하고 있다. 만일 광고주들이 당신에게 운동화 광고를 노출하기 위해 더 큰 비용을 지불하고 있다면 당신은 그 운동화를 사는 데 더 높은 가격을 치르게 된다.

영리한 방식으로 데이터를 다룬다면 시장 지배의 심화를 막을 수 있을지도 모른다. 하지만 이 역시 효과적인 반독점 제도가 필요하다.

신뢰
회복하기

지난 40년간 우리가 경험해온 시장 지배의 증가를 고려해 볼 때 기존의 제도는 해자의 확장과 성장을 막지 못했다. 반독점의 역사와 작용을 자세히 연구하며 현행 제도의 어려움과 함정에 주목하는 작업은 많이 이루어지고 있다. 결론은 소비자 후생에 초점을 맞추고 있는 현행 제도는 시장 지배의 증가를 통제하지 못했다는 것이다. 1980년대부터 반독점법은 완화되어 기업들의 합병이 허용되었다. 그와 동시에 혁신적인 기술 변화로 말미암아 아주 생산성이 높은 슈퍼스타 기업들이 등장해 엄청난 시장 지배력을 행사하게 된 것이다.

그렇다고 현재 기업들이 하는 행동이 불법이라는 뜻은 아니다. 그들은 법적 테두리 내에서 경영하고 있으며 해자 건설과 법안 통과를 막기 위한 로비 활동도 그에 포함된다. 영국의 코미디 범죄 드라마 〈마인더(Minder)〉의 등장인물인 아서 데일리(Arthur Daley)는 다음과 같이 말한다. "작은 노파의 머리를 후려치고 핸드백을 낚아채는 건 범죄죠. 그 이외의 것들은 모두 비즈니스고요." 하지만 경제를 더 건전하게 만들 수 있는 법 제정과 시행이 가능하다는 점도 분명히 시사하고 있다.

여기서 나는 이러한 추세를 반전시킬 수 있는 구체적인 조치를 제안하고자 한다. 우리는 경쟁 정책을 샅샅이 재점검해야지만 시장 지배를 통제하는 데 성공할 수 있다. 내 제안의 주요 목표는 다음과 같다.

첫째, 우리는 시장 지배가 소비자 후생에 미치는 영향을 뛰어넘어 더 넓게 살펴볼 필요가 있다. 경쟁 당국은 시장 지배가 모든 이해 당사자(노동자, 공급업체, 경쟁 기업)에게 미치는 파급력도 고려해야만 한다. 각 당사자는 이득을 얻거나 손해를 본다.

둘째, 우리는 시장 지배를 단지 기업 차원의 영향뿐만 아니라 경제 전반에 끼치는 영향력도 함께 고려해야 할 필요가 있다. 아마존이 직원들의 임금을 낮추지 않는다고 해도(즉 수요독점을 행사하지 않는다 해도), 수백 개의 시장 지배 기업이 존재한다는 사실이 노동자 수요를 낮추고 그에 따른 결과로 전체 노동자의 임금 하락을 발생시킨다. 노동자들을 기업에서 중요한 자리에 앉히면 수요독점의 영향을 줄일 수 있겠지만 그렇다고 시장 지배가 경제 전반의 임금을 끌어내리는 것을 막을 수는 없다. 이것이 기업의 사회적 책임이 문제를 해결해 주지 못하는 이유이기도 하다. 따라서 단지 한 기업만을 위해서가 아니라 전체 경제의 모든 기업을 위해서 시장 지배를 직접적으로 통제하는 것만이 유일한 해결책이다.

셋째, 우리는 익히 알다시피 기업 인수 합병을 중단시켜야 한다. 그렇다. 다른 기업을 매입하는 것이 시너지 효과가 나타나는 경우가 있는 것은 분명하다. 그러나 대다수의 인수 합병 사례에서 가장 큰 이점은 인수 합병을 통해 시장 지배가 가능해진다는 사실이다. 왜 우리는 소수 몇 개 기업이 거의 모든 브랜드를 소유하고 있을 때 고객들에게 여러 브랜드에 대한 선택권이 주어지는 듯한 환상을 심어주고 싶어 하는 것일까? 그것이 맥주가 되었든 소셜미디어나 장례 서비스가 되었든 말이다.

넷째, 우리는 기술 변화가 대기업에 미치는 영향력을 수용해야 한다. 브랜다이스학파 사람들이 주장하듯이 비효율적인 기업들을 인위적으로 살려둠으로써 경쟁을 위한 경쟁을 벌이는 것은 도움이 되지 않는다. 마찬가지로 아주 효율적인 기업을 분할하는 것은 지배력 남용을 막기 위해 규모가 가진 모든 잠재력을 말살하는 것이다. 규모의 모든 이점을 유지하면서 경쟁을 보장하는 중도적 방법도 존재한다. 한 가지 해결책은 다음 부분에서 살펴볼 상호운용성의 원칙이다. 요약해서 말하자면 상호운용성은 효율적인 플랫폼에서의 경쟁을 육성하는 동시에 기술과 규모 둘 다의 효율성을 침해한다.

종합해보면, 1) 모든 이해 당사자를 고려하라. 2) 하나의 기업에 직접적으로 미치는 영향뿐만이 아니라 경제 전반의 모든 기업에 미치는 영향을 고려하라. 3) 인수 합병을 더 어렵게 만들라. 4) 규모의 경제를 가진 대기업을 기업 분할 없이 규제하라.

더 구체적으로 이야기해 보자면 이 네 가지 목표를 달성하기 위해 다음의 구체적인 조치를 제안하고자 한다. 기업 친화적인 정부 개입은 일반적으로 자유시장주의나 경쟁주의를 지향하지 않으므로 나는 경쟁 지향적인 결과를 얻어내는 것이 목표가 되어야 한다는 전제에서 출발하려 한다. 맥주 대기업 앤하이저부시 인베브와 같이 합병의 결과로 이룬 시장 지배를 규제하는 정책과 아마존과 같이 기술 변화의 결과로 이룬 시장 지배를 규제하는 정책은 구분되어야 할 것이다. 그 둘의 가장 큰 차이점은 아마존은(월마트나 어반아웃피터스도 마찬가지의 경우다) 새로운 분야를 개척하고 새로운 장소에 지점이나 매장을 오픈하는 단순한 과정을 반복하며 자연 성장으로 거대 기업을 이룬 것에 비해 앤하이저부시 인베브는 다른 기업들을 사들인 결과로 성장했다는 것이다. 후자의 경우, 경쟁 정책은 기업들이 시장 지배력을 행사하기 위해 혁신을 오용하는 것을 규제하는 한편 규모와 기술 혁신에서 얻게 되는 모든 이득의 유지는 보장해야 한다.

대다수의 전문가는 많은 경우 심지어 발전된 기술 중심의 경제에서 시대적 문제를 해결하는 데에도 반독점 규제를 위해 새로운 법안이 필요하지 않다는 데 동의한다. 셔먼 반독점법과 연방거래위원회법, 클레이턴법, 그리고 유럽의 경쟁 법안은 대다수의 독점 금지 문제를 다룰 수 있는 완벽한 법적인 틀을 제공하고 있다. 시장 지배의 증가는 법 자체에 오류가 있어서가 아니라 법의 해석과 적용, 시행에서 기인하는 경우가 압도적으로 많다.

인수 합병은 지나친 집중 현상을 낳으며, 합병이 시너지를 창출하고 비용을 줄이고 가격을 낮췄는지에 대한 근거는 거의 없다. 인수 합병을 더 어렵게 만들려면 입증 책임을 지워야 한다. 즉, 기업들이 합병이 이득이 된다는 증거를 제시하지 못하면 합병할 수 없어야 한다. 현재에는 기업들이 합병을 제안하면 그 합병이 시장에 유해한지에 대한 근거를 찾는 일은 경쟁 당국의 일이다. 하지만 나는 오히려 입증 책임을 합병 당사자들에게 지워 합병에 큰 이점이 있음을 보여주도록 할 것을 제안한다.

이처럼 입증 책임을 당사자에게 돌려주는 것이 사건의 순서가 조금 바뀌는 것에 불과해 보이겠지만 합병 결과가 소비자에게 영향을 미치는 수준을 넘어 더 파장이 커진다면, 그리고 입증 책임을 지는 일이 더 절박해진다면 엄청난 차이를 가져오게 될 것이다. 기업이 성장하기를 원한다면 반드시 경쟁 채널을 통해 성장해야 할 것이다. 다른 곳에 새로운 사업체를 건설해 생산 시장에 이미 자리를 잡은 기업들과 경쟁해야 한다. 이것이 고객에게도 이로운 길이다. 합병을 하게 되면 노동에서 유일한 경쟁 동력은 고객을 위해서가 아니라 경쟁 기업들을 소유하기 위한 경쟁이 될 것이다. 고객은 그 소유권 경쟁에서 얻을 수 있는 혜택이 아무것도 없다. 합병 문제에서도 역시 기업들은 시장 안에서 경쟁하는 것이 아니라 시장을 더 많이 가져가기 위해 경쟁하는 것이다.

입증 책임을 당사자에게 돌려주고 합병을 허락하지 않는 것을 기본 방침으로 정함으로써 시너지 효과를 창출하고 사회에 이득이 되는 합병이 허용되지 않는 실수가 빚어지는 것이다. 이러한 실수를 '부정 오류'라고 부르도록 하자. 문제는 현재 너무 많은 긍정 오류가 존재한다는 것이다. 합병이 허용되었지만 허용되어서는 안 되었던 경우가 너무 많다는 것이다. 시장 지배가 증가하고 있다는 증거가 너무도 명백해서 긍정 오류가 큰 피해를 주고 있음을 알 수 있다.

특히 빠르게 변화하는 세상에서 합병은 기업이 새로운 사업을 맨주먹으로 다시 시작하는 것에 비해 빠르게 성장할 수 있는 편리한 수단이 되어 준다. 하지만 빠른 변화는 시장 지배를 빠르게 공고히 하는 결과를 가져오기도 한다. 합병 기업들은 합병이 없었더라면 시장 경쟁이 어떠했을지 상상하기조차 어렵게 만들고 있다.

마크 저커버그는 일단 왓츠앱과 인스타그램, 기존의 페이스북 모두를 페이스북이 소유하게 된 이상 그들을 스크램블드에그를 만들 듯 조화롭게 융합할 것이므로 합병을 되돌리는 일은 불가능하다고 밝힌 바 있다. 스크램블드에그를 만드는 일은 바람직하지 못한 변화도 초래할 것이다. 어느 시점엔가 페이스북이 페이스북 메신저와 인스타그램 다이렉트 메시지(디엠 DM), 그리고 왓츠앱을 하나로 통폐합할 것이라는 소문이 나돌기도 했다. 페이스북을 상대로 현재 진행 중인 미국의 소송이 스크램블드에그에 들어간 달걀을 되찾을 수 있을지 두고 볼 일이다.

우선 디엠 앱은 그것 자체로서의 가치를 지니고 있다. 십 대들이 말하는 것처럼 왓츠앱이나 인스타그램을 통해 메시지를 주고받는다

이윤의 역설

는 사실에는 아주 많은 정보가 담겨 있다. 뭔가에 대해 신호를 보내거나 당신이 알고 있는 뭔가를 넌지시 알려주고 싶어서일 수도 있다. 더욱이 메시지 앱들은 각자 다른 특징과 사생활 보호 정책을 가지고 있어 어떤 앱은 숙제를 도와달라고 요청할 때보다 이성 친구의 환심을 사려고 할 때 더 사용이 편리할 수도 있다. 내 십 대 딸들은 인스타그램 디엠과 왓츠앱이 통합될 가능성이 있다는 말을 듣고 노심초사했다. (그들은 페이스북 메신저가 어떻게 되든 거기에는 관심이 없다. 그들의 눈에는 페이스북 메신저는 나이 든 세대만 사용하는 걸로 보이는 것이다). 저커버그와 페이스북에서 일하는 그의 동료들도 물론 메시지 앱들이 가지고 있는 저마다 다른 용도의 가치를 이해하고 있다. 하지만 메시지 앱 통합은 반독점 규제에 걸려 합병이 취소되지 않도록 하기 위한 전략적으로 아주 중요한 결정이다. 스크램블드에그를 만드는 것은 효과적인 전략이다.

입증 책임 전환은 사후 법 적용이나 감독과는 반대로 선제적 규제에 더욱 방점을 두는 방법이기도 하다. 선제적인 규제가 따른다면 사업 부문 간의 통폐합 여지도 줄어들고 통폐합을 시도하기 전에 조치를 할 수 있다.

입증 책임 전환과 더불어 모든 합병은 승인되어야 한다. 현재 미국에서는 9천만 달러 이상의 합병 건에 한해서 합병 판정을 위해 신고하게 되어 있다. 시카고대학교 교수인 토마스 월만(Thomas Wollmann)은 레이더 탐지망에 걸려들지 않는 시장 지배 유형을 '잠행 합병'이라고 부른다. 그의 연구 결과에 따르면 감시가 줄어들면 합병 사례가 많이 증가하는 것으로 나타났다.

물론 합병은 수평적이지만은(경쟁 기업들 사이에서만 일어나는 것은) 않고

수직적으로(가치 사슬의 다른 단계에 놓여 있는 기업들 사이에) 이루어지는 예도 있다. 6장에서 살펴본 것처럼 아마존은 로봇이 아마존의 물류 관리에서 아주 중심적인 역할을 하게 되자 키바 로봇 공급업체를 사들였다. 이것이 바로 성공적인 기술의 혁신과 경쟁을 암묵적으로 보여주는 것이다. 키바 로봇 공급업체를 인수한 이후 아마존은 키바 로봇을 경쟁 기업들에게 더는 판매하지 않기로 했다. 수직 합병 사례는 판단하기 매우 까다롭지만 많은 경우 기업들이 경쟁을 억제하고 시장 지배를 하고자 하는 의도를 분명히 가지고 있다. 전문가들에 의존해 합병을 사례별로 분석하는 반독점 기관이 세워진 이유가 바로 수직 합병 사례들의 복잡성 때문이기도 하다.

시장 지배에 기술 변화가 미친 영향력에 관해 알아보기에 앞서 기술 기업들에 대한 한 가지 중요한 발견이 있다. 기술 기업들이 엄청난 혁신을 이뤄 고객에게 많은 혜택을 안겨주었다 하더라도 그들 또한 경쟁 기업을 인수함으로써 지배력을 얻게 된 것이다. 페이스북 오플렛도 그 예이다. 구글의 모기업인 알파벳은 자연 성장으로(새로운 기술로 시작해 다른 기업들을 인수하지 않고도 크게 성장했다) 거대 기업이 되었을 뿐만 아니라 시장 지배력을 형성하기 위해 수많은 인수 합병을 해온 결과 슈퍼스타 기업이 된 것이다. 알파벳은 지난 18년 간 한 달에 한 기업 꼴로 인수했다.

그렇다면 아마존과 같은 기업들이 합병이 아니라 자연 성장으로 거대 기업이 되는 것처럼 기술 변화로 인해 발생한 시장 지배는 어떻게 해결하면 좋을까? 이 슈퍼스타 기업들의 시장 지배는 규제하기가 훨씬 더 어렵다. 기업 분할은 일률적으로 적용 가능한 해결책이 아니

이윤의 역설

다. 일부 개별 사례에는 적용할 수 있을지 몰라도 대부분의 사례에는 적용할 수 없다.

그 대표적인 예가 1999년 마이크로소프트의 독점 금지 사례다. 규제 당국은 1890년에서 1914년 사이에 제정된 독점금지법들을 디지털 시대를 이끄는 이 대표 기업에 적용했을 뿐만 아니라 가격의 영향과 상관없는 독점 금지 조치를 단행했다. 로버트 보크는 가격이 시장 지배의 영향력을 측정할 수 있는 유일한 기준이라고 주장했다. 그러나 웹 브라우저들과의 전쟁에서 익스플로러의 가격은 제로였다. 익스플로러는 윈도우를 구매하면 포함된 상품이지만 경쟁업체의 브라우저인 넷스케이프는 별도 판매였다. 쟁점은 규제 당국이 마이크로소프트와 익스플로러에게 경쟁을 보장하기 위해 두 개 기업으로 분할할 것을 명령하지 않았다는 것이었다. 규제 당국은 그 대신 마이크로소프트에게 익스플로러를 끼워서 팔지 말 것과 넷스케이프가 마이크로소프트의 윈도우 운영 시스템에 접근할 수 있도록 허용할 것을 명령했다. 자연 성장을 이루고 시장 지배력을 지니게 된 기업들을 분할하기보다는 규제 당국은 그 기업들에게 자신의 플랫폼에 경쟁 기업들을 수용할 것을 명령해 경쟁을 촉진시킨다. 이는 넓은 의미의 상호운용성 개념의 예라 할 수 있겠다. 이것이 기술 발전의 혜택으로 규모의 경제를 얻게 된 자연 독점을 통제하는 가장 좋은 해결책이다.

상호운용성이란 좁은 의미에서는 시스템 간에 서로 호환이 가능함을 나타내며 보통 정보 기술 영역에서 많이 언급된다. 예컨대 아스키코드(ASCII 미국 정보 교환용 표준 부호)에서 영숫자 정보를 저장하는 능력도 이에 포함된다. 공개 표준과 표준화된 프로토콜 모두 여러 시스템이 동일한 파일 포맷을 사용하는 예들이다.

기업들은 특정 기술을 이용해 상호운용을 막는 정반대의 일을 도모하기도 한다. 그렇게 함으로써 시장 지배력을 획득할 수 있기 때문이다. 예를 들면 애플은 애플 제품에서만 사용이 가능한 충전 어댑터를 생산하는 데 아주 열성적이다. 그렇게 함으로써 충전기에 대한 수요가 증가하고 그러면 가격을 올릴 수 있게 된다. 여러 충전기가 버려지는 것을 방지하기 위해 규제 당국은 애플의 적극적인 로비에도 불구하고 마침내 애플에게 다른 제조사의 어댑터도 애플 기기에서 사용할 수 있도록 공통 기준을 적용할 것을 명령했다.

나는 '상호운용성'이라는 개념을 넓은 의미에서 시장 지분을 더 많이 차지하기 위해서가 아니라 시장 내에서의 경쟁을 유도하기 위한 수단으로 이용한다. 미국에서 내가 이용하는 휴대폰 표준 요금제는 유럽의 요금제보다 거의 두 배 더 비싸다. 미국 시장이 더 커서이거나(어느 회원국에서 계약하든 이제는 유럽연합 전체에서 사용할 수 있다) 미국의 서비스가 더 훌륭해서 그런 것은 아니다. 예를 들면 미국에서는 한 달에 30달러의 추가 요금을 내지 않으면 휴대폰의 블루투스 기능을 이용해 내 노트북 컴퓨터에 연결할 수가 없다. 반면 유럽에서는 '테더링(tethering)'이라 불리는 블루투스 접속이 휴대폰 서비스에 포함되어 있다. 미국에서는 경쟁자가 별로 없어 휴대폰 요금이 더 비싼 것이다.

미국의 기술은 유럽의 기술과 크게 다르지 않다. 그렇다면 유럽의 휴대폰 시장이 훨씬 더 경쟁이 치열한 이유는 무엇일까? 그것은 바로 규제 때문이다. 특히 넓은 의미의 상호운용성을 추구한 결과다. 이동통신 분야에서 시장 지배의 근원은 아주 고가의 이동전화 기지국 네

　　　　　　　　　　　　　　　　　이윤의 역설

트워크와 공공 기반시설이다. 미국 시장 진입을 원하는 규모가 작은 경쟁 기업들은 자체적으로 이동전화 기지국을 건설해야 하는 엄청난 투자를 해야 한다. 더욱이 확고한 고객층을 보유하고 있는 기존의 강력한 기업이 이미 존재한다면 시장 경쟁은 하나 마나 한 것이다.

유럽연합의 규제가 하는 일은 시장의 경쟁을 활성화하는 일이다. 이동전화 기지국과 기반시설의 주인은 다른 사업자들이 그들의 기술을 규제 당국이 정한 비용을 내고 사용하는 것을 허락하게 되어 있다. 이미 자리를 잡은 기업은 경쟁을 원치 않아 경쟁자가 진입하지 못할 만큼 아주 비싼 사용료를 책정하고 싶을 것이다. 하지만 규제 당국에서는 기존의 기업이 들인 비용을 고려한 적정 수준의 가격을 정함으로써 시장 경쟁을 유도하는 것이다. 이동통신 시장에서와 마찬가지로 영국은 공기업인 네트워크 레일이 소유하고 있는 철도망의 철도 서비스 운영에 대해 비슷한 규제를 적용하고 있다. 사설 철도 운영 기업들은 네트워크 레일에 비용을 지불하고 철도 노선을 따내기 위해 경쟁한다.

넓은 의미의 상호운용성 개념은 아마존과 이베이와 같은 네트워크 플랫폼에도 적용될 수 있다. 물론 직접적인 방식으로 적용하기는 쉽지 않으며 그 기업들의 주주들 또한 그들의 플랫폼에서의 경쟁을 쉽게 받아들이려 하지 않을 것이다. 마이크로소프트 또한 익스플로러 끼워 팔기와 넷스케이프 브라우저 사용을 차단하는 행위를 금지하는 1999년의 독점 금지 평결을 쉽게 수용하지 않았다. 넷스케이프는 오래전에 사라졌지만 1999년의 결정으로 인해 고객들이 누리게 된 혜택은 이제 어떤 컴퓨터에든 어떤 인터넷 브라우저든 설치할 수 있게 되었고 브라우저들 사이에 치열한 경쟁이 생겨났다는 것이다. 마이크로소프트의 사례는 넓은 의미에서 경쟁을 유도하는 상호운용성의 한 형태로 볼 수 있다. 네트워크 외부성이 발생하는 시장에서는 이 기업들을 분할하지 않고도 경쟁을 불러일으킬 수 있다.

어떤 경우에는 기업 분할이 타당해 보일 수도 있지만, 기업이 기술적인 이유로 규모를 획득한 경우에는 기업 분할이 그렇게 바람직한 조치라 볼 수는 없다. 부문에 따라 그 반대의 조치가 적절할 때도 있다. 예컨대 최근의 연구에 따르면 우버와 리프트가 뉴욕시의 동일한 플랫폼에 입점하여 운영된다면 고객들은 더 많은 혜택을 누리게 될 것이다. 고객이 많은 큰 플랫폼의 이점을 누릴 수 있을 뿐만 아니라 교통 체증을 줄이는 효과도 생길 수 있다. 통합 플랫폼이 고객들에게는 더 편리하다 하더라도 독점 기업은 완전한 시장 지배력을 행사하려 할 것이고 고객들에게서 사용료를 받아내려고 할 것이다. 따라서 동일한 플랫폼 내에서 여러 공급업자가 경쟁하는 통합 플랫폼이 운영되는 것이 가장 바람직한 해결책이다. 이것이 바로 상호운용성이다. 플랫폼이 하나로 통합 운용됨으로써 교통 흐름이 개선되고 네트워크 효과가 발생하며 플랫폼 내에서의 경쟁은 가격을 더 저렴하게 만들어준다.

상호운용성과 연관은 있지만 다른 것으로 배타조건부거래 금지 규정이 있다. 맥주 시장이 아주 집중화된 이유 중 하나는 유통 체계가 경쟁할 수 없도록 통제되어 있기 때문이다. 상황은 나라마다 다르지만 많은 시장에서 술집과 바, 식당은 하나의 제조사에서 생산된 맥주 브랜드만을 취급하겠다는 계약을 강요받는다. 미국에서는 제조사,

유통사, 소매점으로 이어지는 3단계 시스템이 더욱 심한 제약을 가한다. 국내 시장에서는 어떤 맥주 브랜드도 단 하나의 유통사를 거치지 않고서는 판매될 수 없다. 동일 제조사의 맥주만을 취급하겠다는 다수의 계약은 영구적으로 적용된다. 이처럼 배타조건부거래는 사실상 국내 독점권을 주는 것이나 마찬가지다.

그와 같은 국내 배타조건부거래는 앤하이저부시 인베브와 같은 대형 맥주 제조사가 어떻게 국내 시장에서 독점권을 가지고 세계적인 지배 기업을 건설하게 되었는지 그 이유를 설명해 준다. 맥주 유통에는 사실상 네트워크 효과적인 측면이 없지만, 배타조건부거래가 네트워크 효과를 발생시킨다. 반독점 규제 기관이 배타조건부거래를 금지한다면 맥주 시장에도 경쟁이 활성화될 것이다.

경쟁 당국에게 가장 큰 어려움은 시장 지배가 고객, 직원, 공급업체와 같은 직접 이해 당사자의 범위를 뛰어넘어 미치는 영향력까지 고려해야 한다는 것이다. 경제 전반에 걸쳐 시장 지배가 늘어나면 물이 빠질 때 모든 배도 함께 가라앉는다. 임금 하락은 해당 기업에 고용된 노동자들뿐만 아니라 다른 기업의 노동자들에게까지 영향을 미친다. 이와 같은 평형 효과는 단순히 기업 차원에서 해결될 수 있는 문제가 아니다.

그럼에도 경제 전반에 걸친 시장 지배를 규제하기 위해 할 수 있는 일은 많다. 나는 그 목적을 달성하기 위해 몇 가지 제도적 수정을 제안하고자 한다. 첫째로, 기존의 반독점 법을 집행하는 데 있어 경쟁 당국에게 훨씬 더 많은 권력을 부여하는 제도가 마련되어야 한다. 권력을 더 많이 가진다는 것은 독점 금지 활동의 집중화를 의미한다. 시장의 집중화 현상을 막기 위해서는 독점을 규제하는 기관들을 하나로 집중시키는 것이 필요하다.

현재에는 특히 금융 부문의 규제에 있어 가장 눈에 띄는 취약점 중 하나가 법무부와 연방거래위원회, 연방거래위원회의 소비자 보호국, 소비자 금융 보호국, 증권 거래 위원회, 연방준비제도 이사회 산하의 기관 및 당국들이 분산되어 존재한다는 것이다. 돈 많은 기업들은 항상 규제 당국의 허점을 노리거나 기관들이 서로 경쟁하도록 만들 수 있다. 모순적으로 들리겠지만 시장의 자유로운 경쟁을 달성하기 위해 규제하는 기관들이 서로 경쟁한다면 규제는 효과적으로 이루어지기 어렵다. 시장의 집중화 현상을 막기 위해 우리는 더 집중화된 규제 당국이 필요하다.

나는 금융 시스템이 잘 작동하도록 만들기 위해, 특히 인플레이션을 통제하기 위해 조직된 연방준비제도 이사회와 비슷한 체계를 갖춘 경쟁 당국을 제안하는 바이다. 연방준비제도는 전 세계적으로 봤을 때 성공적인 경제 정책의 전형을 보여준다. 선진국의 거의 모든 중앙은행은 정치 제도로부터(행정부와 사법부로부터 모두) 독립되어 있다. 정치인들은 금융 완화 정책으로 단기적인 이득(이를테면 선거 준비 기간에)을 도모하려는 경향이 있어 중앙은행은 정치와 분리되어 독립성을 가지는 것이 바람직하다. 금융 완화 정책은 정치인들에게 단기적으로는 유리해 보일지 몰라도 장기적으로는 경제에 악영향을 끼친다.

반독점 규제는 정치와 기업 모두의 간섭을 더욱 많이 받는다. 2019년 두 거대 기업인 독일의 지멘스(Siemens)와 프랑스의 알스톰(Alstom)이 합병 논의 중이었을 때 유럽의 경쟁 당국이 받은 정치적 압박은 상당히 컸다. 그에 따라 당시 유럽연합 경쟁 위원회를 책임지고 있었던 덴마크의 여장부 정치인 마르그레테 베스타게르(Margreth Vestager)는 정치적 유혹에 맞서 강력히 저항하고 나섰다.

미국에서는 시장 지배를 형성하고 유지하는 것이 로비스트들이 하는 가장 주된 활동이다. 시장 지배와 선거 자금 조달이 연관된 것의 문제점은 그 둘이 서로를 강화한다는 데 있다. 시장 지배력을 획득한 기업들은 수익을 창출해 시장 지배권을 보호하기 위한 정치 활동에 자금을 댈 만큼의 자금력을 갖추게 된다. 이는 기업들이 시장 지배권을 보호하면 할수록 정치 활동에 더 많은 자금을 투입할 수 있게 되는 악순환을 낳고 있다. 애석하게도 워싱턴은 시장을 지배하는 대기업들의 현금 자동 입출금기가 되어버렸다.

시장 지배와 정치의 연계로 인해 자유 시장이 민주주의에 위협을 가하기도 한다. J.P. 모건이 그의 비즈니스 제국을 확장하기 위해 정치력을 행사했던 1900년대 초반에도 그와 비슷한 상황이었다. 모건은 자신의 시장 지배 구축을 쉽게 해주는 법안을 통과시키기 위해 국회의원들에게 영향력을 행사했다. 물론 시어도어 루스벨트 대통령이 집권하기 전까지의 일이다. 정치와의 연계성은 17세기 영국 동인도회사의 존재 이유이기도 했다. 데이터 보호에서부터 합병, 승차 공유 규정에 이르기까지 수많은 문제와 관련해 정치 로비를 벌이는 대기업들로 인해 현재에도 자유 시장이 민주주의에 위협이 되는 것은 마찬가지다. 그들은 자신의 시장 지배적 위치를 유지하고 확장하려는 의도에서 로비를 벌인다.

단순히 정계와 슈퍼스타 기업 간의 연결성만 작용하는 것은 아니다. 대중의 의견도 핵심적인 역할을 한다. 우리는 모두 구글, 페이스북, 애플 제품의 사용자이며, 서비스 대부분은 무료로 제공된다. 그 무료 서비스들은 여전히 고객에게 피해를 준다. 우리는 우리의 데이터로, 그리고 비용을 지급하는 광고주를 끌어들일 수 있는 우리의 존재감으로 비용을 내기 때문이다. 설사 그들이 고객에게 피해를 준다해도 이와 같은 관행을 저지하는 대대적인 운동은 벌어지지 않는다. 피해에 대한 대중의 인식 부족은 1999년 마이크로소프트의 독점 금지 사례에서도 분명히 드러났다. 절대다수의 컴퓨터 소유자는 윈도우를 사용했다. 빌 게이츠는 영웅 사업가로, 그의 부모의 차고에서 비즈니스 제국을 건설한 혁신과 진보의 아이콘이었다. 반짝이는 아메리칸 드림의 표본을 보여준 마이크로소프트는 반독점 소송이 진행되던 중 그들을 지지하는 수많은 대중이 존재한다는 사실을 알고 있었다.

반독점 규제 기관이 제대로 작동하기 위해서는 독립적이어야 하며 정치적 영향력으로부터 보호받아야 한다. 정치인들은 선거 전이면 정부 지출을 늘리고 인플레이션을 일으키는 유혹을 받는 것처럼 반독점법의 관용적인 처리에 대한 대가로 엄청난 액수의 선거 자금의 유혹을 받기도 한다. 중앙은행이 독립적이어야 함은 말할 필요도 없다.

반독점 규제 기관이 독립적이어야 할 필요성은 더욱 분명하다. 시장 지배 기업의 이득이 클 뿐만 아니라 사회적 비용도 엄청나기 때문이다. 인플레이션의 후생 비용은 GDP의 약 1%로 추정되는 반면 시장 지배의 후생비는 그보다 훨씬 더 높은, 최소 GDP의 7%에 해당하는 것으로 추정된다. 후생비가 높다는 것은 시장 지배의 사회적 비용이 얼마나 큰지 알 수 있는 대목이다. 물론 높은 후생비가 나타내는 것은 수익의 규모다. 1980년대 초반에는 부가가치에서 이윤이 차지하는 비율이 3%이었던 것에 비해 2019년에는 부가가치에서 이윤이 차지하는 비율이 15%로 상승했다. 경쟁이 존재하는 경제에서는 그 비율이 0에 가까워져야 한다. 시장 지배를 통제했을 때 사회에 돌아가는 잠재적 혜택은 아주 크다.

연방거래위원회와 법무부는 어떤 면에서는 연방준비제도 이사회와 마찬가지로 독립적인 기관이다. 그러나 통화 정책에서보다 반독점에서 이해 당사자들의 간섭이 훨씬 더 커 보인다. 그 원인은 제한된 인력, 법 제정에서의 정치적 영향력, 혹은 다뤄지는 사례들이 너무 복잡하고 기술적이라는 사실 등 다양할 수 있다. 독립적이고 중앙 집권화된 경쟁 당국이더라도 인적 자원이 없다면 이빨 빠진 호랑이일 것이다. 현재 연방거래위원회와 법무부 반독점 분과 위원회에서는 2천 명 이하의 직원이 경쟁 정책, 소비자 보호, 전문적인 지식을 담당하고 있다. 게다가 합병 건을 판결하는 대부분의 판사는 해당 분야의 전문가가 아니다.

이와 반대로 연방준비제도 이사회의 조직 체계는 인플레이션을 통제한다는 사명을 가지고 약 23,000명의 직원이 일하고 있으며 그들 중 다수가 이 분야 전문가, 은행원, 연구자들이다. 반독점 분과에 고용된 인적 자원은 그 수가 적을 뿐만 아니라 1970년대 이래로 GDP 성장률을 따라가지 못하고 있다. 더 심각한 문제는 반독점이 점점 더 큰 문제로 대두되고 있는 1990년대부터 연방 반독점 기관에 지출되는 자원의 양이 줄었다는 것이다. 독점 관련 소송 건수가 줄어들고 경쟁 당국이 자금력이 충분한 슈퍼스타 기업들의 변호사를 상대로 힘겨운 싸움을 벌이는 것이 놀랄 일은 아니다.

반독점 기관이 정당하지 못하게 맹비난을 받는 경우도 많다. 정치인들과 여론 형성자들은 규제 기관이 우리가 현재 보고 있는 것처럼 전례 없는 정도로 시장 지배가 성장하도록 내버려 둔 것에 대해 자주 비난한다. 하지만 나는 그 반대의 이야기를 하고 싶다. 경쟁 당국의 직원들이 제한된 자원과 제도적 지원 부족, 법적 권한의 제약에도 불구하고 얼마나 많은 일을 했는지 놀랍기만 하다.

경쟁 당국이 합병 기업에게 시장 지배를 형성하는 특정 상품을 처분할 것을 명령한 성공 스토리도 있다. 예컨대, 앤하이저부시 인베브가 사브밀러와 합병하려고 했을 때 페로니의 매각 명령이 내려졌고 그로 인해 가격에 영향을 미쳤다. 물론 페로니는 앤하이저부시 인베브가 합병한 맥주 브랜드들의 커다란 양동이 속의 한 방울의 물에 불과하다.

현재의 시스템에서 감독권을 행사할 수 있다는 것만으로도 영웅적인 성과다. 문제는 반독점 기관에서 일하는 사람들이 아니라 시스템 자체다. 그렇다면 이상적인 반독점 세상에서의 규제는 어떤 모습일까?

연방 경쟁 당국의 이상향

30,000명 이상의 직원으로 구성된 독립적이고 중

앙 집권화된 규제 당국이 자유 시장 원칙에 따라 경쟁을 활성화하기 위해 노력하고 있다고 상상해 보라. 전문가가 지휘하는 독립적인 수사에 기반하여 해당 분야의 최전선에 있는 연구자들이 적극적으로 지원하는 기관이 될 것이다. 그들은 합병이나 소송 건이 없을 때도 국가의 전 지역 경제를 돌아보며 시장을 면밀히 조사할 것이다. 그리고 연방준비제도 이사회처럼 연방 경쟁 당국은 미 전역에 걸쳐 지역 시장에 가까운 곳에 사무실을 둘 것이다.

합병 건은 예외적인 건으로 남겨두고 법 시행과 합병 평가보다는 독점 규제와 방지에 초점을 둘 것이다. 경쟁 당국은 부당 행위를 제재하는 데에만 급급하기보다 자금력이 충분한 대기업들이 인력이 부족한 경쟁 당국에 맞서 경쟁하는 대립적인 시스템에서 벗어나기 위해 정책적인 노력을 기울일 것이다. 신기술로 성장한 슈퍼스타 대기업들에 대한 반독점 활동의 많은 부분은 상호운용성을 이행하게 하는 것이다. 시장을 지배하기 위한 경쟁이 아니라 시장 내에서의 경쟁을 유도함으로써 네트워크 효과를 완화할 수 있다. 플랫폼 경쟁 정책은 플랫폼 내에서 한 기업에만 시선이 집중되지 않도록 유의할 것을 요구하지만 그것은 현행 반독점 법의 적용을 받을 것이다.

예외적인 건으로 합병 심의를 할 때는 경쟁 당국은 합병의 이점에 대해 완전히 비현실적인 예측을 하는 것을 방지할 수 있는 시장 메커니즘을 설계할 것이다. 즉, 합병 당사자들이 합병이 발생시킬 시너지의 가치를 스스로 밝히고 그들이 앞으로 가격을 낮출 것을 약속하도록 유도할 것이다. 합병 기업들이 미래의 측정 가능한 결과로 기대되는 시너지 효과를 제시하는 것에 대한 적절한 보상책으로 벌금이나 보상이 주어질 것이다. 만약 그들이 그 시너지 효과와 저가를 실현하지 못했을 시 합병 기업은 벌금을 내야 할 것이다.

집중화된 규제 당국은 시장 지배와 긴밀히 연관된 여러 분야를 감시할 것이다. 소비자 보호는 일반적으로 반독점 활동의 영역 내에 이미 포함되어 있지만, 소비자의 행동 편향을 이용하는 기업을 통제하기 위해 훨씬 더 적극적인 규제가 필요하다. 신기술은 세심하게 주의를 기울이지 않는 소비자들을 속이는 데 훨씬 더 능하다. 이를테면 초기에는 저가로 유인해 고가로 계속 그 서비스를 이용할 수밖에 없게 만드는 유인 상술, 혹은 사용자가 자신의 개인 정보를 대가로 지불하고 앱을 무료로 이용한다는 환상을 심어주는 것 등이다.

앞으로는 데이터와 개인 정보 문제가 시장 지배에 자연스레 따라오는 문제가 될 것이다. 예컨대 연방 카르텔청(Bundeskartellamt 독일의 독점 규제 기관)은 페이스북이 제3자의 웹사이트로부터 데이터를 수집해 권력을 남용하고 있다고 주장했다. 데이터 개인 정보 문제가 경쟁 정책의 화두로 떠오른 것은 이미 10여 년 전의 일이다. 페이스북은 마이스페이스와 경쟁하기 위해 쿠키를 사용하지 않을 것을 선언하고 사용자 개인 정보 보호를 자신들의 주요 사명으로 삼았다. 마이스페이스를 멀리 따돌리고 페이스북이 왓츠앱과 인스타그램을 인수하자 개인 정보 보호를 우선시하겠다던 페이스북의 약속은 점차 그 빛을 잃어갔다. 이제 페이스북은 제3자의 웹사이트에서 사용자의 활동을 기록하고 데이터를 수집한다. 개인 정보 제공이 곧 고객에게 부과하는 비용인 셈이다. 마이스페이스나 인스타그램이 계속 페이스북과 경쟁했다면 사용자들의 개인 정보는 보호되었을 것이다. 대량의 데이터에 독점적으로 접근할 수 있는 권한에서 나오는 시장 지배는 잘 작동하는 자본주의 시스템에서 해결하기 가장 어려운 문제 중 하나일 것이다.

정부가 허가하는 독점이라 볼 수 있는 특허와 지적 재산권 규제 또한 새로운 경쟁 당국에서 담당하는 것이 이상적이다. 물론 이를 찬성하는 (혁신을 장려한다는 등의) 주장들도 있지만 현 제도는 너무 단순화되어 있어 문제를 해결하는 만큼 많은 문제를 야기하기도 한다. 특허 규제는 분야와 혁신의 형태에 따라 개별적으로 이루어져야 한다. 또한 가능하면 독점권을 부여하지 않고도 혁신에 대해 보상할 방안을 마련해야 한다.

이제는 금융 시장과 은행에서도 시장 지배 현상이 나타나고 있다. 금융 시장 고유의 특성이 존재하긴 하지만 그들도 경쟁의 관점에서 규제되어야 한다. 금융 시장과 은행들의 활동 또한 경제 전반에 거시적 영향을 미친다. 금융 시장 전체에 위협이 될 수 있는 위험 요인을 다뤄본 경험이 있다면 시장 지배가 경제 전반의 노동에 큰 영향을 미치는 비금융 시장에서 위험 요인을 다룰 때도 도움이 될 수 있다. 우리가 금융 부문에서 얻을 수 있는 한 가지 통찰은 경쟁을 통해 '대마불사(大馬不死)' 문제와 시스템적 위험을 해결할 수 있다는 것이다. 만약 페이스북이 인스타그램과 왓츠앱과 함께 파산한다면 우리는 대다수의 소셜네트워크 플랫폼을 잃게 된다. 그렇게 되면 의사소통과 연결성에 타격을 입게 될 것이다. 그들이 애초에 합병하지 않았더라면 그들이 실패할 때 받게 될 타격의 위험도는 훨씬 더 적었을 것이다.

경쟁 당국은 조직의 역량을 갖추는 것에 더해 확실한 데이터를 접근이 쉽도록 공개해야 한다. 투명성은 장벽이 없고 경쟁 지향적인 경제 활동을 가능하게 한다. 이제는 내가 두 달 후에 물건값을 받기로 하고 고객에게 상품을 인도하기를 원한다면 미납금에 대한 위험성을 평가해야 한다. 우선으로 고객사의 대차 대조표와 손익계산서를 통해 재무 상태를 빠르게 점검하는 편이 좋을 것이다. 현재 미국에서는 상장 기업이 아닌 기업들의 정보는 구할 수가 없다. 그와 동시에 신용 기관들과 휴대폰 애플리케이션을 운영하는 기업들은 훨씬 더 상세한 개인 정보를 보유하고 있다. 개인의 사적인 정보는 보호되어야 하지만 기업에 관한 정보는 그렇게까지 보호되어야 할 필요는 없다.

마찬가지로 경쟁 당국은 시장 참여자들이 가능한 실시간 데이터를 보고하도록 요구해야 한다. 이미 항공 운임은 데이터베이스가 구축되어 있다. 데이터를 공개함으로써 규제 기관이 경쟁을 부추길 수 있게 된다. 그와 비슷하게 금융 업계에서도 이른바 장외 거래는 잠재 매수자와 매도자가 거래 가격 결정에 대해 아무런 정보를 얻지 못하도록 보통 기록을 남기지 않는다. 거대 금융 기관은 투명성 부족을 이용해 수수료를 부과하고 투자 전문가가 거래하는 근거를 마련하고 지대를 채취한다. 투명성은 경쟁의 친구다. 불투명성은 시장 지배 구축을 돕는다.

지금까지 말한 시나리오는 물론 아주 이상적인 이야기이며 실행하려면 정치적 의지가 필요하다. 설사 정치적인 조건이 모두 갖추어져 있다 하더라도 시장 지배는 이제 기후 변화만큼이나 세계적인 현상이므로 국제적인 공조가 필요하다. 그러기 위해서는 더 많은 정치적 지도력이 요구되며 달에 최초로 우주선을 쏘아 올리는 것만큼 크고 맨해튼 프로젝트(2차 세계 대전 당시 미국 정부에서 주도하고 영국과 캐나다가 함께 극비로 진행한 원자폭탄 개발 계획: 역자 주)만큼 시급한 프로젝트를 벌일 의지가 있어야 할 것이다.

에필로그

지금이 전반적으로 어느 때보다 더 좋은 시기인 것만은 분명하다. 기술은 삶을 더 즐겁게 만들어주고, 빈곤은 크게 줄었으며, 건강도 아주 많이 향상되었다. 2차 산업 혁명기였던 20세기 초에 전기와 전화, 철도 운송이 우리에게 전례 없는 발전과 부를 가져다준 것과 마찬가지의 상황이다. 이처럼 향상된 삶은 국제 교역과 전문화가 이끈 엄청난 경제 통합의 결과였기 때문에 노먼 에인절(Norman Angell)은 그의 저서 〈위대한 환상(The Great Illusion)〉(1910년)에서 그 부를 파괴하는 것은 누구에게도 득이 되지 않는다고 주장했다. 그러나 단 4년 만에 그런 일이 벌어지고야 말았다.

한 세기 전처럼 우리는 발전의 시대를 경험하고 있으며 그 당시와 마찬가지로 그 발전의 소득은 불평등하게 분배되었다. 1980년 이후 대부분의 사람은 아무런 소득도 얻지 못한 것에 비해 소수의 인물은 발전의 모든 소득을 쌓아 올렸다. 지배 기업들이 극단적인 시장 지

　　　　　　　　　　　　　이윤의 역설

배를 달성하는 일들은 계속해서 나타나고 있다. 이는 대다수의 사람에게 소득원인 노동에 큰 영향을 끼치고 있다. 시장 지배는 임금 정체와 극단적인 임금 불평등을 낳고, 사회 이동성과 경제 역동성을 저해한다. 악화되어 가고 있는 노동 시장은 결과적으로 노동자들의 건강과 전반적인 행복을 저하한다. 그러나 실망감을 느끼는 것은 노동자들 뿐만이 아니다. 중소기업의 기업가들 또한 좌절에 빠진다. 중소기업들이 수익을 쥐어 짜내다가 결국은 폐업에 이르게 만드는 소수의 지배 기업들이 시장을 지배하고 있어 중소기업의 기업가들은 사업을 오래 끌고 가기 힘들다.

시장의 힘(대기업에 맞서는 경쟁의 부재)은 가난한 자들만 실패하게 하는 것이 아니다. 중산층과 소기업 사장들도 어려움에 빠뜨린다. 거대 기업의 자본주의는 대다수의 가정을 어려움에 빠뜨리고 있다. 대부분이 부당한 대우를 받고 있으며 부모 세대보다 형편이 어렵기 때문이다. 자유 시장을 지향하는 자본주의는 기업 친화 주의에 밀려나고 있다.

〈이윤의 역설〉의 주제는 기술 혁신이 소수의 손안에 부를 축적하게 하는 경향이 있다는 것이다. 신기술은 그 기술을 이용해 권력을 확고하게 잡아 시장에 경쟁을 제한하는 한편 전체 시장을 잠식할 수 있는 발 빠른 기술 도입자를 좋아한다. 오웰의 말을 기억하라.

"경쟁의 문제점은 누군가가 승자가 된다는 데 있다."

따라서 우리는 경쟁을 보장하고 보호하는 강력한 제도와 독립적인 규제 기관이 필요하다. 가장 큰 오해 중 하나가 시장은 자유롭게 운영되며 경쟁은 자연스러운 결과라는 생각이다. 대부분의 시장은 아주 잘 작동한다. 그러나 신기술이 등장한 이후로 시장 실패는 시장 지배와 부의 축적으로 이어지고 있다. 자유 시장을 추구하는 자본주의만이 고객과 노동자를 포함해 사회의 모든 이해 당사자에게 건강한 경쟁을 불러일으킬 수 있다. 그럴 때만이 기업에 유익한 것이 노동자에게도 유익하다는 것을 보장할 수 있을 것이다.

이해관계자 자본주의와 기업 책임이 만병통치약처럼 언급되는 경우가 많다. 유감스럽게도 그것들은 새 발의 피에 불과하다. 물론 기업주가 노동자들에게 신경 쓰고 그들이 여유로운 삶을 살 수 있게 해준다면 그것은 바람직하다. 수요 독점 권력을 행사하는 대기업은 꼼짝없이 종속된 노동자들 덕분에 더 나은 삶을 살 수 있는 것이다. 사측과 비 갈등적 관계를 만들어나가는 독일 노동조합의 모델은 노동을 잘 작동하게 만드는 좋은 본보기다. 주로 노동자에 대한 처우가 좋을수록 생산성은 높아지며, 이는 주주들이 바라는 바이기도 하다.

일반적으로 기업의 책임은 결과보다는 좋은 의도에 높은 비중을 둔다. 기업의 CEO나 이사회가 수익을 줄이고 노동자의 임금을 상승시키는 한편 스스로 책임지고 시장 지배를 줄여나갈 것이라 기대하는 것은 지나친 기대다. 그로 인해 왜곡된 경제적 결정과 비효율이 발생할 가능성이 있다. 더욱이 시장 지배력을 행사하지 않겠다는 일방적인 결정은 시장 지배력을 행사하는 다른 경쟁 기업에게 도움이 된다. 이런 이유로 규제와 같이 조정된 행위만이 시장 지배의 부정적인 결과를 해소할 수 있는 것이다.

더 중요한 점은 문제가 경제 전반에 걸쳐 있어 자기 규제가 그다지 효과를 발휘하지 못한다는 것이다. 이는 대형 화석 연료 기업의 소유주에게 환경 기준을 스스로 세우고 탄소 배출량을 스스로 규제하라고 요구하는 것이나 마찬가지다. BP와 쉘(Shell)은 소비자들에게 자신들이 환경을 위해 얼마나 많은 일을 하는지 자화자찬하는 광고를 퍼붓는다. 그러나 그와 동시에 탄소 배출을 증가시키는 원유를 계속 판매하고 있다. 그보다 우리에게 필요한 것은 이를테면 탄소세와 탄소배출권 거래제와 같이 온실가스 배출을 규제하는 정책이다. 그러한 규제는 업계 밖에서 나와야 한다. 일단 규제 정책이 발효되면 수익을 극대화하려는 기업들은 시장과 규제 정책의 요구에 따라 탄소 배출량이 적은 에너지를 생산하기 위해 효율적으로 작동할 것이다.

경제 전반에 미치는 시장 지배의 악영향을 줄이고자 하는 이해관계자 자본주의에서도 같은 원리가 작동한다. 기업의 사회적 책임은 혁신과 신기술 활용을 통해 수익을 극대화하는 것이 되어야 한다. 그러나 우리는 기업이 그들의 성 주변에 해자를 건설하는 기술을 이용해 이득을 취하는 것을 허락해서는 안 된다. 규제 기관은 건강한 경쟁을 보장해야 한다. 만약 기업이 잉여 수익을 내고 있다면 규제 당국은 경쟁 기업들을 진입할 수 있게 해주어 가격을 낮추고 장기적으로 수익을 하락시켜야 한다. 이를 통해 혁신과 성장을 불러올 수 있으며 궁극적으로 더 많은 고용을 창출하고 임금을 상승시킬 수 있다.

나는 이해관계자 자본주의보다도 바람직한 사회적 목표를 달성하고자 하는 더 강력하고 독립적인 규제 기관의 필요성을 주장하고자 한다. 경쟁 당국의 법은 경쟁 기업들이 아닌 경쟁을 보호하는 것이다. 시장 지배를 통제하고 시장에 힘을 되돌려주어야 한다. 대부분의 시장은 간섭이나 규제가 없이도 잘 작동한다. 그러나 그렇지 않은 경우 정치와 분리된 경쟁 지향적인 기관이 시장 실패가 발생하지 않도록 보장해야 한다.

나는 두 가지 사회적 목표, 즉, 시장 내에서의 기업간 경쟁과 경쟁 당국의 시장 규제를 달성하기 위해 권력을 분리할 것을 제안한다. 공평한 경쟁의 장에서는 기업들이 이익을 얻는 것이 허락되어야 한다. 상황이 안 좋을 때 긴급 구제를 받지 않고 파산 신청을 할 수 있도록 대비해야 하기 때문이다. 경쟁 당국의 보이는 손은 기업들이 자신의 이득을 추구하는 시장에서 '보이지 않는 손'이 모두를 위해 의도치 않게 최대의 수익을 창출할 것을 보증할 것이다.

유감스럽게도 그러한 기관이 없을 때는 시장 지배의 증가가 엄청난 기술 진보와 경제 발전에 대한 불만을 낳았다. 이런 불만은 단순히 잘못된 인식에서 비롯된 일도 있다. 많은 이들은 반세기 전에만 해도 사람들이 폐렴에 걸려 목숨을 잃었고 지금보다 생활 수준이 훨씬 낮고 가난했다는 사실을 잊어버린다. 하지만 그 불만의 일부만이 오해이다. 많은 부분은 진실이다. 그래서 의견이 극단적으로 갈리고, 프랑스에서는 노란 조끼 시위가 일어나고, 사람들이 정치와 경제 당국을 신뢰하지 않는 것이다.

코로나19 팬데믹을 겪으며 사회는 더 깊은 시름에 빠져들었다. 모든 지표는 2020년 경제 위기의 영향으로 불평등이 더욱 확실해졌음을 가리키고 있다. 가장 영향을 많이 받은 이들이 미숙련 노동자들과 빈곤층, 소수계층, 노인, 취약 환경의 주택 거주자, 소외계층, 장애인, 아픈 사람들이다. 그들은 모두 직업과 소득, 삶을 잃기 쉬운 이들이다.

물론 모든 것이 시장 지배의 잘못인 것만은 아니다. 따라서 코로나

19 팬데믹 상황을 거대 기업을 비난할 구실로 삼지 말자. 하지만 가난한 자들을 위한 사회 안전망을 가장해 수조 달러의 구제 대책이 지나치게 대기업들만을 도와준다면 그 정책은 장기적으로 상황을 더 악화하는 것이다. 결국 노동자들이 근로소득세(혹은 높은 인플레이션)의 형태로 그 대가를 지급하게 되는 것이다.

2020년 4월 코로나 위기 상황이 진행 중이던 당시 미국의 주식 시장은 1987년 이래 가장 좋은 성적을 보이며 여름이 되어서는 사상 최고치를 경신했지만, 이는 안 좋은 소식이다. 시장은 경제가 건전해서가 아니라 조건 없이 갚을 필요 없는 수조 달러의 구제 금융으로 인해 반등한 것이다. 구제 금융 자본주의는 시장 지배력을 가진 대기업들이 더욱 유리해지는 방향으로 손을 들어준다. 자본주의가 건강한 시기에는 항공사가 파산하는 일이 발생해도 괜찮다. 투자자들이 애당초 최선의 판단을 내릴 수 있도록 제어하는 계기가 되기 때문이다. 투자자가 올바른 판단을 내리고 시기가 좋으면 돈을 번다. 일이 잘못되면 기업은 손실을 보거나 파산하고 투자자는 돈을 잃는다. 이것이 건강한 자본주의에서 투자자가 하는 일이다.

그 초대형 기업들은 은행의 경우처럼 점점 대마불사의 논리가 적용되고 있다. 코로나19 불황과 같은 극심한 경기 침체기에는 대형 기업들이 파산하면 수십만 개의 일자리가 함께 사라지게 되는 것이다. 더구나 대기업의 파산은 다른 작은 기업들의 줄도산으로 이어지는 연쇄 효과를 낳는다. 바이러스의 감염이 사업 실패의 감염으로 이어지는 것이다. 이 주장에서의 문제점은 그 기업들이 시장 지배력을 지니고 있어서 규모가 아주 크다는 것이다. 모든 시장에서 더 많은 기업이 더 건강한 경쟁을 벌일 수 있다면 그 기업들은 애초에 그렇게 큰 파급력을 지닌 거대 기업이 되지 못했을 것이다. 건강한 경쟁이 존재하는 시장에서 실패하는 기업이 생겨나는 것은 감수해야 할 부분이다. 하지만 지금은 시장 지배력을 가지지 못한 작은 기업들만이 실패하고 있다.

이처럼 한쪽으로 치우친 자본주의는 대기업의 시장 지배와 이윤의 역설의 가장 핵심이라고 할 수 있다. 오랜 기간 엄청난 수익을 벌어들이고 있는 다수 대기업의 존재는 경제에는 부정적인 영향을 미친다. 우리는 건강한 경제와 상승하는 주식 시장을 동일시하는 것을 중단해야 한다. 또한 작은 기업들이 도산하고 실업률이 최고치를 기록하며 경기 불황이 한창인 상황에서 주식 시장은 반등한다면 우리는 시장 지배가 현재에도, 그리고 앞으로도 노동을 희생해 가면서 일부 기업들을 떠받치고 있다는 사실을 알 수 있다.

시장 지배의 가장 큰 위협은 부의 엄청난 집중으로 그 지배력이 더욱 공고해진다는 데 있다. 시장 지배력은 소수 기업이 엄청난 수익을 발생시켜 로비를 통해 정치적 아군을 얻어 그 지배력을 더 확고히 할 수 있게 해준다. 이는 민주주의를 파괴하는 악순환이다. 20세기 초에 시카고 정육업계의 착취를 암울하게 묘사한 업톤 싱클레어(Upton Sinclair)의 〈정글(The Jungle)〉에서 그는 다음과 같이 언급했다. "기업들은 사회의 노동만 소유한 것이 아니라 정부도 샀다. 그리고 그들은 어디서든 강제로 탈취한 권력을 이용해 자신들의 특권을 공고히 하고 이윤의 강이 흘러들어오는 수로를 더 넓고 깊게 판다."

이와 같은 시장 지배의 과정은 정치 권력을 강화하고 정치 권력

또한 시장 지배를 강화한다. 부를 창출하는 부는 오래도록 지속할 수 없다. 독일 바이마르 공화국은 대기업과 긴밀한 관계를 유지했고 그 결과 산업 카르텔이 증가했다. 그리고 수십 년 후 석탄 철강 재벌 기업은 나치의 전쟁 도발에 대한 방어 기구를 제공하기에 이른다. 이후 이어진 전쟁과 경기 침체, 높은 인플레이션은 소기업과 중산층을 말살했다. 전쟁이 끝난 후 소외된 소상인들과 기업가들은 정치와 대기업 간 악순환의 고리를 끊기 위해 노력했다. 전후 경제는 소기업을 중심으로 건설되었고, 경쟁 지향적인 제도들이 중소기업이 회복기에 있는 국가 경제의 성장 동력이 될 수 있는 발판을 마련해 주었다.

우리는 한 지역에서의 불꽃이 다른 여러 곳에서 다이너마이트에 불을 붙이는 데 충분한 역할을 한다는 사실을 역사를 통해 익히 보아 왔다. 1914년 미국은 독일과 같은 정치적 문제가 없었고 시어도어 루스벨트 대통령의 독점 규제는 균형을 회복해 평등으로 나아가려는 시도였다. 그러나 그것으로 충분치 못했고 글로벌 경제는 1차 세계 대전으로 인해 무너졌다. 전쟁에 이어 미국은 대공황 중 심각한 어려움을 겪게 되고 2차 세계 대전 중 다시 세계적 충돌 속으로 휘말려 들어갔다.

발터 샤이델(Walter Scheidel)은 그의 최근 저서 〈불평등의 역사(The Great Leveler)〉(2017)에서 집단 폭력과 참사가 불평등을 줄일 수 있는 유일한 요인이라고 주장한다. 그는 석기 시대로 거슬러 올라가 전쟁과 혁명, 국가 붕괴, 전염병이 어떻게 더 평등한 사회를 만들 수 있었는지에 대해 상세히 기록하고 있다. 요지는 불평등이 너무 집요해서 재앙적인 폭력만이 그것을 무너뜨릴 수 있다는 것이다. 그렇다면 현재는 상황이 조금 달라졌을까?

발전된 의료 기술과 정보의 시대를 살고 있는 현재 이 사회는 코로나19가 불평등을 약화하는 다음 요인이 되지 못하도록 막는 데 성공한 것처럼 보인다. 전염병학자와 과학자들은 질병의 확산을 방지하기 위해 사회적 거리두기와 마스크와 장갑 착용에 대해 전 국민을 대상으로 교육을 진행했다. 코로나19는 옛날 같았으면 훨씬 더 치명적이었을 것이다. 우리는 전염률과 사망률을 줄이고 불필요한 사회 붕괴도 막았다. 그러나 코로나19가 지난 40년 동안 지속적으로 심화된 불평등을 감소시키지는 못했다. 오히려 그 반대의 상황은 가능할지언정 말이다.

불평등의 정도는 1차 세계 대전 이전을 방불케 한다. 여기저기서 불만의 소리가 나오고 있다. 매우 엄격한 조치만이 상황을 반전시킬 수 있을 것이다. 과거의 사례를 참고하는 것도 도움이 될 것이다. "과거를 기억하지 못하는 이들은 과오를 반복할 수밖에 없다." 공교롭게도 네 명의 오스트리아 출신 망명 지식인 프리드리히 하이에크, 칼 포퍼, 조지프 슘페터, 슈테판 츠바이크는 전후 권력 집중과 전체주의를 방지하기 위해 선두에 나서서 경제 질서 및 사회 질서의 틀을 확립했다. 그들은 모두 사회 질서가 붕괴했을 때의 끔찍한 결과를 경험한 바 있기에 다른 이들은 그러한 경험을 하지 않도록 하는 데 여생을 바쳤다.

우리는 새로운 세기에 들어서면서 급속한 기술 발전과 긴밀히 연결된 글로벌 경제가 엄청난 시장 지배를 낳았다는 사실을 무시할 수 없게 되었다. 그 결과는 대다수의 노동자는 아무런 소득도 얻지 못한

　　　　　　　　　　　　이윤의 역설

도금 시대(Gilded Age)의 반복이었다. 이제 현재의 시대에는 경제가 새로운 도금 시대의 방향으로 흘러가고 있다. 20세기 전반기에 우리는 글로벌 경제에서 천천히 표류하고 있는 배를 멈출 수 있었지만 두 차례의 잔인한 전쟁과 대공황을 감수해야 했다.

오늘날 또 다른 재앙을 막고 경제 질서를 회복할 수 있는 유일한 길은 초대형 기업들의 지배력을 무력화하는 자유시장 개혁을 추구하는 것이다. 우리는 독점을 반독점으로 돌려놓아야 한다. 그러기 위해서는 달에 탐사선을 쏘아 올린 야망과 맨해튼 프로젝트에 쏟아부었던 재원이 필요하다. 그리고 시장 지배는 기후 변화 문제와 마찬가지로 그렇게 복잡하지 않은 선에서 국제적 공조가 요구되는 세계적 문제다.

위험하게 서로를 먹여 살리고 있는 시장 지배와 정치 권력의 유착 관계 또한 깨뜨려야 한다. 우리는 정치에서 돈을 분리시켜야 하고 경제에서 정치를 분리시켜야 한다. 즉 로비의 기능을 최소화할 필요가 있다. 미국에서는 정치인들이 선거 자금의 볼모가 되어 스톡홀름 증후군을 나타내기도 한다. 선거 자금 모금은 총기 난사 사건에서부터 아편 문제에 이르기까지 여러 가지 사회 문제를 해결하는 데 도움이 된다.

그러나 대기업의 정치적 영향력이 경제 시스템의 병폐이기도 하다. 시장 지배력을 지닌 기업들은 정치인들을 상대로 로비를 할 수 있는 자원을 가지고 있다. 그리고 로비를 통해 대적할 상대가 없는 더 큰 제국을 건설해 더 많은 자원을 풀어 더 로비를 많이 한다. 이런 악순환 속에서 초대형 기업들은 데이터 보호에서부터(거대 기술 기업들)

환경 규제의 부재(코크 인더스트리스)에 이르기까지 해당 사안에 대해 정치인들을 자기 편으로 만든다. 무엇보다도 자신의 시장 지배력을 더욱 확대하기 위해 정치인들을 이용한다. 로비는 시장 지배를 형성하고 영구화하는 주요 도구이다. 동인도 회사의 경우도 최고의 로비스트였다고 볼 수 있고 정치 로비는 합법적인 형태의 부정행위에 지나지 않는다.

시장 지배는 소수 몇 개 기업의 손에 어마어마한 자원을 집중시킨다. 그들은 그 자원을 이용해 시장 지배를 영속화한다. 그리고 이는 민주주의에 심각한 위협으로 작용하게 된다. 전 미국 대법관 루이스 브랜다이스가 한 말을 빌려 표현하자면, "미국인들은 민주주의를 가지거나..., 아니면 소수 기업의 손에 집중된 부를 가지게 될 것이다. 하지만 두 가지 모두를 가질 수는 없다."

자본주의 체제를 비난하기는 쉽다. 기술과 시장이 내재적으로 부의 집중과 불평등을 초래하는 것은 사실이다. 하지만 시장이 진공 상태에서 작동하는 것은 아니다. 가장 불량한 자본주의조차도 규제 기관과 규제가 필요하다. 재산권을 보장하고 장기적인 투자 결정을 내릴 수 있도록 거래 당사자들 간의 신뢰를 높이기 위해 군대와 경찰력이 필요하다. 하지만 이러한 자유방임의 불량 자본주의에서는 경쟁을 보장하기 위해 더욱 많은 개입과 규제가 필요하다. 현재의 제도는 자본주의가 기업 친화적으로 작동하도록 보장해 준다. 민주주의를 수호하고 사회가 생산하는 것의 공정한 분배를 위해 우리에게는 경쟁 지향적 자본주의를 육성하는 규제와 규제 기관이 필요하다. 너무 늦기 전에 지금 당장 그것을 마련해야 한다!

감사의 말씀

이 책을 집필하면서 많은 이들의 도움과 지원을 받는 특권을 누릴 수 있었다. WME의 제이 맨델이 책을 집필하는 내내 능숙하게 나를 이끌어주었고 독자 입장을 배려하는 데 있어 그의 역할은 아주 중요했다. 프린스턴대학교 출판부의 팀 전체는 출판 과정 내내 지원을 아끼지 않았다. 편집자인 조 잭슨은 우리가 처음 만나 집필을 시작한 무렵인 2017년 가을부터 이 프로젝트의 열성적인 지원자가 되어 주었다. 그는 이 책의 초고에 아주 중요한 피드백을 주었을 뿐만 아니라 훌륭한 아이디어를 많이 제공했다. 집필 초기 단계에서 닉 앨버트, 데이비드 몰다워, 에린 호비가 해준 조언도 아주 큰 도움이 되었다. 맨체스터 출판사의 존 도노휴는 탁월한 감수자가 되어 주었다.

지적 토론이 가능한 생산적인 분위기를 만들어준 것에 대해 바르셀로나의 폼페우파브라대학교(Pompeu Fabra University)와 유니버시티 칼리지 런던의 동료들에게 감사의 마음을 전하고 싶다. 2017~2018

년 사이 안식년 동안 방문했던 프린스턴대학교 경제학과에서 베풀어주신 호의에 깊이 감사드리는 바이다. 폼페우파브라대학교의 지원팀에도 감사의 말씀을 드리고 싶다. 너무 세심하게 챙겨준 덕분에 일상이 훨씬 더 수월해졌다. 지원팀의 도움으로 우리는 조사와 집필에 집중할 수 있었다.

이 책에서 참고한 연구를 진행한 전 세계 학계의 모든 연구자에게도 감사하고 싶다. 연구는 협력 공동체적 노력의 결과물이며 수백 명의 훌륭한 연구자의 평생의 헌신이 없었더라면 내가 이 책에 쓴 내용에 대해 나 또한 잘 알지 못했을 것이다. 앞선 훌륭한 연구자들의 연구 덕분에 나는 경제학 연구의 가장 최신 경향들을 접할 수 있었다. 수백 명 연구자의 연구 결과를 읽는 것뿐만 아니라 나는 유푹 악시지트, 호세 아자르, 조나단 베이커, 아이작 베일리, 심차 바르카이, 톰 바킨, 수산토 바수, 리처드 블런델, 마커스 브러너마이어, 제임스 불러드, 딘 코배, 모리스 데이비스, 라이언 데커, 마르텐 드 리더, 매티아스 돕키, 데이비드 돈, 플로리언 데어러, 조던 엘렌버그, 엠마누엘 파리, 존 퍼날드, 자비에 개백스, 매누엘 가르시아-산타나, 피넬로피 골드버그, 로버트 홀, 존 홀디웽거, 아르시아 하셰미, 토마스 홈스, 헨리 하이얏트, 그레코르 야로쉬, 마이클 카데스, 그레그 카플란, 루카스 카라바르부니스, 드미트리 쿠브쉬노브, 제레미 라이스, 하노 러스티그, 알렉스 마스, 시어리 메이어, 브랑코 밀라노비치, 토마스 필리폰, 파비엔 포스텔-비네이, 쟝-마르크 로빈, 에스테반 로시-한스버그, 피에르 다니엘 사르트, 에두아르드 챨, 피오나 스콧 몰튼, 제임스 스플렛처, 채드 시버슨, 니콜라스 트래치터, 제임스 트레이나, 토마소 발레티,

존 밴 리넨, 지안루카바이올란테, 글렌 웨일, 토마스 월만, 그리고 알린 웡과 토론할 수 있는 혜택을 누리기도 했다. 또한 크리스티안 구알과 이그나시 칼베라로부터 이 책의 초고에 대해 상세한 피드백을 받기도 했다.

관련 연구 논문들을 분석하며 수년 동안 함께 작업하는 즐거움을 준 다음의 공저자들에게 끊임없이 감사드린다. 얀 드 로커, 헥터 채드, 시몬 몽기, 일스 린덴라웁, 알리레자 세파살라리, 보얀 요바노빅, 필립 커처, 네지 구너, 로베르토 핀헤이로, 커트 슈미드헤이니, 크리스토프 헤드트리치, 로렌스 워런, 시 웽, 춘양 푸, 웬지안 리, 가브리엘 웅거, 로운스 스미스. 이들은 내가 집필을 시작하기도 전에 이 책에 대한 아이디어를 구성했다.

이 책에는 폼페우파브라대학교의 우리 연구팀의 모든 공동 연구자로부터 받은 많은 도움이 담겨 있다. 그들은 우리와 수도 없이 토론하고 데이터를 분석했으며 초고에 세심한 피드백을 주기도 했다. 코리 앰버거, 렌지 바오, 엘레나 카사노바스, 페데리카 다니엘, 슈브딥 뎁, 패트리시아 드 세아, 밀레나 드조르로바, 줄리아 팔터마이어, 애나 피구이레도, 이안 시에, 웨이 후아, 아크힐 로히아, 토마스 민텐, 아드리아 모론-살메론, 아심 파텔, 이반젤리아 스팬티다키, 조앤 탠, 이네스 자비에게 고마움을 전한다.

한 가지 아주 큰 보상적 발견은 친절하게도 이 책을 위해 자발적으로 인터뷰에 응해준 수많은 사람을 만난 것이다. 대부분 운이 좋게도 우연히 마주친 결과 참여하게 된 것이었다. 하지만 그들의 이야기 하나하나를 통해 나는 보통 사람들의 일상 속에서 시장 지배가 가지는 중요성이 얼마나 큰지 다시 곱씹어보게 되었다. 그분들의 너그러운 참여에 감사한다. 낸시와 유티키오스를 제외하고 이 책에 등장하는 모든 이름은 필명이다. 나는 이 책의 인세 일부를 우간다의 유티키오스 고아원에 기부하기로 했다. http://www.ugandanorphans.org

엘레나와 엠마, 미레이나가 없었다면 이 책을 집필하지 못했을 것이다. 그들은 나와 끊임없이 대화하고 모든 세부적인 내용에 대해 내게 피드백을 제공했다. 무엇보다도 그들의 한결같은 조건 없는 사랑과 열정적인 격려가 내게 영감의 원천이 되었다. 이 책을 그들에게 바친다.

이윤의 역설

초판 1쇄 인쇄 | 2022년 1월 20일
초판 1쇄 발행 | 2022년 1월 28일

지은이 | 얀 이크하우트
옮긴이 | 강성실
발행인 | 노승권
발행처 | ㈜ 한국물가정보

주소 | (10881)경기도 파주시 회동길 354
전화 | 031-870-1062(편집), 031-870-1060(마케팅)
팩스 | 031-870-1097

등록 | 1980년 3월 29일
이메일 | editor@kpi.or.kr
홈페이지 | www.kpi.or.kr

값은 뒤표지에 있습니다.